「元晖学者教育研究丛书」

TEACHER EDUCATION:
BASIC RESEARCHES AND FRONTIER EXPLORATION

教师教育：
基础研究与前沿探索

饶从满 等 / 著

NORTHEAST NORMAL UNIVERSITY PRESS
WWW.NENUP.COM
东北师范大学出版社
长 春

丛书序言

在实践领域，教育在全球化、信息化、现代化的背景下，不再呈现为简单有序、线性透明的样态，而是出现了各种各样的复杂样态。因此，这就需要我们更为审慎地思考和更为敏感地把握。在现实生活中，从教育与社会的发展来看，教育越来越多地成为实现国家目的的重要工具，成为实现理想的重要手段；从教育与人的发展来看，教育在满足人的发展需要、培养理想人格方面还有很大提升空间。综观教育的发展，教育的改革不再仅仅是地方性质的了，而是成了世界各国政府为实现国家利益和国际诉求的重要手段。教育在应对人的发展的不确定性、人的发展需要的变化性等方面面临着各种各样的挑战。另外，教育的复杂性吸引着思考者不断地进行探索，试图去发现教育世界的"秘密"，找到变革教育世界的"钥匙"，从而使我们更好地认识和改造这个丰富多彩而又纷繁复杂的领域。

东北师范大学教育学部召集十余位教授，整理了近二十年的研究成果，系统诊断教育实践问题，不断追问教育的真理，并创新教育理论。这些研究既有理论模型的构建，又有实践领域的深刻探究；既诊断问题、分析原因，又提出对策、措施；既追本溯源有历史大视野，又关心现实展望未来；既关心国家宏观政策制度，又在微观层面提出具体可操作的方法；既扎根本土研究注重原创，又注重以国际视野进行深度学习。

本套丛书是东北师范大学教育学部教育研究的总结，是十余位教授多年教育研究的记录，是他们对中国教育改革的独特认识。我们希望以这套丛书为支点，与读者展开对话，共同探寻教育的真理，在对教育的凝视中不断地思辨、判断、检视。

吕立杰

2019 年 11 月

于东北师范大学田家炳教育书院

目　　录

第 1 章

新世纪教师教育的改革与发展

第 1 节　关于新世纪中国教师培养目标与原则的思考①

　　世纪之交以来，面对信息化速度加快和基础教育改革蓬勃发展所带来的机遇和挑战，中国各高校都在积极地探索教师教育改革，中国教师教育进入一个重要的转型期。在这样一个重大转型期，认真思考一下我们到底要培养什么样的教师，需要开展什么样的教师教育，无疑具有重要的意义。以下主要就教师培养的目标和原则进行初步的思考，以就教于同人。

一、背景

　　在思考新世纪中国教师培养改革之前，有必要首先考察一下新世纪中国教师培养改革的背景。因为明确背景不仅可以说明改革的必要性，更重要的是背景同时规定着改革的方向。

（一）以信息化为特征的社会快速发展与教师教育

　　进入 21 世纪之后，信息技术的飞速发展引起了全面而深刻的社会变革，这已经成为有目共睹的现实和趋势。在这种信息化时代，中国教师教育面临着一百多年发展中最大的挑战与机遇。至少体现在以下几方面：

　　第一，在信息化时代，社会的发展对人的终身学习意识和学习能力提出了越来越高的要求，终身学习意识和学习能力的重要性日渐凸显。必须指出的是，信息技术的飞速发展不仅使学习成为人类生活方式的重要组成部分，而且必然要求并带来教育方式的重大变革。因为一定的学习方式需要一定的教育方式与之相适应。我们传统的教育方式与工业化时代建立起来的学习方式相适应，以传递已有文化为主要特征，这种教育方式很显然已经不能适应信息化社会的学习方式，因为它忽视学生学习能力的培养。

---

　　①　本节系饶从满在东北师范大学召开的"教师专业化与教师教育"中日教师教育学术研讨会（2010 年 8—9 日）上的发言稿，其中部分内容曾经以《可持续发展能力：教师职前培养的重要目标》为题发表在《中国社会科学报》（2011 年 6 月 30 日）上。

为了适应这一变革，教师需要在双重意义上做出努力：既要不断掌握相关学科的新知识、新观念、思想方法和新的技能、方法，又要形成不断学习的意识与能力，包括学习如何培养学生学习能力的理论与方法。也就是说，要使学生成为具有终身学习意识和能力的终身学习者，教师自身必须成为终身学习的楷模。

第二，在信息化时代，社会的发展对人的创新精神和能力提出了越来越高的要求。信息化时代即知识经济时代。知识经济时代对人才的要求更高。在知识经济时代，"创新能力"已经成为人们适应社会急剧变化的一种"生存能力"，成为国民经济可持续发展的基石。一个民族要屹立于世界先进民族之林，一刻也离不开创新能力。而我们的教育长期以来惯于传授知识，不善于培养创新能力。要使我们的教育能够培养出创新人才，必须对整个教育进行彻底的改革，而这其中教师是关键。要使学生具有创新精神和能力，教师必须具有创新精神和能力，并具有培养创新人才的意识和能力。而反观中国传统的教师教育，存在偏重于知识的传授以及应试技巧的训练，不重视创新能力的培养，忽视个性发展的问题，这使得培养的一些人才只具有相对狭窄的知识结构和知识的积累，缺乏一种知识创新能力和素养。

（二）以素质教育为指引的基础教育改革与教师教育

20世纪90年代末以来，随着社会经济的迅猛发展，以素质教育为指引、以创新教育为重点的基础教育改革蓬勃展开，中国的基础教育正在发生着一系列重大的变革。

基础教育改革的关键在教师。伴随着以新课程改革为核心的基础教育改革的快速推进，基础教育对优质教师资源的要求越来越迫切。新时期基础教育所需要的教师不再是单一的知识传授者，而是学生学习活动的引导者、促进者和评价者；是能够塑造民主、平等、合作的师生关系，主动为学生创造有利学习环境的设计者；是具有先进教育思想与观念，勤于反思，善于合作的探究者；也是能够进行课程资源开发的学科专家。教师教育机构只有顺应当前基础教育改革与发展的要求，为基础教育输送优质教师，才能最终实现在教学这一教育的核心环节中落实基础教育改革的各项目标，也才能在基础教育阶段充分利用各种优质教育资源，促进每个学生的全面发展，为创新人才的培养奠定基础。

然而，相对于基础教育的要求而言，教师教育还存在不少问题。教学观念、教学方法、知识结构比较陈旧，不能适应基础教育思想创新的要求，甚至不能适应教学工作。^① 从适应基础教育改革与发展的需要来说，新一轮基础教育改革对教师素质提出了新的要求——专业化的要求。因而，不断提高教师作为一个专业人员的素质是基础教育改革与发展的内在要求。

重新审视我们的培养目标，致力于人的创新精神和创新能力的开发和培养，为基础教育培养推行素质教育的教师，是摆在教师教育机构面前的紧迫任务。主动适应并积极引导基础教育的改革，是教师教育机构的历史使命和社会责任。

二、目标

正如肯尼迪（Kennedy，1991）所指出的那样，对于教师教育质量而言，与培养方案或课程体系的结构相比，培养方案的理论取向和对师范生信念的考虑更为重要。^② 因此，在设计教师培养方案时，明确到底要培养什么样的教师，要开展什么样的教师教育，是必不可少的前提。基于这一认识，我们首先有必要明确教师培养的目标。

我们认为，教师培养就应该紧紧围绕两大方面素质展开：基本的教育实践能力和可持续发展能力。

（一）基本的教育实践能力

教师教育作为一种专业教育（professional education），是一种"为了实践的教育"（education for practice）。也就是说，教师教育必须以适应和引领基础教育改革与发展为使命。而教师教育要能够适应并引领基础教育的改革与发展，必须把培养教师的教育实践能力作为首要任务。教师所需要的教育实践能力并非均是在职前教育阶段形成的，职前阶段所能培养的只是基本的教育实践能力，尤其是教学实践能力。

这里需要特别指出的是，所谓实践能力，不等同于动手能力或操作技能，而是一种个体在生活经验和实践活动中磨炼习得的、在生活和工作中

---

① 张济顺，任友群. 教师教育改革与高水平师范大学的再定位 [J]. 中国高等教育，2004（10）：37-38.

② Hoban G F. The Missing Links in Teacher Education Design：Developing a Multi-linked Conceptual Framework [J]. Self Study of Teaching & Teacher Education，2005，35（2）：220-222.

解决实际问题所显现的综合性能力。① 教师培养阶段要使教师形成基本的教育实践能力，必须让学生做好两方面的准备：一是技术方面的准备，即要使师范生掌握开展教育教学所需的基本知识和技能；二是心理与精神方面的准备，即要使师范生形成教师职业是一个复杂的专业性职业的信念。关于前者的重要性无须我在此赘述，关于后者有进行进一步说明的必要。

之所以强调要使学生形成教师职业是一个复杂的专业性职业的信念，是因为教育实践能力以"解决教育现实问题"为核心特征，而在实际情境中所面临的教育问题往往是非常复杂的，而教育理论知识则往往是单纯的、概括的、简化的。这两者之间无法直接一一对应，问题解决者无法把先前所学的知识直接拿来应用。也就是说，教学工作所涉及的不只是知识、技能，还涉及就具体课堂情境下教什么、何时教以及如何教等做出个人判断（personal judgment）。如果教师对此缺乏必要的心理和精神准备，就会出现不能适应实践的所谓"现实震撼"（reality shock）或"实践冲击"（practice shock）现象。而使师范生形成视教师职业为一个复杂的专业性职业的信念，不仅可以使师范生做好必要的心理准备，而且可以使其具有反思型教师的必要意识。因为有了这样的信念，师范生就可能会把教师工作视为一种只可以不断地加以改进，却不可以"掌握"的"持续的探究"。②

（二）可持续发展能力

教师发展是一个终身的过程，因此，教师教育应该是终身的。将教师教育视为终身教育，不仅仅意味着教师教育长度的增加和重心的后移，即在职前教育的基础上增加并重视入职教育和在职教育，更为重要的是它强调教师教育要打破职前教育、入职教育、在职教育各自为政、相互割裂的局面，将其发展成为一个内部各阶段在功能上各具特点同时又相互关联、相互补充、相互作用的结构体。为此，各阶段的职能分工和定位至为关键，因为职能定位是融合的前提，没有明确的职能分工和定位也就谈不上有效的融合。按照终身教育的理念，教师培养阶段（职前教育阶段）只是为教师发展奠定一个基础。这个基础不仅包括前面所述的基本教育实践能

---

① 吴志华，傅维利. 实践能力含义及辨析 [J]. 上海教育科研，2006（9）：23-25.

② Hoban G F. The Missing Links in Teacher Education Design：Developing a Multi-linked Conceptual Framework [J]. Self Study of Teaching & Teacher Education，2005，35（2）：220-222.

力，而且应包括可持续发展的能力，因为教师所需的很多素质是需要在参加工作之后通过实践和在职学习来发展的。正因为许多能力和素质需要在参加工作后发展，可持续发展能力更显其重要性。

我们认为，教师的可持续发展能力至少应该包含以下三方面内容：

1. 自主学习的意愿与能力

自主学习是终身学习的核心，没有自主学习也就没有终身学习。自主学习中的"自主"主要包括两个层面的含义：一是目的层面的自主性。信息化社会是个信息爆炸和瞬息万变的社会，如果缺乏主体意识和自主能力的话，就会为信息大潮所淹没，因变化而眩晕，而失去自我和方向感，从而也谈不上终身学习与发展。而且我们也很难期待一个自身缺乏主体性和自主性的师范生走上工作岗位后能够尊重其学生的自主性和主体性，能够把引导和促进其学生的自主学习意愿和能力作为其工作重点。二是过程或方法层面上的自主性。所谓过程或方法层面的自主性，是要求我们的教师教育者不仅要重视"教给学生什么"，更要重视给学生创造自主学习的实践机会，并教会师范生在自主学习实践中"学会学习"。要期望我们培养的师范生在参加工作之后能够教会他们的学生"学会学习"，培养其学生适应社会瞬息万变的创新意识和创新能力，我们的师范生自身必须首先具有"学会学习"的意识和能力。

2. 反思的意识与能力

教师只要具备了反思的意识和能力，就会持续不断地对自己乃至同事的实践进行反思，而为了反思，就会主动地从各种渠道汲取信息，充分利用各种资源，这在客观上就决定了反思型教师必然是终身学习者与研究者。换句话说，反思的意识和能力就是一种可持续发展的能力。

关于反思的意识和能力，有两点需要强调。第一，批判是反思的基础和前提。没有批判意识和能力，也就谈不上反思意识和能力。而所谓批判意识和能力，其核心是多角度思考问题和进行独立判断的意识和能力。有了批判，就会发现问题；有了问题，就会反思；有了反思，才会不断提升。第二，反思包括认识论和本体论两个层面。一个人学会教学的过程所涉及的不仅是知识和技能的获得问题，更关涉一个人打算以什么样的生存方式做一名教师的问题。因此，作为一名教师，其成长过程中所要反思的不仅仅是认识论层面的问题（如何获取必要的教育教学知识和技能等），更要反思目的论或本体论层面的问题（要做什么样的教师）。认识论层面的反思，主要是对自身和他人的教育教学实践活动的反思，属于对客体的反思；而本体论层面的反思，主要是对自身作为教师的生存方式的反思，属于对主体自身的反思。其实对于师范生来说，后者的反思更为重要。这是因为：一方面，师范生的教育教学实践体验相对匮乏，无法像在职教师那样可以有丰富的教学反思素材；另一方面，师范生在进入师范教育专业学习时并非白纸一张，通过各种途径特别是劳蒂所说的"学徒观察期"（apprenticeship of observation）已经形成了一定的教育信念。有研究显示，这些教育信念对教师的成长和发展会产生很大影响，而且这些教育信念中有很多有待检验，因此有必要通过反思将这些教育信念表面化，接受检验。

3. 合作的意识与能力

近年来，合作（collaboration）特别是教师同事之间的合作（teacher collaboration）受到人们的高度重视。合作的重要性不仅体现在它是一种值得提倡和追求的道德品质，更在于教师同事之间的合作也是实现教师发展和学校教育改善的重要路径或方式。20 世纪 80 年代以来，教师同事间的合作之所以被重视，是因为其寄托着人们通过促进各学校内作为一个集体的教师（teacher as a group）间的合作来促进教师的发展、实现学校教育的改善的希望。教师合作被作为连接教师发展与学校教育改善的桥梁而受到高度重视。[1] 因此，我们强调的所谓的教师合作，所着眼的不是其道德性，而是其对于教师发展和学校改善的意义和价值，指的是教师们为了改善学校教育实践，以自愿、平等的方式，就共同感兴趣的问题，共同探讨解决的办法，从而形成的一种批判性互动关系。[2]

如果说反思的路径或策略强调的是教师"从自己的教学中学习""在与自身对话的过程中实现个体发展"的话，那么，教师合作这一路径或策略则推崇教师"在与同事的互动与对话过程中共同发展"。合作对于教师发展的意义至少体现在以下三方面：第一，有助于教师发展意愿的激发与强化；第二，有助于教师个体反思能力的提高；第三，有助于促进学校组织学习。[3]

合作的意识和能力并非天生的，它需要后天的培养。尽管这些能力需

---

[1] 张贵新，饶从满. 关于教师教育一体化的认识与思考 [J]. 课程·教材·教法，2002（4）：58-62.

[2] 饶从满，张贵新. 教师合作：教师发展的一个重要路径 [J]. 教师教育研究，2007（1）：12-16.

[3] 同[2].

要在日常的教育实践中通过合作实践锻炼形成，但是职前教育阶段也必须作为培养的重点来予以考虑。要在职前教育阶段中创造合作学习和解决问题的机会。

三、原则

为了培养具有上述素质的教师，我们的教师教育应该体现反思、融合和合作的原则。

（一）反思型教师教育（reflective teacher education）

我们认为，所谓反思型教师教育至少包含几方面含义。第一，在目标上，旨在培养作为反思型实践者的教师，而非作为技术专家或熟练者的教师。第二，在理念上，基于实践认识论而非技术理性主义，主张理论并非外在于实践和控制着实践，而是内在于实践。第三，在结构上，各种课程要素之间的地位是同等而非序列的，安排是共时性而非继时性的。第四，在方法上，把反思和探究融入整个教育过程，以反思作为学会教学的主要方法，引导和促进师范生通过不断反思来学会教学。第五，教师教育者自身也要把反思作为自身的生存方式，为师范生提供示范。

（二）融合的教师教育（integrated teacher education）

综观世界各国的教师教育课程体系，我们不难发现，教师教育课程体系通常包含通识教育课程（general education）、学科专业课程（subject matter education）、教育课程（pedagogical education）、教育实践（practice teaching）等几方面要素。通常的教师培养计划设计思路是：在设定、安排各种构成要素之后，才有可能考虑各要素之间的联系和融合。这种把教师教育课程的构成要素以简单相加的形式处理的思维方式，体现的是一种加法思维或机械思维的教师教育观。通过机械思维难以实现教师教育融合，要实现融合的教师教育，需要有动态思维方式或乘法思维方式。所谓动态思维或乘法思维，就是在功能上使各构成要素的学习相互联系、相互作用、相互促进的思想。

1．通识教育与专业教育的融合

教师发展实际上包含两个方面：一是"作为人（teacher-as-person）的发展"（personal development），二是作为一个职业人即"作为教师（teacher-as-teacher）的发展"（professional development）。后者需要前者

的支撑。

在教师教育中，支撑前者的主要是"通识教育"，与后者相对应的就是所谓的"专业教育"。通识教育与专业教育的区别在于："通识教育带有更多的非功利色彩，专业教育则带有较强的功利色彩；通识教育更注重人性，专业教育更注重人力；通识教育更注重宽度教育，专业教育更注重深度教育；通识教育更侧重于学会做人，专业教育更侧重于学会做事；通识教育更注重于人的全面素质的发展，专业教育更注重于人的单一素质的提高；通识教育更注重人的思维方式的把握，专业教育更注重人的思维技巧的把握。"① 但是专业教育和通识教育又并非相互对立的关系，它们是相辅相成、互为补充的。这两类教育在教师教育中都有存在的必要，缺少其中任何一个方面，教师教育都将是跛脚的、不完善的。教师教育应该帮助师范生构架专业与通识之间的桥梁。

2. 学科专业教育与教育专业教育的融合

教师职业与社会其他专业工作相比，有它独特的一面：从事教师工作不仅需要掌握学科知识，更需要掌握教育知识。在通常的教师教育中，学科专业课程与教育课程之间处于分离的平行状态，学科专业教育按照学科知识的逻辑展开，教育类课程按照教育的思维来组织，两者缺少沟通和相互作用，其结果是学科知识不因教育知识而更加适宜于教学，教育知识也没能够在学科知识的教学中彰显魅力，未来教师的知识结构是支离破碎的。这种教师课程体系设计背后的理论假设是：任何具有足够学科知识的人，只要懂得普通教育理论和原则，就一定能够将这些理论和原则应用到具体学科、水平、知识点和情境的教学之中，并能提高教学实效，从而凸显教师的专业性。②这是一种典型的加法思维。中国与西方的教师教育课程设计虽然在共时性还是继时性地安排学科专业课程与教育类课程方面存在着差异，但是都有一个共同的特征，就是均体现了这种加法思维。

然而这种学科知识与教育知识简单相加式的教育安排，并不能培养出专业化的教师。大量的实践经验表明，教师在接受分离式教师教育之后虽然掌握了大量的学科知识和教育知识，但其教学水平仍然难以提高，教师与非教师人员在教学实践上的区别不很明显，因此教师专业的社会地位并没有从专业程度本身得到社会认可。之所以如此，是因为这种教师教育课

---

① 蔡映辉. 高校通识教育课程设置的问题及改革对策 [J]. 高等教育研究，2004 (6)：76-79.
② 胡青，刘小强. 分离还是融合：教师教育专业化中形式与实质的矛盾 [J]. 江西社会科学，2005 (11)：188-192.

程设计没有认识到教师的专业性集中体现在教师能够在理清学科知识的逻辑基础上，按照学生的心理逻辑将学科知识以学生可理解的方式教给学生。很显然，这种专业性是以教师的学科知识与教育知识有机和具体的融合为基础和前提的。舒尔曼（Shulman L）的 PCK（pedagogical content knowledge，教育内容知识）概念为我们思考学科专业知识与教育知识之间的融合提供了一种很好的思路。

3. 理论与实践的融合

教师教育作为一种专业教育，具有鲜明的实践性。这种实践性至少体现在以下三个层面：第一是作为目的的实践性，教师教育是一种以改善基础教育实践为使命的"为了实践的教育"（education for practice）。第二是作为手段或方法的实践性，即教师教育是一种"基于实践的教育"（education through practice），实践体验在其中占有很重要的比重。第三是作为对象的实践性，即教师教育是一种"关于实践的教育"（education on practice），实践是研究和反思的对象。

正因为教师教育具有如此鲜明的实践性，针对以往教师教育有所谓过于"理论化"倾向的问题，近年来许多教师教育改革都把凸显实践在教师教育中的地位作为改革的重点，而且许多改革均以增加教育实践环节的时间为前提。然而需要指出的是，在教师培养时间确定的前提下，仅靠增加实践体验的时间是有限的。因为体验是学习的必要条件，但非充分条件。而且除了实践体验的时间长短问题之外，实践体验的性质和时机也至关重要，而更重要的是理论与实践的融合问题。令人欣喜的是，越来越多的人认识到理论与实践融合问题的重要性，而且意识到要实现理论与实践的融合，需要"理论与实践的循环往复"（如"见习——实习——研习"的安排）。然而，这种"理论与实践的循环往复"式教育设计和安排，在绝大多数情况下依然停留于"理论＋实践＋理论……"的加法思维，并不能真正起到理论与实践融合的作用。要真正实现理论与实践的融合，就要使"体验"与"反思"的循环往复不仅仅体现在各环节之间，还应适用于各科目或环节内部，即在理论学习环节中要充分挖掘并利用学生的实践体验，在实践体验环节中要把反思融入其中。

（三）合作的教师教育（teacher education based on collaboration and partnership）

学会教学的过程是一个社会过程，教师教育更是一项需要多方机构和人员参与的复杂工程。没有相关参与机构和人员的积极参与和有效合作，教师教育的目标难以实现。我们所说"合作的教师教育"中的合作，主要包含如下几层含义：

第一是教师教育者之间的合作。教师教育不仅涉及大学方面多学科的教师，也需要中小学教师作为实习指导教师的参与。教师教育课程体系各要素之间能否有机融合，教师培养的目标能否实现，在很大程度上取决于参与教师教育的这些教师，而且不仅取决于他们各自的个体素质，更取决于他们是否形成与教师培养方案理念一致的某些共识，以及基于这些共识的相互配合。目前教师教育课程各要素之间未能融合，在很大程度上也与教师教育者之间缺乏必要的沟通、各自为战有很大关系。因此，教师教育者之间的合作需要通过院系内部教师发展（faculty development）活动等予以加强。

第二是师范生之间的合作。教师教育应该重视师范生合作意识和能力的培养，并为师范生尽可能提供和创造合作学习及解决教育问题的机会。

第三是教师教育者与师范生之间的合作。教师教育者与师范生之间应该建立一种平等对话的关系，因为这种关系不仅有助于师范生学会合作和教学，有助于教师教育者与师范生之间形成有效的"教学相长"效应，更可以为师范生参加工作后建立自己的师生关系提供示范。

第四是（师范）大学与中小学之间的合作。（师范）大学与中小学的合作是教师教育作为专业教育的必然要求。（师范）大学只有与中小学紧密合作，才能够及时把握基础教育改革与发展的脉动，教师教育也才能真正成为一种"为了实践的教育"；（师范）大学只有与中小学密切合作，才能保障师范生有充分的、高质量的教育实践机会，教师教育才能真正成为"基于实践的教育"；（师范）大学只有与中小学密切合作，才能在理论与实践之间架起有机结合的桥梁，教师教育才能真正成为"关于实践的教育"。

第 2 节　提高教师和教师教育地位，推动教师教育振兴发展[①]

一、教师教育亟待振兴发展

如果说 20 世纪 90 年代中期至 2005 年前后中国的教师教育政策是在教师专业化理念的指引下，以提高教师教育质量为目的，以重构教师教育体系为重点，大力推进教师教育改革的话（"体系重构阶段"），那么自 2005 年前后直至 2017 年初的中国教师教育政策重心开始转向了内涵建设，即一方面继续在教师专业化的理念指引下着力提高教师教育质量，另一方面积极探索通过教师教育促进教育公平（"内涵建设阶段"）。综观过去 20 多年来的中国教师教育政策可以发现，提高教师教育质量是贯穿始终的主题。尽管进入新世纪之后，促进教育公平的主题日趋凸显，但提高质量的主题更根本。因为教师教育要发挥其促进教育公平的功能，还需要以自身的质量提升为前提。低质量的教师教育不仅不能促进教育公平，而且会使本已不均衡的基础教育发展雪上加霜。

毫无疑问，20 多年来教师教育改革与发展取得了重大成就，但是基于以下几点，我们也有理由对中国的教师教育质量表示担忧。

第一，师范类专业的生源质量总体不高。大量的实践和研究证明，选人比培养人更重要。可是我们的高校师范类专业的"选人"空间极其有限。这是因为长期以来，在中国存在一种怪异的现象：人们一方面希望将孩子送到好的学校、好的老师那里接受教育，另一方面当自己的孩子在高考中得了高分却又不想让他（她）就读师范专业。因此，师范专业的录取分数一直相对较低，除了部属师范大学的录取分数线相对较高之外，地方师范院校的分数线基本都在中等水平以下。没有好的生源，我们对高校的教师培养质量就不能期待过高。

[①]　本节系阮从满参加《华东师范大学学报（教育科学版）》组织的"'新时代教师队伍建设'笔谈"提交的文章，曾发表于《华东师范大学学报（教育科学版）》2018 年第 7 期。

第二，教师教育机构的资质参差不齐。20 世纪 90 年代以来的教师教育体系重构给我国的教师教育带来了开放的体系，但也衍生了一些非预期的结果：一方面，高水平综合性大学并未也无意愿参与教师教育，另一方面，教师教育又在传统师范类院校尤其是高水平师范院校的综合化过程中逐渐弱化甚至边缘化。更令人担忧的是，大量的低层次职业技术院校参与了教师培养，其中以幼儿教师培养尤为突出。参差不齐的教师教育机构何以保障教师教育质量，令人担忧。

第三，教师教育的专业化水平有待提高。教师教育作为一种专业教育，需要处理好学科与教育、理论与实践这两对基本关系。按照专业教育的要求，学科与教育、理论与实践之间应该是有机融合而非板块式组合的关系。然而，我国教师教育离专业教育的要求还有一定的差距。其一，在教师教育开放化的进程中，教师教育作为高等学校的部分职能，是由分布在校内外不同组织的人员分别实施的。伴随着教师教育学校办学体制的崩溃和教师教育的不断弱化甚至边缘化，相关实施者对于教师教育目标和理念在多大程度上能形成一定的共识，又在多大程度上能够保持必要的互动交流，是持保留态度的。在缺乏必要的共识和交流的情况下，教师教育在很多情况下顶多可以做到学科与教育、理论与实践的板块式组合，而无法实现有机融合。其二，学科教法教师在学科与教育、理论与实践之间理应发挥桥梁乃至融合剂的作用。但是，伴随教师教育的开放化，特别是师范院校的综合化，学科教法教师在高校内部逐渐边缘化，这也带来了学科教法教师队伍在量和质两方面的不足。数量上的不足主要体现为队伍的萎缩；质量上的不足主要体现在相当一部分学科教法教师的学科素养和教育素养均有很大欠缺，而且对基础教育缺乏一定的体验甚至缺乏了解。学科教法教师队伍在质和量两方面的缺口自然制约了学科教法教师作用的发挥。

在生源质量不高、机构参差不齐、专业化水平有待提高的情况下，我们很难对教师教育质量有非常乐观的期待。在教师教育整体质量不够高的情况下，提高基础教育质量和促进基础教育公平的目标就很难实现。因此，振兴教师教育，提升教师教育自身质量应该是当前及今后一段时间里中国教师教育改革发展的最迫切课题。

二、提高教师和教师教育地位是教师教育振兴发展的基础

要实现教师教育的振兴发展和质量提升，自然要弄清影响其振兴发展

和质量提升的主要因素。

第一，师范类专业生源质量持续不高，究其原因固然有人们思想观念的因素，但关键还是在于教师的地位待遇不高。芬兰、韩国等国的学生在 PISA 测试中之所以取得很好的成绩，其中一个重要原因就在于其重视教师地位的保障，所以教师教育专业也备受欢迎。重视教师的地位待遇保障不仅可以提高在职教师的工作积极性，也有助于吸引优秀生源报考师范专业。因此，要提高师范专业的生源质量，固然可以采取提前批次录取等招生手段，但更根本的还是提高教师的地位待遇。

第二，高水平的高等院校之所以不愿参与或投入教师教育，固然有认识高度不够的原因，但关键还是与教师教育的地位不高有关。在当前这个高度重视评估（并根据评估结果进行资源分配）的时代，教师教育似乎并不能给高校在学科评估、大学排名和资源获取中带来多大增益，因此自然就被"敬而远之"。因此，要确保教师教育机构的资质，固然需要通过教师教育认证将不具资质的机构排除在教师教育体系之外，但更重要的是要在提高教师教育地位上下功夫，要在充分考虑教师教育特色的基础上，给予教师教育机构在资源分配等方面的倾斜，以保证一批传统的高水平师范类院校着力于教师教育，并吸引一批高水平综合性大学参与教师教育。

第三，要提高教师教育的专业化水平，迫切需要推进高校内部教师教育组织体制改革和学科教法教师队伍建设。应该说，教育部多年来一直通过各种政策文件要求高校推进这两方面的工作，但是成效并不明显。究其原因，还是因为教师教育没有成为高校的重要议事日程，说到底还是与教师教育的地位不高有关。

综上所述，影响中国教师教育振兴发展和质量提升的关键还是在于教师和教师教育的地位不高。教师和教师教育的地位不振，教师教育的振兴发展和质量提升无期。根据国家政策意图，2017 年堪称中国教师教育振兴发展的元年。之所以这么说，是因为从 2017 年开始，教育部在各种重要场合提起了教师教育振兴发展的话题，并着手教师教育振兴发展的规划设计和初步的措施。特别值得指出的是，2018 年 1 月 20 日，《中共中央国务院关于全面深化新时代教师队伍建设改革的意见》颁发。该文件围绕不断提高教师地位待遇、大力振兴教师教育等五个方面，对全面深化教师队伍建设改革做出了总体部署。从一系列政策来看，中国政府不仅对振兴发展教师教育具有清醒的自觉，而且抓住了教师教育振兴发展的基础和关键。由此，我们隐约看到了中国教师教育振兴的曙光。但是，教师教育究竟是否能够得到振兴，关键还是要看所提出的这些政策措施是否能够得到真正落实。

第 3 节　发挥部属师大的"旗舰"作用，推动教师教育振兴发展[①]

日前教育部、财政部、人力资源社会保障部、中央编办联合下发了《教育部直属师范大学师范生公费教育实施办法》（以下简称"公费教育实施办法"），取代了 2007 年颁发的《教育部直属师范大学师范生免费教育实施办法（试行）》和 2012 年颁发的《关于完善和推进师范生免费教育的意见》。关于"公费教育实施办法"的精神，人们会有各种各样的解读，但本节想特别强调的是："公费教育实施办法"的施行将有助于更好地发挥部属师范大学在我国教师教育改革发展中的"旗舰"作用，从而推动我国教师教育的振兴发展。之所以如此说，主要基于以下几点判断：

一、中国的教师教育开始进入振兴发展的阶段

笔者曾在《华东师范大学学报》（教育科学版）2018 年第 4 期的"新时代教师队伍建设"笔谈中将 20 世纪 90 年代中期以来的中国教师教育改革发展划分为三个阶段：一是"体系重构阶段"（20 世纪 90 年代中期至 2005 年前后）；二是"内涵建设阶段"（2005 年前后至 2017 年初）；三是"振兴发展阶段"（2017 年中以来）。笔者之所以说自 2017 年中开始中国的教师教育进入了"振兴发展阶段"，主要是基于以下两点：一是中国教师教育发展当前面临的最大课题是"振兴发展"；二是中国政府已经清醒地意识到这一课题，并且逐步采取了一系列举措。2017 年 11 月《普通高校师范类专业认证实施办法（暂行）》的颁布，尤其是进入 2018 年之后《全面深化新时代教师队伍建设改革的意见》和《教师教育振兴行动计划》的相继颁发，拉开了中国教师教育振兴发展的序幕。而"公费教育实施办法"的颁发正是国家为振兴发展教师教育所采取的重要举措之一。

[①] 本节系饶从满应约为《教育部直属师范大学师范生公费教育实施办法》的颁布撰写的解读文章，2018 年 8 月 16 日发布于教育部网站：http://www.moe.gov.cn/jyb_xwfb/moe_2082/zl_2018n/2018_zl54/201808/t20180816_345394.html。

二、部属师范大学在中国教师教育振兴发展中应发挥"旗舰"作用

中国的教师教育能否振兴发展，不仅取决于我们的政策意愿有多强烈，更要看我们的政策是否抓住了重点。20 世纪 90 年代以来的教师教育体系重构给我国的教师教育带来了开放的体系，但也衍生了一些非预期的结果：一方面高水平综合性大学并未参与教师教育，另一方面教师教育又在传统高水平师范院校的综合化过程中逐渐弱化甚至边缘化。在此背景下，要振兴发展中国教师教育，优先需要考虑的是如何稳定一批传统的高水平师范类院校，尤其是部属师范大学，使其重视教师教育、投入教师教育。部属师范大学虽然数量少，培养的师范生数量也有限，但是它们的影响与作用却是不容小觑的：如果部属师范大学不重视甚至逃离教师教育的话，势必会使社会担心教师教育的机构层次和教师培养质量以及师范专业的生源质量，从而形成一种不利于教师教育质量提升的恶性循环。而如果部属师范大学能够坚守并大力投入教师教育，不仅可以稳定师范院校的军心，而且可以给这些院校在教师教育改革发展和质量提升方面提供示范引领。正因如此，"公费教育实施办法"中特别强调要"发挥部属师范大学师范生公费教育的示范引领作用"。

三、"公费教育实施办法"的施行有助于更好地发挥部属师范大学的"旗舰"作用

应该说，国家 2007 年决定首先在部属师范大学实施"师范生免费教育"，就具有寄期望于部属师范大学发挥教师教育"旗舰"作用的政策意图。但是，"师范生免费教育"政策在实施过程中也的确暴露出了一些影响部属师范大学投入教师教育的积极性进而影响其"旗舰"作用发挥的问题。在这个高度重视评估并根据评估结果进行资源分配的时代，"师范生免费教育"政策似乎不仅不能给师范院校在学科评估和资源竞争中带来多大增益，还因为影响了本校研究生生源质量进而影响学科建设的原因而备受争议。不仅如此，"师范生免费教育"政策的弹性不足，尤其是较长的服务年限和保障性定向就业，也在一定程度上影响了在校师范生的学习积极性，这也导致部属师范大学实施师范生免费教育的意愿逐步低下。"公费教育实施办法"的颁发，在很大程度上就是为了解决这些问题，或者说

在客观上有助于这些问题的解决，进而促进部属师范大学作为教师教育"旗舰"作用的更好发挥。这是因为"公费教育实施办法"给予了公费师范生更多的尊重、选择和支持，也赋予了部属师范大学更大的自主。这些规定得到切实落实的话，考生报考公费师范生和在校期间的学习积极性将会大幅提高，部属师范大学实施师范生公费教育的积极性和培养质量也有望得到切实的提升。师范生公费教育在部属师范大学内部的地位得到巩固和提升，必将有助于部属师范大学改革发展教师教育的主动性发挥，也势必会对中国教师教育振兴发展产生"旗舰"效应。

当然，需要指出的是，部属师范大学能否在教师教育振兴发展中充分发挥"旗舰"作用，不仅仅取决于"公费教育实施办法"的施行，更有赖于包括《全面深化新时代教师队伍建设改革的意见》和《教师教育振兴行动计划》在内的相关政策措施的配套落实。教师和教师教育的地位提升是教师教育振兴发展的根本保障。

第 4 节　卓越教育愿景下的加拿大安大略省教师培养改革探析[①]

教师是教育改革成败的关键。因此，教师教育改革也成为世纪之交以来世界各国教育改革的重中之重。在提高教育质量的基本诉求下，世界主要国家纷纷以实现卓越教育为目标推进教师培养改革。例如，英国教育部于 2004 年开始实施的"卓越教师计划"（Outstanding Teacher Program，OTP），旨在促进教师的卓越发展；随后，2011 年出台、2012/2013 学年正式实施的《培养下一代卓越教师》把培养卓越教师提高到了国家战略层面。[②] 德国于 2012 年实施"卓越教师教育计划"，将改善教师教育质量作为行动目标；[③] 美国自 2001 年的《不让一个孩子掉队法》颁布后，各高校纷纷制定自己的"卓越教师培养项目"以致力于为中小学培养卓越教师。[④] 我国也不例外，教育部于 2012 年出台了《关于深化教师教育改革的意见》，首次提出要实施卓越教师培养计划。根据该意见精神，教育部于 2014 年发布了《教育部关于实施卓越教师培养计划的意见》，以"培养一大批师德高尚、专业基础扎实、教育教学能力和自我发展能力突出的高素质专业化中小学教师"。[⑤] 2018 年印发的《教育部关于实施卓越教师培养计划 2.0 的意见》更加凸显教育部意在通过培养一大批卓越的师范院校和师范生，从源头提升教师质量。[⑥] 尽管探索卓越教师培养模式已经成为当下我国教师教育改革发展的一股潮流，但是对于卓越教师到底应该具有什

---

① 本节作者系孙晓红、饶从满，本文曾发表于《外国教育研究》2019 年第 2 期。

② Department for Education. Training Our Next Generation of Outstanding Teachers，Implementation Plan [R]. London，2011，3.

③ 逯长春. 德国教师教育政策新动向——"卓越教师教育计划"：推行与展望 [J]. 教师教育研究，2013，25（04）：92-96.

④ 何菊玲、杨洁. 他山之石：国际卓越教师培养之成功经验 [J]. 陕西师范大学学报（哲学社会科学版），2018，47（01）：162-169.

⑤ 教育部关于实施卓越教师培养计划的意见 [EB/OL]. [2018-08-18]. http：//old. moe. gov. cn//publicfiles/business/htmlfiles/moe/s7011/201408/174307. html.

⑥ 教育部关于实施卓越教师培养计划 2.0 的意见 [EB/OL]. [2018-11-30]. http：//www. moe. gov. cn/srcsite/A10/s7011/201810/t20181010 _ 350998. html.

么样的素质、如何培养这样的卓越教师，才能实现卓越的教育，仍然是一个有待探索的理论与实践课题。在此背景下，考察一下世界其他国家如何通过卓越教师培养改革实现卓越教育的经验，无疑具有重要的价值。

本研究之所以选择考察加拿大安大略省的教师培养改革，主要是出于以下考虑：一是加拿大安大略省基础教育水平处于世界前列[1]，从各种国际性评价项目例如 2000 年开始的每 3 年一次的 PISA 测试可知，加拿大的成绩排名一直处于领先地位。在优异的基础教育质量背景下，2014 年安大略省提出"成就卓越"（Achieving Excellence）的教育愿景，旨在进一步促进教育的卓越和公平发展。在这一基础上，2015 年的职前教师培养改革也试图呼应卓越教育的目标。而纵观关于卓越教师培养的研究，大多集中于英美等国。在少数几篇关于加拿大的研究中，研究者并未将基础教育目标与教师培养目标结合起来探究其关联。那么，为了实现卓越教育，安大略省是如何进行职前教师培养改革的？安大略省这次的职前教师培养改革对于我国的卓越教师培养提供哪些值得思考的问题？这便是本研究所要探讨的问题。[2]

本研究主要基于加拿大安大略省教育部（Ontario Ministry of Education）和安大略省教师协会（Ontario College of Teachers）[3] 的官方网站上的相关资料进行文献分析。部分数据还来自加拿大国家教育与经济中心（National Center on Education and the Economy）和安大略省总理政府网站（Ontario Premier's Office），并对这些来源的数据进行汇编和交叉参照。当某一特定变量的数据在不同来源之间存在差异时，笔者会参照更多的数据资源，以确保信息的准确性。

一、成就卓越教育：安大略省教师培养改革的关键背景与核心诉求

加拿大安大略省对卓越教育的关注始于 2004 年。时年安大略省教师

---

[1] Ng P. How the World's Most Improved School Systems Keep Getting Better [J]. Journal of Educational Change，2011，12（4）：463-468.

[2] 对于安大略省来说，省内不同教师培养机构之间的教师培养方案类似，因此本研究以安大略省为单位进行探讨。

[3] 1997 年，安大略省教师协会（Ontario College of Teachers，简称 OCT）依法成立。OCT 属于非官方性质，是教师的专业自治组织。在安大略省，OCT 主要负责教师专业发展、教师资格认定、教师教育项目认证和实习等相关事务。在此次的职前教师培养改革中，由教育部指导实施进程，教师学院根据部委协商的结果制定条例。

协会在探讨关于"卓越教师——通过持续的专业发展来激发学生潜能"
（Teacher Excellence—Unlocking Student Potential Through Continuing
Professional Development）的主题时，提到了要通过促进教师持续的专业
发展，来提升学生的学业成就。① 其主要目的是将教师的发展作为依托目
标，通过培养掌握熟练教学技术的教师来进一步提升学生的学业成就，促
进安大略省教育质量的发展。2014 年，安大略省再次提出"成就卓越教
育"的口号，并以文件《成就卓越：安大略省教育的新目标》（*Achieving
Excellence：A Renewed Vision for Education in Ontario*）（以下简称"成
就卓越"）呈现。对于时隔十年之后提出这个新政策，究其原因，纵有千
头万绪，但不外乎以下两个方面：一是国际范围内对教育质量的重视。近
年来，国际性的学生测试项目层出不穷，如 PISA、TIMSS 等。这些项目
在实施过程中呈现的广泛的参与性、高度的关注度足以表明世界各国对教
育质量的重视程度，当然加拿大安大略省也不能例外。二是本省教育发展
的实际需求。在 2004 年之后十年的发展中，安大略省的基础教育取得了
巨大成就：在识字和算术方面达到省级标准的学生由 54％增加到约 71％，
高中毕业生由 68％增加至 83％。② 这一改变标志着这十年的教育取得了大
发展，同时意味着安大略省需要设定更高的教育发展目标来实现本省教育
的持续发展。当然，这也是一个审查本省还存在哪些教育问题的很好的契
机。因此，2014 年，安大略省教师协会与安大略省教育部（Ontario
Ministry of Education）以及来自各方的代表（包括教育、商业、市政、
法语区和土著社区等各领域）成立一个工作组，以分析安大略省教育目前
存在的问题以及未来的发展方向。值得指出的是，工作组的讨论主要基于
两个方面的依据：其一是各个行业的代表（包括教育、商业、市政、法语
区和土著社区等各领域）在工作组讨论中反映的安大略省教育的现实情
况，此为安大略省卓越教育目标制定的现实基础；其二是安大略省教师协
会和教育部组织的研究团体和加拿大相关研究者在这十年间开展的关于安
大略省教育问题的研究，这些研究也构成了安大略省卓越教育目标制定的
理论依据。

---

① Ontario Ministry of Education. Teacher Excellence—Unlocking Student Potential Through
Continuing Professional Development［EB/OL］.［2018-03-21］. http：//www. edu. gov.
on. ca/eng/general/elemsec/partnership/potential. html.

② Ontario College of Teachers. Achieving Excellence：A Renewed Vision for Education in
Ontario［R］. Ontario，2014：2-3.

　　该工作组认为，尽管安大略省的基础教育所取得的成绩斐然，但是要确保所有学生在此基础上取得更高的学业成就，安大略省有几个亟待解决的问题。主要总结为三个问题：教育质量问题、教育公平问题以及教师的教学技能问题。① 所谓教育质量问题，主要体现在安大略省学生的学习成绩在国际测试中下滑趋势初现端倪：从多次 PISA 测试的结果中可发现安大略省的学生数学成绩有所下降；所谓教育公平问题，主要是指安大略省由文化多样性所带来的一系列教育问题，包括特殊需求教育等问题；而所谓教师的教学技能问题，则主要是指教师在信息技术快速发展的今天对前沿教学技能的有效运用方面存在欠缺。总体来看，教师的教学技能问题的存在实为安大略省发展教育质量和提升教育公平的桎梏。

　　基于以上认识，工作组经多次商讨后，起草并发布了"成就卓越"，其中对安大略省的卓越教育目标进行了正式界定。安大略省确定了以下四个基本目标②。其一，提升教育质量。安大略省一直致力于使所有年龄段的学生都取得高水平的学习成绩，获得宝贵的技能，并表现出良好的公民意识。提升教育质量既是安大略省致力于教育发展的重要表征，亦是提升国际竞争力的有力手段。因而毫无疑问，提升教育质量是安大略省实现卓越教育的基础性工作。其二，确保教育公平。换言之，要使安大略省所有的学生（不论种族和地区）都能充分发挥其潜力，并拥有平等的教育机会。文化多样性是安大略省最重要的特点之一，因此，平等和尊重是安大略省实现卓越教育所当然包含的目标。这也体现出安大略省的"成就卓越"的教育愿景不仅仅诉求教育质量的提升，也追求教育的公平性。其三，提升儿童幸福感。这主要是指培养所有的学生具备健康的心理和身体状态、积极的自我意识和归属感以及能够做出积极选择的技能。其中体现的是在追求教育质量和教育公平的基础上，提升所有儿童的幸福感，促进所有儿童积极地、健康地、全面地发展。其四，增强公民信心。安大略省表明会继续致力于使本省公民对教育系统有信心。在前三个目标下，安大略省的基础教育更加致力于培养新一代有自信的、有能力的和有爱心的公民。总体而言，提升教育质量和确保教育公平是安大略省教育的基本目标，在实现这两个目标的基础上，达到提升儿童幸福感和增强公民信心这两个上位目标。换言之，以提高教育质量、实现教育公平为手段，去实现

---

① Ontario College of Teachers. Achieving Excellence：A Renewed Vision for Education in Ontario ［R］. Ontario，2014：2-3.

② 同①.

提升所有儿童的幸福感，进而实现增强公民信心的目标。

面对"成就卓越"计划所设定的更高的教育目标，同时面临提升教师教学技能的目标，教师的培养质量是实现这些目标的重要方面。而在当时安大略省教师培养时间紧缩、教师培养内容落后以及教师培养规模过大等的压力下，为了有效提升教师的专业性、培养卓越教师来实现卓越教育，改革职前教师培养项目无疑成为安大略省教师教育改革的重要组成部分。

二、安大略省教师培养改革的主要举措

2014 年，安大略省教师协会和教育部根据过去 10 年的教师教育研究成果和对教师资格广泛审查的结果，结合"成就卓越"的教育新愿景，决定改革职前教师培养项目。改革于 2015 年正式实施，改革举措主要包括以下三个方面。[①]

（一）培养周期倍增：保障卓越教师培养所需的时间

2015 年之前，安大略省大部分的职前教师必须接受三年学术课程学习获得学士学位，另外再进行两个学期的教师培养项目的学习。[②] 两个学期的专业学习虽然使职前教师在教育基础（即教育的历史、哲学和心理学）、教学方法、教学领域中的其他方法课程（如信息技术能力等）和实习课程均有涉猎，但是安大略省一些教育组织和相关研究者认为仅一年的教师教育课程所包含的广度和深度有限。例如，安大略省学校顾问协会（The Ontario School Counsellor's Association）和安大略省公立学校董事协会（The Ontario Public School Boards' Association）在教育部组织的职前教师教育研究中阐明了自己的立场：安大略省的职前教师培养项目时间有局限性，通过延长时间才能实现延长实习时间和容纳更多课程内容的目的。加拿大的相关研究者也曾对教师培养时间问题有过讨论。如上所述，安大略省在 2015 年之前大多数教师培养项目时间仅为一年。[③] 有学者曾指出，安大略省教师培养的最大挑战是在较短教师培养周期中提供综合性的

---

① Ontario College of Teachers. Looking at Enhanced Teacher Education [EB/OL]. [2018-03-21]. https://www. oct. ca/en/public/newteachered.

② Ontario College of Teachers. Registration Guide Requirements for Becoming a Teacher of General Education in Ontario Including Multi-session Programs [R]. Ontario，2015：1.

③ 2015 年之前，安大略省大多数的职前教师培养课程是在一年内完成的，全省只有两个教师培养项目是为期两年的，都是由多伦多大学安大略省教育研究所提供的。

教师培养课程。① 这其中一个重要考量是短期的职前培养项目可以涵盖的专题的深度和广度有限。因此，有研究便指出，安大略省的教师培养项目不能够提供足够的时间来发展职前教师的教学技能。② 实际上，早在 2011年，安大略省的研究者就对接受一年培养项目的职前教师的知识和能力现状做过调查。结果发现，这些职前教师在应对安大略省的基础教育中的各种问题时，知识和能力状况稍显不足。因此，研究者建议延长职前教师培养时间。③ 随后，加拿大学者埃雷迪亚（Heredia）对安大略省中接受一年职前培养的新教师和接受两年职前培养的新教师分别进行调查比较。结果发现，两年制课程的职前教师能够有更多的时间讨论与安大略省教育有关的问题，对教学也会有更好的准备。④

　　基于以上研究成果，安大略省意识到，未来的教师需要花更多的时间学习安大略的基础教育课程，学习课堂管理以及学习如何使用研究数据和新技术。因为更长的时间有助于教师更好地学习满足学生多样化需求的教学知识和教学方法。⑤ 这一举措也是为了"使更多的学生在学校能够取得好成绩，并实现下一步的目标——培养世界上最优秀的劳动力"。⑥ 基于这些认识，安大略省从 2015 年 9 月起，将职前教师在教师培养项目中的学习时间增加一倍，强化后的职前教师培养计划把职前教师培养项目的学习时间从之前的两个学期延长至四个学期（具体时间安排见表 1 - 1）。⑦

① Gambhir M，Broad K，Evans M，et al. Initial Teacher Education Program Characterizing Initial Teacher Education in Canada：Themes and Issues ［R］. University of Toronto，2008：19-20.

② Russell T，Mcpherson S，Martin A K. Coherence and Collaboration in Teacher Education Reform ［J］. Canadian Journal of Education，2001，26（1）：37-55.

③ Haas－Barota E. Reading，Writing and Pedagogy：The Impact of Ontario Education Faculties' P/J Programs on Graduates' Knowledge and Ability to Teach Literacy ［D］. Ontario：University of Toronto，2012：191.

④ Heredia B A. Preparing Teachers for Effective Literacy Instruction in the Elementary Grades：Two-year Teacher Preparation Programs in Ontario ［D］. Ontario：University of Toronto，2011：97-100.

⑤ Ontario College of Teachers. Looking at enhanced teacher education ［EB/OL］. ［2018-03-21］. https：//www. oct. ca/en/public/newteachered.

⑥ Ontario Premier's Office. McGuinty Government doubling teachers college to two years ［EB/OL］. ［2018-06-11］. https：//www. newswire. ca/news-releases/doubling-teacher-education-508707041. html.

⑦ 同⑤.

表 1 - 1　改革前后教师教育项目的时间安排对比

年份 比例（时间） 教师教育课程	2015 年以前	2015 年以后
教育基础（即教育的历史、哲学和心理学）	20%（73 天）	10%（73 天）
教学方法课程	40%（146 天）	20%（146 天）
在任何其他教育领域的方法课程（如政策文件相关课程、如何使用研究数据和新技术、支持有特殊学习需要的学生和来自不同社区的学生）	20%（73 天）	50%（365 天）
实习课程	20%（73 天）	20%（146 天）
课程总时间	一年（365 天）	两年（730 天）

资料来源：该表依据以下两份文献编制而成：（1）Kitchen J，Petrarca D. Teacher Education in Ontario：On the cusp of change//Falkenberg T. Handbook of Canadian Teacher Education Research：Initial Teacher Education. Ottawa：Canadian Association for Teacher Education，2015：62-76.（2）Ontario College of Teachers. Credential Assessment：For Denied Applicants［R］. 2016.

　　由表 1 - 1 可知，在改革前后，安大略省的职前教师教育课程类型没有发生变化，增加的时间主要用于延长"其他教育领域的方法课程"和"实习课程"时长。其中，"其他教育领域的方法课程"主要是基于卓越教师的素质要求培养教师的卓越技能（具体的培养目标与内容在下一部分详细阐述）。除此之外，安大略省还相应增加了实习时间：由之前的最少 40 天增加至最少 80 天[①]。就实习时间而言，职前教师的实习被分散安排在为期四个学期的教师教育项目中：第一学期 20 天（每周一到两天/每周两天半），第二学期和第三学期 30 天。实习学校负责对职前教师的实习情况进行跟踪记录，如若在第四个学期之前职前教师完成了为期 80 天的实习，则可以在第四个学期选择 30 天的实习（practice）或者 30 天的实地体验（field placement），也可以是 2 个 15 天的教师教育课程；反之，若职前教师在前三个学期因故缺席了一部分实习课程而未达到最少 80 天的要求，则第四个学期可以用来继续完成实习要求。从实习内容来看，第一学期

---

① Ontario College of Teachers. Credential Assessment：For Denied Applicants［R］. Ontario，2015：1.

20天的实习经常被描述为"教师辅助实习"　（teacher-assisting experience），这期间职前教师主要是观察有经验教师的教学活动。在第二学期的实习中，职前教师至少用两天的时间观察，并逐渐开始进入课堂进行讲课。第三和第四学期的实习还是需要职前教师先进行两天的课堂观察，并预计在第一周结束后职前教师能够在一天内完成一到两天的整组课程，他们的教学责任也将从第二周末的40％逐渐增加到第四周或第五周的80％～100％。总体而言，实习课程旨在使职前教师不断增加课堂任务，增加实习经验。①

总之，安大略省在此次改革中，意在通过延长职前教师的总体培养时间和实习时长等举措来提高教师的培养质量，增强职前教师促进教育质量和公平的能力，进而有助于实现"成就卓越"的教育目标。

（二）培养目标与内容改革：聚焦卓越教师素质要求

如果说延长教师培养时间为卓越教师培养的外部保障举措，那么可以说聚焦于卓越教师素质的培养目标与内容的改革为内部保障的策略。不论是改革之前还是之后，安大略省教师培养课程都分布在三个领域：教育基础课程；教学策略和方法；多样性社会和法律法规等其他教育领域的方法课程。② 但由于职前培养时间的延长，更是基于对卓越教师素质的要求，此次改革在这三大领域的时间分布③上进行了调整（具体见表1-1）：在职前教师培养时间加倍的前提下，关于教育基础的课程和教学方法课的总量大致不变，本次改革主要集中于"其他课程领域的方法课程"和教育实习课程。实习课程在上一部分已有提及，本部分将着眼于新的职前培养方法课程。安大略省在原有基础上，特别强调了培养职前教师的四种能力：政策文件的解读能力、进行特殊需求教育的能力、运用信息技术的能力以及研究能力。

1. 政策文件的解读能力

安大略省教育法第347/02号条例"教师教育专业认证"中明确要求

---

① Ontario College of Teachers. Accreditation Committee Decision Regarding the Application for Accreditation Submitted by the Department of Education, Redeemer University College [EB/OL]. [2018-07-10]. https：//www. oct. ca/-/media/PDF/Accreditation％20Decisions/20180426 _ Redeemer _ AC％20Decision _ EN. PDF

② Ontario College of Teachers. Accreditation Regulation Amendments for Expanded Teacher Education Program ［R］. Ontario，2015：5.

③ 同②7.

职前教师培养项目需向准教师提供与教师和学生学习相关的省级政策文件课程，促进其对这些文件的理解。① 此次改革教师培养内容中，安大略省强调向参与职前教师培养项目的准教师提供与省级政策文件有关的课程，以促进职前教师对这些文件的理解。这类文件包括：安大略省教育法和相关法规、职业健康和安全立法的内容以及由安大略省教师协会制定的"教师职业实践标准"和"教师职业道德标准"的内容。② 这方面的课程要求职前教师理解这些文件的规划和设计。安大略省强调，将教育政策相关文件列入安大略省职前教师培养课程，目的是确保专业教育方案促进准教师有机会全面学习课程政策文件，以便了解每个组成部分。通过设计学习活动、课程单元、评估和评价来指导职前教师的教学和学习，这种彻底的参与也将使他们在为班级和个别学生规划教学和学习时能够有效地使用这些文件。③ 这一举措的目的是让职前教师不仅知道任教课程本身的内容，而且要将所任教的课程放在更大的背景下知晓课程背后的理念和思想。

2. 进行特殊需求教育的能力

安大略省教育法第 347/02 号条例"教师教育专业认证"中要求职前教师培养项目必须包括为满足所有学生的需要而制定的政策、评估和做法。这其中对职前教师的具体要求有：教第一语言非教学语言的学生（包括英语和法语）的能力；对所有学生进行公平教学和评估的能力；对确定需要特殊需求教育的学生的需求做出反应的能力以及处理有关学生心理健康等问题的能力。④ 因此，在此次内容改革中，要求职前教育机构重视对准教师的特殊需求教育能力的培养。安大略省强调，关注特殊需求教育的目的是确保进入这一职业的教师，不仅拥有必备的知识和技能（即方案编制、教学实践等），还具有为所有学生的个性化、精确评估和教学实践制定计划的能力。通过设计不同的教学策略，满足每个学生的个性化的学习需求。⑤ 除此之外，教育法第 347/02 号条例"教师教育专业认证"要求专业教育方案促进准教师具有与儿童、青年的心理健康问题有关的知识和理解。这一策略旨在帮助职前教师了解心理健康、幸福和成就之间的关系，

① Ontario Ministry of Education. Education Act：Regulation 347/02，Schedule 1 ［R］. Ontario，2015：3.
② Ontario College of Teachers. Accreditation Resource Guide ［R］. Ontario，2015：30.
③ 同②.
④ 同②26.
⑤ 同②26.

并将学生的健康视为包括身体、认知、心理、社会和情感健康等多个组成部分。① 培养职前教师有效应对特殊需求教育的能力回应了"成就卓越"教育愿景下的"确保公平"和"增强儿童幸福感"的理念。

3. 运用信息技术进行教育教学的能力

将信息技术纳入教学的目的是强调技术在教学中可以发挥的教学作用，特别是使所有学习者能够更好地理解教育学。培养职前教师有效利用信息技术的能力包括：数据分析的能力、利用技术作为教学工具的能力和利用信息技术进行学生评价的能力。② 安大略省认为，为了实现卓越教育，安大略省应该投资于未来教学所需的技术和基础设施，并投资于创新的教学实践和教学方法，使技术能够更好地参与学生的学习并解决学生的学习需要。这其中包括：用技术进行有效教学需要了解如何使用技术来表示概念和内容，了解是什么使某些概念和内容成为热点，以及技术如何提供公平的学习机会并有助于促进和加强每个学生的学习。③ 正因为如此，在职前教师培养计划中，安大略省十分重视职前教师对教育技术的运用，其目的便是实现技术在教学中可以发挥的教学作用。可见，培养职前教师运用信息技术进行教学对于提高教师教学质量和促进公平两方面均有助益。这也契合了"成就卓越"教育愿景下的"提升教育质量"和"促进教育公平"这两个基本目标。

4. 研究能力

新的项目致力于促使职前教师能够在教学中有效利用现有的研究成果，强化职前教师教育研究能力和数据分析能力。安大略省强调，设置这部分内容是为了强调参加教师教育项目的职前教师要学会利用现有的研究文献和数据（例如，教育质量和问责办公室（EQAO）的调查结果等）来确定学生练习的方向和下一步的教学步骤，以促进学生的学习。④ 研究能力是一种自我发展、自我改进的能力，因此培养职前教师的研究能力对促进教师的专业成长、提升教师的质量均有助益。安大略省也表明，培养职前教师的研究能力更有助于教师的专业发展，进而提高教师的教学质量并实现卓越的教育。⑤

---

① Ontario College of Teachers. Accreditation Resource Guide [R]. Ontario, 2015：13.
② 同①.
③ 同①.
④ 同①11.
⑤ 同①11.

（三）培养规模减半：实施卓越教师的精英化培养

从 2015 年开始，安大略省教师协会和教育部共同商议决定将职前教师教育项目的招生人数减少为 4500 人，这是之前人数的一半。一方面，缩小培养规模有利于实现教育资源的利用效率。延长职前教师培养时间势必需要增加相应经费的投入，而招生人数改为原来的一半又使这部分经费更加集中地用于培养未来教师。基于这两方面，在培养时间加倍的前提下，缩小职前教师的培养规模这一举措能够更好地实现教育资源的高利用率，以推进精英化培养。另一方面，缩小培养规模有助于提高入学标准。因为减少招生人数能够导致教师教育项目入学竞争关系日益激烈。[①] 有资料显示，改革之后每年每 5 个申请者中仅有 1 人有机会进入职前教师培养项目，[②] 由此可知，培养规模的缩小促使了教师入口关的标准提高，更有利于实现精英化培养，这也符合安大略省培养卓越教师的目标，进而促进"成就卓越"教育愿景的实现。

安大略省除了致力于教师的精英化来培养卓越教师外，缩小教师培养规模的另一个重要原因是解决安大略省毕业生供过于求的问题。实际上，安大略省一直存在职前教师培养项目的毕业生的供求问题。自进入 21 世纪以来，随着移民人数的增加，安大略省的劳动力市场面临日益巨大的压力。安大略省劳动力专家小组（Workforce Expert Panel）向安大略省总理提交的报告中称：在移民安大略省不到 5 年的人中，25～54 岁的移民失业率最高（10.9%），而 80% 的最近来到安大略省的移民中，只有 55% 的人从事高技能工作。[③] 当然，这一现象也存在于劳动力市场的教育领域，安大略省教师协会在 2006 年的报告中称：事实上，来自世界各地的机构已经开始在加拿大培训和认证教师，从而导致认证教师的增加，这对劳动力市场产生了重大影响。[④] 据安大略省教师协会的调查，在 2015 年之前，

---

① Ontario College of Teachers. Looking at Enhanced Teacher Education [EB/OL]. [2018-03-21]. https：//www. oct. ca/en/public/newteachered.

② National Center on Education and the Economy. Canada：Teacher and Principal Quality [EB/OL]. [2018-10-05]. http：//ncee. org/what-we-do/center-on-international-education-benchmarking/top-performing-countries/canada-overview/canada-teacher-and-principal-quality/.

③ Literacy and Basic Skill Support Organizations. Building the Workforce of Tomorrow：A Shared Responsibility [R]. Ontario，2016：8.

④ Ontario College of Teachers. Transition to Teaching [R]. OCT：Toronto，Ontario，2006：3.

每年从职前教师培养项目中毕业的学生人数约为 9000 人，但是只有约一半的人数能够顺利进入教师劳动力市场。

尽管规模减半有适应教师供求关系的意味，但追求教师的精英化培养是其中的重要追求。换一个角度来说，之所以能够实施教师的精英化培养，与教师供求关系的变化有关系，是教师市场的变化为精英化培养创造了条件、提供了可能。安大略省同样表示，教师培养规模过大不仅造成资源浪费，亦是加重了劳动力市场的负担。这一举措可卓有成效地减少资源浪费，推动实现教师的精英化培养。

三、讨论与反思

安大略省的教师培养改革致力于培养卓越教师，实现卓越教育。如果说安大略省在卓越教师培养的目标与内容方面强调的四个特殊能力对于我国培养卓越教师有一定借鉴价值的话，那么其在卓越教师的培养周期和卓越教师的培养规模方面的调整策略则为我国思考这方面的问题提供了一个契机。

（一）关于卓越教师培养的时间

谈到卓越教师培养时，人们首先想到的可能就是培养时间问题。为了更好地培养未来的教师，加拿大安大略省自 2015 年起将职前教师教育周期延长一倍。尽管目前没有数据表明延长培养时间对教师的实际影响，但是在改革后续的相关报告中安大略省认为延长时间将更有利于职前教师做好教学准备。① 这也表明安大略省此次延长教师教育时间有一定的合理性。

实际上，有关延长教师职前培养时间的问题在学界已有多年的争论，也有不断延长培养时间的做法，如美国，从快速的非师范路径到标准的四年制大学再到五年的延伸项目或五年以上的学士后项目。这样做的目的是让教师在从教之初就对所教学科内容及其教学法知识有一个很好的把握。② 在职前教师培养时间方面，我们不可否认的是，适当地延长培养时间有助于职前教师更好地为教学工作做准备。蔡克纳（Zeichner）和康克林

---

① Mandate Letter Progress：Education [EB/OL]. [2018-11-15]. https：//www. ontario. ca/page/mandate letter progress education section 4.

② 玛丽莲·科克伦-史密斯，沙伦·费曼-尼姆塞尔，约翰 D. 麦金泰尔 & 凯莉 E. 德默斯. 教师教育研究手册：变革世界中的永恒问题 [M].范国睿，等译. 上海：华东师范大学出版社，2015：267-268.

（Conklin）在 2005 年总结了文献中主张延长职前教师培养时间的两个主要观点[①]，其中的生命空间论点（life space argument）便认为短期的职前教师培养项目不能使教师充分理解教学中的所有问题。这一观点认为教学和课堂具有复杂性和专业性的特点，职前教师必须有足够的时间认识到这一复杂性并做好充分的准备。实际上不论是教师职业还是教师教育，都是具有复杂性的。正是因为其复杂性，职前教师才需要较长时间来更好地理解其复杂性并获得专业技能。著名学者达林-哈蒙德（Darling-Hammond）也曾指出"职前教师需要足够的时间来理解教学工作的复杂性"。同样，"教师养成"观点也佐证了延长时间这一论点，因为"教师养成"追寻的是教师作为"人"的外在行为方式和内在品德价值的形成。[②] 这就意味着教师教育强调对教师的职业素养和日常行为习惯的"浸润式培养"。而这种培养方式需要的便是长时间的磨炼。在这样的思考下，我们便不难理解一些国家的教育政策，例如，芬兰从教师教育大学化发展为教师教育硕士化，以及我国 2018 年在《中共中央国务院关于全面深化新时代教师队伍建设改革的意见》中强调"大力推动研究生层次教师培养，增加教育硕士招生计划"[③]，这其中很重要的一个考量便是培养时间问题。

但是延长培养时间总有个"度"，这就给我们带来一个值得思考的问题：职前教师培养周期究竟多长时间是合适的？我们认为，教师教育项目的时间长短应该针对特定项目的特点和实施过程中的问题来决定，而非简单地模仿别国来延长或是缩短。蔡克纳和康克林也曾指出："教师教育项目的实质和意义，应该存在于对特定项目特点的细化和实施中，而不是简单看它们是否存在；并且对于如何寻找到一种普适性的、最佳的教师教育实践，使之适用于任何一种环境和所有职前教师，这个问题也是毫无意义。"[④]

---

① Zeichner K M, Conklin H G. Teacher Education Programs［M］//Cochran-Smith M, Zeichner K M. Studying Teacher Education: The Report of the AERA Panel on Research and Teacher Education. London: Lawrence Erlbaum Associates, 2005: 701-703.

② 杨柳，赵正. 内化与生成：教师养成教育的本真建构［J］. 教育评论，2016（04）：104-107.

③ 中共中央国务院关于全面深化新时代教师队伍建设改革的意见［EB/OL］.［2018-01-20］. http://www.moe.gov.cn/jyb＿xxgk/moe＿1777/moe＿1778/201801/t20180131＿326144. html.

④ 玛丽莲·科克伦-史密斯，沙伦·费曼-尼姆塞尔，约翰 D. 麦金泰尔 & 凯莉 E. 德默斯. 教师教育研究手册：变革世界中的永恒问题［M］. 范国睿，等译. 上海：华东师范大学出版社，2015：289.

　　另外，值得指出的是，职前教师教育的周期长短与经费也是直接相关的，延长教师培养周期便意味着增加经费投入。在加拿大安大略省，教师培养经费大部分由政府提供，在政策实施过程中便遇到经费不足的问题，这一问题也直接导致安大略省的部分职前教师培养机构未能按时有效实施教师教育新政策。①

　　总而言之，尽管对于职前教师培养多长时间合适是不确定的，但是不可否认的是，加拿大安大略省的改革可以给我国检验教师培养周期和思考其与经费之间的关系提供一个契机。

（二）关于卓越教师培养的目标与内容

　　职前教师培养内容反映的是教师培养目标。那么，关于"卓越教师培养"，我们可能应该考虑的是能够实施卓越教育的教师到底需要什么样的素质；对应这样的素质，职前教师培养项目内容应包含哪些内容。安大略省在此次改革后，还设置了监测新增课程在教师教育方面影响的机构。资料显示，安大略省实施新的教师教育项目之后，教师能够更好地获得为未来教育做准备的各项技能。②

　　谈及职前教师的培养内容，很多人会认为教师只要掌握与学科相关的知识并能够以一种使学生轻易理解的方式讲解出来即可。然而，正如达林-哈蒙德所言："对于这种形式的教学，通过博雅教育培训教师便可实现。"③ 但是在当前日益复杂的社会背景下，教师不仅要掌握专业知识，更要学会如何保证使所有学生都能取得成功。这对于当代卓越教师的培养提出了新的要求和挑战。有学者曾指出："接受过充分培养的教师能够更好地运用多样化的教学策略来回应多样的学生需求和学习风格，同时能够激发学生更好地学习。"④ 这里所指的充分的教师培养便不仅仅是重视教师的

①　Julian K，Diana P. Teacher Education in Ontario：On the Cusp of Change ［M］//Thomas Falkenberg，Handbook of Canadian Research in Initial Teacher Education. Ottawa：Canadian Association for Teacher Education （CATE）/Association canadienne de formation d' enseignement（ACFE），2015：61-70.

②　Mandate Letter Progress：Education ［EB/OL］. ［2018-11-15］. https：//www. ontario. ca/page/mandate letter progress education section 4.

③　Robert A Roth. The Role of the University in the Preparation of Teachers ［J］. British Journal of Educational Studies，1999：47（3）：305-306.

④　Hiebert J，Gallimore R，Stigler J W. A Knowledge Base for the Teaching Profession：What Would It Look Like and How Can We Get One? ［J］. Educational Researcher，2002，31（5）：3-15.

学科知识，更要注重教师各方面能力的培养。

正如有关研究者反复强调的那样，卓越教师应有卓越的专业素质。为回应这一课题，加拿大安大略省此次内容方面的改革在保证教师对学科知识掌握的同时，着重培养教师的政策文件的解读能力、进行特殊需求教育的能力、运用信息技术教学的能力和研究能力，致力于培养能够适应时代发展的、拥有卓越教学素质的教师。这一做法对于同样在进行卓越教师培养的我国来说不无参考价值。依次来看，为应对社会的急剧变化，我国相关教育部门会根据我国的教育需求制定一系列的政策文本。此时，教师对于政策文本的解读能力便至关重要，这决定了教师是否能够深刻领会政策精神和我国的教育发展方向，这对于处于快速发展期的我国教师是重要的素质之一。由此可见，在职前阶段培养教师的对于政策文本的解读能力是新时代教师教育培养的重要内容之一。研究能力对于教师的专业能力发展具有积极影响。正如芬兰学者汉娜莱·涅米（Hannele Niemi）指出的："研究和主动学习强化了职前教师的专业能力。"[1] 这种能力促使职前教师时常反思自己，久而久之，形成一种自我发展、自我改进的能力。这种能力对于我国致力于不断提升教师质量、实现教师专业发展都有重要作用。信息技术作为一种教学的辅助技术，不仅能够提高教师的课堂效率，也是评估和评价学生学习的技术强化策略。OECD 在 2012 年的报告指出："数字媒体具有改变学习环境的潜力，并使学习者能够积极参与塑造自己的教育。"[2] 因此，强化职前教师的信息技术能力也是实现教师卓越教学的重要方式。职前教师也应能够灵活应对有不同学习需求的学生。我国在进入新世纪后，促进教育公平的主题日趋突显，[3] 特殊需求教育也应受到大家的重视。OECD 在 2012 年的关于培养 21 世纪的教师的报告中也指出，进行特殊需求教育是强化的教师教育项目的重要组成部分。[4] 综上，安大略省此次强调培养的职前教师的四种能力对我国在设定卓越教师培养内容时具有重要的参考价值。

---

[1]　Niemi H，Nevgi A. Research Studies and Active Learning Promoting Professional Competences in Finnish Teacher Education [J]. Teaching and Teacher Education，2014，43（43）：131-142.

[2]　Schleicher A E. Preparing Teachers and Developing School Leaders for the 21st Century：Lessons around the World [M]. France：OECD Publishing，2012：43.

[3]　饶从满. 提高教师和教师教育地位，推动教师教育振兴发展 [J]. 华东师范大学学报（教育科学版），2018，36（04）：34-36.

[4]　同[2]34.

（三）关于卓越教师培养的规模

由上文可知，安大略省此次教师教育改革将培养规模缩减为原来的一半，究其原因，是出于安大略省对"精英化"的卓越教师培养的需求。换言之，是解决教师的质量和数量的关系问题。

从全球范围内来看，各国的教师教育机构均致力于为本国或本地区输送高质量的教师，这是一项崇高的使命，在目前大多数相关研究中，这一观点也得到共鸣。但是这一使命却与教师教育机构的另一使命存在冲突，即为大量空缺的职位输送教师。[①] 要同时兼顾这两个使命，要考虑的重要问题便是职前教师的培养规模。因为接受了职前培养的教师往往没有全部进入教师行业，或者也会存在质量参差不齐的情况，这就要求我们思考教师市场供求为多大比例时，才能在保证教师质量和数量的同时，不会造成资源的浪费。从国际上看，世界各国在处理教师市场的供求时呈现多样化。譬如，芬兰的教师供求比例接近一比一。这是因为芬兰的教师门槛高，中小学教师必须具备硕士学历，即培养"研究型"教师，这也使教师这一职业更具专业性。同时，芬兰教师的社会地位很高，在芬兰属于广受尊重的职业，因此，大学培养的职前教师毕业后几乎都会从事教师职业。相应的，在教师培养项目的"入口处"便会存在激烈的竞争，教师教育项目的入学标准也很高。正如萨尔伯格（Sahlberg）在 2011 年指出的，较高的入学标准在芬兰使教师成为理想职业方面起着关键作用（在芬兰，只有十分之一的申请人被录取）。[②] 当然，当教师供求存在较大比例时不同国家也会有不同情况。比如 20 世纪 80 年代中期到 90 年代的日本，出现了教师资格证取得者"过多"与实际录用者"过少"的状况，教师录用的平均比例将近 12.5%。[③] 这虽然有利于保障教师供给，但也会造成资源的浪费。再比如我国，目前的教师供求大致为三比一的比例，这虽然也会造成一定的资源浪费，但是也有利于改善我国存在的"结构性失衡"的问题。自 20 世纪 80 年代，我国开始实行多元开放的教师教育体系，以保证教师

---

① 玛丽莲·科克伦-史密斯，沙伦·费曼-尼姆塞尔，约翰 D. 麦金泰尔 & 凯莉 E. 德默斯. 教师教育研究手册：变革世界中的永恒问题 [M].范国睿，等译.上海：华东师范大学出版社，2015：294-295.

② 帕思·萨尔伯格.芬兰道路：世界可以从芬兰教育改革中学到什么 [M].林晓钦，译. 江苏：凤凰科学技术出版社，2015：104-105.

③ 饶从满. 变动时代的日本教师教育改革：背景、目标与理念 [J].比较教育研究，2014，36（08）：1-7.

数量为主要目的。世纪之交以来，我国的职前教师培养开始从"数量需求"到"质量诉求"发生转变，2012 年教育部颁布的《关于深化教师教育改革的意见》便指出："要全面提高教师教育质量，培养造就高素质专业化教师队伍。"① 由此可见，我国目前在教师培养方面也面临"质"和"量"两方面的问题。

显然，关于教师培养规模的大小在不同国家难以达成共识。鉴于各国教师教育项目的背景不同，且路径和成分多样化，这意味着我们也不该奢求以一种统一的标准一以贯之。我们需要面对的首要任务是保证教师培养过程中质与量的平衡问题。因此，教师培养仍然面临一个基本困境：一方面，我们需要确定应该吸引哪些人进入教师培养项目；另一方面，我们应权衡好进入项目的人数与未来从教数量的比例，以保障教师的供给和质量。实际上，各国在解决教师培养规模的问题时要解决的都是质和量两方面的问题。除此之外，一个国家的教师地位、教师待遇等都是影响教师培养效果的因素。因此，在培养卓越教师、实现卓越教育的道路上，如何权衡供求关系、提高教师培养质量、提升教师的社会地位等问题都是值得讨论和商榷的。

---

① 中华人民共和国教育部关于深化教师教育改革的意见 [EB/OL]. [2018-07-08]. http：//www. moe. gov. cn/srcsite/A10/s7011/201211/t20121108 _ 145544. html.

第 2 章

教师认同与教师愿景

第 1 节　生命历程理论视域下的教师职业认同①

一、引言

　　"2015 年 5 月 12 日是汶川地震七周年纪念日，曾经被称作'范跑跑'的范美忠再一次被媒体所关注，随之引来又一波公众讨论。不同于七年前的道德批判，这一次出现了向范美忠道歉的声音，他当年的逃走也被放到特殊情况下人基于本能的选择而获得同情与理解，并由此牵涉到个体价值的问题。"② 这次公众对"范跑跑事件"的前后态度变化至少可证明如下两点：第一，假定公众这个主体没有变的话，则证明公众的教师职业价值观（属于职业认同范畴）会随着时间发生变化；第二，假定公众这个主体本身发生了变化，则证明不同主体（也许 2008 年的"公众"更多的是"60后"与"70 后"的话，那么 7 年后的"公众"则更多的是"80 后"与"90 后"）的教师职业价值观有差异。

　　21 世纪的中国处于转型发展期，在这个过程中，教师职业群体容易产生道德危机与身份认同危机。对教师的培养开始由过去的关注教师"应该怎么样"（Ought to be）的外铄性标准，转向注重教师的"我是谁，我要成为什么样的教师？"（Who am I？）的内在动机激发。这种转变的假设是：在多变的社会背景中，教师自己的职业认同尤显重要。结合"范跑跑事件"的始末，这里就产生一个重要的社会问题，即出生于不同年代的教师的职业认同如何呢？无疑，"60 后"教师与"70 后"教师是当前教师群体中的两大中坚力量，他们的职业认同观在随着社会时间变迁中又会发生什么样的变化呢？

---

　　①　本节作者系骞世琼、饶从满，本文曾发表于《教师发展研究》2017 年第 6 期。

　　②　萧轶．"范跑跑"归来：对公共生活伦理的一次重新审视．[EB/OL]．（2016-5-15）[2016-05-15]．http：//culture. Ifeng. com /insight /special /fanmeizhong /♯ _ www _ dt2.

二、教师职业认同与生命历程范式

从 20 世纪 90 年代开始，教师职业认同逐渐成为教师教育领域研究和关注的热点。Korthagen（2004）在教师行为改变的"洋葱头模型"中明确指出，教师职业认同与教师使命是影响教师行为做出改变的核心要素，也是最不容易发现的要素。[①] 教师职业认同中隐射出人类在从事任何职业时的两个核心动机：归属的需要和独特的需要，其形成与教师所处社会文化背景与环境中的体验有着密切联系[②③④⑤⑥⑦]，而体验具有连续性与互动性的特点。[⑧] 但目前不少对教师职业认同的研究更多的是一种"量"的研究，关注焦点是教师在某个时间点的职业认同情况，忽视了教师在背景变化、时间变化中的个体"体验"。这种"断裂"式的研究容易在寻求一种集中趋势的前提下走向化约主义，忽视教师职业认同的建构主体是教师自己。生命历程理论的"视角"能适切地解决这个问题，"连续"是该理论的重要特点，"生命历程范式的连贯性为越来越多的学者所青睐，在他们的研究中，'连续'而非'断裂'的视角得到了充分的彰显。"[⑨] 该范式的核心概念是出生组（指一组出生于相同历史时期和经历相同社会变革的群体，不同的出生组会有不同的教育、工作机会等）、转换（指个体在生命历程中，都会经历许多的转换，比如开始上学、进入青春期、离开学校和获得第一份工作等）、轨迹（主要考察的是在人的一生中的稳定性与变动

---

① Korthagen F A J. In Search of the Essence of a Good Teacher: Towards a More Holistic Approach in Teacher Education [J]. Teaching and Teacher Education, 2004, 20: 77-97.

② Hamman D, Gosselin K, Romano J, et al. Using Possible Selves Theory to Understand the Identity Development of New Teachers [J]. Teaching and Teacher Education, 2010, 26: 1349-1361.

③ Beijaard D. Teachers' Prior Experiences and Actual Perceptions of Professional Identity [J]. Teachers and Teaching: Theory and Practice, 1995, 1 (2): 281-294.

④ 魏淑华. 教师职业认同研究 [D]. 重庆：西南大学，2008.

⑤ Olsen B. How Reasons for Entry into the Profession Illuminate Teacher Identity Development [J]. Teacher Education Quarterly, Summer, 2008: 23- 40.

⑥ Bayer M, Brinkkjêr U. Teachers' Professional Learning and the Workplace Curriculum [C]. Martin Bayer, Ulf Brinkkjer, Helle Plauborg, Simon Rolls (eds.). Teachers' Career Trajectories and Work Lives. Springer Science Business Media B. V., 2009: 103-116.

⑦ Lu H H. Stories of Teacher Identity: A Narrative Inquiry into East Asian Teachers' Lives [D]. University of Maryland college park, 2005.

⑧ 杜威. 民主·经验·教育 [M]. 彭正梅，译. 上海：上海人民出版社，2009.

⑨ 徐静，徐永德. 生命历程理论视域下的老年贫困 [J]. 社会学研究，2009，24 (06): 122-144.

性，轨迹不可能是一条直线，因为人是自己生命历程建构的主体，所以每个人的轨迹都有着自己独特的发展方向）、生命事件（那些可能会对个体的生命轨迹产生严重和长期影响的事件，不同性别、阶层或者种族的人对相似的生命事件看法不一，使得生命事件对不同出生组的人会产生不一样的影响）。

三、资料收集

本研究通过分层抽样的方式选取贵阳市 5 所不同层次、不同区域中学（编码为 A、B、C、D、E 中学）的 14 名"60 后"中学教师和 15 名"70 后"中学教师为研究对象（见表 2 - 1）。设计"教师职业认同故事线坐标图"（见图 2 - 1）为主要研究工具收集教师生命轨迹中的教师职业认同水平变化过程和生命事件。同时，辅以教师生活史访谈，以实现所收集资料之间的三角验证。

教师职业认同生命故事线图

教师认同陈述为：教师对教师职业的认可和接受程度。请按照认可与接受程度赋分。

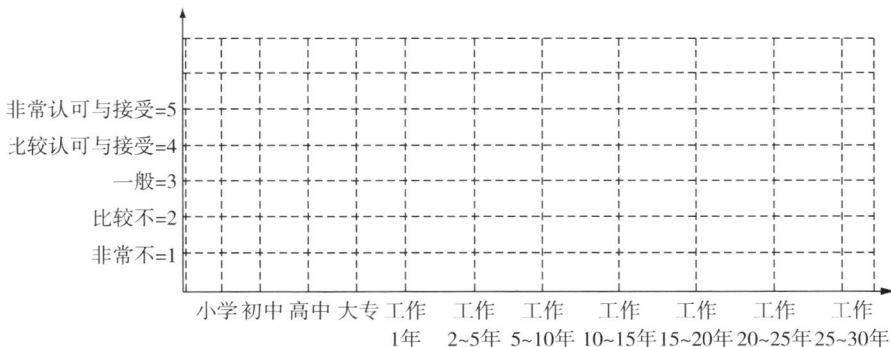

图 2 - 1　教师职业认同生命故事线图

教师在描述自己的生命事件时既可能有天马行空的随意，也可能会进行本能性的筛选。为保证基本的研究信度与效度，本研究采用的具体策略是从研究问题出发，与教师进行半开放式的访谈，访谈提纲的设计主要以教师在生命历程中发生的生命事件作为资料收集的主要来源，内容是来自教师日常生活中的直接经验。与每一位教师的访谈都是单独进行，访谈持续时间至少在 1 小时以上，有的持续 3～4 小时，也有教师经过 2 次以上的访谈。根据不同访谈对象的表达能力和访谈时的环境差异，提问方式有所不同，但问题内容的性质没有差异。在访谈过程中，研究者努力适应着一线教师们既有的文化环境以及他们基于此的表达方式，通过这样的方式与受访教师之间合理建构并维持一种共享的实在。29 名教师的访谈文本是 33 万字。在进行资料整理时，如发现教师的说法有矛盾处，则会再次跟教师联系，并反复确认真实性。

表 2 - 1　29 名研究对象基本信息表

学校	教师	出生组	性别	学校	教师	出生组	性别
A 校	A1M	"70 后"	男		E1M	"60 后"	男
	A2F	"70 后"	女		E2F	"60 后"	女
	A3M	"70 后"	男		E3M	"60 后"	男
	A4M	"60 后"	男	E 校	E4F	"60 后"	女
B 校	B1F	"60 后"	女		E5M	"60 后"	男
	B2F	"60 后"	女		E6F	"70 后"	女
	B3F	"70 后"	女		E7M	"70 后"	男
	B4F	"70 后"	女		C1F	"70 后"	女
	B5F	"70 后"	女		C2F	"70 后"	女
	B6F	"60 后"	女		C3M	"60 后"	男
D 校	D1M	"60 后"	男	C 校	C4M	"70 后"	男
	D2F	"70 后"	女		C5F	"70 后"	女
	D3M	"60 后"	男		C6F	"70 后"	女
	D4F	"70 后"	女		C7M	"60 后"	男
					C8M	"60 后"	男

四、"60 后"与"70 后"出生组的教师职业认同发展轨迹

基于生命历程理论的"连续"性视角绘制每位教师的教师职业认同发展轨迹，以教师生命历程中社会时间序列（主要是入学与入职）为横坐标，以教师的教师职业认同水平为纵坐标，并标注出相应的生命事件及其社会时间序列。两个出生组教师的职业认同生命轨迹如下表（表 2-2）所示，"60 后"出生组中，有 4 名是波折水平型、4 名是波折向上型、2 名是渐变向下型、4 名是波折向下型；"70 后"出生组中，3 名属波折水平型、4 名属渐进向上型、6 名属波折向上型、2 名属渐变向下型。

表 2 - 2　两个出生组教师职业认同发展轨迹类型

总的发展方向	变化强度	"60 后"	"70 后"	示范
向上	波折	C7M、E1M、E3M、E2F	C6F、D2F、C4M	
	渐进		A1M、A2F、A3M、B4F、B5F	
	波折	B6F、A4M、B1F、D3M	C5F、C1F、B3F、E7M、C2F	
向下	渐变	E4F、C8M	D4F、E6F	
	波折	C3M、D1M、E5M、B2F		

（一）波折水平型

波折水平型指教师的教师职业认同发展轨迹在总的发展方向上处于水平状态，但是在教师的生命历程中的发展强度是一种波折型的变化特征。属于波折水平型的"70 后"教师分别是 C4M、C6F 以及 D2F；"60 后"教师分别是 C7M、E1M、E3M、E2F。从总的发展方向上来看，"70 后"组均处于较高的认可与接受水平；"60 后"组中有 2 名处于比较高的认可与接受水平上（E2F、E3M），另外 2 名则处于较低认可与接受的水平上。此处以"60 后"较低水平型中的 C7M 教师为例进行说明：

较低水平型发展轨迹呈现的特点是：在入职初期的教师职业认同水平处于一般水平或以下，经过波折后，后期依然维持在一般或以下的水平。

C7M 教师出生在 60 年代早期，其父亲是南下干部。学徒观察期时，社会时间正处于"文革"期间，C7M 教师由于家庭成分好反而成了红卫兵连长，那时 C7M 教师认为自己很喜欢教师这个职业。恢复高考后，由于成绩不理想，经过 1 年复读后他选入了师范类院校，毕业时得以顺利留校（图 2 - 2 中在正式入职之前教师对教师职业的认同是一种虚拟认同，因此，每一位教师正式入职之前的职业认同水平以虚线表示，同时以正式入职为临界点。下同）。

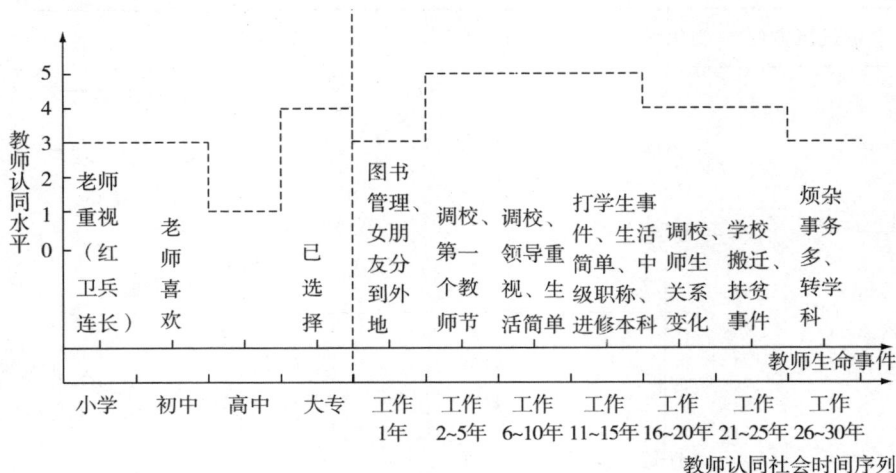

图 2 - 2　C7M 教师的教师职业认同发展轨迹图

工作第 1 年时，C7M 教师的教师职业认同处于一般水平。在其工作
2～5 年时，为了与女朋友在同一所学校工作，两个人从原单位辞职应聘
到一建筑企业的子弟校（正好是 80 年代中期的时候，建筑企业的收入
可观）。1985 年第一个教师节的时候，企业领导亲自慰问子弟校教师，
这让 C7M 教师感到很自豪，其教师职业认同水平出现了明显的向上转
折，达到非常认可与接受的状态。这种状态一直持续了近 10 年（这期
间他与爱人再次调到省城的另一所中学）。"当教师嘛，虽然不是很富
足，但是我还是觉得挺好的，工作也比较简单，每天把课上了就是，反
正学生不听话的话，凶一下，拍几下也没有关系，当时也没有什么要
求。那个时候当教师的压力非常小（C7M，P62.）。"在入职后的 10～15
年期间，进修完本科的 C7M 教师及其爱人再次调校（即调到 C 校），他
开始不太适应新学校里的师生关系，其教师职业认同水平出现了明显的
向下转折。2005 年 C 校开始搬迁，C7M 教师被抽去参加扶贫工作，这
期间其教师职业认同水平反而维持在比较高的水平（因为不用考虑与学
生之间怎么相处）。到 2009 年时，由于 C7M 教师的教学水平不太高，
只能上学校的校本课程，加上他又是学校总务处的工作人员，每天的繁
杂事务非常多，使得其教师职业认同水平再次出现了非常明显向下的变
化。现在对于他来说，只想尽快退休。

（二）波折向上型

波折向上型是指教师在参加工作后的教师职业认同水平尽管在职业生涯中间经历过波折，但是从其总的发展方向来看，还是呈现上升的发展趋势。"60 后"出生组中一共有 4 名教师呈现这样的发展轨迹特征，即 A4M、B1F、B6F、D3M；"70 后"出生组有 C5F、C1F、B3F、E7M、C2F 呈现这样的发展轨迹。此处以 B3F 教师为例进行说明。

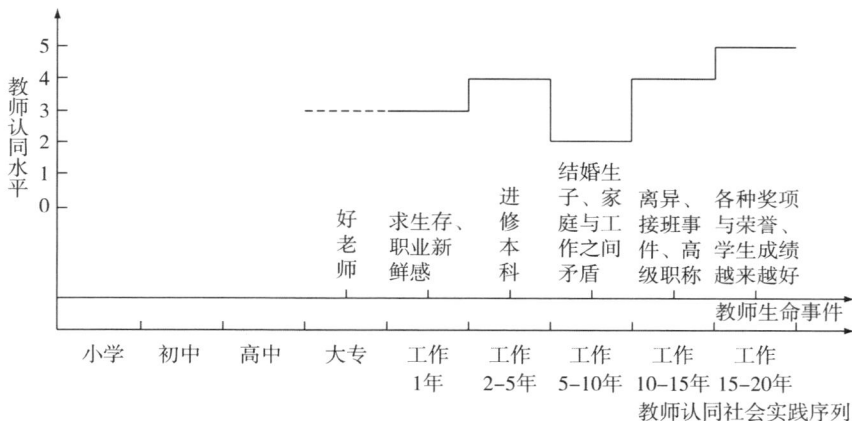

图 2-3 B3F 教师职业认同发展轨迹图

B3F 教师出生在省城，B3F 教师的父母都是教师，其最初学历是师范专科学校。B3F 教师在高考时并没有首选师范类专业，当时她最中意的是金融与财会类的专业，只是当时家里有亲戚在教育部门，建议她报一个师范类学校，由于师范类学校是提前批次录取，所以 B3F 教师就被录取到师专了。师专毕业时是 20 世纪 90 年代末期。尽管当时就业已是双向选择，但她比较顺利地实现了就业。这既与当地当时的教师队伍缺口较大有关，也与当地的经济情况有关，由于贵州地处西部中腹地区，当地的自然地理环境比较艰苦，人文素质非常落后，很难吸引外地的优秀人才（当地的优秀人才都往外地流动），只能靠当地的师范类院校毕业生来充实其教师队伍。

B3F 教师在工作初期主要是对学校教师之间的激烈竞争不太适应，感觉自己在这样的环境中生存比较累。后在其父母的影响下（父母都是高校的教师），B3F 教师适时调整了自己的心态，在刻苦钻研教学方法的同时，通过进修不断反思自己的教学。在工作 2～5 年的时候，B3F 教师的教师职业认同水平出现小幅的上升走势。但是在结婚生子后（即工作 6 年后），爱人不太支持 B3F 教师对工作的过多投入，接下来的几年 B3F 教师感到自己出现了明显的职业倦怠，教师职业认同水平降低到了不太认可与接受的水平。在休完产假回到学校上班的时候，学校安排她接另一个教师的班主任工作，但该教师认为 B3F 教师无法接下这项工作，这激发了 B3F 教师的斗志，那一届学生带得非常成功。尽管后来离异，但其教师职业认同水平还是向上转折，因为在 B 校那样的名校，只要你的学生成绩好，各种荣誉与奖励就会接踵而来。"现在我认为我已经不是将教师职业当成是职业了，教师职业除了是一种良心活以外，更多的时候，我将其看成是我的事业（B3F，P27.）。"

（三）渐进向上型

渐进向上型教师职业认同发展轨迹是指从教师参加工作到研究者访谈时，其教师职业认同水平呈逐渐向上发展的趋势。"60 后"出生组中没有教师分布在这一类型，"70 后"出生组中，分别有 5 位教师（A1M、A2F、A3M、B4F、B5F）分布在此类型中。此处以 B5F 教师为例进行说明。

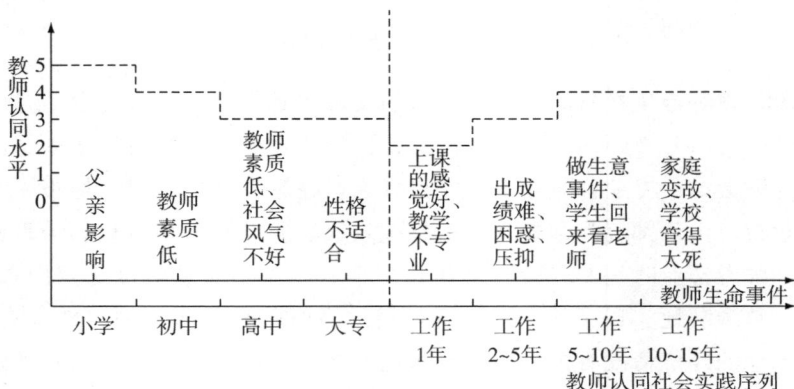

图 2-4　B5F 教师职业认同发展轨迹图

B5F 教师在 70 年代的早期出生于省城。在她高考选志愿时，正是在 90 年代中期的时候，她因教师素质不高或者当时教师的待遇低下而并未选择师范院校，尽管 B5F 教师的父母都是教师，且她小时候很崇拜自己的父亲。

当时的大学毕业生已实行双向选择的就业制度，B5F 教师在工作初期面临的最大问题就是教学上的不适应。因为她不是师范专业出身，在教学的具体环节中碰到了很大的问题，其教师职业认同也降到不太认可与接受的水平。"尽管我高考时的语文是全省语文单科第三名，刚工作时，下课就走了，突然学生就问了一句：'老师，作业呢？'（B5F，P43.）。"B5F 教师的这种感觉持续了 4～5 年的时间，那几年她认为她自己过得很压抑，因为像 B 校这样的名校常常都是以成绩来论成败，尽管对自己的内在素质很有自信，但她一直没有找到很好的方法。但毕竟 B 校的待遇等还是不错，在 B 校当教师的社会地位也比较高，所以 B5F 教师的教师职业认同水平还是逐渐向上发展。在其工作第 6 年的时候，B5F 教师对自己依然处于一种"中不溜秋"（教学成绩）的状态而苦闷。为了想有一个更好的出路，B5F 教师与朋友一起开了一家西饼店。"来了一位顾客，她带着她的娃娃，正好是我的学生（B5F 教师对该生说自己帮朋友看一下店），她们买完东西走的时候，这个学生恭恭敬敬地给我鞠了一躬：×教师，新年好哈。就在那一刻，我觉得当教师挣钱确实不多，但是你得到的这种社会认可，包括你在做这份职业的时候的那种尊严感，实话实说，和从事其他职业还是会有很多不一样的地方（B5F，P44.）。"从这件事情以后，B5F 教师的教师职业认同上升到比较高的水平。由于 B5F 教师扎实的专业功底使很多学生到了高中甚至到了大学都还非常受益，常有学生毕业后带着感恩之情来看望她，让她逐渐体会到学生带给教师的成就感，开始"很乐在其中"地工作。尽管到研究者访谈时，B5F 教师的家庭正面临巨大的变故，且学校对教师管得越来越死，B5F 教师有些抱怨，但是她认为这些并没有影响其教师职业认同水平的变化。

（四）渐变向下型

渐变向下型是指教师职业认同发展轨迹总体发展方向是向下，从变化强度上来说是层层递进式的向下发展。两个出生组各有 2 名教师（D4F、E6F 和 C8M、E4F）的教师职业认同发展轨迹呈现这样的特征。此处以 C8M 教师为例进行说明。

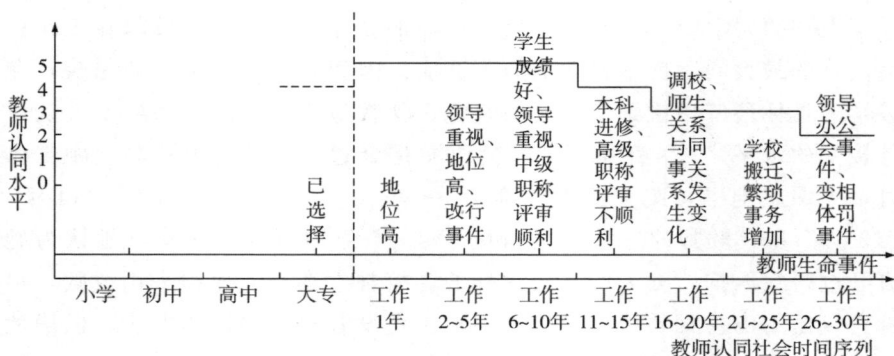

图 2 - 5　C8M 教师的教师职业认同发展轨迹图

　　C8M 教师出生在 20 世纪 60 年代初期，父母是南下干部。整个中小学期间 C8M 教师都在"文革"中度过，还参加了到农村体验生活的上山下乡活动，"文革"结束后由于其家庭成分比较好，得以顺利参加高考。尽管他从小不太爱学习，在"文革"结束后的发展机会依然明显比其他同学多："反正不管怎么样，都会考上学校走的。"他顺利地上了当地的师专，并在毕业后很容易地被分配到县城很好的中学。

　　C8M 教师在刚参加工作时就非常受领导的重视，在入职后的 10 年时间里，他不但教学成绩好，还成了学校的中层干部，其教师职业认同水平维持在非常认可的状态。当然其优越的家庭经济资本和权力资本给其在学校的发展提供了很好的保障。1997 年，C8M 教师的高级职称评审莫名地没有通过，其认同水平出现了向下的转折。2002 年，C8M 教师调到省城的 C 校，C 校的学生不及他以前所在学校的学生单纯，家长和学生的自我保护意识也非常强，学生群体的变化和同事关系的变化让 C8M 教师感到作为一名教师的权威消失殆尽，其教师职业认同水平继续下降。2005 年 C 校搬迁，C8M 教师从高中部调到了初中部，这让他觉得像是受到了降级的处分一样，很不适应初中的教学方式，其教师职业认同水平降低到一般的状态。2010 年，由于受到领导排挤，加上学校不断地有各种检查，让 C8M 教师觉得教师已经不是教好书就可以的职业了，教师的工作环境似乎回到了"文革"时期的政治运动一样，其教师职业认同水平降低到了比较不认可与接受的程度。

　　C8M 教师曾经认为自己的女儿要是有机会也可以从事教师职业，到后来坚决不要女儿当教师。"不，不要她当教师……现在的家长配合、学校的上级管理方式等方面都不及原来，所以当教师压力太大

(C8M，P70.)。"

C8M 教师在入职初期的教师职业认同水平较高，更多的原因是家庭良好的政治经济资本使得自己的发展机遇要优于其他教师。在调到一个陌生的环境之后，家庭资本已经不太可能发挥多大的作用，就容易出现比较明显的向下转折。另外随着年龄的增长，C8M 教师越来越不适应发生在学校的各种变革，这也是其工作后期教师职业认同水平比较低的根本原因。

（五）波折向下型

波折向下型指教师职业认同的发展轨迹从总的发展方向上来看是向下的，但是从轨迹的变化强度上来看，其间既有向上的转折，也有向下的转折。只有"60后"出生组的 4 名教师（B2F、C3M、D1M、E5M）呈现这样的特征。此处以 B2F 教师为例进行说明。

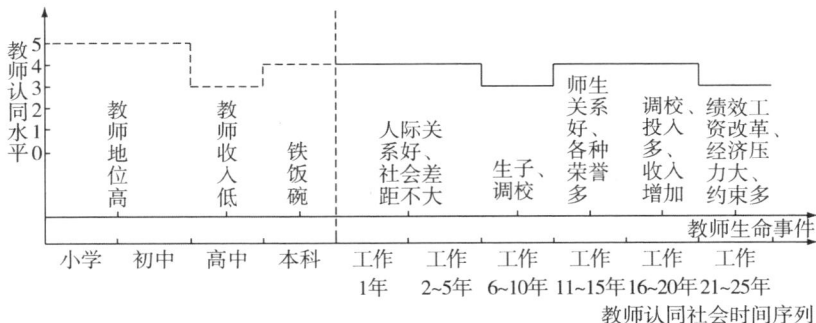

图 2 - 6　B2F 教师的教师职业认同发展轨迹图

B2F 教师出生在 60 年代初期，其父母都是农民，家庭的贫困使得她在初中和高中的时候只希望可以得到一个"铁饭碗"的工作，因此，高中毕业时在懵懵懂懂中报考了师范大学。与其他出生在 60 年代初期和中期的教师一样，B2F 教师在中小学阶段的学习也受到了"文革"的影响。

大学毕业时，B2F 教师被分配到了一所效益很好的企业子弟校，和当时从事公务员的其他同学相比，工资水平相差并不大，加上学校里同事之间相处融洽，这时其教师职业认同水平也比较高。"刚刚参加工作的时候，对于工作的热情还是非常高的，就想好好地干一番，得到教师和同学的称赞，自己就暗暗地较着劲，想成为那种优秀教师，当时（1988－1990 年的时候）我给自己都订了一些（学习）资料。虽然当时的工资只有80～

90 块钱，……比其他行业还要稍微高点（B2F，P46.）。"

1992 年，受到市场经济冲击，B2F 教师的很多同学都下海了，同学聚会的时候她也会羡慕那些勇于出去闯的同学，这期间其教师职业认同水平出现了下降。同时，为了解决与爱人两地分居的问题，B2F 教师顺利调入省城的另一所中学，在生子后，与前面的 E2F 教师一样，B2F 教师觉得自己对学生的态度发生了改变，感到不能像以前那样只是粗暴对待学生了。这期间由于工作出色，B2F 教师曾经连续几年被评为优秀教师，其教师职业认同水平出现明显的向上转折。B2F 教师在 2002 年调到了现在的 B 校，因为 B 校是省市名校，教师子女在该校就读会有较多便利之处，这是其调到 B 校的初衷，但是到了 B 校后的收入增加也使其教师职业认同持续在非常认可的水平。2006 年学校推行绩效工资改革后，不同学校之间的收入趋于平衡，B 校教师的收入与其他学校相比相差不大，加上 B2F 教师的一双儿女都开始上高中，家庭的经济压力随期而至，其教师职业认同水平降到一般状态。近几年，由于学校各种检查的增多，加上贵阳市在 2010 年出台"师德十条"政策，B2F 教师觉得当教师受到的约束越来越多，其教师职业认同水平一直维持在一般的水平。

五、"60 后"与"70 后"教师职业认同生命发展历程的比较

（一）两个出生组轨迹类型分布比较

从两个出生组的轨迹类型来看（表 2 - 2），"60 后"出生组的教师多是分布在波折水平型和波折向下型，而"70 后"教师多分布在波折向上型和渐进向上型。单从轨迹的走向上来看，不管是"60 后"还是"70 后"教师的职业认同发展轨迹，都可分为垂直持续向上型（vertical and continuous）或者水平断裂型（horizontal and fractured），[①] 但"60 后"出生组中的垂直向上型的教师样本数要明显地少于"70 后"出生组。

（二）两个出生组轨迹发展方向比较

图 2 - 7 显示了两个出生组的教师职业认同发展轨迹在不同职业生涯

---

① Thornton M, Bricheno P. Teacher Gender and Career Patterns [C] //Martin Bayer, Ulf Brinkkjer, Helle Plauborg, Simon Rolls (eds.). Teachers' Career Trajectories and Work Lives. Springer Science Business Media B. V., 2009: 159-178.

阶段中的均值（不同职前教师在学徒观察期对教师职业开始认知的时间节点不一样，不具可比性，因此此图没有比较学徒观察期时期的均值）。"60后"教师在入职初期有明显的上升趋势，随着工作年限的延长，逐渐呈现向下发展的趋势，并在工作 20 年之后基本持续在一般认可与接受的水平。"70后"教师的职业认同水平在工作初期的 5 年内有小幅的下降，但是随着工作年限的延长呈现逐渐上升的趋势，在工作 15～20 年的时候，"70后"教师职业认同水平仍然高于比较认可与接受的水平。

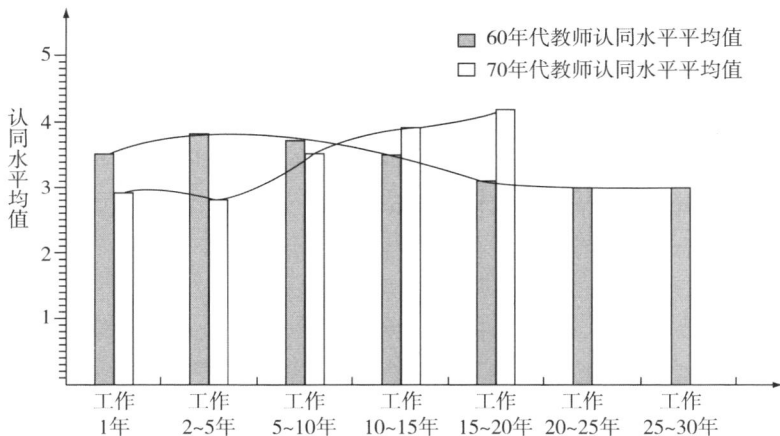

图 2-7　两个出生组教师职业认同水平的均值比较

（三）两个出生组轨迹中的转折点比较

1. 学徒观察期

教师的学徒观察期（指在正式入职之前，教师作为准教师或者普通中小学生对教师职业的各种观察与感知阶段）是教师进入教师职业的早期社会化时期，这时，家庭教养、朋友、同伴都有可能成为他们要成为的那类人并促使他们做出职业选择。[①] 从两个出生组来看，大部分"60后"教师的学徒观察期持续时间要短于"70后"出生组（此时，由于受"文革"影响，大部分"60后"教师处于一种非正常的学习阶段，且当时的学制普遍都是 532 学制）。"60后"出生组在学徒观察期很少关注教师素质，且多是保底选择或者被动选择师范类专业。"70后"出生组学徒观察期基本

---

①　丹 C. 劳蒂. 学校教师：社会学的研究［M］. 饶从满，于兰，等译. 北京：北京师范大学出版社，2011：43.

是常规式的学习模式，开始关注和评价教师素质，高中时期的大部分"70后"职业认同水平易出现向下的转折，这与当时（80年代末期、90年代初期的时候）教师的社会地位低下有关。在高考时，"70后"教师多是成绩不好才报考师范类院校，选择教师职业的动机是为实现就业，"60后"教师更多的是一种保底选择。对于两个出生组来说，与他们心中的理想职业相比，进入教师职业相对来说要容易一些。

2. 职业生涯初期

"教师职业在获取那些不能追求其首要目标的人的继发性忠诚方面具有明显的优势。"[1] 这种继发性优势对两个出生组入职初期的影响是不一样的。"60后"教师出现比较明显的向上转折或者持续在比较高的水平；而"70后"教师则会出现明显向下的转折，其后才开始出现比较明显的向上转折。"70后"出生组向上转折的发生时间比"60后"教师要延后。这可能与两个出生组刚入职时教师的待遇、社会地位差异有关，也可能与两个出生组结婚生子的生理年龄差异有关。大部分"60后"教师在入职后就很可能考虑结婚生子，加上他们入职时的生理年龄小于"70后"教师，所以"60后"教师比"70后"教师结婚生子的生理年龄要偏小。"70后"教师多是在工作几年后才会考虑结婚生子，所以一般"70后"教师入职年龄和结婚生子年龄要大于"60后"出生组。结婚生子容易使教师倾向于安定，开始在职业中获得满足，特别是对于女性教师来说比较明显（教师职业中大部分是女性的性别分布特征在"70后"教师身上体现得比较明显）。刚刚从事教师职业的时候，教师都有可能会面临现实的"休克"，如果教师在课堂中能收获成功的话，这种现实休克的表现将不是很明显。[2][3] 本研究中，"60后"教师的职初休克表现并不明显，"70后"教师有明显的职初休克。多数"60后"教师在工作初期的教师职业认同水平与学徒观察期相比，有明显的向上转折的趋势。但是，多数"70后"教

---

[1] Rolls S, Plasborg H. Teachers' Career Trajectories: An Examination of Research [C] // Martin Bayer, Ulf Brinkkjer, Helle Plauborg, et al. Teachers' Career Trajectories and Work Lives. Springer Science Business Media B. V., 2009: 9-28.

[2] Huberman M. The Lives of Teachers [M]. New York: Teachers College Press Columbia University, 1993.

[3] Day C, Sammons P, Gu Q, et al. Committed for Life? Variations in Teachers' Work, Lives and Effectiveness [C] // Martin Bayer, Ulf Brinkkjer, Helle Plauborg, Simon Rolls (eds.). Teachers' Career Trajectories and Work Lives. Springer Science Business Media B. V., 2009: 49-70.

师在工作初期的教师职业认同水平均明显低于学徒观察期。

3. 入职后 5～10 年

从工作 5～10 年这个时期来看，两个出生组的教师都已经历过了职初的适应或者休克，"60 后"教师容易在这个时期出现向下的转折，而"70 后"教师更容易出现向上的转折。原因可能在于在工作 5～10 年的社会时间里，两个出生组教师所处的社会背景不同。对于"60 后"教师来说，此时多处于 80 年代末期或者 90 年代初期，很多地方都有拖欠教师工资的现象，教师的社会地位不及他们刚参加工作时高，加上"60 后"教师多在此时面临着上有老、下有小的情况，家中的开销也逐渐增加。"70 后"教师工作 5～10 年的时候，多是 90 年代末期或者进入 21 世纪以后，此时的社会背景是国家进一步的改革开放和深入的市场经济体制改革，不同阶层的人员生存压力都增加，社会风险也增大，但教师待遇已有明显的改善，教师职业的稳定性、适合女性等优点使得大部分"70 后"教师更容易获得满足感和成就感。因此，尽管在工作初期的时候，"60 后"教师的认同水平要比"70 后"教师明显高一些，但在入职 10 年左右，他们的职业认同发展轨迹更容易出现向下转折，退出现象要明显地比"70 后"教师出现得早。

4. 入职后 10～15 年

Christopher Day & Pam Sammons 等认为在教师入职 8～15 年的时候，教师开始对自己的角色以及认同进行管理，紧张与转换增加（growing tensions and transitions）。[①] 本研究也证实了这一点，两个出生组教师在工作 10～15 年的时候，其教师职业认同发展轨迹都会出现明显的转折向上或者转折向下的发展特征。大部分"70 后"教师的职业投入还是会持续，但是也有少部分开始表现出明显的教师职业认同水平低下，教师发展动力不足等现象；大部分"60 后"教师的职业投入开始减少，教师职业认同水平开始有明显的转折向下的发展趋势。从两个出生组的教师职业认同发展轨迹来看，这个阶段明显的是教师入职后职业认同水平发展的分水岭时期，这一点与 Michael Huberman 的研究一致。Michael Huberman 认为在教师工作 7～18 年期间，是教师专业发展的一个分水岭

---

① Day C，Sammons P，Gu Q，et al. Committed for Life? Variations in Teachers' Work，Lives and Effectiveness［C］// Martin Bayer，Ulf Brinkkjer，Helle Plauborg，Simon Rolls（eds.）. Teachers' Career Trajectories and Work Lives. Springer Science Business Media B. V.，2009：49-70.

时期，教师专业发展既有可能进入实验期（experimentation）或者积极行动期（activism），也有可能进入重新评价期（reassessment）或者自我怀疑期（self-doubts）。[1]

5. 入职后 15～20 年

教师工作 16～23 年的时候处于工作-生活紧张期，这期间教师在工作与生活之间的调节是关键，他们有比较繁重的工作任务，且工作外的事情也较多，这种平衡对教师的职业生涯发展具有一种消极的影响。[2] 两个出生组的教师职业认同发展轨迹中也有这样的特征，但出现的时间与已有研究有差异，即多是出现在工作 10 年后，而非 16 年后。对于"60后"教师来说，更多的是与他们较"70后"小，容易过早进入家庭生活有关。而对于"70后"教师来说，则更多的是因为大部分是女性教师，她们本就出于能够照顾家庭、适合女性等选择教师职业，一旦参加工作并结婚生子的话，也会较早地出现家庭与工作之间的协调问题。对于两个出生组来说，在这个阶段的职业认同水平总体来说是比较平稳的，要不就是持续在较高水平，要不就是继续下降，出现明显方向性转折的教师较少。

6. 入职 20 年之后

到研究者访谈时为止，有部分"60后"教师入职已有 30 年。在教师工作 19～30 年的时候，教师专业发展会进入平静期（serenity）或者关系疏远期（relational distance）与保守期（conservation）；在工作 31～40 年的时候，教师专业发展会进入明显的退出期，表现为不再积极投入工作、平静或者痛苦（disengagement，serence or bitter）。[3] 就像 Christopher Day & Pam Sammons 等指出的，在教师工作 24～30 年的时候，关键的问题就是如何保持发展的动力，特别是教师在面临外界的政策压力和引起学生行为变化时，是他们继续保持发展动力的最核心源泉。[4] 本研究有类似发现，在"60后"入职 30 年左右，表现出明显的退出现象，其教师职业

---

① Huberman M. The Lives of Teachers [M]. New York：Teachers College Press Columbia University，1993.

② Day C，Sammons P，Gu Q，et al. Committed for Life? Variations in Teachers' Work，Lives and Effectiveness [C] // Martin Bayer，Ulf Brinkkjer，Helle Plauborg，Simon Rolls (eds.). Teachers' Career Trajectories and Work Lives. Springer Science Business Media B. V.，2009：49-70.

③ Huberman M. The Lives of Teachers [M]. New York：Teachers College Press Columbia University，1993.

④ 同②.

认同水平通常在一般或以下的水平，在面临各种教师教育政策或教育改革等外界压力时，表现出明显的抵触情绪或不适应的压力。

7. 综合比较

图 2 - 8 和 2 - 9 分别对两个出生组教师在职业生涯中转折点发生的人数以及相应的时间序列进行了比较。从学徒观察期的时候来看，"60 后"教师的转折点更容易出现在高中阶段和准教师阶段（师范本科或专科阶段），而"70 后"教师的转折点更容易出现在初中阶段和准教师阶段（专科阶段）。学徒观察期时候教师形成的职业认识多是一种感性认识，但也有可能对职前教师教育阶段的学习产生过滤与筛选的作用。[①] 从两图中可发现：首先，对于"70 后"教师来说，对教师职业的这种感性认识出现的生命时间比"60 后"要早。这有可能与"60 后"教师的学徒观察期处在特殊的历史时期（"文革"），个人对自己的生命历程发展轨迹无法掌控有关。其次，不管是"60 后"还是"70 后"教师，他们的认同水平在教师教育的职前阶段都会出现明显的转折。

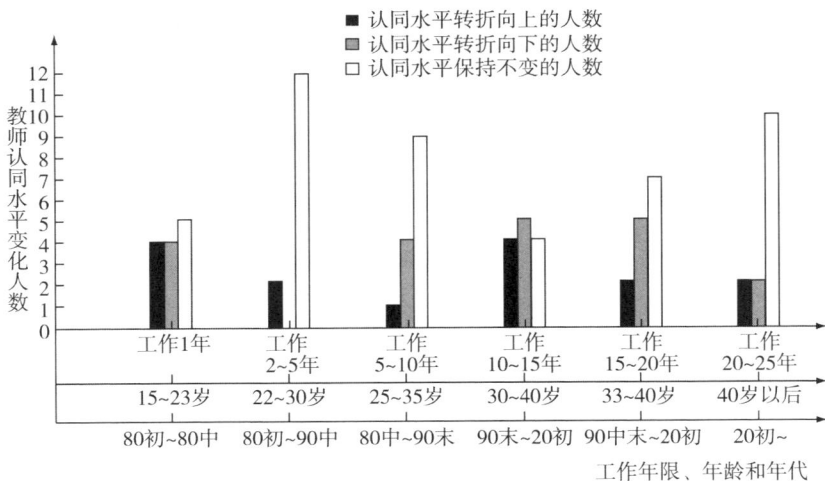

图 2 - 8　"60 后"教师职业生涯中认同水平发生转折的人数

---

① 丹 C. 劳蒂. 学校教师：社会学的研究 [M]. 饶从满，于兰，等. 北京师范大学出版社，
　 2011：43.

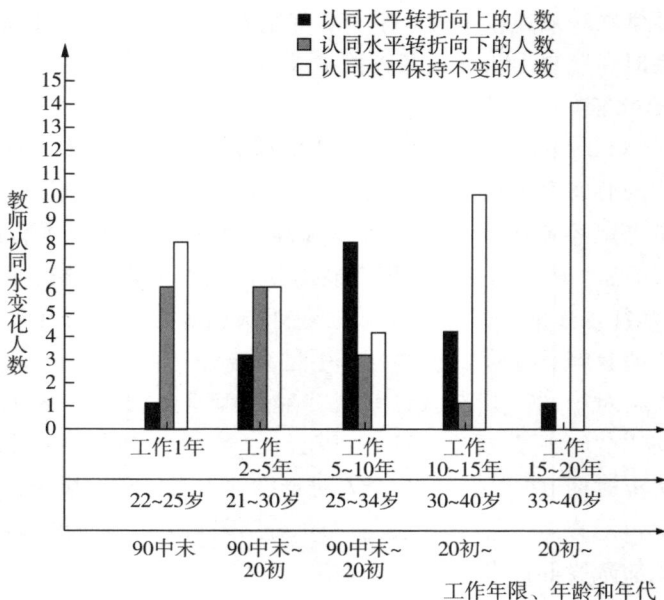

图 2 - 9　"70 后"教师职业生涯中认同水平发生转折的人数

从入职后的转折点来看，"60 后"教师转折点最容易出现的社会时间依次是教师入职后的 10~15 年——入职 1 年——入职 15~20 年——入职 5~10 年——入职 20~25 年——入职 2~5 年里。"70 后"教师则依次是入职后的 5~10 年——入职 2~5 年——入职 1 年——入职 10~15 年——入职 15~20 年。对于两个出生组教师来说，工作 10 年左右都是他们的教师职业认同水平最容易发生变化的时候。这时中国社会历史时间正处于 90 年代初期到 21 世纪初期，也正是中国社会在经历近 30 年的改革开放后的转型时期，两个出生组的教师职业认同均明显地受到了社会结构变迁的影响。这时两个出生组教师的生命时间一般处于 25~40 岁期间，正是一个人建立家庭、成就事业的关键时期，所以结婚生子、教师待遇问题等更容易成为这段生命时间期间的教师职业认同水平的影响因素。

从两个出生组教师转折点发生的方向来看，对于"60 后"教师来说，在入职第 1 年的时候，向上转折与向下转折的人数各占一半。在其他的社会时间序列中，向下转折的人数明显地要多于向上转折的人数，特别是在工作 5~10 年以后，向下转折的人数占到了发生转折的总人数的三分之二以上。对于"70 后"教师来说，则正好呈现相反的现象，在入职第 1 年的时候，绝大部分发生转折的教师职业认同水平都是向下，而随着工作年限的延长，绝大部分教师职业认同水平都呈现向上的转折。说明"70 后"教师的教师职业认同水平会随着工作年限的延长逐步提高，而"60 后"教师则会逐步下降。

六、结论

在生命历程视域下"60 后""70 后"教师职业认同发展轨迹既有相同处，也有差异性。相同的地方首先表现为两个出生组教师的职业认同发展轨迹均呈现波折、渐变等水平变化特点和向上、向下等方向变化特点；其次，两个出生组教师职业认同水平均容易受到大的社会历史事件（"文革"、市场经济改革等）和个人生命事件（结婚生子、职业收入、身体与婚姻状况等）的影响；第三，两个出生组教师职业认同发展轨迹最容易发生转折的社会时间是在入职后的 10 年左右，在当前教师培训时应重点关注入职 10 年左右的教师。差异性首先表现在轨迹类型分布上，"60 后"出生组多分布在波折水平型、向下型，而"70 后"教师多分布在波折向上型、渐进向上型；其次，轨迹的总体发展方向差异，"70 后"出生组总体上是向上发展，"60 后"出生组总体上是向下发展；第三，在不同的职业生涯阶段所表现出的转折及方向上均有差异，产生这些差异的根本原因同样也是不同出生组教师所经历的社会历史事件差异与个人生命事件差异。

最后，除以上组间差异外，同一个出生组内部存在教师职业认同发展轨迹的个体差异。尽管同一出生组经历的社会历史事件或者个人生命事件相似，但在面对这些事件时不同个体的教师会进行不一样的归因与行动选择，进而影响了组内教师个体之间的教师职业认同发展轨迹差异，这也说明教师个人的主观能动性是教师认同发展轨迹变化的关键所在。

第 2 节　愿景：教师发展的重要表征①

　　20 世纪 60 年代，美国学者富勒（Fuller）以关注为切入点考察了教师专业发展的阶段特征，从而开启了教师专业发展过程研究的序幕。在此之后，多数有关教师发展过程的研究大都侧重于描述、分析教师实际经历、经验或表现，并且通常从被动、消极的一面出发，如不同发展阶段教师遇到的问题②、关注的问题③、专业能力及表现④、教师工作态度及需求⑤、教师外显行为与自我反思⑥等。这些研究以教师实践中面临的问题、困境、需要为主要议题，强调针对不同阶段教师可能出现的问题、困境以及需要从外部给予帮助，制定培训内容，实际上将教师假定为需要帮助的对象，将教师作为客体置于专业发展过程中，而忽视了教师在发展过程中的主体作用。进入 21 世纪之后，教师主体地位得到彰显，越来越多的研究表明教师主体性的发挥是影响教师持续、有效发展的一个重要因素。因此，如何以教师主体为着眼点寻找一种更为恰当的形式表征教师发展成了一个亟待解决的重要课题。

一、以关注、专长等为表征的教师发展研究：优势与局限

（一）以关注等为表征的教师生涯发展研究的优势和局限性
　　早期的教师生涯发展研究主要呈现两条发展路径：一条是按照时间路

①　本节作者系贺敬雯、饶从满，本节曾发表于《教师教育研究》2015 年第 6 期。

②　Vonk J H C. Mentoring Beginning Teachers：Development of a Knowledge Base for Mentors [EB/OL]. [2014-05-14]. http：//files. eric. ed. gov/fulltext/ED361306. pdf.

③　Frances F F. Concerns of Teachers：A Developmental Conceptualization [J]. American Educational Research Journal，1969，6（2）：207-226.

④　Huberman M. The Professional Life Cycle of Teachers [J]. Teacher college record，1997，9（1）：31-57.

⑤　Ralph F. A Model for Teacher Professional Growth and Development [C] // Burke P J，Heideman R G. Career-long Teacher Education. Springfield，IL：Charles C Thomas，1985：181-193.

⑥　Betty E S，Michael P W. A Life Cycle Model for Career Teachers [J]. Kappa Delta Pi Record，2001，38（1）：16-19.

径，即按照教师年龄或教龄为依据进行的研究；一条是按照教师专业成熟的路径进行的研究。①

在以"年龄/教龄"为路径的研究中，以年龄为阶段划分依据的研究者有彼得森（Peterson）、赛克斯（Sikes）等，以教龄为阶段划分依据的研究者有恩瑞（Unruh）和特纳（Turner）、纽曼（Newman）以及伯顿（Burden）等。这些研究以直线时间观念为划分依据，便于教育行政与管理，只要根据教师年龄或教龄便可判断教师所处的发展阶段，依据发展阶段的特征做相对应的管理与培训。② 然而，这种研究路径仅仅以一维、线性的时间维度为基准，"标尺化"地解释教师的每个专业发展阶段，将原本相对复杂的教师生涯发展经历过度地简单化，实质上脱离了教师生涯发展的实际情况。

而在以"教师专业成熟度"为路径的研究中，除了富勒以教师关注内容为表征，还有冯克（Vonk）以教师专业成熟和不同阶段遇到的问题为表征，③ 休伯曼（Huberman）以教师专业能力和表现以及对专业问题的探索为表征，④ 费斯勒（Fessler）以不同阶段教师特定的成长需求为表征，⑤ 斯蒂菲（Steffy）关注教师个体能动性，以教师自我作用及其外显行为为表征等对教师生涯进行阶段划分。⑥ 这些研究从多维的视野为我们描绘教师在每一个发展阶段所展现出的专业表现、所遭遇到的问题以及与之相应的专业需求，为教师教育管理及培训工作的开展提供了理论上的支持。

然而，这些研究依然存在一定的局限性：（1）关注的多是教师发展中的"危机"，描述教师发展历程时大都是从"挫折性"的、"被动式"的视角出发。例如，在富勒的教师关注问卷中，与教师关注项目有关的问题设置仅仅包含教师遇到的挫折性问题。后来有研究者意识到这样并不能全面

---

① 朱旭东. 教师专业发展理论研究［M］. 北京：北京师范大学出版社，2011：283.

② 同①284.

③ Vonk J H C. Mentoring Beginning Teachers: Development of a Knowledge Base for Mentors［EB/OL］. ［2014-05-14］. http://files. eric. ed. gov/fulltext/ED361306. pdf.

④ Huberman M. The Professional Life Cycle of Teachers［J］. Teacher College Record，1997，9（1）：31-57.

⑤ Ralph F. A Model for Teacher Professional Growth and Development［C］// Burke P J，Heideman R G. Career-long Teacher Education. Springfield，IL：Charles C Thomas，1985：181-193.

⑥ Betty E S，Michael P W. A Life Cycle Model for Career Teachers［J］. Kappa Delta Pi Record，2001，38（1）：16-19.

地反映教师关注的变化，因为有一些教师发展的实际经历基本与规划的理想历程一致，肯威（Conway）就试图通过让教师报告自己在教育教学中的"希望"和"担忧"来获得相对全面的教师关注；阿尔梅达（Almeida）也提出要研究教师的担忧、疑虑、需要和期望以及教师所得，以便更加全面地勾勒出教师关切的图景。① （2）没有充分重视教师在发展中的主体性。费斯勒虽然对教师在不同时期的专业表现及成长需求进行了分析，但是他依然将教师置于一个相对被动的角色来进行研究，强调通过学校的管理与外部激励的措施来促进教师的发展。而在斯蒂菲"教师更新生涯阶段"的理论中，教师主体作用得到了一些关注，但缺乏更深入的研究，例如，斯蒂菲承认教师发展有低潮期，并指出如果给予教师适当的协助，教师可能会重新追求专业成长，但是他并没有意识到，一些教师在遭遇职业发展相关的问题和困境时并非依靠外力协助，而是充分发挥自我的主体性去积极主动地寻求解决问题、摆脱困境的途径。

（二）以知识、技能为表征的教师专长发展研究的优势和局限性

有关教师教学专长发展的研究经历了从以"特征"为中心到"过程"为中心的研究转向：20 世纪 80 年代中期，研究者们主要集中在对专家教师在知识、洞察力、问题解决能力、自我调节能力和元认知、工作效率和反馈等方面的特征研究上。② 而到了 90 年代，"与其把专长看作一种结果，不如把它看作一个过程"的观点开始被教育学者们接受，自此开启了对教师教学专长发展过程的研究。伯利纳（Berliner）就依据德雷福斯（Dreyfus & Dreyfus）兄弟所提出的专长发展阶段划分，以教师知识、经验和技能特征的变化为依据，将教师教学专长的发展历程划分为新手教师、熟练新手教师、胜任型教师、业务精干型教师和专家型教师五个阶段，并描述了处于每个阶段的教师所具有的特征。③

以知识、技能为表征的教师专长发展研究展现了一个教学领域内的杰出人员理应具备的知识、技能特征及其发展，不仅可以为我们提供衡量教学成功与否的规范与标准和设计教师教育课程所需的相关信息，为教师教育政策制定提供参考等，还提供了成功教学的典范。这些研究有助于新手教师理解他们所面临的种种困难，帮助我们理解从"新手教师"到"专家

---

① 张世义. 国外教师关注研究综述 [J]. 上海教育科研，2010（11）：23-27.
② 朱旭东. 教师专业发展理论研究 [M]. 北京：北京师范大学出版社，2011：118.
③ 同②136.

教师"的知识、技能发展的过程以及与教学之间关系的复杂本质，令处于不同阶段的教师都能够更好地从教学经验中获得专长。然而，仅仅以知识、技能为主要表征，仅停留于那些能观察得到的教师行为或教师能力上，显然是不全面的，因而受到研究者的批评。哈格里夫斯和富兰就曾指出，"只聚焦于行为技能而不考虑其立足的基础及态度和信念的影响，是误入歧途，且可能被证明是无效的"。[①] 随着教师发展观的转向，强调个人和社会性维度的教师发展已成为一个趋势，英国学者伊文斯（Evans）认为，教师发展的内容不光要考虑教师专业发展知识、技能，更应该考虑教师在发展历程中的角色定位。[②] 换言之，对教师专业发展的研究不能仅停留于对那些能观察到的教师行为或教师能力上，而是应当去探寻那些真正决定教师在工作、课堂中的行为，与教师情感、教师效能感、教师职业承诺等息息相关的"软"性因素。

如何解决上述问题，显然，需要寻找一个更为合理的新表征方式，从教师主体出发，以积极、主动的视角探索教师发展过程的特点和规律。

二、以愿景作教师发展的表征：可能与超越

（一）以愿景表征教师发展的可能性

作为一个具有"未来指向性"的概念，愿景是愿望的景象、目标的图景化，在某种程度上是一种希望和宣言。[③] 它具有"未来取向性""价值性""变革性""动机性""方向性和标准性"及"动态变化性"等特征，[④] 并且可以作为洞悉人的"潜意识""意愿"或是"以何种方式服务世界的真诚渴望"等心理活动的有效载体。愿景作为一种"未来取向"的思考，它体现了人们运用智慧和想象力对理想未来图景的勾勒，可作为分析教师主体与教师发展关系的重要视角。"动机性""方向性和标准性"概括了愿景所具有的功能特征，愿景因其独特功能在教师发展中具有重要的作用，这是成为教师发展表征的一个重要前提。

1. 愿景关涉教师自主发展的意愿

愿景具有动力功能，然而这种动力功能的发挥受愿景与实践之间距离

---

① 饶从满. 教师发展若干基本问题辨析 [J]. 中国教育学刊，2009（4）：83-86.

② Evans L. Professionalism，Professionality and the Development of Education Professionals [J]. British Journal of Education Studies，2008，56（1）：20-38.

③ 牛继舜. 论共同愿景的构成要素与作用 [J]. 现代管理科学，2005（6）：55-56.

④ 贺敬雯. 教师愿景与教师发展的关系研究 [D]. 长春：东北师范大学，2014：22.

的影响。管理学大师彼得·圣吉（Peter Senge）在其著作《第五项修炼——学习型组织的艺术与实践》中详细阐述了愿景的动力作用机制，他说："愿景和现实之间就像存在一根橡皮筋，当拉长的时候，橡皮筋会产生张力，这种张力就代表了愿景与现况之间的张力，其纾解只有两种途径：把现况拉向愿景，或把愿景拉向现况。愿景与实践之间的差距是创造力的来源，当人们在认清愿景与现况之间差距之时，会产生正面力量，这就是创造性张力。"① 同时，圣吉还指出，当人们谈及愿景时常常夹杂着高兴、满意、快乐、焦虑、悲哀、气馁、绝望等感觉，他认为这些是伴随创造性张力而产生的情绪张力，它们共同影响愿景产生动力作用的程度。②

基于这种动力作用机制，对于有愿景的教师来说，他们会受到创造性张力和情绪张力的共同影响，这些力量受制于愿景与实践之间的距离：当教师感到愿景与实践之间差距过大而难以实现时，不仅不会产生正面力量，还会令教师产生低效能感，以及焦虑、气馁、绝望等消极情绪。如果教师长期受到沮丧、挫折等负面情感影响，会阻碍教师工作和发展中的积极性、主动性，令教师自主发展意愿逐渐消耗殆尽。而当教师感到愿景与现实之间的距离适中，且愿景通过努力可以实现，此时，愿景会产生强大的正面力量（创造性张力），令教师产生高效能感，以及高兴、快乐、满足等积极情绪，为教师带来希望和动力。如果教师长期受到这些正面情感的影响，会令教师自主发展意愿日益增强，因为教师在探索实现愿景途径的过程中会主动寻求学习和发展，而新的学习和发展不仅能够提高教师的自我效能感，还增强了教师对愿景实现的信心，从而提高工作和发展中的积极性及主动性，并形成一种良性循环。③

总之，愿景的"动机性"不仅能够为我们提供判断教师自主发展意愿的重要线索，即通过教师对愿景与实践之间差距的描述及其过程中夹杂的情绪洞悉教师自主发展意愿，还能够令我们找到影响教师自主发展意愿的症结。如当教师自主发展意愿不强时，我们可以让教师描述其愿景与实践之间的差距，详细阐述如何开展实现愿景的活动或行动以及在逐步实现愿景过程中的情感和能力，从而寻找问题所在。正如哈姆尼斯所言："审议教师愿景，能够帮助教师了解如何实现目标，协助他们面对不可避免的挫

---

① ［美］彼得·圣吉.第五项修炼：学习型组织的艺术与实践［M］.郭进隆，译.上海：上海三联书店，1998：178.

② 同①179.

③ 贺敬雯，饶从满.教师愿景之于教师发展：基于国际教师愿景研究的思考［J］.外国教育研究，2014，41（11）：54-62.

折，保护他们免受幻灭和沮丧。"① 识别和详细阐述实现愿景的策略可以帮助教师形成持续发展的意愿，为教师源源不断地提供动力支持。②

2. 愿景为教师个体发展提供方向指引和评量标准

愿景具有方向指引功能。人们常常用"罗盘"来比喻愿景的这种功能。由于愿景描述的是人们心中理想的、美好的、希望的未来图景，实际上已经暗含了某种选择，持有愿景就表示已经排除选择其他相反未来的可能性，因此为未来发展指明了方向。③ 对于持有清晰愿景的教师来说，他们十分明确自己需要在工作实践中实现的希望、梦想或是终极目标，这些成为教师日常工作实践及发展的航标。④ 另外，愿景的这种"方向性"并不是告诉我们具体"做什么"，而是作为一种希望的特定结果，通过提供方向指引帮助我们做出当下决策。德鲁克（Drucker）称其为"当前决策的未来性"（futurity of present decision），他认为决策只存在于现在，愿景则代表了"未来的可能性"程度。每一个人需要把未来性因素纳入当前的思考中，思考愿景与实践的差距，并优先考虑与未来相关的知识以及当下与未来相关的事务，从而做出合理的行动决策。⑤

"标准性"是愿景的一个内隐功能。愿景通过提供一个心理参考框架，为教师提供一个潜在的评量标准，指导其对工作实践以及可能的行动进行评估，帮助教师做出专业判断及合理决策。基于这种功能，实际上愿景还为教师提供了一种反思工具：一旦愿景形成便提供了一个无形标准，就像一把"标尺"或是一个"参照点"，⑥ 教师通过在愿景和当前实践比较的基础上分析教学实践，明确需要反思的内容以及确定自主学习的内容，如教师对教学情节的设置、采取的教学决策、课堂组织形式、教师自身角色、学生的学习等，哪些做法有助于愿景的实现，哪些存在问题，并寻找其中

① Hammerness K. Teachers' Visions：The Role of Personal Ideals in School Reform [J]. Journal of Educational Change，2001（2）：143-163.

② 贺敬雯，饶从满. 教师愿景之于教师发展：基于国际教师愿景研究的思考 [J]. 外国教育研究，2014，41（11）：54-62.

③ Van Der Helm R. The Vision Phenomenon：Towards a Theoretical Underpinning of Visions of the Future and the Process of Envisioning [J]. Futures，2009（41）：96-104.

④ 同②.

⑤ Drucker P. Long Range Planning Challenge to Management Science [J]. Management and Science，1959（5）：238-249.

⑥ Hammerness K. Visions of Delight，Visions of Doubt：The Relationship Between Emotion and Cognition in Teachers' Vision [R]. Paper presented at the Meeting of the American Educational Research Association，in Montreal，Quebec，Canada，1999：10.

原因，提出解决办法。① 在这一过程中，不仅有助于提升教师教学的有效性，还使教师能够发现对自身更有意义的问题，从而促进专业发展。

总之，愿景的"方向性和标准性"通过影响教师主体的专业判断和决策，帮助教师澄清发展方向，提升反思能力，从而提升教师发展的有效性。然而在实践中并非所有教师都持有清晰的愿景，这也意味着在教师发展研究中对教师愿景的考察十分重要。

（二）以愿景作为教师发展表征的超越性

1. 愿景更有助于表征影响教师发展的深层结构

将愿景纳入教师发展结构不仅在于它对教师发展有重要影响，更重要的是它有助于教师澄清自身工作生活的意义和价值，以及明晰这种意义和价值如何才能够在对精神和俗世的追求中获得，从而令教师保持一种持久动力和发展中的韧性。富兰（Fullan）指出，教师的个人愿景"源自内部，并赋予工作以意义"，肯尼迪（Kennedy）把教师愿景看作一种强烈的使命感、方向和动力，同时又将其与上课之前关于课堂教学的设想联系在一起，费尔班克斯等研究者（Fairbanks, et al）认为教师愿景就是教师寻求超越一般课程要求之结果的一种个人承诺，达菲（Duffy）则将愿景视为教师的终极目标，即帮助学生在未来成为什么样的成年人。②

总之，愿景能够为教师提供一种意义感，这种意义感类似于荷兰学者科瑟根（Korthagen）提出的"洋葱头"教师发展模型中处于中心位置的使命问题层面。科瑟根认为使命问题层面是有关教师对职业最终目的的看法以及对工作生活意义最根本的认识，这些问题深植于教师内心并且是支配其工作的动力，关乎教师工作生活中的自我价值。③ 然而二者之间也存在不同：愿景相比于使命更为具体，使命是人们构建愿景的深层次缘由，而愿景则是一个特定的结果，一种期望的未来图景。如果说使命体现了教师内心真正最关心的事，而愿景则通过生动、形象的描绘将其更清晰地表达出来。因此，通过愿景更利于将这些影响教师发展的深层结构表征

① 贺敬雯，饶从满. 教师愿景之于教师发展：基于国际教师愿景研究的思考 [J]. 外国教育研究，2014，41（11）：54-62.

② Fairbanks C M, Duffy G G, Faircloth B S, et al. Beyond Knowledge：Exploring Why Some Teachers Are More Thoughtfully Adaptive Than Others [J]. Journal of Teacher Education，2010（61）：161-171.

③ Korthagen F A J. In Search of the Essence of a Good Teacher：Towards a More Holistic Approach in Teacher Education [J]. Teaching and Teacher Education，2004（20）：77-97.

出来。

2. 愿景更有助于反映教师发展的未来取向

教师发展是一个连续的过程，在时间维度上，不仅包括过去、现在，还应包括未来。教师作为人在发展过程中，不仅会对过去、现在的经验进行思考，还会对未来进行思考，并且对未来的思考常常是建立在过去、现在的经验基础之上。关于教师信念、教师生活史、教师个人实践理论、教师反思对教师发展影响的研究证明了教师发展过程在时间上的连续性，然而这些研究的重点是将教师发展置于"过去与现在"的时间框架，缺少对教师发展"未来"这一时间维度的考察。然而"未来"这一时间维度对教师发展十分重要，精神分析学家弗洛伊德早年就提出人类具有"未来取向"天性，他在讨论心理成熟时指出个体的行为是从被即时的冲动支配到以目标为指向而转变的，这种以目标为指向的行为就表现出了人类"未来取向"的天性。[①] 愿景作为一种对"未来取向"的思考，能够从"未来"的时间维度上表征教师发展，体现了教师主体在"过去"和"现在"的基础上对"未来"的意义建构。对于持有愿景的教师来说，某种程度上可以称其是"未来取向者"，对其而言，未来并不是虚无缥缈的，他们总是未雨绸缪，为将来做好规划，这些特点都会对思维、情感和行为产生影响，并由此决定着个人事业，甚至决定着个人的成功与失败。[②]

愿景的"未来取向"特质使其成为探索教师发展"未来"这一时间框架的有力工具。从"未来"的时间维度上看教师发展十分重要，对这类问题探究的最大助益在于充分重视教师在发展中的主体性，因为教师有能力主动建构未来，并且依据过去的经历和经验应对多变的未来。他们能够通过分析、预测未来环境，想象多种可能的结果，从而展开行动，同时利用多种重要的自我管理技能去实现更为可能的、理想的结果。

3. 愿景更有助于展现教师发展的实然方向

教师发展的方向性体现在社会对教师的要求上，当代主流教师观是复合性的，教师不是单纯的任务执行者，而是教育的思想者、研究者、实践者和创新者。[③] 虽然在教师专业化进程中，随着各国教师专业标准的制定，教师发展方向也愈发明晰。然而，这些对教师的要求是应然的，即教师应该朝向

---

① 刘霞，黄希庭，普彬，毕翠华. 未来取向研究概述 [J]. 心理科学进展，2010，18（3）：385-393.

② 同①.

③ 王长纯. 教师专业化发展：对教师的重新发现 [J]. 教育研究，2001（11）：45-48.

什么方向发展，而在实际发展过程中，教师是如何认识这些要求的，面对多重价值和复合性要求，他们又是如何进行价值排序和选择的，这反映了教师发展的"实然方向"，即教师想要朝向和正在朝向什么方向发展。在教师实际发展中，价值选择是教师经常面临的一个问题，学者吴刚平就曾指出，教师有效教学的问题既是技术层面的操作，更是一个价值层面的澄清与选择问题。[①] 教师主体会对这些价值进行思考与权衡后做出价值选择。

愿景的"价值性"有助于我们更好地了解这一问题。愿景源自对传统深层价值及对实务的省思，愿景确立实际上是价值选择问题。[②] 它受到个体的信念、价值观以及现实需要影响。持有愿景，就表明人们在对所有价值进行思考与权衡后对未来做出价值选择。对于教师来说，愿景的形成基础是教师理想、信念、使命，现实工作需要以及实践环境，教师愿景反映了教师在对这些价值深刻认识和整合的基础上，对未来做出的某种价值选择，这反映了教师发展的"实然"方向。

对教师发展的"实然"方向的考察十分重要，因为，从根本上看，教师发展是个体教师不断社会化的过程；从角色发展上看，教师发展是作为社会职业人的教师从接受师范教育的学生，到初任教师，到有经验的教师，到实践教育家的持续过程。而在这个过程中，教师是如何平衡来自社会的要求、自身的需要以及客观环境的限制的，他们正在朝向什么方向发展，对这些问题的了解，有助于促进教师更有效地发展。

三、结语

教师发展需要全面的审视，不仅仅需要关注教师遇到的"问题""危机"，还需要了解教师在工作中持有的"愿景""希望"，这些共同构成了教师发展的全貌。愿景作为一种"未来取向"的思考，从教师主体出发，基于教师发展"未来"这一时间框架，为我们提供了主动、积极看待教师发展的视角，是考察、研究教师发展的重要线索。同时，愿景因其独特品质和特征在教师发展中具有重要的作用和意义，是理解教师发展的重要表征方式。

---

① 吴刚平.价值层面的有效教学观念探析［J］.全球教育展望，2007，36（4）：22-25.
② 吴天方.塑造综合高中学校愿景的策略［J］.教育研究信息，2000，8（6）：171-179.

第 3 节 教师愿景之于教师发展①

舒尔曼等研究者（Shulman，et al.）曾指出，一名教师要取得成功，环境因素和个人因素相互影响、相互作用，同等重要。在个人因素中，反思、动机、理解、愿景和实践等五个因素对于教师发展而言至关重要。愿景被视为教师发展中的重要影响因素之一。② 伴随教师愿景在教师发展中的重要作用被逐渐认识，教师愿景问题近年来也受到越来越多的教师教育研究者的关注，③ 并且成为实证研究的主题。④ 与国外关于教师愿景的研究呈大幅上升势头相比，国内学者对这一问题的关注明显不够。有鉴于此，本节将基于国际上关于教师愿景问题的研究成果，探讨教师愿景及其对于教师发展的意义。

一、教师愿景的内涵

要理解教师愿景的内涵，首先有必要理解愿景的含义。愿景概念并非新生事物，它根植于唯心主义哲学基础，并广泛运用于教育以外的其他领域。在商业工商管理领域，愿景经常被视为一种关于组织或公司的理想未来的图景。科林斯和波拉斯（Collins and Porras）在描绘一个成功公司时，将愿景描述为一种由价值和目的所构成的"核心认同"。愿景也被一些人视为方向指引（guide to direction），一种可以实现的理想。⑤ 本尼斯

---

① 本节作者系贺敬雯、饶从满，曾发表于《外国教育研究》2014 年第 11 期。

② Shulman L S, Shulman J H. How and What Teachers Learn：A Shifting Perspective [J]. Journal of Curriculum Studies，2004，36（2）：257-271.

③ Scales R. Examining the Sustainability of Pre-service Teachers' Visions of Literacy Instruction in Their Practice [J]. Professional Educator，2013，37（2）：1-10.

④ Tubin D. Fantasy, Vision, and Metaphor—Three Tracks to Teachers' Minds [J]. The Qualitative Report，2005，10（3）：543-560.

⑤ Fairbanks C M，Duffy G G，Faircloth B S，et al. Beyond Knowledge：Exploring Why Some Teachers Are More Thoughtfully Adaptive Than Others [J]. Journal of Teacher Education，2010（61）：161-171.

和那努斯（Bennis and Nanus）也曾对愿景概念做过较为详细的阐释。他们认为，所谓愿景，是一种既可以像梦一样模糊，也可以像目标或使命陈述那样明确的心智图景（mental vision）。愿景所表达的是一种关于可实现的、可信的和充满吸引力的未来的观点。组织的领导人以这种愿景为组织成员提供由现在通向未来的重要桥梁。图宾（Tubin D）的概括比较到位："愿景是一种建立在现实基础上的关于未来的图像，这一图像产生于并根植于团体的共同认知，具有赋予人们以动机的力量。"①

虽然愿景通常都被用来指向组织，但正如富兰（Fullan M）所指出的那样，也存在一种独立于具体组织或团体的"源自内部，并赋予工作以意义"的个人愿景。② 近年来研究者们谈论教师愿景时，所指的主要是教师的个人愿景。

哈姆尼斯（Hammerness K）是迄今为止国际上关于教师愿景研究最系统、最深入的研究者。他对什么是教师愿景做过详尽的解释，他指出："教师们经常会想象他们在教室里可以做哪些事情，想象他们如何才能与学生进行互动，以及他们能够与他们的学生取得什么样的成果。他们设想课堂活动、讨论方式以及项目设计。他们会在脑海中勾勒自己和学生能够工作学习的某种学习环境，包括课堂设计、学校的类型，甚至是能够支持他们实现梦想的社区类型等。这些关于理想课堂实践的图景就是教师愿景。它们体现了教师对于未来的希望，并在他们的生活和工作中发挥着重要作用。"③ 教师愿景就是教师关于理想课堂实践的图景，这就是哈姆尼斯对于教师愿景的最简捷表述。对于这一理解，哈姆尼斯做出了进一步的解释，他指出，在教育领域中，愿景通常被视为属于机构的、未来取向的、积极的、理性的。但这种关于愿景的理解过于简单化。他认为教师愿景首先是一种高度个人性（deeply personal）的愿景，这种个人愿景是强力教育改革的基础，不容忽视；其次，教师愿景不仅仅代表了对于人们理想未来的展望，也体现了我们对过去和现在的理解。教师愿景既可以对未来实践起到建设性指引作用，也可以为反思过去的教学活动和经验提供一种手段。第三，教师愿景也具有不好的一面（dark side）。愿景既可以使一些

---

① Tubin D. Fantasy, Vision, and Metaphor—Three Tracks to Teachers' Minds [J]. The Qualitative Report，2005，10（3）：543-560.

② Fullan M. Change Forces [M]. London：Falmer Press，1993：13.

③ Hammerness K. Seeing Through Teachers' Eyes：Professional Ideals and Classroom Practices [M]. New York：Teachers College Press，2006：1-5.

教师雄心勃勃，也可能会有延续成见，抑制替代的可能性，从而存在将一些教师引入歧途的可能。第四，教师愿景不仅具有理性（rational）的一面，也具有情感性（emotional）的一面。愿景将教师的激情（他们的希望、关切和梦想）与他们的理解（他们关于儿童应该如何学习以及学习什么的知识）融合到了一起。[①]

另外，还有一些研究者从不同侧面对"什么是教师愿景"进行了描述。舒尔曼等将教师愿景描述为教师关于未来学习活动的图景，这些图景代表了他们未来将如何教学。[②] 肯尼迪虽然把教师愿景看作一种强烈的使命感、方向和动力，但同时又将其与上课之前关于课堂教学的设想联系在一起。[③] 达菲（Duffy）则将愿景视为教师的终极目标（ultimate goal），即帮助学生在未来成为什么样的成年人。[④] 费尔班克斯等研究者（Fairbanks，et al.）认为，教师愿景就是教师寻求超越一般课程要求之结果的一种个人承诺（commitment），它虽然植根于教师关于学生之设想的信念和理论，但是又不同于信念和理论，因为它是教师更多地以道德而非认知的方式鼓舞学生的个人承诺。[⑤]

尽管研究者们观点各异，表述不一，但是对教师愿景的描述包含了一个共同的主题："教师个人关于对长期结果（extended outcomes）恪守承诺的自我理解"。[⑥] 这一特点集中体现在格林（Greene M）关于"个人现实"（personal reality）[⑦] 和"关于可能性的意识"（a consciousness of

① Hammerness K. Seeing Through Teachers' Eyes：Professional Ideals and Classroom Practices [M]. New York：Teachers College Press，2006：1-5.
② Shulman L S，Shulman J H. How and What Teachers Learn：A Shifting Perspective [J]. Journal of Curriculum Studies，2004，36（2）：257-271.
③ Kennedy M. Knowledge and Vision in Teaching [J]. Journal of Teacher Education，2006，57（3）：205-211.
④ Duffy G. Visioning and the Development of Outstanding Teachers [J]. Reading Research and Instruction，2002，41（4）：331-344.
⑤ Fairbanks C M，Duffy G G，Faircloth B S，et al. Beyond Knowledge：Exploring Why Some Teachers Are More Thoughtfully Adaptive Than Others [J]. Journal of Teacher Education，2010（61）：161-171.
⑥ 同⑤.
⑦ Greene M. Teaching：The Question of Personal Reality [J]. Teacher College Record，1978，80（1）：23-35.

possibility)，① 费曼-纳姆色（Feiman-Nemser）关于"个人取向"
（personal orientation），② 范·梅南（Van Manen）关于由教师"信以为真
的、真实的、有价值的"事物构成的取向，③ 加里森（Garrison）关于
"愿望"（eros）和"实践推理"（practical reasoning），④ 罗森和施拉姆
（Rosaen and Schram）关于"自主的自我"（the autonomous self），⑤ 考诺
（Corno）关于愿景即"内部指导系统"⑥，达菲（Duffy）关于愿景即"道
德罗盘"⑦ 的描述之中。

　　综合众多学者们的观点和我们自己的理解，我们认为，可以从以下几
个方面来理解和把握教师愿景的内涵：首先，从内容上来说，教师愿景是
教师关于理想的工作实践的图景或设想，内容涉及自我、教学、学生发展
等与教师日常工作紧密相关的事物。其次，从性质上来说，教师愿景植根
于教师内心的理想和信念，是教师个体寻求的更有价值的、超越一般课程
要求的未来承诺，其中包含了一定的道德目的（moral purpose）和对"好
教师""好教学"或者"卓越教学"的追求，它不仅代表了教师的一种个
人教学立场，还体现了教师赋予工作的意义。再次，从功能上来说，教师
愿景为教师的日常工作提供一种"意义感"和"实现感"，指导和激励教
师不断向前发展，愿景实现的过程也是教师自我实现的过程。

二、教师愿景之于教师发展：促进作用

　　在明确教师愿景的内涵基础上，我们现在来思考一下教师愿景对于教
师发展的意义和价值。综合已有关于教师愿景的研究发现来看，教师愿景

---

① Greene M. Releasing the Imagination [M]. San Francisco：Jossey-Bass，1995，23.

② Feiman-Nemser S. Contexts and Models of Teacher Education [M] // Houston W R，Huberman M，Siula J. Handbook of Research on Teacher Education. NY：Macmillan，1990：753.

③ Manen M V. Linking Ways of Knowing with Ways of Being Practical [J]. Curriculum Inquiry，1977，6（3）：211.

④ Garrison D R. Self-Direction Learning：Toward a Comprehensive Model [J]. Adult Education Quarterly，1997，48（1）：18-33.

⑤ Rosaen C，Schräm P. Becoming a Member of the Teaching Profession：Learning a Language of Possibility [J]. Teaching and Teacher Education，1998，14（3）：283-303.

⑥ Corno L. Introduction to the Special Issue Work Habits and Work Styles：Volition in Education [J]. Teachers College Record，2004，306：1669-1694.

⑦ Duffy G. Metacognition and the Development of Reading Teachers [M] // Block C，Israel S，Kinnucan-Welsch K，et al. Metacognition and Literacy Learning. Mahwah. NJ：Lawrence Erlbaum，2005：299-314.

至少可能在以下几方面对教师发展发挥积极影响。

（一）为教师发展提供方向指引

教师发展需要方向的指引。愿景因其方向指引功能而受到各领域研究者们的青睐，人们常常用"罗盘"来比喻愿景的这种功能，如管理学大师彼得·圣吉认为愿景是构建学习型组织的五个重要因素之一，因为愿景通过为组织提供一个共同的理想未来，凝聚公司上下的意志力，透过组织共识，使得成员努力的方向一致。[①] 由于愿景描述的是人们心中理想的、美好的、希望的未来图景，实际上已经暗含了某种选择，持有愿景就表示已经排除选择其他相反未来的可能性，也因此，为未来发展指明了方向。

对于持有清晰愿景的教师来说，他们十分明确自己需要在工作实践中实现的希望、梦想或是终极目标，这些成为教师日常工作实践及发展的航标。如达菲在研究中指出，清晰的愿景不仅能够促进教师独立地思考和工作，还能帮助教师直面内心，思考到底什么对于他们来说最重要，从而为教师发展指明了方向。[②] 因为当教师拥有一个愿景，他们会通过控制教学决策以达成使命，愿景的存在不仅是因为它关乎选择，关系着长期的职业生涯中一种"成为感"，或者是当教师们试图改变自己的环境和行动时的自我调节，更重要的是，愿景关涉一个人的内心、精神、道德以及激情。另外，达菲还指出，建立愿景不仅能够使教师心理上获得独立决策的勇气，更多的目的是促进独立思考，帮助教师形成与个人使命、教学以及学生道德承诺一致的决策。此外，哈姆尼斯在研究中还发现教师愿景对教师职业路径的选择具有重要的影响，他指出教师常常由于个人因素决定离开学校，而影响他们对新学校的选择，常常与教师在教学上想要实现的目的和目标相关，也就是说新学校的环境（context）要更能适合其愿景。换言之，具有清晰愿景的教师在进行新的选择时，愿景能够引导教师继续寻找能够使其目标取得进展的职位（positions）。[③]

总之，清晰的愿景能够让教师明确有关自身职业的核心价值、目的以及使命，从而防止沉浸于一些细枝末节中，正如圣吉所说："我们常花太

① Senge P. The Fifth Discipline [M]. New York: Doubleday, 1990: 142-221.

② Duffy G. Visioning and the Development of Outstanding Teachers [J]. Reading Research and Instruction, 2002, 41 (4): 331-344.

③ Hammerness K. If You Don't Know Where You Are Going, Any Path Will Do: The Role of Teachers' Visions in Teachers' Career Paths [J]. The New Educator, 2008, 4: 1-22.

多时间来应付沿路上的问题，而忘了我们为什么要走这条路。结果是我们对于'什么是真正重要的'只有一个朦胧的，不准确的看法。"① 学者吴刚平在研究中也指出教师在工作中明确核心价值的重要性，他认为有效教学的问题不仅是技术层面的问题，更是一个价值层面的澄清和选择问题，即教师不仅要了解怎么做的途径、方法和步骤等问题，更需要追问和澄清有效教学应该是什么、为什么要这么做以及怎样做才能更好的问题。② 而澄清愿景有助于教师直面关于教育教学的核心价值，通过不断的检查和再检查，不仅使我们自己明白为什么我们去从事教学，以及个人努力的意义，还使我们明确想要如何做以及为何这样做，从而为教师的发展指明了方向。然而，在实践中，并非所有教师都持有清晰的愿景，这也意味着教师教育者需要了解教师的愿景，并在此基础上，帮助教师发展和澄清自身的愿景，明确发展方向，以促进教师更有效地发展。

（二）为教师发展提供动力

教师发展不仅仅是知识和能力的发展，而且更为重要的是发展意愿的激发和维持，需要动力支持。而教师愿景建设则有助于提供这种动力支持。费尔班克斯、达菲等研究者也指出，仅仅依赖知识本身并不能促使教师在教学中变得更善于思考，他们通过对师范生的观察发现，具有相同专业知识水平的师范生在教学实践上是存在很大差异的，而持有愿景的未来教师更努力地成为善于思考并且更具适应性的教师，因为他们的个人承诺驱使他们做得更多而不仅仅是完成要求，因此，在这个意义上，愿景给予教师的是超越知识之外的，并使之坚持承诺去激励学生某些方面而不仅仅是学业能力的发展。③

愿景之所以能够为教师发展提供动力，主要是源于愿景具有动力功能。最早对愿景的动力功能进行阐释的学者是未来学家波拉克（Polak F），他用"磁铁"比喻愿景产生的吸引力，他认为，愿景就像磁铁一样，通过吸引力将现在拉向预想的未来。④ 彼得·圣吉将其称为"变革张力"或"创造性张力"，他以一个十分形象的比喻对"创造性张力"进行了详

---

① Senge P. The Fifth Discipline [M]. New York: Doubleday, 1990: 142-221.

② 吴刚平. 价值层面的有效教学观念探析 [J]. 全球教育展望, 2007, 4: 22.

③ Fairbanks C M, Duffy G G, Faircloth B S, et al. Beyond Knowledge: Exploring Why Some Teachers Are More Thoughtfully Adaptive Than Others [J]. Journal of Teacher Education, 2010 (61): 161-171.

④ Polak F L. The Image of the Future: Enlightening the Past, Orientating the Present, Forecasting the Future [M]. Translated by Elise Boulding, Sijthoff, Leiden, 1961: 6.

尽的解释，他说："愿景和现实之间就像存在一根橡皮筋，当拉长的时候，橡皮筋会产生张力，这种张力就代表了愿景与现况之间的张力，这种张力的纾解只有两种途径：把现况拉向愿景，或把愿景拉向现况。愿景与实践之间的差距是创造力的来源，'创造性张力'是人们在认清愿景与现况之间差距之时，产生的正面力量。"圣吉还谈道，人们谈及愿景常常夹杂着高兴、满意、快乐、焦虑、悲哀、气馁、绝望等感觉，他认为这些是伴随创造性张力而产生的情绪张力，它们共同影响愿景产生动力作用的程度。[1]从彼得·圣吉对愿景功能的阐释中可以看出，尽管愿景具有动力功能，但是这种动力功能的发挥是有条件的，即受到愿景与实践之间距离的影响。

正是基于愿景与实践之间的这种辩证关系，对于有愿景的教师来说，愿景就像格林所描述的"可能的意识"，通过提供一种"实现感"（a sense of reach），[2] 启发、激励教师，并引导其反思工作。然而，这种辩证关系并不能总是带给教师发展以动力，愿景动力功能的发挥受愿景与实践之间距离的影响：愿景基于现实，代表着"可实现"，当教师感到愿景与现实之间的距离过大而难以实现时，"动机性"较弱，教师不仅会产生低效能感，还会产生焦虑、气馁、绝望等消极情绪。长期受到沮丧、挫折等负面情感的影响，会影响教师在工作中的积极性和发展中的主动性，教师自主发展意愿会逐渐消耗殆尽。而当教师感到愿景与现实之间的距离适中，愿景通过努力可以实现时，教师会产生高效能感，这时愿景为教师带来更多的是希望和动力。当教师长期受到这些正面情感的影响时，教师自主发展意愿也会日益增强，因为在追寻实现愿景途径的过程中，教师主动寻求学习和发展，新的学习和发展提高了教师的自我效能感，使得教师增进对愿景实现的信心，提高了工作的积极性以及发展中的主动性，由此形成良性循环。

这也暗示了通过帮助教师发展一种合适的愿景或者帮助教师学会弥合愿景与实践之间的距离，可能对促进教师主动、持续的发展更有帮助。尤其是当教师对愿景实现的构想不清楚时，他们需要详细阐述如何展开活动或行动，同时描述在逐步实现愿景的过程中所持有的情感和能力。如果教师教育者能够帮助教师澄清愿景，辨识实践，使其不断向着愿景进步，那么教师就会避免形成消极情感，积极主动地去发展。正如哈姆尼斯所言："审视教师愿景，能够帮助教师了解如何实现目标，协助他们面对不可避免的挫折，保

---

①　Senge P. The Fifth Discipline [M]. New York：Doubleday，1990：142-221.

②　Greene M. Releasing the Imagination [M]. San Francisco：Jossey-Bass，1995：23.

护他们免受幻灭和沮丧。"① 识别和详细阐述实现愿景的策略可以帮助教师形成持续发展的意愿，为教师发展提供源源不断的动力支持。

（三）为教师提供一种反思的工具

大多数研究者都赞同教师愿景是促进教师有效教学的一个重要指标，因为持清晰愿景的教师，他们在实践中依据自己的愿景进行决策和设计教学，探究和反思实践，这极大地提高了教师教学的有效性。换句话说，教师愿景之所以能够促进教师的有效教学，在很大程度上也源于愿景可以为教师提供反思的工具。哈姆尼斯通过对在职教师愿景的考察发现，大多数持有清晰愿景的教师都会将其作为重要的实践原则，他们会围绕愿景设计教学，并将其作为评估实践的重要标准。她认为清晰的愿景作为未来实践的有效指南，提供了一种反思过去课堂活动、课堂经验的方式，就像一面镜子，教师们通过比较日常实践和愿景，识别成功之处，同时确定需要改进的方面，这些促使教师对实践更深入地思考，从而更有效地从实践中学习，促进教师更好的发展。②

愿景通过提供一个心理参考框架，为持有愿景的教师提供了一个潜在的评量标准，指导他们对工作实践以及可能的行动进行评估，做出专业判断和决策。并且愿景常与反思共同作用，对教师行为产生影响。福特（Ford）指出"要激励个人进行新的探索就需要重新定义困顿期的过去经验，并使用这些经验来建构未来"。③ 对过去经验的重新定义意味着反思，而建构未来意味着创建愿景。一旦愿景形成，便提供了一个无形标准，就像一把"标尺"或是一个"参照点"，④ 教师通过在愿景和实践比较的基础上，分析过去的教学实践，明确需要反思的内容，如教师对教学情节的设置、采取的教学决策、课堂组织形式、教师自身角色、学生的学习等，在实践中哪些有助于愿景的实现，哪些存在问题，同时记录一些关键事件，特别是不成功的事件，

---

① Hammerness K. Teachers' Visions：The Role of Personal Ideals in School Reform [J]. Journal of Educational Change，2001，2：143-163.

② Hammerness K. Seeing Through Teachers' Eyes：Professional Ideals and Classroom Practices [M]. New York：Teachers College Press，2006：1-5.

③ Ford C. A Theory of Individual Creative Action in Multiple Social Domains [J]. Academy of Management Review，1996，21：1112-1142.

④ Hammerness K. Visions of Delight，Visions of Doubt：The Relationship Between Emotion and Cognition in Teachers' Vision [R]. Paper presented at the meeting of the American Educational Research Association，in Montreal，Quebec，Canada，1999，10：27.

寻找其中的原因，提出解决的办法，进行新的尝试直到问题的解决，这些都让教师的教学实践变得更为有效，也促使教师更善于思考。

三、教师愿景之于教师发展：可能的负面影响

（一）愿景自身潜在的局限性

正如哈姆尼斯所指出的那样，教师愿景并非一切皆好，其本身也存在局限性（dark side），尤其是在愿景缺少正式批判机会的环境下。① 这里首先需要提到的是劳蒂（Lortie）所提出的一个重要概念"学徒式观察"（apprenticeship of observation），他指出："所有进入教师这一行业者都要经历的学徒式观察，是以一种特殊的方式开启了社会化的进程，它使学生们熟知教师的各种工作任务，培养他们对教师的认同。然而，它既没有为对教学技巧进行明智的评价奠定基础，也不鼓励发展对工作的分析取向。除非新任教师经历了足以抵消他们的个人主义和传统体验的培养，否则这一职业将充斥着一批对建立共享技术文化漠不关心的人。缺乏这种文化，教师们的各种过往经历将在他们的日常活动中发挥重要的作用。在这方面，学徒式观察是连续性而非变革的同盟。"② 学生在"学徒观察期"给予有限的视角所获得的关于教师工作的理解可能会使得他们很难建立关于不同于其成长环境的课堂的愿景。

后来有研究者韦伯和米契尔（Web and Mitchell）对劳蒂的这一观点进行了检验。通过对 64 名师范生的调查，他发现传统的教学图景在他们之中更为流行，甚至那些具有较强自我意识的学生认为去修正他们在过去学生时代形成的教学图景本身是存在问题的。③ 上述情况并非个案，有研究指出许多新教师很可能处于对其在"学徒观察期"形成的愿景毋庸置疑的环境中，因此他们的愿景又再现了记忆中的图景，布瑞兹曼（Britzman）称之为"文化复制"的内在本质，并指出，即使那些秉持着

---

① Hammerness K. Seeing Through Teachers' Eyes: Professional Ideals and Classroom Practices [M]. New York: Teachers College Press, 2006: 1-5.

② 丹·克莱门特·劳蒂. 学校教师的社会学研究 [M]. 饶从满, 于兰, 单联成, 等译. 北京: 人民教育出版社, 2011: 60.

③ Weber S, Mitchell C. Drawing Ourselves into Teaching: Studying the Images that Shape and Distort Teacher Education [J]. Teaching and Teacher Education, 1996, 12（3）: 303-313.

超具想象力的教学愿景的师范生也发现自身正遭受社会形塑的学校惯例（socially patterned school routines）所带来的挫败。[①] 韦伯和米契尔也同样认为，由于很少观察到能够替代记忆中课堂情景的图景，所以教师更倾向于复制愿景（reproductive visions）。[②]

另外，教师怀有不合适的、狭窄的愿景在很大程度上源于教学和学习的复杂性，而"学徒观察期"却将这一复杂本质给掩盖了，这使得教师感到愿景的实践会比想象难得多。霍尔特-雷诺兹（Holt-Reynolds）认为，学着去想象"学生中心""对话中心"的课堂是一项极其复杂的任务，特别容易让未来教师对角色产生误解，初任教师尤其可能会把学生学习等同于"娱乐"，并且相信"兴趣、兴奋或者有趣是课堂的关键要素，或者唯一要素"，尽管强调学生参与本身并不存在问题，但是新手教师需要被指导超越其愿景中仅仅关注的有趣，并同时思考如何才能让学生真正地学习，或者什么是真正的学习，这才是问题的真正所在。[③] 然而，理解这种教学的复杂性可能还涉及新教师定义知识方式的根本转变，霍尔特·雷诺兹认为学习教学在很多情况下需要未来教师完全重新思考其认识论层面的信念（epistemological beliefs）。正是由于教师愿景能够反映教师的这种认识论，因此，教师们是需要检视其关于教与学的基本假设的，只有这样才能使其愿景更为深思熟虑而不仅仅是盲目的复制。

（二）愿景与实践的差距过大对教师发展可能的负面影响

还有一些研究者指出，尽管许多雄心勃勃的愿景深深地激励和鼓舞了教师，并使其变得更加努力，然而，如果愿景与实践的差距过大反而会给教师发展带来负面影响，甚至促使其离开教师行业。利特尔（Little）在研究中指出，如果教师的愿景过于宏大且不能实现，在愿景和真实实践之间的不和谐张力会使教师在教学中感到心灰气馁，并失去自信，甚至有时候会变得更为保守。因为，一旦他们的努力功亏一篑，持有这种愿景的教师常常会感到

---

① Britzman D. Cultural Myths in the Making of a Teacher: Biography and Social Structure in Teacher Education [J]. Harvard Educational Review, 1996, 56: 442-451.

② Weber S, Mitchell C. Drawing Ourselves into Teaching: Studying the Images that Shape and Distort Teacher Education [J]. Teaching and Teacher Education, 1996, 12 (3): 303-313.

③ Holt-Reynolds D. What Does the Teacher Do? Constructivist Pedagogies and Prospective Teachers' Beliefs about the Role of a Teacher [J]. Teaching and Teacher Education, 2000, 16 (1): 21-32.

绝望，从而厌倦为未来可能的成功而努力，甚至在某种情况下，会完全离开教师职业。[①] 哈姆尼斯也在研究中指出，学者们和教师教育者们常常提及未来教师经历的"实践冲击"是促成教师离开行业的潜在因素，然而事实上这种"实践冲击"不仅仅来自学校的官僚体制、相互分离的职业特点，以及教学的复杂、模糊的本质，还来自愿景与实践之间的差距。如果愿景与实践之间的差距过大，教师们学到的便是他们的愿景是不可能实现的，或者是他们的学生是没有能力去实现的，直接带来的结果便是降低期望，或者怀疑自己和学生的能力，而这对于教师发展来说是极其不利的。另外，哈姆尼斯还指出，如果教师身处不支持其愿景实现的环境，会使情况变得更加糟糕，不仅容易使教师产生倦怠、幻灭，甚至会使其离开教师行业。[②]

四、结语

正是因为教师愿景中既蕴藏着能够促进教师发展的功能，又同时潜存着对教师发展产生负面影响的可能性，引导和推动教师进行愿景建设十分必要。与此同时，在进行教师愿景建设时，我们不仅要考虑引导和促进教师建立愿景，更要思考引导和促进教师建立什么样的愿景。[③] 教师愿景建设需要从职前教育阶段开始，持续在教师整个职业生涯。在职前教育阶段，教师教育者需要帮助师范生检视其愿景，澄清其关于教与学的基本假设，对"学徒观察"期形成的不准确的理解进行检验修正；在在职教育阶段，尤其是新手教师阶段，需要帮助其澄清、构建合理的愿景。只有这样，才能够真正发挥愿景的积极影响，更好地促进教师发展。

---

① Little J W. The Emotional Contours and Career Trajectories of（Disappointed）Reform Enthusiasm [J]. Cambridge Journal of Education，1996，26（3）：345-359.

② Hammerness K. Visions of Delight，Visions of Doubt：The Relationship Between Emotion and Cognition in Teachers' Vision [R]. Paper presented at the meeting of the American Educational Research Association，in Montreal，Quebec，Canada，1999：10，27.

③ 哈姆尼斯认为可以从焦点（focus）、射程（range）和距离（distance）这三个维度对教师愿景的类型和特征进行考察。所谓愿景的焦点，是指愿景的兴趣中心或领域，不仅关涉是什么样的图景、观念或方面占据愿景的核心，也涉及愿景的清晰度（the distinctness or clarity）；所谓愿景的射程，是指愿景焦点的范围（the scope or extent），或宏大宽泛，或狭隘具体；所谓愿景的距离，是指愿景与愿景持有者当下的实践距离，关涉愿景实现的可能性。他还从这三个维度对教师愿景的类型和特征进行了分析，在一定程度上回应了什么样的教师愿景更有利于教师发展的问题。这一研究为进一步的深入研究奠定了很好的基础。参见：Hammerness K. Learning to Hope or Hoping to Learn：The Role of Vision in the Early Professional Lives of Teachers [J]. Journal of Teacher Education，2003（54）：43-56.

第 3 章

职前教师的学习与反思

第 1 节　学徒观察及其对师范生学会教学过程的影响①

　　学习教学（learning to teach）是一项最富有认知和情感挑战性的人类尝试活动。② 从学生时代开始，儿童绝大多数的求学时间和教师一起度过。正如芝加哥大学丹·罗蒂（Dan C. lortie）所说，"在毕业之前，每个学生直接与课堂教师交往的时间达到 13 000 个小时"③，从学生时代对教师角色宏观感知和教学活动的耳濡目染从而产生直觉意义上模仿，到接受正式教师教育课程，再到教学实践的真实环节角色体认，学徒观察的先入之见（preconception）影响着师范生的心理图式变化：一方面容易诱使他们退守到学徒时代所体认的传统教学图景，即无论如何教，我都采用我当学生时所接受的教学方式从教，从而抵消教师教育理论课程的实效性，另一方面也为师范生和教师教育者检视、比较、修正新旧经验提供契机。

一、学徒观察与师范生的"先入之见"

　　教育是"属于经验的、由于经验和为了经验的"。④ 当约翰·杜威（John Dewey）把经验（experience）这个关键性术语引入教育中的时候，便为我们分析教育活动的对象提供了一个明确框架和有效载体。"教育即经验的改组和改造"，杜威把经验作为教育对象，暗含了三层意思：第一层就是教育总是基于儿童既有的经验向着正向的方向发展，"这种改组和改造，教育既能增加经验的意义，又能提高指导后来经验进程的能力"，⑤

---

① 本节作者系苗学杰、饶从满，本节曾发表于《教育学报》2012 年第 4 期，原文名称为《学徒观察与教师培养——'先入之见'及其对师范生学会教学过程的影响》。

② Whitcomb J A. Learning and Pedagogy in Initial Teacher Preparation [M]. Handbook of Psychology. John，Wiley & Sons，Inc.，2003：534.

③ Lortie D. School Teacher：A Sociological Study [M]. Chicago. IL.：The University of Chicago Press，1975：61.

④ 杜威. 经验与教育 [M]. 姜文闵，译. 北京：人民教育出版社，2005：251.

⑤ Dewey J. Democracy and Education：An Introduction to The Philosophy of Education [M]. New York：the Macmillan Company，1930：89-90.

这种增加和指导指引学生向着正常生长的方向发展。第二层则意味原有的经验并不是完美无缺、符合人生全部生活的需要。"经验的种种缺点也是明显的，容易引出错误信念，不能适用于新异的情景，容易形成思想懒惰和教条主义的情景"①，教育在某种意义上就承担了对已有的存在谬误的经验进行修正的责任。第三层意思即经验是具有连续性的。在教师职前教育阶段，学习教学作为教育活动的一种重要形式，也是经验的修正和增长过程，无论是典型的学术课程还是实习过程中的实地经验，都是构成师范生学习教学的经验的集合，成为学生获得正式教师资格的必备基础。在师范生立志成为教师，接受教师教育之前，已经带有丰富的经验体认。对这一现象做出敏锐觉察并明确提出观点的便是芝加哥大学社会学系的丹·罗蒂，他于 1975 年在其《学校教师：社会学的研究》学术论著中提出一个核心概念：观察学徒（apprenticeship of observation）。在过去的几十年里，观察学徒的概念被多次引用，引起学者们的注意并得到实证研究的验证。尽管得出的结论有所差异，但对这一概念的持续关注显示了其具有强大学术魅力。正如希顿（Heaton）所说，观察学徒概念从此成为"教师用他们曾经所受的教学方式进行教学"（teachers teach the way they were taught）的同义语，并被广泛地用来解释教师教育对教师信念和实践未产生明显影响的原因。②

罗蒂通过对教师的访谈，描述了在成为教师之前必需的一段经历：

人们经常忽视普通教育为人们提供就业准备的方式。这种忽视对于公立学校教师尤为严重，因为对于那些的确走向讲桌另一边的人来说，上学期间的参与对其职业生涯的确有着特殊的影响。在一些方面，作为一名学生就像是在教学工作中当一名学徒；学生和教师进行着长时间的面对面而且是具有重要影响的互动。年轻人看见教师的时间比他们看见任何其他职业群体的时间都要长；我们可以估算出，每名学生在高中毕业之前与学校教师直接接触的时间平均为 13000 个小时。这种接触发生在很小的空间里；学生们离教师的距离很少有超过几码之外的。而且，这种互动不是被动的观察——它通常是一种对学生会产生一定影响的关系，因此是带有感情投入的。用符号互动论的术语来讲，学生学着"扮演"学校教师的"角

---

① 约翰·杜威. 我们怎样思维：经验与教育 [M]. 姜文闵，译. 北京：人民教育出版社，2005：160.

② Heaton R，Mickelson W. The Learning and Teaching of Statistical Investigation in Teaching and Teacher Education [J]. Journal of Mathematics Teacher Education，2002（5）：35-59.

色"，进行足够的移情，以预期教师对其行为的可能反应。这需要学生把自己设计成教师的角色，并想象教师对各种学生的不同行为会如何感受。当学生已经决定做一名教师的时候，扮演这种角色的动机就会更加强烈。然而很可能的是，无论将来的职业意向如何，扮演教师角色在学生当中都是非常普遍的。"任何人都可以当老师"这种广泛流传的观念或许最初就源于此；毕竟有哪个孩子不能对课堂教师的行为给予相当精确的描绘呢？[①]

教师的职业有着不同于其他专业的明显特征，那就是专业人员和当事人打交道的时间非常漫长，如果说医生是以疾病的治愈，律师以官司的胜败结束与当事人的主要联系，那么教师与当事人的联系更为长久；其次，这种交往不是情感中立式的例行公事，而是充满了很多感情的投入，学生在与教师的长期交往中目睹了教师课堂行为并移情地体验了教师角色。这种体验每个学生都经历过，但这种移情通常"是直觉的和模仿的而非外显的和分析的，是基于个人特征而非教育原理上的"[②]，是一种隐藏于个人觉察之后的关于教学的一般化概念（generalized view of teaching）。如果没有研究者通过回忆等方式刻意触发，师范生在诸多时候难以觉察，因此这种学徒的经验是一种不易被激发的隐性概念。罗蒂通过对工作若干年后的在职教师进行访谈所提炼出的观察学徒时代先入之见的重要影响这一事实，至少传递了以下几个信息：首先，教师在其观察学徒时代就已经熟悉教学工作；其次，教师在其观察学徒时代就已经开始认同教师身份；第三，这种长期的体验根深蒂固，难以改变。

从认知心理学的角度看，这种学徒时代的经验积累系学徒自己信奉的一套信念，相对于其所接受的教师教育来说，这种信念是前有的（prior beliefs）。也有学者把这种前有的信念表述为先入之见（pre-conception）、前有经验（prior experience）、早期经验（early experience）等[③]，都是指学生在学徒时代经历的一种体验（experiencing the experience）。这种先入之见由于自身所具备的一些性质，作为过滤器和参照系统（as filters or frames of reference）对后续的教育理论学习和教育实习产生重要的影响。

① Lortie D. School Teacher：A Sociological Study［M］. Chicago. IL. The University of Chicago Press，1975：61-62.

② Mewborn D S，Tyminski R M. Lortie's Apprenticeship of Observation Revisited［J］. The Learning Of Mathematics，2006，26（3）：23-32.

③ 参见：Preconceptions（Weinstein C S，1989，Wobbles T，1992，Kukari A，2004），Prior Experience（Goodman，Jesse，1986，12. Goodman J，1985），Prior Beliefs（Hollingsworth S，1989. Joram E & Gabriele A J，1998，Kukari J A，Ogoba E，2001. Kukari J A，2003.）

因此，也成为分析教师职前教育中理论与实践关系的一个重要关注对象。

二、师范生"先入之见"的特征

师范生在进入教师教育阶段之时，大脑中并非一片空白。多年的学习生活经验已经在其头脑中埋下了预设——先入之见。这种先入之见具有连续性（continuity）、反弹性（resilience）、谬误性（mis-educative）、过滤性（filter）和交互性（interaction），从而影响着师范生对教育理论的理解和教育实习的感受。

先入之见具有连续性。"经验的本质包括主动和被动相结合的两部分，从主动方面说，它是一种尝试（trying），从被动的角度来看，它是一种经历（undergoing）。当我们经历一些事情的时候，我们先对事物有所作为，然后我们经历或者体验结果"[1]，经验包括实施的活动以及活动主体所感受的结果，正如婴儿把手指放到火焰上，然后由于灼烧所引起的手指的疼痛，迅速缩回这个过程就构成了一次经验过程。正是由于经验能够记忆活动反馈的影响，经验能够积累而具有连续性。正如婴儿不止会烧伤一次那样，一次感受或许并不能引起行为主体的记忆，经验的连续性依赖于一个量上的积累，经验是在多次习惯中连续。如杜威所分析，"当我们从生物学的意义上去了解习惯，经验的连续性原则依赖于习惯的事实，习惯最基本的特征就是每一次经验的执行和感受都会修正执行人的感受，这种修正作用不因为我们主观的意愿而改变，都会影响我们接下来的体验，这对于上次体验的人来说总是有些差异，这样对习惯的理解就比把习惯看作固定的做事模式深刻得多，习惯是经验的特殊形式从而包括习惯，它包括情感和智力方面态度的形成，包括对我们生活中遇到的条件保持敏锐性以及做出反应的方式，从这点来看，经验的持续性原则就意味着每一次经验都要从以前经历过的经验中采纳了某些东西，并对即将到来的经验的性质做出某种程度的修改"[2]。经验的这种持续性对教师教育的影响是双重的，它的持续性使得师范生总是从学徒时代对教学、知识、教师、学生的认识的传统概念中提取自己信奉的经验，当师范生面对新的理论与实践时，他们最初的关于教与学的经验就会成为与他原有经验相悖的以创新知识为基础的

---

① Dewey J. Democracy and Education：An Introduction to the Philosophy of Education ［M］. New York：the Macmillan Company，1930：163.

② Dewey J. Experience and Educationthe 60th Anniversary Edition ［M］. New York，1998：26-27.

理论学习的阻碍，与教育理论或创新模式产生抵触，从而退回到原有的经验状态。"师范生关于教和学的先入之见由于受到日复一日的体验而日益增强，所以很难改变。"① 这也是教师易用他们所接受的教学方式进行教学的原因所在。持续性的另一方面是教师教育能够开展的原因所在，如果无法对即将到来的经验做出修正，则教育的意义便不复存在。

先入之见具有反弹性。这是由于经验本身的缺点所造成的，经验一旦形成，人们总是易于以原有的经验判断新事物的情景。"心智的迟钝，懒惰和一些不合理的保守性是经验的伴随物"②，经验自身具有懒惰性，使人产生麻木感，降低敏锐性和责任心，从而阻碍或者歪曲后续经验的增长，这就限制了未来拥有更多丰富经验的可能性。正如杜威所分析，"经验不是自身明确的概念（self-explanatory ideas），一种特定的经验虽然可能在一个特殊领域内增加一个人的机械的技能，然而，又会使他陷入陈规旧套，其结果也会缩小经验继续增长的范围。"③ 经验的保守性特征容易导致行为主体的信念反弹，经验的反弹性也可以解释为什么师范生关于教学的先见在其学习教学的过程中是如此难以改变，观察学徒的先入之见和现实普遍地渗透，并且是由学徒自身每日的生活经验持续地增强与合法化（reinforce and legitimatized），所以，教师教育者很难在教师职前培养这一相对短暂的时间内将师范生在学徒时代所固定的模板有效地改变。教师职前教育设置的目标与师范生根深蒂固的确信之间存在不一致现象，师范生认为教师的角色是给学生传递知识，但是教师教育者则尝试把师范生培养成指导学生建构知识的指导者，进一步增加了反弹的动力。在诸多教师职前教育中尽管教师教育者努力去改变，但师范生的观点依然坚持不变，"仍然满足于他所教授的内容和采取的教学方式，继续利用其先于教师教育之前形成的关于教与学的朴素信念，作为其在当下的教与学背景中做出决定的基础"④，并且，表现出瓦尔（Wahl）与韦纳特（Weinert）所描述

---

① Joram E，Gabriele A J. Pre-service Teachers' Prior Beliefs：Transforming Obstacles Into Opportunities [J]. Teaching and Teacher Education，1998，14（2）：175-191.

② Dewey J. How We Think [M]. Boston New York Chicago：D. C. Heath & CO，Publishers，1910：148.

③ 约翰·杜威. 我们怎样思维：经验与教育 [M]. 姜文闵，译. 北京：人民教育出版社，2005：248.

④ Kukari A. Definitions of Pre-Service Teachers' Preconceptions of Teaching and Learning [J]. Taboo：the Journal of Culture and Education，2004：43-55.

的"先入之见对那些试图改变自身的努力表现出强烈的抵抗"①。

先入之见具有正误之分。经验是在过去一系列经历的影响下积累起来的，多基于已有的习惯，并未经过科学的推论。② 这种经验是个体长期以来依据事物之间的反复的重复联结，再加上自己所见所思总结出来的一套体认，就像某些谚语与格言一般。经验的积累是个体成长的重要途径，也是个体发展的重要内容，生长在某种意义上就是经验的代际过渡与个体积累。经验从总体上看是正确的，但有一个致命的弱点就是经验本身存在错误的成分，因为它并未经过科学的论证，这不同于知识，知识是证实了的，经验只是经验持有者个体感受经验为真，带有较强的主观判断性。正如杜威所论述的那样，"尽管经验有时候比科学更为准确，但是经验不能辨别结论的正误，它应该对大量的错误信念（false beliefs）负责，是错误信念产生的源泉，期望的习惯和信念的形成只不过是同样的事情反复出现而已"③。正因为经验在内容成分上有正误之分，并非所有经验的积累都能促使人的发展，有时候经验的增长有阻碍或歪曲的作用，学习偷盗的经验积累只能使其进一步向高级盗贼方向发展。"有些经验具有错误的教育作用。"④经验的正误性加上经验的连续性，就会出现无论是正确的经验还是谬误的经验，对于后来经验都能产生影响，只不过对后来经验影响的性质不同罢了。正确的经验产生正确影响，谬误的产生错误的影响。师范生的先入之见也受到其自身视角的限制，"学生们是从一个具体特殊的角度来看待老师的；学生的参与通常是想象性的而非真实为之。学生对教学工作的了解是直觉的、模拟的，而不是明确的和分析性的；它是建立在个体的个性而不是教学原则的基础上"⑤。师范生的先入之见当中充满了更多感情色彩的记忆，诸如教师的关爱、友好、鼓励、公平等教师个人情意性特征，先入之见总体概念是建立在对学生产生深刻影响的教师影像的基础上，比如学生总是把那些把数学讲得生动有趣，联系实际，并关爱学生的数学老师描述为好老师，而对于学生学习和课堂实施等过程则缺乏教育学

① Korthagen F A J, Kessels J P A. Linking Theory and Practice：Changing the Pedagogy of Teacher Education [J]. Educational Researcher，1999, 28 (4)：4-17.

② Dewey J. How We Think [M]. Boston New York Chicago：D. C. Heath & CO, Publishers，1910：145.

③ 同②.

④ Dewey J. Experience and Education the 60th Anniversary Edition [M]. New York，1998：13.

⑤ Lortie D. School Teacher：A Sociological Study [M]. Chicago. IL. The University of Chicago Press，1975：62.

意义上的体验。

　　先入之见具有过滤性。在进入任何一种学习情境时，师范生总是事先带着一套有助于理解新信息的建构观念①。个人关于教学的先见，在多年的学校生活中牢固地生长，拥有一种经受教师教育经验的影响而很少改变的力量。他们把这些经验带到自己教学生活中并进一步证实，这样，学徒观察就成为以牺牲反思和正式教育的代价维持着传统经验的阻抗，学徒观察成为解释师范生墨守成规、缺少变化和延续劣质教学的原因，先入之见一度成为解释教师教育（教育理论）效果低下的挡箭牌和教师教育者推卸责任的好借口。既然经验有正向和负向之分，如果学徒观察模式真的有用，它也应该能够解释优秀的教学如何延续复制，劣质教学循环如何得到避免。先入之见不仅仅让师范生反弹到过去的经验中，它还能够为师范生提供经验对比的参照框架，"作为一个以文化为根基的过滤器，使师范生能够更好地理解教师教育内容，体验师范生的角色，把所学内容运用到教学实习环节"②。古斯基（Guskey）的实证研究表明师范生能够运用在正式的教师职前教育环节所学的新理论代替传统的经验，从先入之见中提取元认知能力并随着环境的变化而灵活地运用知识③。教师借助已有的经验分析现在的教学实践目标，特别是如果给予提示的话，师范生能够从其自己的学习生涯中提取具体鲜活的例子，积极的或消极的，并以一种积极的方式反思这些经验，变成对传统模式提出挑战的师范生。师范生能够通过先入之见的过滤作用和参照机制，修正消极体验（negative experiences）的认识，把其学徒时代受到的隐性的教师影响外显和清晰化，自觉规避并有效避免传统教学的恶性循环。正如丹尼斯等所验证的："罗蒂的观察学徒却不是一个万能的解释，尽管教师作为学习者的总体经验对他成为一名教师会产生一些影响，但是，我们相信这样的循环会被他们自己求学生涯中所铭记的具体鲜活的事例所打破。"④ 先入之见的过滤性表明了师范生的

① Schallert D L. The Significance of Knowledge: A Synthesis of Research Related to Schema Theory [C] // Otto W, White S. Reading Expository Material [C]. New York: Academic Press, 1982: 13-48.

② Hollingsworth S. Prior Beliefs and Cognitive Change in Learning to Teach [J]. American Education Research Journal, 1989, 26 (2): 160-189.

③ Guskey T R. Staff Development and the Process of Teacher Change [J]. Educational Researcher, 1986, 15 (5): 5-12.

④ Mewborn D S, Tyminski R M. Lortie's Apprenticeship of Observation Revisited [J]. The Learning of Mathematics, 2006, 26 (3): 23-32.

每一种经验都是一种推动力，既存在陷入墨守成规的传统经验之可能，也孕育了打破传统榜样的潜力，而教师教育的目的就在于增强积极经验的推动方向，改正消极经验的推动方向，实现学徒观察的合力价值。

先入之见具有交互性。杜威在论证经验在教育中的功能和作用时把交互性作为经验的第二原则。交互性赋予了经验的客观条件和内部条件两种要素同样的权利。经验是行为主体体认经历和感受回馈联合的过程，任何正式的经验都是内外因素交互的结果。如果把这两个因素结合起来，从他们相互作用的方式中看，就会形成一个情境，也就是行为个体在一定时间内接受的内外总刺激。经验的发生空间是具体的情境，时间情境、空间情境、他人情境和事件情境等一系列情境的交互是经验发生的必备条件。在研究教师社会化过程中，罗蒂正是在教师对富有重要个人感情色彩的交往历史事件的回忆中，发现了学徒观察期形成的先入之见。先入之见是与具体的时空场所与任务所绑定的，并在各个要素的交互作用中积累下来。而职前教育发生在另一个时空情境中，这段时间的经验是与这个情境发生交互的，用职前教育中的体验去更改学徒观察情境中的经验，势必会出现困难，因为经验的这一套感受——效应系统不仅适应于它的环境，而且符合于它的环境。正如威尔科克斯（Wilcox）的研究所证实的那样，虽然建构主义取向的教师教育体验会使师范生改变作为一个成年人如何学习数学的信念，但是，他们关于儿童如何学习数学的信念仍然没有改变，仍然与传统的传授式的观念相一致。①当下教师职前教育理论与实践脱节，一个首先可能的原因就是理论与实践学习并没有联结师范生学徒时代先入之见的情境空间。先入之见是由特殊任务的环境所决定的，背景不仅在改变师范生信念的能力中起着作用，还影响着师范生依照先入之见开展实践的能力。先入之见的情境性交互特征告诉我们，职前教育中理论课程与实践课程开设的时机选择和组合安排应充分调动、提取师范生在学徒观察期形成的先入之见，并提供检视已有经验的情境与机会。

三、"先入之见"影响师范生学会教学过程的心理机制

根据建构主义的观点，人类会利用已有的智力框架主动地从经验中建

---

① Wilcox S，Schram P，Lappan G，et al. The Role of a Learning Community in Changing Pre-service Teachers' Knowledge and Beliefs about Mathematics Education [J]. For the Learning of Mathematics，1991，11（3）：31-39.

构认知与理解，持续性生成个人理论。师范生在进入教师培养阶段之前，关于教学的知识、态度和信念已经深深扎根在多年的经验中。教师教育机构所教授的理论与方法与师范生课堂实践之间的鸿沟根源有多种，但是其中最重要的一个就是教师教育没有有效地面对师范生带入培养阶段的先入之见。

关于学徒观察时期形成的先入之见对师范生学会教学过程影响的心理机制，可以从以下两个角度进行解释：一个是人类普遍存在的心理"防御机制"（defense mechanisms），另一个就是"记忆现象"，即生命有机体过去的历史对其当前的影响。

师范生的先入之见是学习教学、成为教师的过程中一种原初的有意义经验，也是接受正式教师教育之前的实践经验。尽管有些学生能够意识并规避不利因素，但这种经验的既有特征对教师培养阶段的教育理论学习和教育实习的负面抵制比较强烈，容易导致后续正向意义上教育理论和实践效果减弱。之所以会产生这种结果，可以用心理分析学者安娜·弗洛伊德（Anne Freud）所提炼的人类普遍存在的心理"防御机制"来解释。防御最初被弗洛伊德用来指称自我（ego）同那些痛苦的、难以忍受的想法与影响（affect）的斗争，后来逐渐变化为指代自我与导致神经质的实践进行斗争中所运用的总的策略 。自我防御机制的目的是保护自身免受焦虑、社会制裁等无法避免的外在条件的影响，在自我面对无法应对的困境的时候，提供一个避难的场所。这是为抵抗外来影响而采取的一种重要的自我防御方法，这种防御机制是一种无意识行为，各种实体通过心理策略的运用来应对现实的冲击，从而尽可能保存自我形象。正如丹麦学习理论研究者克努德·伊勒瑞斯（Knud Illeris）所分析的那样，"当一个社会生活领域最为基本的情境发生变化并且必须克服的时候，大多数人会运用天然的认同防御，这种防御根深蒂固，需要艰苦的努力甚至包括或多或少的治疗去打破"。师范生在学徒观察时期的特定的主题领域中生成了个体的一般前有理解，当他在进入教师职前教育阶段，接受教育理论和教师实践的影响时，大量的新信息和影响就会冲击师范生的个体感受，师范生个体不能够应对持续性改变，就会激活其心理防御机制，"保持一种半自动的储存机制面对大量影响及日常意识……以前有的理解被激活，如果影响的要素不能和以前有的理解相关联的话，他们或者拒绝或者干扰影响要素与前有理解达成一致，这两种情况都会导致新学习的失败，相反加固了已经存在的理解"。①所以，就出现了教育理论对师范生教学实践效果不明显的结果。而且"在所有的防御情形中，学习受到阻碍、干扰和歪曲，学习者自己冲破这种防御是不可能的，教师和指导者的任务就是支持和鼓励学习者在目标定位和接受建构性教育之前做出这种自我突破，尽管为了推动目的性学习非常有必要加强这方面的训练，但是教师通常没有受到这种训练"②，先入之见的持续性和反弹性延长了对正式教师教育理论和实践的抵抗性，且单凭师范生自己无法冲破甚至无法意识到前有经验和理论之间的对峙和抵抗，正视学校情境的理论和实践有效性就无法实现。处理教师职前教育中理论与实践的关系，首先要处理好的就是先入之见及其所引起的心理防御，先入之见的引导与修正相对于师范生的独自摸索更有价值，这既是理论与实践关系首先要解决的问题，也是教师教育的职责所在。

伯特兰·罗素（Bertrand Russell）在论述生命有机体过去的历史对当前事件的影响时谈到"有机体对一特定刺激的反应，往往依赖于该有机体过去的历史，而不止依赖于那种刺激以及该有机体迄今可发现的当前状态"。③ 他把西蒙（Semon）的两条"记忆定律"合并为一个单一的定律："假如一种复合刺激 A 在一个有机体身上产生了一种复合反应 B，那么 A 的一部分在未来一个场合的重现，倾向于产生全体的反映 B。"这种因刺激而产生的记忆痕迹能够对有机体的行为产生重要影响，尤其是当前后两种刺激存在连带关系的时候，由连带刺激所引起的记忆痕迹也会联系在一起。如果把师范生的学徒观察简化为其接受的一个刺激（当然，这是行为主义观点上的一个简单假设，现实情况比这复杂得多），这种刺激是长期性的。在我们大脑中一定存在学习结果的组织用来意识人、事、话题等学习对象，它具备脑研究所称的记忆的痕迹本质，是无数的神经元运行的轨迹，这些记忆痕迹早些阶段处于活跃状态，当师范生在正式教师教育阶段展开实践活动时，学徒观察时期有关教师的认知情境再现，先前的记忆痕迹在此情境中发挥作用，激活我们主观上无意识定义的知识、理解、态度与反应，师范生倾向于采用学徒观察时期所接受的教学方式开展教学活动便可以理解。用杰夫·弗雷（Griff Foley）的话说，"每个人都有一个参考框架，我们就是通过这一框架认识和理解世界的。在日常生活中，我们

---

① Illeris K. A Comprehensive Understanding of Human Learning ［G］. Knud Illeris. Contemporary Theories of Learning. New York ：Routledge，2010：7-18.

② 同①.

③ 伯特兰·罗素. 心的分析 ［M］. 贾可春，译. 北京：商务印书馆，2009：62-75.

要面对很多的图景，认知框架就是一个过滤器，使我们接受那些对我们有意义的经验。这一框架是经年形成的：随着我们经验的积累，它也会发生变化。框架具有分析的功能，可以帮助我们对经验进行总结和系统化"①。教师职前教育目的就是促使师范生的参考框架向着一名真正教师的框架方向转换，而转换就意味着对过去经验的顿悟或从旧生活向新生活发生大的转变，是师范生个体心智模式的根本性转变。师范生的先入之见既包括诸如认知之类有意识的成分，还包括诸如意象和格式塔（images and gestalts）这些经常被认为是无意识的成分。教师教育项目经常关注了人类信息处理的理性、逻辑和分析的一面，而忽视了日常教学中司空见惯的非理性、直觉和整体的一面。

四、结语

正如杜威所言，"评估经验的价值在于能否认识经验所引起的关系或连续性"②。经验本身不是目的，经验的意义体现在生长的积累和经验所引起的联结。尽管说关于先入之见的实证研究和解释研究并没有达到高度的共识，但是"一个共同认同的结论就是前有信念确实影响着师范生的学习，因为它们的影响如此显著，很多教师教育者都把它认为是要改变的首要目标"③。有鉴于此，在设计教师教育项目时，首要的任务是厘清先入之见所具备的特征对师范生后续的职前培养所带来的影响。基于此，教师职前教育的重要任务应该包括以下几个方面：

一是为师范生提供认识先入之见的机会，使其意识到先入之见的存在及其可能的影响，为师范生提供重建正确的经验样式所必需的一切材料与反思平台。

二是通过把学徒观察时期的经验与作为一名师范生的体认进行对比，揭示课堂生活的复杂本质，推动师范生对学习教学的生成性理解。由于先入之见的多种特征，既要为师范生提供分析已有经验的有效框架，最大限度保持积极经验的连续性，又要提醒师范生自己对先入之见进行有效鉴别

---

① Foley G. Dimensions of Adult Learning [M]. Allen & Unwin：Open University Press，2004：8.

② Dewey J. Democracy and Education：An Introduction to the Philosophy of Education [M]. New York：the Macmillan Company，1930：164.

③ Whitcomb J A. Learning and Pedagogy in Initial Teacher Preparation [M]. Handbook of Psychology. John Wiley & Sons，Inc，2003.

与过滤。

三是教师教育者应给予师范生积极的反馈，促进其利用所提供的分析框架对先入之见中根深蒂固的错误性或者片面性的经验进行检视，并在对教师角色真实体验的实践中进行校正和修复。最重要的是促进其体验信息处理和信念变更的过程感受，自己有效联结经验与理论，经验与经验，用一种生产性的方式（productive ways）发挥学徒观察的积极作用，为教师职前教育中理论与实践关系的第一站奠定根基。

四是在已有研究结果的基础上，进一步挖掘先入之见的本质、来源及其与实践的关系，探寻先入之见的形成、修正和消逝过程，为师范生提供力量和灵活性，使其能够连接离开学生时代进入教师角色所面临的关注转换。这正如杜威所言："经验并非刚性和封闭之物，它充满生机并持续生长，如果经验被旧事、俗套和惯例所统治，则被认为是与理性与睿智相对抗，但是经验也包括反思，这又使我们摆脱了感觉、欲望和传统的束缚，经验也融会与吸收最精确、最深邃的思维所发现的一切。"①

① Dewey J. How We Think [M]. Boston New York Chicago：D. C. Heath & CO, Publishers，1910：156.

第 2 节　基于成长经历的反思：职前教师反思的重要形式①

反思是要有一定的体验作为基础的。然而，职前教师的实际教育教学体验并不丰富，那么，其在学习教学的过程中应该如何进行作为教师的反思呢？换言之，在教师教育职前培养阶段，职前教师应具有怎样的反思能力的问题已经成为学界多年来探索的重要课题。为此，教师教育理论工作者与实践工作者基于不同的学术视野，提出了各自的解决思路与方案。基于成长经历（life history）的反思概念的提出即是其中之一。

一、基于成长经历的反思

基于成长经历的反思即职前教师对在成长经历中形成的自我、作为教师的自我所进行的批判思考的过程。具体而言，基于成长经历的反思有以下几方面的特点：

第一，职前教师在成为一名教师的过程中，对自我的澄清，即对"我是谁、我要成为谁，我所接受的教师角色是怎样的"的考问，居于重要位置。基于成长经历的反思即职前教师有目的、积极地自我澄清的过程；第二，基于成长经历的反思强调反思的体验基础不仅局限于实际的教育教学活动（authentic teaching experience），职前教师的成长经历是反思的重要资源；第三，人是历史的存在，"职前教师是在成长经历中与周围的世界（living cosmos）不断地互动过程中形塑自我以及作为教师的自我"②；第四，职前教师在成长经历中形成了一系列看待外部世界的视角（perspectives），这些视角支配着职前教师的日常实践活动，基于成长经历的反思是对支配职前教师活动的视角结合其产生的情境进行思考的，强调信息来源的时间、地点以及与周围人和物的联系，"批判性反思就是要

---

① 本节作者系回俊松，饶从满，本节曾发表于《东北师大学报（哲学社会科学版）》2012 年第 11 期。

② Kincheloe J L. Critical Ontology：Visions of Selfhood and Curriculum ［J］. Journal of Curriculum Theorizing，2003（19）：47-64.

对学习所发生的情境进行强有力的分析"①；第五，基于成长经历反思的目的在于帮助职前教师持有开放的胸怀，采用审视（bird's-eye view）的目光看待指导自己行为的视角，对其进行澄清、强化或转化（transformation），以更好地指导职前教师未来的学习与教育教学实践活动；第六，在时间序列上，基于成长体验的反思可以发生在职前教师学习教学的活动之中，也可以发生在学习教学的活动之后，即 Schön 所提出的"在行动中反思"以及"对行动反思"，当然，为了对继后的学习教学的活动提供信息支持，基于成长体验的反思还可以采取 Conway 与 van Manen 提出的"前瞻性反思"（anticipatory reflection）。

职前教师进行基于成长经历的反思的重要性首先表现在促使职前教师认识到，学习教学的过程是历史的过程，始于其成为学生的那一天甚至更早，而且这个过程要持续终身。职前教师要视自己为不断发展的主体，在自己的成长经历中提炼出有关自我和专业自我的线索。其次，基于成长经历反思的重要性还表现在使职前教师意识到在成长经历中形成的关于教育教学的视角，如其在长年的学校生活中，从学生的角度通过观察所形成的关于教育教学的理解有很多是需要通过反思进行检验的，而且需要将已有的关于教育教学的理解与正规的教师教育所传递的理念相融合，"教育过程始于对学习者信念与理论的考察与验证，进而将其与新的、更加精练的思想一同融入个人的信念系统之中"②。再次，"教师在教学活动中，其自身被视为'关键要素'，影响着学生的学习"③。换言之，教师在成长经历中形成的看待世界、处理问题的行为习惯方式，在教学实践活动中会对学生产生潜移默化的影响。因此，需要通过基于成长经历的反思对其视角进行澄清、强化或转化。而这种反思意识与能力的养成始于教师教育职前培养阶段非常必要。最后，职前教师基于成长经历的反思的重要性还体现在，其是记录自己专业成长历史的一种方式，其结合当前的学习实践活动，借鉴已有的体验，明晰自己发展的原动力，以更好地形塑未来的发展方向。

① Brookfield S D. Transformative Learning as Ideology Critique ［M］// Mezirow J. Learning as Transformation. San Francisco：Jossey-Bass，2000：126.

② Kobl D A. Experiential Learning ［M］. Englewood Cliffs，NJ：Prentice Hall，1984：28.

③ Scaife J. Supervising the Reflective Practitioner ［M］. London and New York：Routledge，2010：48.

二、基于成长经历反思的内容与目的

(一) 基于成长经历反思的内容

基于成长体验反思的内容就是对职前教师在成长经历中形塑其作为人的自我、作为教师的专业自我（professional self）的信息进行反思。职前教师的专业自我是其对发生在成长经历中"各个方面（包括智力、体力、心理、精神、政治以及社会）的要素、情境、机会以及事件进行复杂的、动态的解释和互动的结果。因此，对职前教师对专业自我的思考要置于其成长经历之中，教学实践活动是个体对我是谁的表达——即对成长经历的表达——对教学复杂性、动态性、多层面的理解就应进行基于成长经历的反思"①。职前教师的成长经历，亦即职前教师基于成长经历反思的体验基础可以分为两个部分：职前教师的前有体验（prior experience），如进入教师教育职前培养阶段之前多年作为学生的学徒期观察（apprenticeship of observation）体验、生活中与周围人的接触交往体验、大众传媒传递的信息等，进入教师教育职前培养阶段的学习体验。这些体验是职前教师在社会化过程中的重要资源，因此其可以被解构（deconstructed）用来反思②。职前教师如何在成长经历中形塑自我以及专业自我，可以从三个角度进行理解。

首先，Stephens（1967）提出的"进化"（evolution）理论可以帮助我们理解职前教师如何在成长经历中形塑自我与作为教师的自我。Stephens 认为，从根本上而言，人有交流的需要，"人类得以延续，很重要的方面就是人有彼此交流、传递信息、互相倾诉的需要，而且这些需要是原始的、自发的（spontaneous），不受学校围墙的限制"③。基于这种观点，职前教师受到其所属社会群体（group）的影响，从与周围活生生的社会（living social）、现实存在（physical web of reality）的互动中获得了许多关于教师角色、教师职业的理解。如 Crumet（1983）与 Britzman（1991）在研究中发现，职前教师基于性别的（gender-based

---

① Cole A L，Knowles J G. Researching Teaching ［M］. Boston：Allyn and Bacon，2000：14.

② Taylor E. Fostering Transformative Learning ［M］// Mezirow J. Transformative Learning in Practice. San Francisco：Jossey-Bass，2009：6.

③ Zeichner K，Gore J. Teacher Socialization ［EB/OL］. ［2012-09-04］. http：//education. msu. edu/NCRTL/PDFs/NCRTL/IssuePapers/ip897. pdf.

conceptualizations）对教师职业的理解，认为教师职业"天生是女性的工作"，是女性养育子女责任的延伸。而且，职前教师家庭的社会经济政治地位、民族、种族等因素也会影响其对教师角色与职业的理解。Susan 等学者的研究表明，职前教师父母的工作性质、收入水平、学历层次等都会对其秉持关于教师职业的理解产生重要的影响[1]。

其次，从心理分析角度对职前教师形塑自我以及作为教师的自我进行理解。Wright（1959）与 Wright、Tuska（1967）认为，职前教师的行为受到其作为孩子时与父亲、母亲、老师等重要他人（significant others）关系的影响。成为一名教师的过程，在某种程度上，是有意无意地试图成为重要他人或复制自己童年的与重要他人之间关系的过程。依据这个观点，早期的与重要他人的关系就是以后职前教师建构师生关系的蓝本。

第三种观点就是从职前教师社会化的视角，认为职前教师在几千小时里，以学生身份对教师教学活动的观察，即 Lortie（1975）所提出的"学徒期观察"体验中形塑的关于自我以及作为教师自我的理解。依据这个观点，职前教师通过以学生身份与教师亲密接触的过程中，除了上面提到的角色模式的内化外，还将不同的教学模式进行内化。Lortie 认为，学徒期观察体验在形塑职前教师关于教学角色以及行为角色方面是主要的影响。Knowles G 在研究中发现，职前教师憧憬自己的未来的教学活动中能够创设更有利于学生学习的环境，会有更好的方法鼓励学生学习[2]。

在教师教育职前培养阶段，职前教师在接受正规教师教育课程培养过程中，包括在院系外部进行的通识教育课程，院系开设的专业方法、基础课程以及实践体验课程，其认知水平、道德水平、情感水平等方面都有显著的提高，在日常生活中受到学校文化传统潜移默化的影响，教师教育者的教学方式对其产生的影响都可以运用以上所述几方面的观点进行解释。但需要特别强调的是职前教师在其进入教师教育职前培养阶段前所形成的关于教育教学的理解与正规教师教育所传递的信息在职前如何契合是值得我们继续思考的方面。

---

①　Brookhart S M, Freeman D J. Characteristics of Entering Teacher Candidates [J]. Review of Educational Research, 1992（62），1：37-60.

②　Knowles J G. Models for Understanding Pre-service and Beginning Teachers' Biographies [M] // Ivor F Goodson. Studying Teachers' Lives [M]. London：Routledge, 1992：99-152.

（二）基于成长经历反思的目的

职前教师在成长经历中所形成的关于教育教学的理解、对角色模式、不同教学模式的理解、对教师教育职前培养阶段的理解形成了其作为教师的自我，具体表现为支配职前教师活动、接受新的信息的视角，即在处理问题情境时所运用的一系列相互协调的思想与行动，展现的是个体习以为常地处理这种情境的思维、感觉与行动方式。这些思想与行动是相互协调的，源于行动者的观点以及视角中所包含的思想。这一系列的思想构成了个体行动的基本原则，是其行为的依据，职前教师在学习教学的过程中，不仅要积极运用已有的视角适应不断变化的环境，还需要完善或转化已有的视角以获取对变化的情境更加全面的理解，对自己的成长经历获得更高层次的掌握。职前教师基于成长经历的反思的目的即在于澄清这些视角，通过对形成视角的体验所具有意义的重新解释，完善或重构职前教师对教育教学的理解，以便更好地指导其未来的学习与教学实践活动。

职前教师在成长经历中，在与父母、老师、伙伴等重要他人的交往中非批判地形成了指导自己行动的视角。职前教师的视角是社会文化的一面镜子，是职前教师对社会化做出的回应。职前教师在进入教师教育职前阶段学习的时候是带着对教师角色的理解的，他/她们从自己多年的学生经历中建构了关于教师角色和教学工作的理解。视角可以被视为感性过滤器（perceptual filters），对职前教师体验的意义进行组织。职前教师进行体验的时候，视角起到筛子（sieve）的作用，通过这个筛子，新的体验得到解释或被赋予意义。当新的体验被同化入这个结构，或者是强化了已有的视角，或是扩展了已有视角的边界，这取决于新体验与已有视角重叠或吻合（congruency）的程度。当视角无法为新的体验赋予意义时，即新的体验与视角不一致或完全不同时，视角或者对其拒绝，或者视角发生转化以顺应新的体验。那么，视角具体由哪些方面构成呢？如在前一部分所述，视角指向教育教学的不同侧面，是职前教师基于自己的价值取向与喜好形成的信以为真或者相反的主观判断。这样形成的视角具有两个属性，一是评价性。视角所代表的是职前教师所相信的并能指导其行为，能够成为一种行为判断标准，驱动着职前教师向着视角的目标努力；二是情意性（affective）、片段性（episodic）以及个体性（idiosyncratic），而这正是视角与客观知识的区别。职前教师将有些不合理的（irrational）的体验合理化（rationalization），而且成为指导职前教师教学实践活动的依据，其为职前教师日常身边发生的事情提供解释，指导着职前教师用自己的眼睛去看世界，影响着他们的思想和观点。换言之，职前教师所拥有的对教育教学体验进行解释的视角在很大程度上是不准确或是需要进行完善的，而且这些视角已经对其在教师教育职前培养阶段的学习在内容与方式方面产生了重要影响。Holt-Reynolds 认为①，职前教师作为学生所经历的课堂体验的影响力强于任何其在教师教育职前培养阶段所获得的课堂体验，应该给予职前教师"澄清和理解他们以前所获得的未经检验的、内隐的信念"的机会，以及鼓励他们转化这些视角。

三、基于成长经历反思的过程

职前教师基于成长经历，对自我以及作为教师的自我的反思活动不应该是随意而为的，而应是系统化、结构化的过程。虽然提出一个框架（framework）以帮助职前教师进行反思存在着使职前教师的思维被框架扭曲的危险，但是只要职前教师理解这里所提到的反思过程只是为他们探索自我提供一个抓手，而非强制的要求，理解了这一点，职前教师的反思思维就不会被框架所束缚。

关于反思过程的模型，有很多学者进行了探索，主要有循环模式（cyclical model）与结构模式（structured model）两类。循环模式是将反思过程解构为不同的阶段进行探讨，如 Kolb 的体验学习圈、Gibbs 的反思圈等。结构模式是通过设定一系列的问题（prespecified questions）帮助反思实践者进行反思，如 Barbara Carper（1978）、Cole L 与 Knowles J（2000）对反思性探究（reflexive inquiry）的研究。在已有研究的基础上，我们认为，职前教师基于成长经历的反思过程包括：职前教师的成长经历、对成长经历进行回观、澄清在成长经历中形成的视角（指向自我、专业自我）、对视角进行完善或转化、返回到体验活动中对视角进行检验五个步骤或阶段（见图 3 - 1）。

---

① Holt-reynolds D. Personal History-based Beliefs as Relevant Prior Knowledge in Course Work [J]. American Educational Research Journal，1992（29）：325-349.

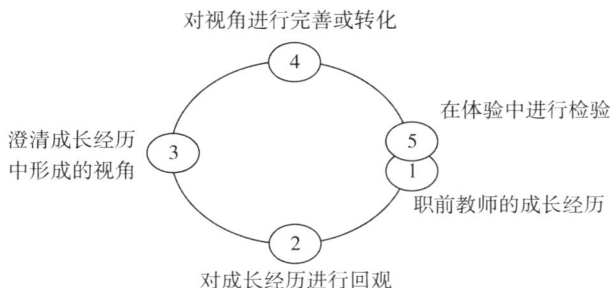

图 3 - 1　职前教师基于成长经历的反思过程

　　模型的第一个阶段说明的是，职前教师的反思过程是以体验为基础的。职前教师要意识到自己的成长经历是学习教学的重要资源，要给予足够的重视。有观点认为，反思始于职前教师在体验中发现问题（problems）、感到困惑，换言之，反思是需要一些情境或事件激活的。回应此观点，基于成长体验的反思是职前教师必要的反思活动，结构化的反思过程可以起到这种激活反思思维的作用。结构化的反思过程可以帮助职前教师对业已形成的关于自我、作为教师的自我结合成长经历中的时空情境、社会、政治、经济条件进行批判性思考，进而对已经形成的视角进行澄清、强化或转化以更好地适应当前或未来行动的需要。

　　模型的第二个阶段是要使职前教师对自己的成长经历进行回观。职前教师形成的自我以及作为教师的自我主要是在日常生活中、多年来以学生身份对教师职业和学校环境的观察体会，从教师教育课程中的见习、实习获得的体验以及家教经历中所建构的。如前面所述，其基础多是在对教师的课堂行为进行观察的基础上，依据主观判断形成的，并没有对教学实践活动深层次的问题进行思考，"学生对教师教学活动的观察就如同观众看戏剧一样，只是看到了舞台上的表演，而没有看到幕后的活动"，这有可能导致职前教师对教师角色、教师职业产生不全面甚至是错误的理解。而且在很多时候当这些视角形成后，职前教师就不再对其进行检验，直接指导其看待外部世界、指导行动。结构化反思过程的作用就在于唤起职前教师不断地对自己关于教学的视角进行检视反思的意识，促进职前教师可持续发展能力（growth competence），即持续的以内部指向性学习（internally directed learning）为基础的专业发展能力的形成。

　　结构化的反思过程需要职前教师在回观自己成长经历、澄清自己行为方式前提假设时，直面回答几个具体的问题。回答这几个问题的重要性在于，将已有的关于教育教学的视角与其生成的情境联系起来进行反思，而非孤立地仅对教育教学活动进行理性的分析。基于成长经历的反思不只是将注意力集中在职前教师学习教育教学知识技能的微观层面，更关注于运用知识技能的主体对自我、作为教师的自我的形成过程，与广阔的社会情境相联系。基于成长经历的反思不仅在职前教师行为层面反思，更要反思职前教师的思维形成过程。换言之，设计这些问题的目的在于全面地考察教师的教学实践活动。职前教师只有清晰地回答了这些问题，我们才可以认为职前教师进行了全面的反思。这些问题指导、框定以及激发职前教师对自我、作为教师的自我进行质询，具体为：

关于自我的问题：作为教师，我是谁？我是如何成为今天的我的？理想的教师形象是怎样的？在成为一名教师的过程中，有哪些重要的影响因素？我是如何塑造我的世界观的，其又是如何影响作为专业的自我和我的实践的？我是如何看待教师教育与专业发展的（我的观点是如何发展变化的）？

关于教学情境的问题：我对学校、课堂的基本理解是什么？这些视角是如何形成的？我是如何回应在教师教育职前培养阶段学到的关于教育教学的知识的？教师教育职前培养阶段的体验是如何形塑我的专业发展的？

在我的成长经历中，有哪些因素、人物或者事件形塑了我对教育教学的理解（形成了怎样的专业自我）？

这些问题体现的是帮助职前教师对形塑作为教师的自我的信息结合其发生的情境进行批判性思考的特点。

四、结　语

反思在职前教师学习教学的过程中发挥着重要的作用。职前教师虽然缺乏真实的教育教学体验作为反思的基础，但在其成长经历中，作为学生在基础教育阶段的学徒观察体验、在教师教育职前培养阶段的课程体验以及在日常生活中经历的各种关键事件与关键他人、家教体验却是非常丰富的，而且在这些体验中形塑了其作为教师的自我。同时，这些对教育教学的理解并非都是正确的，需要通过系统化、结构化的反思过程进行强化、完善、转化甚至重构。换言之，职前教师在成长经历中形成一系列的关于教育教学的视角为职前教师反思提供了可能性与必要性。职前教师清晰地知晓反思的体验基础有哪些、反思的内容是什么、反思的目的何在以及如何强化反思过程，对促进其反思能力的形成与提高具有重要意义。

第 3 节　职前教师本体性反思能力培养：必要性与可能性①

自 20 世纪 80 年代反思型教师教育运动发轫于北美大陆以来，培养教师的反思能力就被视为教师教育的一项重要任务。然而，有研究结果显示，教师在职前培养阶段所形成的反思能力很难成为其职业发展的持久动力。② 为什么会出现这样的情况？是职前阶段所培养的反思能力不够强大，不足以支撑其以后的可持续发展？或者说，职前培养阶段不适合培养教师的反思能力？对此，研究者有两个基本判断：一是许多教师职前培养计划更多关注的是职前教师工具性反思能力的培养而非本体性反思能力的培养。而本体性反思能力与教师专业发展的持久动力更密切相关。二是与在职教师相比，职前教师可用来进行反思的真实教育教学体验很匮乏，因此工具性反思能力的培养缺乏可靠有效的支持。基于这样的考量，本论文试对培养职前教师工具性反思能力的局限性，培养其本体性反思能力的必要性与可能性进行探讨。

一、培养职前教师工具性反思能力的局限性

工具性反思能力，即以真实的教育教学体验为依托，以如何更好地获取有关教育教学的知识技能为内容的批判性思考能力。工具性反思能力更多体现的是"基于目的对手段合理性的思考，是迷恋于效率的体现"。③ 无可否认，工具性反思能力在教师专业发展中具有重要作用。然而，在职前

---

① 本节作者系回俊松、饶从满，本节曾发表于《教师教育研究》2014 年第 7 期。

② Danielowich R. Negotiating the Conflicts: Reexamining the Structure and Function of Reflection in Science Teacher Learning [EB/OL]. [2011-05-15]. http://www. google. com. hk/url? q=http://onlinelibrary. wiley. com/doi/10. 1002/sce. 20207/pdf&sa=U&ei = Y3EoU _ T9D-qNiAfCsoGgDQ&ved = 0CB4QFjAA&usg = AFQjCNE9NpaYoGfHOeMQNKdaRn8hrWx8Rg.

③ Lipka P R, Brinthaupt M T. Balancing the Personal and Professional Development of Teachers [C] // Lipka P R, Brinthaupt M T. The Role of Self in Teacher Development. New York: State University of New York, 1999: 1.

培养阶段培养工具性反思能力却存在如下一些局限性。

（一）职前教育阶段培养工具性反思能力存在反思基础上的局限性

反思是需要以体验作为基础的。对体验如何理解是至关重要的。工具性反思能力的培养强调教学实践活动中关键事件或重要他人对反思思维的触发作用，这从当前职前教师反思能力培养多依托于见习、微格教学以及实习体验进行可见一斑。这种对体验的理解不同于传统的对知识绝对性与普适性的推崇，意识到知识需要被安置于不同的情境之中进行转化或重构，生成各种具体的知识（from knowledge to knowledges）。① 然而，将反思的体验基础局限于真实的教育教学实践活动显示了这种培养方式的不彻底性。与在职教师相比，职前教师可以用来反思的真实教育教学体验相对匮乏，这在一定程度上造成了"反思能力培养更适合在职教师"的假象。

（二）职前教育阶段培养工具性反思能力存在反思内容上的局限性

培养职前教师工具性反思能力的另一局限性表现在反思内容的单一。工具性反思能力强调对教育教学知识技能的获取。这对于职前教师而言，有些"过分功利化、商业化与终极化"。② 如有学者所言："自 20 世纪 80 年代末，有关反思与反思实践的思想就已经在专业教育中得以确立。然而，在实际的教学过程，对这些思想的应用却偏离了其最初的意愿，陷入了过于工具化的泥淖之中，没有提供有益的框架以帮助学习者在专业学习过程中更好地将一些重要的问题进行界定。"③ 换言之，在职前教师学习成为一名教师的过程中，仅强调知识技能的传递与获取，不足以促进其成为合格的教师。④ 指导职前教师"行为的概念框架的改变，不仅是认识论层

① Dall' Alba G. Improving Teaching: Enhancing Ways of Being University Teachers [J]. Higher Education Research and Development, 2005, 24 (4): 361-372.
② Thomson I. Heidegger on Ontological Education, or How We Become What We Are [J]. Inquiry, 2001, 44 (3): 243-268.
③ Boud D. Relocating Reflection in the Context of Practice [C] // Bradbury H, et al. Beyond Reflective Practice [C]. London and New York: Routledge, 2010: 25.
④ Tyson L, et al. A Multidimensional Framework for Interpreting Conceptual Change Events in the Classroom [J]. Science Education, 1997, 81 (4): 387-404.

面一系列定义等的转化，更是情感信念层面的转化"。①　相似地，威廉姆斯（Williams）等学者研究认为，在职前教师学习教学的过程中要经历许多"衔接与转化"的阶段，在这些阶段其对教师角色与职业的认同会随着时间与场域的变化而不断变化，②　而这更是需要职前教师进行反思的方面。

　　此外，在培养职前教师工具性反思能力的过程中，存在着对职前教师作为学习教学实践活动主体多样性与能动性的忽视。工具性反思能力的培养追求的是职前教师在学习教学的过程中如何能够更好地与外部世界进行互动，寻求运用科学的方法与客观的知识解决学习过程中遇到的问题，"是由外而内的与外部世界的统一"。③

二、培养职前教师本体性反思能力的必要性

　　鉴于在职前教育阶段培养工具性反思能力所存在的局限性，研究者认为培养职前教师本体性反思能力更恰切。所谓本体性反思能力，即以成长经历为基础，对作为一名教师选择怎样的生活方式、自己能够成为谁所进行的批判性思考。培养职前教师本体性反思能力更具可持续性，是对职前教师学习教学过程的深刻理解以及对职前教师主体性的彰显。

（一）本体性反思能力更具可持续性

　　可持续发展能力是教师职前培养的重要目标，而本体性反思能力与教师专业发展的持久动力更密切相关。以自我为对象的批判性思考会直接影响采取怎样的方式去获取知识技能，而对知识技能的理解发生变化的时候，对自我的理解也会发生变化。④　遗憾的是，自古希腊时期开始，人们就忽视了对本体性的关注，认为如果不从定义、概念等智力层面入手，就

①　Williams R. Beyond Text：Personal，Interactive and Collaborative Sense Making [EB/OL]. [2012-12-03]. http：//www. google. com. hk/url? q=http：//learning-affordances. wikispaces. com/file/view/HEA％2520PAPER％2520（Roy）％25204. doc&sa ＝ U&ei ＝ ＿ nIoU ＿ KLDeeiiAem0YGwBg&ved=0CB4QFjAA&usg=AFQjCNEubtANVF9tyTN0JYu7mzAQvZPZgg.

②　同①．

③　Gibson J J. The Theory of Affordances [C] // Shaw R，& Bransford（Eds）. Perceiving，Acting，and Knowing：Toward an Ecological Psychology. Hillsdale, NJ：Erlbaum, 1977：67-82.

④　Dall' Alba G. Improving Teaching：Enhancing Ways of Being University Teachers [J]. Higher Education Research and Development，2005，24（4）：361-372.

无法把握外部世界。① 阿尔巴（Alba）认为，认识论与本体论是相互依存的，而在高等教育阶段，认识论要为本体论服务。② 职前教师在学习教学的过程中，亦在教师社会化的过程中，是由其所追求的、探索的以及关于教育教学的具体化知识所形塑的，但并不能就此认为职前教师要被动服从于这些知识技能，还要看到职前教师对知识技能的再创造。工具性反思能力的培养受到传统大陆哲学体系的影响，信奉头脑与理性对身体与自然界具有与生俱来的特权，职前教师只要对如何有效地获取关于教育教学知识的技能进行反思就可以成为一名好的教师。但是，职前教师的存在是有情境性的（always already），是历史的产物，当外部世界出现在他们面前时，其如何处理这些人或事物，都受到所处的特定的社会与历史情境影响的，亦即本体论层面的影响。对培养职前教师本体性反思能力必要性的探讨并不是要忽视工具性反思的重要性，或是放弃这种反思形式。相反，需要强调的是，对自我的批判性思考更具根本性与可持续性，以此更好地进行工具性反思。换言之，没有职前教师在本体论层面的反思，是无法形成对教育教学知识技能的有效占有的。职前教师如果过分狭窄地关注于知识技能的获取，只会破坏知识技能本身的作用，因为其没有将对自身的体认（knowing）很好地融入其中。

（二）本体性反思能力建立在对职前教师学习教学的全面理解基础上

培养职前教师本体性反思能力的必要性还在于其建立在对职前教师学习教学的全面理解基础上。学界对职前教师学习教学内涵的理解发生了转向，即从对认识论的推崇转到认识论为本体论服务的方向上来，③ 从仅关注于智力的发展，转到关注于学习所发生的情境以及学习者的思维方式、行动方式、存在方式（ways of being）上来。换而言之，对于职前教师而言，在学习成为一名教师的过程中，关键不仅在于自己知道什么，还在于知道自己正在成为谁。因此，反思作为促进职前教师学习教学的重要途径，其着力点就不仅仅是教育教学的知识技能，还要以职前教师自身为对

① Blake N, et al. Education in an Age of Nihilism [M]. London: Routledge Falmer, 2000: 26, 78.
② Dall' Alba G. Understanding Professional Practice: Investigations Before and After an Educational Programme [J]. Studies in Higher Education, 2002, 29 (6): 679-692.
③ Dall' Alba G. Improving Teaching: Enhancing Ways of Being University Teachers [J]. Higher Education Research and Development, 2005, 24 (4): 361-372.

象进行批判性思考。布雷克（Blake）等学者指出："存在一种倾向，将人的一系列能力与素质降低为'技能'或'胜任力'，例如在教学中忽视了学习者的主体的态度、信念等方面，仅抽象地关注于技能，而没有注意到作为与众不同的主体在进行活动。"① 哈格里夫斯（Hargreaves）等学者也持有相似的观点，认为以往的教育过分强调理性和认知的过程，忽视了人的情绪扮演的重要角色。② 具体而言，在培养职前教师的过程中，要直接或间接地培养其建构体认（knowing），包括获取有关教育教学的知识技能（knowledge）、行动能力（action）以及作为教师所要采取的生活方式（ways of being）的能力。那么，关注于生活方式的培养意味着什么呢？海德格尔认为，教育或养成（bildung）就是要帮助人从第一次遇到某一事物的情境中跳出来或转移开，以促成其转化习惯于另外一个情境。③ 首先，其强调人作为主体存在于世界之中（being-in-the-world）；其次，人不可避免地存在于周围的世界之中（being-in-the-world）；再次，真正的教育要抓住人的灵魂本身，并将其置于外部世界之中，引导学生认识到自身存在的重要性，选取一种适合于某一专业的生活方式。威廉姆斯等学者认为："学生在成长经历中要经历不同的学校，接触很多教师，周围环境不断地发生着变化，对教师的理解也发生变化，……因此，学习的不仅是知识技能，还包括认同随着时间与场域不断发生着变化。"④

（三）本体性反思能力彰显职前教师的主体性

　　培养职前教师本体性反思能力的重要性还表现为对职前教师主体性的彰显。如前面所提到的，工具性反思能力的培养将职前教师视为与其他客

① Blake N, et al. Education in an Age of Nihilism [M]. London: Routledge Falmer, 2000: 26, 78.

② Hargreaves J. So How Do You Feel about That? Assessing Reflective Practice [J]. Nurse Education Today, 2004, 24 (3): 196-201.

③ Thomson I. Heidegger on Ontological Education, or How We Become What We Are [J]. Inquiry, 2001, 44 (3): 243-268.

④ Williams R. Beyond Text: Personal, Interactive and Collaborative Sense Making [EB/OL]. [2012-12-03]. http: //www. google. com. hk/search? q＝Beyond＋text％3A＋personal％2C＋interactive＋and＋collaborative＋sense＋making&client＝aff-360daohang&hl＝zh-CN&newwindow＝1&oq＝Beyond＋text％3A＋personal％2C＋interactive＋and＋collaborative＋sense＋making&gs _ l＝heirloom-serp. 12... 401170. 401170. 0. 402061. 1. 1. 0. 0. 0. 650. 650. 5-1. 1. 0... 0. 0... 1ac. 2. 12. heirloom-serp. 92R9u4DWNK8.

观存在一样存在于世界之中（being-in-the-world）的客观存在物，只强调如何有效获取知识技能，而不强调学习主体的多样性与能动性。本体性反思能力的培养所秉持的是对作为独特的人存在在于世界之中（being-in-the-world）的思想进行批判性思考的思维过程，其将人视为发展过程中的主体，并不是外部世界的附属物，强调主体性的彰显，不为外部世界所束缚与控制。这种思想所关注的不仅仅是作为物质世界中人作为一般性存在的有机物，更关注人作为历史性的存在；不仅关注人的客观性，还关注人的主观性。强调的是人的独特性与唯一性，人与其他有机物的差别不仅仅表现在复杂程度上的不同，人的存在是有尊严、有意义以及有其内在价值的，这是其他存在所无法比拟的。人作为一种超越性的存在，思考的不仅是当前是什么（being）的问题，还有能力思考未来会成为什么样子（to be）的问题。换言之，人存在于世界之中，不仅要思考我是谁，还要思考我将成为谁的问题。这是人的独特性的重要表现形式，即在时间线上的统一性，人作为瞬时的存在有其历史与未来，是过去、现在、未来三者（past-present-future）的统一体。此外，人存在于世界之中，并不是自我封闭与世隔绝的，是与许多伴随的存在（being-with）[①] 而存在的。具体而言，人的家庭、朋友，所属的社群、组织甚至是文化都是自我存在的一部分，表现为一种扩展的自我或他们自己（they-self）。人存在于世界之中，不必盲目屈从于他人世界的要求，可以做出选择展现与众不同的自我，这就是自我与外部世界的张力，人存在的根本意义之所在。

三、培养职前教师本体性反思能力的可能性

培养职前教师本体性反思能力的可能性可以从两个方面探讨：首先是培养职前教师的批判意识和能力，亦即培养其多角度思考问题并进行判断的意识和能力，这是培养职前教师反思能力的前提。其次，职前教师可以用来进行本体性反思的成长经历是培养其本体性反思能力的物质基础。

（一）培养职前教师本体性反思能力的前提

培养职前教师多角度思考问题并进行判断的意识和能力，正如麦基洛

---

① Troutner L F. The Confrontation Between Experimentalism and Existentialism：From Dewey Through Heidegger and Beyond [J]. Harvard Education Review，1996，39（1）：124-154.

（Mezirow）所指出的那样，就是对指导自己日常行为活动的参考框架（frame of reference）进行转化，换一种视角看待自己所处的世界。[①] 参考框架是职前教师在成长中形成的关于教育教学的理解与看法，会对其专业成长产生重要的影响，而且参考框架是基于职前教师的"个体真理"形成的，还有待于进一步的检验。相似地，基于托马森（Thomson）的思想，教师教育职前培养阶段要帮助职前教师"重新经历其对过往体验进行思考的完整过程，将其带离直接浸润的世界，然后再将更具批判性的他们带回这个世界"。[②] 这就是海德格尔所说的"促使人类从第一次遇到事物的区域转移开"。这就意味着需要为职前教师创设空间与机会，以不同的视角面对熟悉的事物，探寻事物成为其他样子的可能性。换言之，通过从其他视角对"理所当然"的想法进行思考，可以形成新的与外部世界进行互动的方式。巴内特（Barnett）主张为职前教师提供两难情境（awkward spaces），使其能够处理那些曾经熟悉的情境或是陌生的情境，对已有的强化或转化。[③] 但是，正如马库拉（Markula）所指出的："参与到具体的实践之中，并不能保证一定能够建构实践者的主体意识。"[④] 也就是说，在创设两难情境的过程中要引导职前教师审视自己的存在方式，尤其是作为一名教师的存在方式，"引导职前教师回归自我（back to ourselves），对如何成为今日之我进行考察"，[⑤] 帮助职前教师澄清自我、转化自我。培养职前教师本体性反思的能力，不仅在于使其获取关于教育教学的知识与技能，还在于"在学习的过程中学会创造，充分发挥主观能动性，通过自己的努力改造外部世界，形塑崭新的自我，使自己成为一个全面的人"。[⑥] 这就意味着具有创造崭新的世界，并以恰当的方式探索新的存在方式的能力。显然，这样的目标仅靠工具性反思，获取相关的知识技能是不能完成的，需要进行本体性反思，将知识、行动以及存在方式进行融合才能够达成。同时，应该注意到，成为一名教师的过程是动态的、随着时间不断变

① Mezirow J. Learning to Think Like an Adult：Core Concepts of Transformation Theory ［C］// Mezirow J. Learning as transformation. San Francisco，2000：3-33.

② Thomson I. Heidegger on Ontological Education，or How We Become What We Are ［J］. Inquiry，2001，44（3）：243-268.

③ Barnett R. Recapturing the Universal in the University ［J］. Educational Philosophy and Theory，2005，23（3）：758-797.

④ Markula P. Embodied Movement Knowledge in Fitness and Exercise Education ［C］// Bresler. Knowing Bodies：Moving Minds. Dordrecht：Kluwer，2004：74，124：68.

⑤ 同④.

⑥ 同④.

化的，是随着实践的发展而发展的，是与特定的时空背景、特定的实践形式相关的。因此，这种持续的变化过程就需要具有一种开放的胸怀，关注于特定时期，社会对教师角色的要求。

（二）培养职前教师本体性反思能力的基础

培养职前教师本体性反思能力的物质基础，在于职前教师所拥有的成长经历。"成长经历就是那些真实发生的事情。成长经历包括印象、情感、态度、愿望、思想……成长经历作为对生活的记叙，受到文化等社会情境的影响。"① 成长经历既包括职前教师亲身经历的部分，也包括可供分享的他人陈述的成长经历，这即为成长经历（life history）与个人经历（personal history）的区别。职前教师关于教育教学的成长经历与在职教师相比更多地表现在情感层面，而非理性层面。而且，职前教师在进入职前培养阶段学习时并不是一张白纸，已经形成了关于教育教学的信念。因此，与工具性反思仅关注真实的教育教学体验不同，本体性反思的体验基础为职前教师的成长经历。

职前教师的成长经历可以被分为两个部分：进入职前培养阶段之前的已有体验（prior experience）与进入职前培养阶段之后的学习体验。职前教师对基于已有体验所形成的关于教育教学的思想进行反思的思维活动可以理解为对行动的反思（reflection-on-action）；② 对基于职前培养阶段的学习体验所形成的关于教育教学的思想进行反思的思维活动可以理解为在行动中反思（reflection-in-action）。二者都是以职前教师未来能够更好地进行教育教学实践活动为导向的，即为了行动的反思（reflection-for-action）。

职前教师进入职前培养阶段之前的已有体验主要包括职前教师的社会文化体验、与家庭中重要他人（significant others）的交往体验以及作为学生的学徒期观察（apprenticeship of observation）体验。③ 职前教师的已有体验首先具有主观性的特点。"成长经历体现的是个体主观的现实、假设与信念。其强调将个体置于日常生活中对其体验的意义进行解释。"④ 职

---

① Goodson I F. Studying Teachers' Lives［C］// Goodson I F. Studying Teachers' Lives. London：Routledge，1992：236.
② 唐纳德 A. 舍恩. 反映的实践者［M］. 夏林清，译. 北京：教育科学出版社，2007，1：50.
③ 丹·克莱门特·劳蒂. 学校教师的社会学研究［M］. 饶从满，于兰. 单联成，译. 北京：人民教育出版社，2011：49-71.
④ Beynon J. Institutional Change and Career Histories in a Comprehensive School［C］// Goodson I F. Teachers' lives and careers. London：The Falmer Press，1985：169，165.

前教师的已有体验具有情境性的特点。对职前教师已有体验的反思，是将职前教师的生活置于一个广阔的时空间中进行思考，"既考察职前教师生活的亲身体验，也对其生活所处的更加宽广的社会与经济情境进行考察。"① 职前教师的已有体验还具有价值判断的功能。职前教师基于已有体验会形成一系列关于教育教学的信念，这些信念会起到"筛子"的作用，影响其以后的学习与生活。因此，对职前教师已有体验的关注是职前教师本体性反思的重要物质基础，是本体性反思的逻辑起点。

职前教师进入职前培养阶段之后的体验主要包括教师教育课程体验、校外兼职等。有研究表明，教师教育中的价值负载课程（value-laden course）的内容与紧张的活动所提供的体验，可以成为职前教师反思的催化剂，为其参考框架的转化提供机会。研究发现，关于教学实践过程中两难情境的教学内容可以鼓励职前教师对自我以及专业价值进行反思，在相互的冲突中获得发展。② 此外，文本教材中的内容可以成为反思的催化剂，这样的反思结果不仅可以使职前教师更深刻地理解文本教材的内容，还可以使其更深刻地了解自己的观点。③ 这些活动通过刺激职前教师的两难困境，鼓励职前教师进行反思，促进转化学习，使其更加直接、全面地体验学习，使其对意义进行建构。例如，为了唤起非裔美国职前教师对公民权利的意识，赫伯（Herber）设计了一系列的体验活动，以此来理解与促进他们的转化过程。活动之一即是在 Memphis 城参观国家人权博物馆。她发现，博物馆之行可以作为转化过程的催化剂。更重要的是，她发现："成人学习者能够直面一个困难的、痛苦的社会问题，他们能意识到对种族的感知扭曲，他们能够通过体验、结合传统假设存在的情境进行反思，形成一种更具包容性的视角。"④

① Beynon J. Institutional Change and Career Histories in a Comprehensive School ［C］// Goodson I F. Teachers' Lives and Careers. London：The Falmer Press，1985：169，165.

② Taylor E W. Fostering Mezirow's Transformative Learning Theory in the Adult Education Classroom：A Critical Review ［J］. Canadian Journal of the Study of Adult Education，2000，14：1-28.

③ Kritskaya O V，Dirkx J M. Symbolic Representations as Mediators for Meaning Construction：An Exploration of Transformative Pedagogy within a Professional Development Context ［C］// Austin A，Hynes G E，Miller R T. Proceedings of the Eighteenth Annual Midwest Research-to-practice Conference in Adult，Continuing and Community Education. St. Louis：University of Missouri，1999：184-190.

④ Herber S. Perspective Transformation of Pre-service Teachers ［D］. University of Memphis，1998.

此外，还需要特别指出的是，传统上人们对人的行为的原因往往更多地关注过去事件的影响，当然不能否认过去经历对人的行为的重要影响，然而这仅是一个方面，未来的目标对人的当前行为也具有重要的影响作用，① 也可以基于未来的目标，对当前的行为进行反思。换言之，成长经历不仅只有过去的事情这一个维度，还包括未来的维度。基于未来的目标对当前的批判性思考是反思的一个重要维度，是创造力的体现。② 想象是与创造力联系在一起的，可以帮助职前教师超越习惯思维，不受传统习惯的束缚。在职前教育阶段，利用职前教师的想象力培养职前教师的本体性反思能力是有待于探索的宽阔领地。艾甘（Egan）认为，教育者在培养学生想象力方面做得不够，甚至是忽略了对学生想象力的培养。③ 在教师教育职前培养阶段，可以为职前教师创设一个叙事的情境，萨顿-史密斯（Sutton-Smith）认为，人们以叙事的方式感受世界与自己的体验，在叙事结构中回忆比从逻辑结构清单（logically-organized lists）中回忆要好。④ 想象力并不仅仅是叙事的重要构成部分，而且是理解叙事的手段。如同弗雷（Frye）所指出的："聆听故事的艺术是培养想象力的基本训练。"⑤

四、结语

工具性反思能力的培养强调真实的教育教学体验，强调关于教育教学知识技能的获取，这对于职前教师而言具有很大的局限性。反观本体性反思能力的培养基于认识论与本体论的辩证关系，对职前教师学习过程的全面理解，以及对职前教师主体性的彰显，使得在教师教育职前培养阶段培养其本体性反思能力非常恰切且拥有广阔的前景。

① Thompson N, et al. Reflective Practice: An Existentialist Perspective [J]. Reflective Practice, 2011, 12 (1): 15-26.

② Kate Collier. Re-imagining Reflection: Creating a Theatrical Space for the Imagination in Productive Reflection [C] // Helen Bradbury, et al. Beyond Reflective Practice. London and New York: Routledge, 2010: 145-154.

③ Egan K. Engaging Imagination and Developing Creativity in Education [M]. Cambridge Scholars Publishing, 2010.

④ Sutton-Smith, Brian. In Search of the Imagination [C] // Egan K. Imagination and education. New York: Teachers College Press, 1988: 22.

⑤ Frye N. The Educated Imagination [M]. Toronto: Canadian Broadcasting Corporation, 1963: 49.

第 4 节　职前教师体验与反思状况研究[①]

一、问题的提出

自 20 世纪 80 年代反思型教师教育运动发轫于北美大陆，培养教师的反思能力、使教师成为反思的实践者就成为教师教育的一项重要任务。反思是需要一定的体验作为基础的，以往对教师反思能力培养多关注于在职教师，因为他/她们拥有丰富的教学实践体验作为反思的素材。相对于在职教师而言，职前教师所拥有的真实的教育教学体验并不丰富，因此，在教师反思能力培养方面容易受到忽视。

杜威（Dewey）认为，反思是"对任何信念或假定的知识形式，均以积极的、执着的和用心的态度考虑它所依据的根据是否成立，若能成立，再考虑它所导致的进一步的结论"[②]，换言之，反思的体验基础包括所有形成信念或假定知识的经历，亦即所有对形塑教师关于教育教学信念、态度等有关的体验。很多研究，如怀特（Wright）[③]从心里分析的视角、斯蒂芬（Stephens）[④]从进化论的视角、劳蒂（Lortie）[⑤]从社会化的视角对职前教师进行研究表明，职前教师在成长经历中形成了大量的关于教育教学的信念与态度。对这些信念与态度进行反思不仅可以"帮助职前教师触摸自己的情感，使其更加清晰打算以什么样的生存方式做一名教师"[⑥]，亦即使职前教师澄清、完善已有的关于教育教学的信念与态度，还可以通过理

---

① 本节作者系回俊松、饶从满，本节曾发表于《江苏第二师范学院学报》2015 年第 2 期。
② Dewey J. How We Think [M]. Boston. New York. Chicago：D. C. Health & Co, 1910：6.
③ Wright B. Identification and Becoming a Teacher [J]. Elementary School Journal，1959，59：361-374.
④ Stephens J. The Processes of Schooling [M]. New York：Holt，Rinehart and Winston，1967：26-34.
⑤ 丹·克莱门特·劳蒂. 学校教师的社会学研究 [M]. 饶从满，于兰. 单联成，等译. 北京：人民教育出版社，2011：49-71.
⑥ Bowman B. Self-reflection as an Element of Professionalism [J]. Erikson，1992：14-18.

解自己在成长经历中的感受去感知学生的需求①，将学科知识与个人知识相融合，使自己成为反思的实践者。因此，本节具体回答以下问题：第一，职前教师关于教育教学的体验有哪些？第二，基于这些体验，职前教师进行了怎样的反思？以此力争对职前教师的反思状况较全面的掌握，探讨如何有效培养职前教师的反思能力。

二、研究方法

通过对职前教师的深度访谈，透过他/她们的话语获取其关于教育教学的体验与思考。这是基于职前教师记忆的对话，因为记忆可以"表达人们如何感知自己的过去，如何将自己的体验与社会情境相联系，如何将过去变成现在的一部分，如何形塑现在的自我"②。访谈时间平均为 40～50 分钟，在征得被访谈职前教师同意的情况下进行录音，研究过程中根据录音整理出文本。

（一）访谈提纲

访谈提纲的设计包括两个部分。第一部分是访谈对象的基本信息，包括性别、年龄、专业、生源地、父母亲受教育程度几个方面。此部分的设计是考虑到有研究显示，职前教师家庭经济情况、父母亲的受教育程度等方面会对其理解教师角色、职业产生很大的影响③。第二部分是具体的访谈问题。问题主要围绕职前教师在成长经历中有哪些关于教育教学的体验，基于这些体验进行了怎样的反思两个方面设计的。这些问题都是开放式的，鼓励职前教师从成长经历中选择一段或几段非常重要的关于教育教学的体验进行描述，这些体验可以是积极的，也可以是消极的。在本研究中，对反思采取比较宽泛的理解，即职前教师对自己关于教育教学体验的思考。例如，"在您受教育的经历中，哪位老师给您留下了深刻的印象，为什么留下了这样的印象？以后您想成为怎样的教师，为什么？"

① Bowman B. Self-reflection as an Element of Professionalism [J]. Erikson，1992：14-18.
② Thomson A. Fifty Years on：An International Perspective on Oral History [J]. Journal of American History，1998，85：581-595.
③ Brookhart S M，Freeman D J. Characteristics of Entering Teacher Candidates [J]. Review of Educational Research，1992（62），1：37-60.

（二）访谈对象

本研究的对象为 C 师范大学双语学院的职前教师（30 位）。C 师范大学双语学院主要培养英语综合应用能力强、学科专业知识扎实、教学实践能力突出、能够到基础教育和国际学校用英语授课的专业化、实践型双语师资。学生都是从各分院相应专业的学生中择优选取。目前，学院在读学生为 500 人左右，每个年级平均人数为 120 人左右。本研究样本量占学院在读职前教师总数的 6%，满足此次调查的精度要求。访谈对象中，一年级职前教师 8 名，二年级职前教师 7 名，三年职前教师 7 名，四年级职前教师 8 名。其中女职前教师 18 名，男职前教师 12 名。访谈对象的专业涉及物理、学前教育、思想政治教育、英语、数学与应用数学、社会体育、生物、对外汉语等专业。

（三）数据的分析

职前教师的"谈话并非单纯地对个人成长经历的描述，相反，其是对某些经历的重新体验"[①]。借鉴 Labov 的话语分析模式[②]从社会语言学的角度对职前教师谈话内容进行编码，这样可以深入了解"人类感知世界的方式"[③]。拉波夫（Labov）的话语分析模式认为，谈话可以分为五个部分：（1）概括（abstract），即对自己将要描述的经历的概括；（2）定位（orientation），即对经历的时间、地点、人物等的描述；（3）进展（complicating action），即对经历发展整个过程的描述，这是谈话的核心部分；（4）评价（evaluation），即对所描述的经历的看法与评论，主要表现为在谈话过程中，中断对所发生事件的描述并向听者诉说该事件的意义。这些评议可以是职前教师对事件的评价，也可以是职前教师的感慨。（5）结果（result or resolution），即示意描述结束。

三、研究结果与讨论

本研究基于研究问题的需要，运用 Labov 的谈话分析模式，对 30

---

① Labov W. The Transformation of Experience in Narrative Syntax [C] // Labov W. Language in the Inner City. Philadelphia，PA，University of Pennsylvania，1972：354-396.

② 同①.

③ Connelly F M，Clandinin D J. Stories of Experience and Narrative Inquiry [J]. Educational Research，9（5）：2-14.

位职前教师的谈话进行整理和分析，将每位职前教师的谈话分为描述体验部分（包括 A，O，C）与评价部分（E），亦即体验与反思两部分。结果发现每位职前教师都有一个或多个关于教育教学的小故事。从这些故事中可以提炼出六个具有典型意义的小故事（见表 3 - 1）。这些谈话过程的某些部分被融合或省略，尽管结构的顺序略有差异，谈话的内容长短不尽相同，但结构基本符合 Labov 的谈话分析模式的理想特征。

表 3 - 1 职前教师谈话的结构分析

事件 / 职前教师	事件	体验			反思	结果 R
		概括 A	定位 O	进展 C	评议 E	R
一年级职前教师	故事一	■	■	■	■	
二年级职前教师	故事二	■	■	■	■	■
一年级职前教师	故事三			■	■	■
二年级职前教师	故事四	■		■	■	
三年级职前教师	故事五	■			■	
四年级职前教师	故事六				■	

故事一是来自一位一年级职前教师的谈话：

［**概括**］那是我记得的一位好老师。［**定位**］上学第一天我真的很害怕。［**进展**］当我站在校园里的时候，我感到孤独无助，没有一点安全感，自己越想越伤心，眼泪止不住流了下来。老师注意到了我，带着我认识了很多新的同学，使我感觉好了许多，……他还安排我做生活委员，鼓励我多参与班级的活动，使我增强了自信。［**评价**］这些经历让我至今受益匪浅。我想以后我也能创设这样的氛围，让那些刚离开家步入学校的孩子感到不那么孤独与恐惧。

这是一位一年级职前教师回忆的在基础教育阶段的积极的记忆，即关于 Lortie 所提出的"学徒期观察"体验的积极记忆。共有 17 位职前教师在谈话中提到了积极的学徒期观察体验。基于这样的体验，职前教师以角色榜样（role model）为主题进行了反思，希望成为一名教师以后，在处理一些问题的时候能够像我所经历的那位老师处理问题一样好。Wright[①]认为，职前教师的行为受到其作为孩子时与父亲、母亲、老师等重要他人（significant others）关系的影响；成为一名教师的过程，在某种程度上，是有意无意地试图成为重要他人或复制自己童年的与重要他人之间关系的过程，职前教师早期的与重要他人的关系就是以后职前教师建构师生关系的蓝本。

具有相似体验的某位三年级职前教师则进行了以自我为主题的反思，"我想这些体验塑造了今天的我，对教师职业的理解"。

故事二是来自一位二年级职前教师的谈话：

［**概括**］那是一段痛苦的记忆。［**定位**］我记得那是在美术课上，［**进展**］老师将上次课的绘画习作评分后发给同学们，大家基本都拿到了自己上次课的绘画习作，唯独我和另外两位同学没有。我们就问老师，我们的习作怎么没有。老师回答说，他觉得我们画得简直是太难看了，他已经把那几幅习作撕掉扔了。［**评价**］我当时感到特别的震惊，我知道我成为不了毕加索，但是我的画真有那么难看吗？！甚至到现在我也能感到自己受那件事的影响很深刻。从那以后，我在美术方面的信心就不是很足了，我对艺术以及有关的方面的兴趣也没有了。我希望有一天，学生回忆起我的时候，所持有的都是积极的、正面的影响，而没有给他们留下痛苦的回忆。［**结果**］记忆太深刻了。

这位二年级职前教师基于自己的"学徒期观察"体验，以教学方法为主题进行反思，自己以后成为一名教师时一定要努力避免自己的痛苦经历再次发生在自己学生身上。在谈话中提到消极学徒期观察体验的职前教师共有 13 人。

有类似经历的一位四年级职前教师则进行了以自我为主题的反思，"并不是我至今仍然对那段经历感到焦虑，而是在我小学经历的这件事情很难从我的头脑中抹去。这件事情构成了今天的我"。

Knowles 在研究中发现，职前教师在很多时候都是满怀着对未来的憧憬的，希望在未来的教学活动中能够创设不同于以往的、更有利于学生学习的环境，会有更好的方法鼓励学生学习[②]。

---

① Wright B. Identity and Becoming a Teacher. ［J］. Elementary School Journal，1959，59：361-374.

② Knowles J G. Models for Understanding Pre-service and Beginning Teachers' Biographies ［C］// Ivor F Goodson. Studying Teachers' Lives ［M］. London：Routledge，1992：99-152.

故事三是来自一位一年级职前教师的谈话：

……［进展］父母认为女孩子做老师是非常好的一个选择，教师工作稳定、竞争压力小、有两个带薪长假，……以后找对象也容易……而且［评价］现在社会也越来越重视幼儿教育，这个专业的前景还是很光明的。［进展］……我的父母亲都是老师，我记得在我上大学之前，我的家里没有怎么来过外人，非常封闭的一个家庭，父母就是上班，下班回来批改作业，就这些。但是，他们教的班级的学生的家长却都是有钱有权力的人，都是社会交往很广泛的人，这就形成了一种强烈的反差……［结果］就这样。

这是职前教师基于与家人的互动体验所进行的以教师角色为主题的反思。有 21 位职前教师在谈话中提到，自己选择读师范院校受到家人的影响。Susan 等学者的研究表明，职前教师父母的工作性质、收入水平、学历层次等都会对其秉持关于教师职业的理解产生重要的影响①。

故事四是来自一位二年级职前教师的谈话：

［概括］我谈谈对专业课的体验。［进展］我以后要做小学科学老师，就是以前的自然课老师，现在就是什么都学，这个专业要求我们知识面相对要广一些，每天就是什么书都要看，要让自己的知识杂一些……［评价］以后成为一名教师最重要的是知识吧，这是最重要的，只有懂得多才能教学生啊，我现在是这样认为的，要能镇得住学生就得表现出你很渊博……。

这是一位二年级职前教师基于学科专业课的体验进行的以教师知识为主题的反思。这位职前教师认为，成为一名教师最重要的能力表现在拥有广博的知识，这与其所处的培养阶段有关系。在 C 师范大学，一、二年级的职前教师在各自所属学院修习通识课与学科专业课程，对教育类课程还未接触。

然而，几位四年级的职前教师认为："教师所拥有的知识一定不仅是学科专业知识，还应该将这些抽象的知识与自己的经历融合，考虑学生的情况，这样传授的知识学生才愿意听……"这几位职前教师的谈话表明其已经认识到，教师需要掌握的不仅仅是原理型的理论知识，还要了解学生的需求，站在学生的立场上组织所教授的知识。对于职前教师而言，

---

① Brookhart S M, Freeman D J. Characteristics of Entering Teacher Candidates [J]. Review of Educational Research, 1992 (62), 1: 37-60.

Polanyi① 所提出的内隐知识更多地体现在通过反思自己作为学生的经历以了解未来自己学生的需求，再与理论知识相融合，生成的具有职前教师特色的实践性知识。

故事五是来自一位三年级职前教师的谈话：

［概括］谈谈教育类课程的体验与感受吧。［评价］我觉得教育类的必修课还是有必要的，……我们汉语言文学专业的职前教师与学习中文的学生相比可能最大的不同是我们学的内容更加具体，就是需要掌握如何把我们学习的知识传授给学生，教育类的课程的作用就是这样吧……［评价］微格教学就是模拟课堂教学，我的同学在下面扮演学生，故意向我提出问题，我所要做的就是如何把知识讲正确，教室前后都有摄像头，我可以看我的教态，听我的语言，对我上课帮助还是很大的……

这是一位三年级职前教师基于教育类课程进行的以教师知识为主题的反思。通过这段谈话我们可以发现，其反思的焦点在于如何将知识有效地传递给学生。

谈到对微格教学的体验，几位四年级的职前教师发表了不同的思考："在上微格教学课的时候，我们想的就是把知识讲好，别让老师和同学挑出什么错误，关心最多的就是知识，……实习过后想想，课堂上最重要的是如何与学生互动，控制课堂，让学生爱听你说话，怎么抓住学生的兴趣，而这些在微格课上根本学不到……小学生，都爱玩，有时我都开始讲课了，他们还乱哄哄的呢……"

这里涉及的是四年级的职前教师基于自己的实习体验进行的综合性的反思活动。他/她们认为，教师要学会控制课堂，将学科知识与课堂情境相融合，教师的角色不仅是知识的传授者，还可以是学生的朋友等。

故事六是来自一位四年级职前教师的谈话：

［概括］我做过家教。［评价］家教是一对一的，主要是讲学生不会的内容，这对知识掌握水平的要求是很高的，当然，学生也有不愿意听的时候，需要想办法使其听自己讲，……现在不好的现象是，学生在学校听课时特别放松，因为他/她知道不会的可以问家教……［概括］我做过家教也做过教育兼职，［评价］家教就是知识传授，做教育兼职是给很多孩子上课，需要照顾到每个学生的反应，听没听懂，我在这些经历中获益匪浅，你能感觉到，我的表达能力还可以是不是，我的粉笔字也不错，这都

---

① Polanyi M. Personal Knowledge [M]. London：Routledge & Kegan Paul Ltd，1962：92.

是这些经历赋予我的……

这是四年级职前教师在谈话中描述的基于家教与校外教育兼职体验进行的以教师知识、教学方法为主题的反思。家教体验促使职前教师反思如何将知识更加准确地表达出来，使学生能够听得懂。校外兼职促使职前教师反思的不仅是知识的传递，还包括如何与学生互动，照顾到每位学生的情绪，思考怎样将抽象、概括的知识与课堂情境相结合等方面。

还有一位四年级的职前教师在谈话中讲到：

［概括］我做家教时，［进展］带的那个孩子的家距离我住的地方很远，我需要乘坐公共汽车往返，很多时候与学生放学回家的时间是一样的，看见公交车上孩子们的行为，听他/她们的谈话，［评价］我就总在想，作为一名教师的社会责任是什么呢，我应该传递给他/她们怎样的行为标准呢……

这位职前教师进行的就是以自我为主题的反思，亦即从本体论层面进行的反思。一个人学会教学的过程所涉及的不仅是知识和技能的获得问题，更关涉一个人打算以什么样的生存方式做教师的问题，而对职前教师而言，后者的反思更重要①。

四、结论与建议

根据以上的分析，本研究得出如下结论与建议：

1. 职前教师所具有的可用来反思的关于教育教学的体验基础是很丰富的，主要包括在基础教育阶段的校内外体验与在教师教育职前培养阶段的校内外体验。基于这些体验，职前教师主要进行了以教师知识、教学方法、教师角色以及教师自我为主题的反思。

2. 职前教师对成长经历中关于教育教学的体验进行反思是有一定的规律可循的（见表3-2）。一、二年级的职前教师基于自己的学徒观察体验、与家庭成员中重要他人互动的体验进行的反思，是一种朴素的建构式的反思，反思的内容多体现为希望成为一名自己认为好的那样的教师，像那位教师那样去教学。三年级的职前教师不仅修习了本专业的课程，还修习了一定课时的教育类课程，这时他/她们的反思基础比一、二年级时更加广厚，但反思的内容集中体现在对知识的精确掌握与表达，在微格教学中的教态等技术层面的反思，亦即工具性的反思。四年级的职前教师经过

---

① 饶从满.可持续发展能力：教师职前培养的重要目标［N］.中国社会科学报，2011（23）.

四年教师教育职前培养阶段的培养，拥有实习体验、校外的家教体验、校外兼职体验，他/她们是在实践的基础上，结合着自己的成长经历反思自己成为一名怎样的教师，怎样将客观知识与自己对学生的、对教学的理解更好地融合在一起，他/她们认识到"教师如果没有对自己成长经历和感受进行反思，就很容易忽视孩子们的感受。获取自己作为孩子时的情感是教师自我知识很重要的一个维度，理解学生、有效地与学生互动是很重要的一笔财富"①[17]。

表 3 - 2　职前教师的体验与反思

	体验类型		反思主题
基础教育阶段	学徒观察体验		关于教师知识的反思
	与家人互动体验		
教师教育职前培养阶段	通识课、专业课程体验		关于教学方法的反思
	教育类课程体验		
	微格教学、家教体验		关于教师角色的反思
	实习体验		
	校外教育兼职体验		关于教师自我的反思

注：本表只反映体验与反思之间大体的指向关系，不否认个体差异。职前教师基于实习与校外兼职体验进行的是综合性的反思。

3. 职前教师的反思虽然丰富多彩，但个体差异性很大。教师教育职前培养阶段应该设置专门的反思能力培养环节，基于职前教师的年级和体验的特点，对职前教师进行系统化、结构化的反思训练。

---

① 饶从满.可持续发展能力：教师职前培养的重要目标［N］.中国社会科学报，2011（23）.

第 4 章

教师专业标准

第 1 节　《教师专业标准（试行）》：性质、理念与内容①

制定科学的教师专业标准是推进教师专业化的必要前提，是提高教育质量的重要保障。为落实教育规划纲要，构建教师专业标准体系，建设高素质专业化教师队伍，教育部组织专家组，研究制定了《幼儿园教师专业标准（试行）》《小学教师专业标准（试行）》和《中学教师专业标准（试行）》（以下简称《专业标准》）。三个《专业标准》均由"前言""基本理念""基本内容"和"实施建议"四个部分组成。本节主要从《专业标准》的性质、理念和内容等几个方面对《专业标准》进行解读。

一、《专业标准》的基本性质

（一）作为"专业"标准的《专业标准》

1993 年颁布的《中华人民共和国教师法》规定了教师是"履行教育教学职责的专业人员"。但该法律并没有对教师作为专业人员的基本素质要求做出明确的规定。《专业标准》的前言中再次确认了教师是履行教育教学工作职责的专业人员，需要经过严格的培养与培训，具有良好的职业道德，掌握系统的专业知识和专业技能。这意味着《专业标准》是基于教师职业是一个专业性职业、教师是专业人员的基本理念而制定的"专业"标准，即是对教师作为一个专业人员的素质要求的基本规定，代表了当下中国社会和教育发展对教师素质的基本要求。《专业标准》的出台，无疑为教师专业化提供了依据和准则。

（二）作为"合格"标准的《专业标准》

《专业标准》是国家对幼儿园和中小学合格教师专业素质的基本要求，

---

① 本节的主体内容曾经与史宁中教授共同发表在《中国教工》2012 年第 7 期上，原文名称为《今天我们怎样做教师——关于中小幼教师三个专业标准共有内容的解读》。

规定的是幼儿园和中小学教师必须具备的基本专业素养和教师开展教育教学活动所应遵循的基本规范。《专业标准》适用于同一阶段内所有的教师，因此，它是一个共同的标准，一个基本标准，也是最低的标准。但是作为基础性、统一性的专业标准并不排斥差异，各教师个体在满足了国家关于教师素质的最基本要求后，可以根据各自的素质状况，设计自己的发展。从这个意义上来说，《专业标准》其实也为教师的自主和个性化发展提供了空间。事实上从"前言"和"实施建议"中的相关规定可以看出，《专业标准》既具有作为"评价"标准之性质，也具有作为"导向"标准之特点。作为"评价"标准，它是教师开展教育教学活动的"基本规范"，是教师培养、准入、培训、考核等工作的重要依据；作为"导向"标准，它是引领教师专业发展的"基本准则"。

（三）作为"通用"标准的《专业标准》

标准作为有关各方"共同遵守的准则和依据"，在本质上是对同类事物或活动所做的"统一规定"。但因"事物或活动"的类别不同，其适用的标准也就自然不同。教师专业标准也因其适用对象和范围的不同，可以划分出不同的类型。根据适用对象，教师专业标准可以分为适用于所有教师的"通用标准"和适用于特定教师群体的"特殊标准"或"具体标准"。一般来说，"通用标准"规定了教师专业素质和专业活动的基本要求，相对更宏观、更综合一些，它是制定"分类标准"或"具体标准"的依据和基础；而"分类标准"或"具体标准"则是"通用标准"的深入和细化，它更具体，更有针对性。按此划分，我国目前公布的《幼儿园教师专业标准（试行）》《小学教师专业标准（试行）》和《中学教师专业标准（试行）》由于分别适用于幼儿园、小学阶段和中学各阶段的所有教师，超越于对不同学科、不同发展阶段的教师的具体要求之上，因而具有适用于各自学段所有教师的"通用标准"之性质。

二、《专业标准》的基本理念

《专业标准》提出的"学生为本""师德为先""能力为重""终身学习"等四个基本理念，既是贯穿《专业标准》始终的基本理念，也是幼儿园和中小学教师作为专业人员在自身的专业实践和专业发展中应秉持的价值导向和行为引领。这四个基本理念既体现了中国对教师素质要求的优良传统，也体现了现代社会和教育发展对教师素质的新要求，是传统与变革的有机结合。

（一）学生为本

"学生为本"是我国新课程改革的核心理念。《基础教育课程改革纲要（试行）》中明确指出："教师在教学过程中应与学生积极互动、共同发展，要处理好传授知识与培养能力的关系，注重培养学生的独立性和自主性，引导学生质疑、调查、探究，在实践中学习，促进学生在教师指导下主动地、富有个性地学习。教师应尊重学生的人格，关注个体差异，满足不同学生的学习需要，创设能引导学生主动参与的教育环境，激发学生的学习积极性，培养学生掌握和运用知识的态度和能力，使每个学生都能得到充分的发展。"课程改革所倡导的这种新理念只有真正为教师所理解，所信奉，所落实，才能真正实现教育教学实践的转变。因此，《专业标准》高度强调学生的主体地位，要求教师要尊重学生，关爱学生，充分发挥学生的主动性，为学生提供适宜的教育，促进每个学生主动、生动活泼地发展。

（二）师德为先

"师德为先"既是对我国几千年对教师素质要求优良传统的坚定继承，也是推进教师专业化的必然要求。教育活动本身所具有的道德性决定了教师职业道德的必要性与重要性。而且，教师职业道德还是影响教育绩效的重要因素。因此，提升教师职业道德始终是教育对教师的必然要求。中国自古就有着师道尊严的传统。两千多年来，"修身""自省""明德""传道""授业""解惑"等教师道德规范一直是教师受到赞誉与尊重的重要原因。《专业标准》强调"师德为先"不仅仅出于对历史传统的延续，更重要的是出于推进教师专业化的诉求。因为专业化的核心特质是专业精神，即把服务对象和社会利益放在首位。教师职业要成为专业，必须有一套严格的职业道德守则，一方面可以规范教师的行为，保证受教育者的权益，另一方面又能以此赢得社会对教师职业的信任与尊重，使教师作为专业人员自身的权益也得到保障。正因如此，《专业标准》突出了师德要求，要求教师履行职业道德规范，增强教书育人的责任感和使命感，践行社会主义核心价值体系。

（三）能力为重

"能力为重"突出体现的是对教师履行教育教学职责的实践能力的高

度重视。教师教育教学职责的履行不能只靠教师的一颗"红心"，更要以教师从事教育教学工作的实践能力为根本保障。因此，探寻理想教师的能力结构是近百年来中外教育研究领域的热点议题之一。对于教师而言，不仅需要具有扎实的有关任教学科的专业知识，更需要有将所掌握的学科专业知识传授给学生的能力；不仅需要掌握教育理念，更需要将教育理论运用于教育实践之中并在实践中形成个人实践理论的能力。因此，《专业标准》强调教师要把学科知识、教育理论与教育实践有机结合，突出教书育人的实践能力。教师的工作对象是学生，因此教师不仅需要对所教学科有透彻的理解，更需要对学生的成长与发展的特征与规律有深入的理解。对学生的理解制约着教师的专业水平，影响着教师教书育人目标的实现。因此，《专业标准》要求教师研究学生的成长规律，提升教师专业化水平。教师的专业能力提升是一个持续的过程，实践只是教师专业能力提升的必要而非充分条件，实践＋反思才是教师实现专业能力水平不断提升的基本路径。为此，《专业标准》强调教师要坚持实践、反思、再实践、再反思，不断提高专业能力。

（四）终身学习

"终身学习"体现了新的时代对教师素质的新要求。在现今的知识社会、信息社会中，知识更新速度越来越快，那种"一朝学成而终身受用"的观点已经过时，终身学习意识和能力成为生存于现代社会中的人们所必须具备的基本素质。而担负培养具有终身学习意识和能力的现代人的教师，首先必须具备终身学习的意识和能力。而且教师的专业发展空间是无限的，"做一辈子教师"就必须"一辈子学做教师"。因此，《专业标准》要求教师主动适应经济社会和教育发展的要求，不断优化知识结构，不断提高文化修养，作终身学习的典范。

以上四项基本理念中，如果说"师德为先、能力为重"的理念更多地体现了对中国教师群体长期坚持的基本追求（教书育人、为人师表）的继承，那么"学生为本"和"终身学习"的理念则更多地包含了信息社会背景下中国教育改革与发展实践对教师素质提出的新要求。

三、《专业标准》的基本内容

《专业标准》的基本内容包含"维度""领域"和"基本要求"三个层次。"维度"包含三个，即"专业理念与师德""专业知识"和"专业能力"；在各个"维度"下，确立了若干个领域；在每个"领域"之下，又提出了若干个"基本要求"。

（一）专业理念与师德

"专业理念与师德"维度，从教师对待职业、对待学生、对待教育教学和对待自身四个方面，确定了"职业理解与认识""对学生的态度与行为""教育教学的态度与行为""个人修养与行为"等四个领域，并提出了若干基本要求。这些基本要求指向于造就具有良好职业道德和专业精神的合格教师，既体现了对"学生为本"理念的深入和具体化，也体现了对"师德为先"理念的落实。

教师的"专业理念"是指教师在理解教育工作本质基础上形成的关于教育教学的观念和信念；而"师德"是指教师在教师职业生活中，调节和处理各种关系所遵循的基本行为规范和行为准则，以及遵循这些规范的行为中表现出来的观念意识和行为品质。《专业标准》之所以将"专业理念"与"师德"合并在一起，将"专业理念与师德"作为其"基本内容"的一个重要维度，并确定了"职业理解与认识""对学生的态度与行为""教育教学的态度与行为""个人修养与行为"等四个领域，主要基于如下考虑：（1）从专业理念的视角，要求教师形成对待职业、对待学生、对待教育教学和对待自身发展等四个方面的正确观念和信念，并以这些观念和信念引领专业活动。（2）从职业道德的视角，要求教师形成对待职业、对待学生、对待教育教学和对待自身等四个方面的正确道德认识，并期望把这些道德认识内化为教师的道德认同，形成道德信念，并能够将道德观念、道德信念转化为道德行为、道德实践。换句话说，作为《专业标准》"基本内容"重要维度的"专业理念与师德"，既超越了"专业理念"所属的"认识论"范畴，延伸至情感、意志和行为的层次，也超出了一般意义上的"师德"范畴，不仅要求教师遵循基本的教师职业道德规范，更要求教师形成坚定的道德认同和信念。

（二）专业知识

"专业知识"是指教师为了履行教育教学职责所必须具备的知识。教师的专业知识是教师研究中开始较早的一个研究领域，但迄今为止，不同学者对教师专业知识的结构有着不同的认识和理解。在众多关于教师专业知识的研究中，最具影响的当推舒尔曼 1987 年所建构的教师专业知识分析框架。他认为以下七个类别的知识构成教师知识的基础：（1）学科内容知识；（2）一般教学知识；（3）课程知识；（4）学科教学知识；（5）学习者及其特点的知识；（6）教育环境的知识；（7）教育的目标、目的和价值以及它们的哲学和历史基础的知识。《专业标准》借鉴有关教师知识研究的理论成果，依据学生身心发展和教育教学的特点和规律，确立了国内外学界基本形成共识的教师知识领域构成："教育知识""学科知识""学科教学知识"和"通识性知识"（对于幼儿教师的知识要求未涉及"学科教学知识"）。

所谓"教育知识"，指的是教师在从事教育教学的过程中应该掌握的教育学知识和心理学知识，旨在使教师掌握教育教学的基本规律，了解学生发展过程中的生理和心理特点，并能够运用科学方法有效地对学生进行教育和管理；"学科知识"指的是教师应该掌握的有关任教学科的知识，在此强调教师要理解所教学科的知识体系、基本思想与方法，以及了解所教学科与其他学科以及与社会实践的联系；"学科教学知识"指的是教师应该掌握的如何把学科和学生联系起来的知识，以及如何把自己所掌握的学科知识传授给学生的知识，在此突出了依据学生学习具体学科内容的认知特点进行课程资源的开发与教学策略和方法的选择相关的知识；"通识性知识"指的是教师应具有广博的人文社会科学知识、艺术素养和教育技术素养等，在此突出的是教师的人文素养和综合素质。

以上几类知识虽然不是教师知识构成的全部，却是教师有效开展教育教学活动的基础和保障。虽然这四类知识各自具有一定的独立性，却不是固定不变、截然分离的。无论是其获得过程还是运用过程，都是相互联系、相互影响、相互融合的。只有均衡发展并融合为一体的专业知识才能在教师的专业活动中发挥应有的作用。

（三）专业能力

教师究竟需要具备哪些能力主要是由教师的专业实践活动所决定的，而专业实践活动的复杂性决定了教师能力结构必然是一个由众多单项能力构成的和谐统一体。《专业标准》对教师专业能力的规定既充分考虑了当下的教师专业实践诉求，也充分汲取了国内外关于教师能力的理论研究成果。

《专业标准》对于"专业能力"的基本要求涵盖了教师应有的三方面基本能力：一是教育教学能力，这是教师专业能力的核心，其中又涉及教育教学活动的设计、实施和评价等几方面能力。在此方面，对中小学教师更加突出对其教学能力的要求，而对幼儿园教师更加突出其设计和组织实施教育活动的能力。二是人际交往能力，这是教师专业能力的基础。因为教师工作是一项与人打交道的工作，教师必须能够有效地与学生交流，此外，拥有与同事、家长、社区等沟通与合作的能力也是有效开展教育教学的基本保障。三是自我发展能力，这是教师专业能力的保障。因为在终身学习社会中，教师只有具有自我发展能力，才能不断提升自己的专业水平，才能适应教育教学工作的需要。

第 2 节　《中学教师专业标准（试行）》：
内容与特点①

　　《中学教师专业标准（试行）》（以下简称《中学标准》）与同时公布的《幼儿园教师专业标准（试行）》和《小学教师专业标准（试行）》一样，在结构上均由"前言""基本理念""基本内容"和"实施建议"四个部分组成。三个《专业标准》在"前言""基本理念"和"实施建议"三个部分的基本内容和表述是一致或相似的，差异主要体现在"基本内容"中对于教师素质要求的具体规定上。

　　《中学标准》的"基本内容"包含"维度""领域"和"基本要求"三个层级，即三个维度、十四个领域、六十三项基本要求。三个维度即"专业理念与师德""专业知识"和"专业能力"；在各个维度下，确立了四至六个不等的领域；在每个领域之下，又提出了三至六项不等的基本要求。虽然《中学标准》中"基本内容"的基本结构与其他两个《专业标准》大同小异，但是在具体的"领域"设定和"基本要求"规定方面却充分体现了《中学标准》的特点。因此，本节分别从《中学标准》的"基本内容"中关于"专业理念与师德""专业知识"和"专业能力"这三个维度的"领域"和"基本要求"方面来对《中学标准》关于中学教师专业素质要求的基本规定进行解读，以明确其特点。

一、关于专业理念与师德的要求

　　《中学标准》关于中学教师的"专业理念与师德"，主要从教师对待职业、对待学生、对待教育教学和对待自身的理念与态度等四个方面，确定了"职业理解与认识""对学生的态度与行为""教育教学的态度与行为""个人修养与行为"等四个领域，提出了十九项"基本要求"。这些基本要求指向于造就具有良好职业道德和专业精神的合格教师。

---

　　① 本节的主体内容曾经与史宁中教授共同发表在《中国教工》2012 年第 8 期上，原文名称为《中学教师专业发展指南——关于〈中学教师专业标准（试行）〉的解读》。

教师的"职业理解和认识"是教师形成其他专业理念和专业素养以及开展专业实践的认识基础。《中学标准》主要从依法执教、爱岗敬业、为人师表和团结协作等几个不同层面对教师的"职业理解和认识"做了规定。所谓"依法执教"，就是要求教师在教育教学活动中，严格遵循相关的教育法律法规，使自己的教育教学活动符合法律法规的要求；所谓"爱岗敬业"，是指教师热爱中学教育事业，认同教师职业是一个专业性职业，并且按照一个专业人员的高标准严格要求自己，不断发展、提升自己；所谓"为人师表"，是指教师要注重自身的职业道德修养，力求行为世范；所谓的"团结协作"，指的是教师要具有团队协作精神，并在该精神的指引下加强交流与沟通。而在这四个层面中，最为核心的是"爱岗敬业"和"为人师表"。而对教师职业是一个专业性职业的职业理解与认识是教师"爱岗敬业"和"为人师表"的前提和基础，"爱岗敬业"和"为人师表"是教师作为专业人员应有的基本素质要求和追求。

"对学生的态度与行为"是对教师践行职业道德规范以及开展专业实践有重要影响的认识和态度。《中学标准》在"对学生的态度与行为"方面对中学教师提出的基本要求主要包括两点：一是关心爱护学生；二是尊重信任学生。所谓关爱学生是指教师要从高度的工作责任心和社会责任感出发，全身心地关爱每一个学生，对所有的学生不偏爱、不歧视、不讽刺、不体罚。关心爱护学生是教师职业道德的核心，是教师开展专业活动的基础和前提，是衡量一名教师称职与否的重要标志。所谓尊重信任学生是指尊重学生的独立人格，尊重学生的个体差异，信任学生，促进学生自主发展。尊重信任学生是关心爱护学生的深化与落实。

"教育教学的态度与行为"是从教师与教育教学关系的角度对教师专业理念与师德的阐释。《中学标准》对中学教师对待"教育教学的态度与行为"的基本要求大体可以概括为以下三点：一是育人为本，德育为先，强调的是中学教师的"教书育人"使命；二是尊重规律，因材施教，强调的是中学教师的教育教学应该建立在对中学生发展规律和教育教育教学规律的深刻理解和把握基础上，为学生提供最适合的教育；三是引导和促进学生的自主发展，强调的是中学教师的教育教学应时刻牢记中学教育教学的"基础"教育使命，要始终以学生的兴趣和需求为出发点，以学生的自主和可持续发展为最高追求。

"个人修养与行为"是指教师处理与自身关系的一些基本规范与要求。教师是以心育心的职业，教师的言谈举止、待人接物、工作和生活方式，甚至服饰仪表等，都会对学生有潜移默化的影响。教师的个人修养与行为本身就是一种重要的教育资源和手段。《中学标准》关于中学教师的"个人修养与行为"所提出的基本要求体现了对教师"内外兼修""为人师表"的殷切期盼。

透过《中学标准》关于中学教师"专业理念与师德"的基本要求，我们不难看出其所强调的依法从教、爱岗敬业、为人师表、关爱学生、尊重学生、教书育人等专业理念和道德，不仅集中体现了《中小学教师职业道德标准》对合格教师的基本要求，更体现了教师作为专业人员的应有追求；不仅仅是对《中学标准》的"学生为本"基本理念的具体化，也是对"师德为先"理念的践行和落实。

二、关于专业知识的要求

《中学标准》从中学分科教学和中学教师分科培养的实际出发，依据中学生身心发展和中学教育教学的特点与规律，规定中学教师的专业知识涵盖"教育知识""学科知识""学科教学知识"和"通识性知识"等四个领域，并提出了有关中学教师专业知识的十八项基本要求。

教师不仅要知道"教什么"，而且更应懂得"怎样教"，怎样才能"教得好"。要达成上述要求，教师就必须掌握有关教育的知识。而所谓教育知识，就是指教师在从事教育教学过程中所需要的关于教育学和心理学等方面的知识。从《中学标准》关于中学教师应有的"教育知识"的具体要求来看，教育知识主要包括两大方面：一是有关中学生学习、成长和发展的特点与规律的知识；二是有关中学教育教学的基本规律与方法的知识。中学教师只有掌握了中学生身心发展的基本规律和中学教育教学的基本理论，才能有效地开展教育教学活动，增强预见性和科学性，克服盲目性。

所谓学科知识，是指教师应具有的有关任教学科的知识。正如有学者所指出的那样，"教师要向学生释放知识的能量，首先自己要有丰富的库藏；要散布阳光到人心里，自己心中必有一轮太阳"。学科知识是教师从事教学的基础与前提。《中学标准》关于中学教师"学科知识"的基本要求主要包括三个方面：一是所教学科的基本知识、基本原理与技能；二是所教学科的知识体系、基本思想与方法；三是所教学科与其他学科和实践活动的联系。可以看出，《中学标准》对中学教师学科知识的要求不仅体现在"量"的方面，更体现在"质"的方面，即要求中学教师不仅系统掌握任教学科的内容性知识，更对所教学科的知识整体有一个结构性把握；

不仅要理解和把握学科知识的内在逻辑与结构，更要与相关学科知识和社会实践建立起联系。

所谓学科教学知识，是指教师在面对特定的主题时，针对学生的不同兴趣与能力，将自己所掌握的学科知识转化成学生易于理解的形式并进行教学方面的知识，是教育知识和学科知识融合的产物。学科教学知识是由美国学者舒尔曼提出的一个概念。在舒尔曼看来，学科教学知识是区分学科教师与学科专家的一种知识体系。《中学标准》也吸收借鉴了舒尔曼的学科教学知识概念，将学科教学知识作为中学教师专业知识的一个重要组成部分。从《中学标准》关于学科教学知识的要求来看，中学教师的学科教学知识主要包括两方面：一是依据国家课程标准进行课程开发的知识；二是根据中学生学习具体学科内容时的特点开展有针对性教学的知识。

现代教师只有建立起精深而又广博的知识结构，其教育教学工作才能左右逢源，得心应手。所以《中学标准》规定中学教师应该掌握以下四方面的通识性知识：一是自然科学和人文社会科学方面的知识；二是有关艺术方面的知识；三是信息技术知识；四是有关中国教育国情的知识。强调中学教师具有宽厚的科学、人文和艺术方面的知识与修养，旨在使教师的专业发展建立在教师作为一个人的全面和健康发展基础上；要求教师具有现代信息技术知识，是因为它是现代信息社会中中学教师应有的基本素养；要求中学教师了解中国教育的基本情况，是期望中学教师的教育教学不脱离当下的中国的教育实际。

在《中学标准》所规定的以上四类知识中，通识性知识是中学教师专业知识的基础，因为它体现的不仅是教师作为一个人的全面和健康发展（个人发展）的基本要求，更是支撑教师作为一名教师的发展（专业发展）的基础。而教育知识、学科知识和学科教学知识则是中学教师专业知识的核心，是中学教师专业发展的关键。不过，在教育知识、学科知识和学科教学知识中，对于中学教师来说，所应关注的不仅仅是掌握了多少教育知识和学科知识，重要的是掌握了什么样的教育知识和学科知识，而更为重要的是教育知识与学科知识的融合，也就是说学科教学知识是体现教师专业知识水平的关键性标志。

三、关于专业能力的要求

在《中学标准》中，"专业能力"属于"基本内容"的第三个维度，它涵盖了"教学设计能力""教学实施能力""班级管理与教育活动能力"

"教育教学评价能力""沟通与合作能力""反思与发展能力"等六大"领域"，共二十六项"基本要求"。

教学设计是课堂教学的重要环节，是上课之基、上课之本。教学设计能力是教师教学能力的重要方面，也是新课程改革特别强调的能力。《中学标准》规定的教学设计能力主要包括三方面：一是教学目标设计能力；二是教学过程设计能力；三是导学设计能力。特别值得指出的是，《中学标准》把导学设计能力作为教学设计能力的重要内容，强调"引导和帮助中学生设计个性化的学习计划"，可以说是《中学标准》"学生为本"基本理念的重要体现。

教学实施能力是教师在教学设计的基础上，实现教学设计方案的能力，是教学能力的核心。《中学标准》关于教学实施能力的六项基本要求主要涵盖以下几方面能力：一是教学环境创设能力；二是教学应变能力；三是有效教学能力；四是探究教学能力；五是现代教育技术应用能力。从"基本要求"中强调"通过启发式、探究式、讨论式、参与式等多种方式""激发与保护中学生的学习兴趣""发展学生创新能力"等规定来看，《中学标准》把"学生为本"作为教学实施能力的基本指导理念。

教书育人是教师的天职。教师的"教书育人"使命决定了教师的工作不仅仅是教学，进行班级管理和组织开展教育活动也是教师工作的应有之义。因此，教师除了教学能力之外，应该具有较强的班级管理能力和组织开展教育活动的能力。班级管理能力首先是妥善处理班级内人际关系，建设班集体的能力，然后是组织开展班会等班级活动的能力，所以《中学标准》提出中学教师要"建立良好的师生关系，帮助中学生建立良好的同伴关系"，并能够"有效管理和开展班级、共青团、少先队活动"。既然教师工作的主渠道是学科教学，教师的"育人"就不能脱离学科教学这一主阵地，所以《中学标准》强调教师要"注重结合学科教学进行育人活动"。所谓"育人"，是以学生的全面和健康发展为宗旨的，所以《中学标准》提出教师还应该具有组织开展德育活动、健康教育活动、学生指导活动等的能力。与幼儿园和小学教师专业标准一样，出于教师要保护学生生命安全的考虑，《中学标准》也要求中学教师有"妥善应对突发事件"的能力。

教育教学评价能力是教师在教育教学过程中运用各种手段了解学生学习状况，以判断教师是否完成预定的教育教学目标，学生是否达到预定的学习目标，从而不断改进教育教学工作的能力，是教师专业能力中不可或缺的重要组成部分。从《中学标准》的基本要求来看，中学教师应该有主要包括三方面的教育教学评价能力：一是评价学生的能力；二是引导学生进行自我评价的能力；三是自我教学评价（或反思）的能力。在对学生的评价方面，强调多元评价和过程评价；在对教师的自我评价方面，强调教学评价的教学改进目的。特别值得指出的是，对引导学生自我评价的重视。贯穿教师教育教学评价能力要求始终的是发展性评价的思想和"学生为本"的基本理念。

教师工作是一项与人打交道的工作，拥有与学生、同事、家长、社区等建立良好沟通与合作的能力是开展教育教学的基本保障。因此，《中学标准》将"沟通与合作能力"作为教师专业能力的一个重要领域，要求中学教师具有与学生的沟通交流能力、与同事的合作交流能力以及与家庭、社区的沟通合作能力。

教师的专业能力提升是一个终身不断的持续过程。特别是在终身学习社会中，教师只有具有自我发展能力才能不断提升自己的专业水平，从而适应教育教学工作的需要。因此，《中学标准》将"反思与发展能力"作为教师专业能力的重要组成部分，要求广大中学教师：一能"主动收集分析相关信息，不断进行反思，改进教育教学工作"；二能"针对教育教学工作中的现实需要与问题，进行探索和研究"；三能"制定专业发展规划，积极参加专业培训，不断提高自身专业素质"。概括起来，即要求中学教师具有反思能力、研究能力和生涯发展规划能力。

由上可以看出，《中学标准》关于中学教师专业能力的基本要求大体上可以归纳为三个方面：一是教书育人能力；二是沟通交往能力；三是自我发展能力。在这三个方面教师专业能力中，沟通交往能力是基础，教书育人能力是核心，自我发展能力是保障。而在教书育人能力中，基于中学分科教学的特点，凸显了中学教师教学能力（设计、实施和评价能力）的重要地位。无论如何，"学生为本""能力为重"和"终身学习"等基本理念是贯穿《中学标准》关于中学教师专业能力要求的始终的。

第 3 节　澳大利亚最新国家教师专业标准述评[①]

一、制定背景

从 20 世纪 90 年代中期开始，澳大利亚（简称澳）开始重视教师能力的标准建设。澳教育、培训和青少年部（MCEETYA）于 2003 年 11 月颁布了澳大利亚国家教学专业标准框架（ANFPST）。ANFPST 的主要目的是提高澳大利亚的教师质量，促进澳大利亚的教学专业化。[②] ANFPST 是澳在全国范围内颁布的第一个教师专业标准，但实施效果并不理想，以下两点是主要原因：（1）每个标准的描述比较笼统，可操作性不够强；（2）澳长期以来的教育分权制使得教师培养、教师注册及资格鉴定等的地方化特点非常明显。

为改变 ANFPST 实施效果不佳的现状和实现澳健康、体育和娱乐委员会（ACHPER）发布的《墨尔本宣言》[③] 中的教育目的，澳联邦政府认为需要进一步强化国家在教育上的权力，并委托澳大利亚国家标准专家小组（NSEWG）和澳大利亚教育研究协会（ACER）进行新一轮的澳教师专业标准的修订工作。NSEWG 和 ACER 从 2009 年 1 月着手进行该项工作，并用 1 年的时间拟成澳国家教师专业标准的草案（NPST 草案）。[④] 2010 年 2—6 月，两个组织开始面向澳全国范围内进行了 NPST 草案的讨论及意见征集工作，3 个多月的时间里，共收集到来自各界提交的意见书

① 本节作者系蹇世琼、饶从满，本节曾发表于《比较教育研究》2012 年第 8 期。
② Details on Invitation to Make Submissions on the Draft National Professional Standards for Teachers［EB/OL］.　［2011-09-10］. http：//www. mceecdya. edu. au/mceecdya/npst2010- submission _ details，30534. html.
③ Melbourne Declaration on Educational Goals for Young Australians. ［EB/OL］. ［2011-10-08］. http：//www. achper. org. au/index. php.
④ Draft National Professional Standards for Teachers Consultation［EB/OL］. ［2011-10-10］. http：//www. mceecdya. edu. au/mceecdya/npst 2010-consultation-call _ for _ submissions，30532. html.

共计 120 份。在此基础上，NSEWG 和 ACER 对 NPST 草案进一步修改，并提交给澳大利亚教学与学校领导协会（AITSL）。2010 年 7—11 月，受到 AITSL 的委托，澳新英格兰大学对 NPST 草案进行了论证研究，共收集近 6000 名教师和校长的调查数据，形成了关于澳国家教师专业标准有效性的最终报告。[①] 这种有效性的评估是澳国家教师专业标准修订的关键一步，因为这种有效性的论证研究，给在职教师和校长提供了决定标准的应用性和有用性的直接途径。2010 年 12 月 22 日，澳大利亚教育、学前儿童发展及青年事务部部长理事会（MCEECDYA）正式通过了新修订的澳大利亚国家教师专业标准（NPST）。AITSL 于 2011 年 2 月正式在全国范围内颁布、实施 NPST（NPST，February 2011），并且要求澳其他所有的教师专业标准都要与此标准保持一致。[②]

二、标准的结构

NPST 内容结构由横向上的七个内容标准（分属三个教学领域）和纵向上的四个教师专业发展阶段构成。我们在此基础上，对处于不同发展阶段的教师需要达到的具体要求进行描述。

（一）横向的内容标准结构

横向的内容标准分别所属三个教学领域，即专业知识领域、专业实践领域、专业参与领域，每个领域下包含两至三项具体的内容标准，每个内容标准下又包含四至七个具体的关注领域（focus area）。

1. 专业知识领域

专业知识领域主要反映的是教师在教学工作中需要熟知的、以满足学生需要的那些知识。此领域内包含两项内容标准，每项内容标准下分别有六个具体的关注领域。

标准 1：有关学生的知识和怎么教他们的知识：（1）学生的身心发展水平和学生的个性特征的知识；（2）学生的学习方式的知识；（3）学生的不同语言、文化、宗教和社会经济背景的知识；（4）土著学生和托雷斯海

---

① Pegg J. (Team Leader)，Mcphan G，Mowbray B，Lynch T. Final Report on the Validation of Draft National Professional Standards for Teachers. The University of New England [EB/OL]. [2011-10-10]. http：//www. teacherstandards. aitsl. edu. au/.

② National Professional Standards for Teachers [EB/OL]. [2011-10-01]. http//www. teacherstandards. aitsl. edu. au/.

峡学生的教学策略知识；（5）满足不同学生各种能力发展需求的差异性教学策略知识；（6）支持残疾学生完全参与的策略知识。

标准2：教学内容知识和怎么传授这些教学内容的知识：（1）教学领域内的策略性教学知识和内容知识；（2）教学内容选择和组织的知识；（3）课程评价和报告的知识；（4）了解并尊重土著居民和托雷斯海峡的居民，以促进澳不同民族之间的和谐相处的策略性知识；（5）培养学生读写能力和数学能力的知识；（6）教育信息技术知识。

2. 专业实践领域

专业实践领域的核心是教师能够使学生投入、参与学习，并让学生感受到学习的价值。此领域包含三项内容标准，每项内容标准分别包含七个、五个、五个具体的关注领域。

标准3：计划并能够进行有效教学：（1）建立有挑战性的学习目标；（2）有计划、有组织、有秩序地安排学生的学习项目；（3）有效运用教学策略；（4）选择和运用教学资源；（5）运用有效的课堂交流技术；（6）评价并提高教学项目的有效性；（7）让家长/监护人充分参与到教育过程中。

标准4：创建并保持支持性的和安全的学习环境：（1）支持学生的参与；（2）管理课堂活动；（3）管理挑战性的学生行为；（4）确保学生的安全；（5）安全地、负责地和有道德地运用现代信息技术。

标准5：评价、反馈并报告学生的学习情况：（1）评价学生的学习情况；（2）为学生的学习提供反馈；（3）对学生的学习进行可靠的、连续的评价；（4）正确解释对学生的评估的数据；（5）报告学生的学习成绩。

3. 专业参与领域

专业参与领域的核心是教师为了能够有效教学，认知到自己的专业学习需要，并与同事、家长、专业团体等建立专业联系。此领域包含两项标准，每项标准分别包含四个具体的关注领域。

标准6：参与专业学习：（1）认同和计划教师的专业学习需求；（2）参与专业学习并促进实践能力提高；（3）参与同事合作并促进实践能力提高；（4）应用专业性的学习以促进学生的学习。

标准7：专业性地参与到同事、父母/监护人和专业团体关系中：（1）具备专业伦理和责任；（2）遵守相关的行政管理规定以及组织要求；（3）参与父母/监护人合作；（4）参与到专业性的教学网络和专业团体中。

（二）纵向的发展阶段结构

NPST 认为教师的专业发展阶段是一个持续向上的过程，由初级阶段到高级阶段依次是准教师阶段、胜任教师阶段、优秀教师阶段和领导教师阶段。

1. 准教师阶段

准教师阶段是指已经完成职初教师教育项目（initial teacher education program），并具备认证该项目所需的素质的那些教师。这也是 NPST 要求每名教师成为全职注册教师的必要前提。

2. 胜任教师阶段

胜任教师阶段的教师已经完全掌握七个内容标准的要求，并具备全职注册教师的素质，也是澳全职注册教师必须达到的阶段。此阶段中，在要求教师具备准教师阶段的那些素质外，更强调教师在教学中对学生个性化需求的满足以及为学生创建有效的学习情境，提高学生学习的兴趣与学习的积极参与性。

3. 优秀教师阶段

优秀教师阶段的教师是指那些工作高效、经验丰富的教师。他们能独立自主地工作，在工作中与同事进行良好的合作，以促进自身和同事的实践能力的提高，并积极地参与到校园内外的活动中。与胜任教师阶段相比，优秀教师阶段更加强调教师的合作能力、指导能力以及对学生长远发展的影响能力。

4. 领导教师阶段

领导教师是同事、父母/监护人和专业团体公认和尊重的卓越教师。与优秀教师相比，他们的创造能力更加突出，组织能力更强，并拥有高超的教育机智，是学校或者专业团体的代表。

（三）纵横交互的具体要求

在对横向上的内容标准和纵向上的发展阶段标准进行解读的基础上，NPST 将内容标准与教师发展阶段标准进行整合，对处于不同发展阶段的教师在七个内容标准的具体要求方面进行了进一步的描述。本节分别以不同阶段的教师在三个教学领域中的具体要求为例进行说明（见表 4 - 1）。

表 4 - 1　不同发展阶段的教师在教学领域中的具体要求

教学领域	关注领域	准教师阶段	胜任教师阶段	优秀教师阶段	领导教师阶段
专业知识领域（以标准 1，第 3 个关注领域为例）	1.3 学生的不同语言、文化、宗教和社会经济背景的知识	掌握促进不同语言、文化、宗教和社会经济背景的学生的学习能力提高的策略，并具备满足这些学生需要的教学策略知识。	设计并完成相关教学策略，以促进不同语言、文化、宗教和社会经济背景的学生的学习能力提高，满足他们的学习需要。	帮助同事提高有效教学策略，以促进不同语言、文化、宗教和社会经济背景的学生学习能力提高，并满足他们的学习需要。	运用专家或专业团体的知识与经验，评价和更新学校的相关教学项目，以满足不同语言、文化、宗教和社会经济背景的学生的需求。
专业实践领域（以标准 5，第 1 个关注领域为例）	5.1 评价学生的学习情况	掌握对学生的评价策略，包括正式和非正式的、诊断性的、形成的、总结性的评价方法。	选择并运用多元的评价策略，并在运用中及时调整这些策略。	运用并及时调整评价策略，以满足学生的不同发展需求，并帮助同事评估其评价方法的有效性。	运用多元评价及多元的评价方法，对评价学生、教师、课程体系的相关策略进行评估。
专业参与领域（以标准 6，第 2 个关注领域为例）	6.2 参与专业学习，促进实践能力提高	熟知教师专业学习的相关资源。	参与专业学习，更新知识和实践，以满足专业需要和学校/组织的发展需要。	通过学习和批判相关的研究进行专业学习、优质学习，以促进实践能力的提高，并为职前教师提供合适的指导。	为拓宽专业学习机会、参与研究和为职前教育教师提供指导，创建合作关系。

三、特点评析

从以上的分析可以看出，澳最新国家教师专业标准具有以下特点：

（一）科学严谨的标准制定过程

为使得该标准具备最高的权威性、扩大其在全国的影响力，联邦政府在 NPST 的制定过程中投入了大量的资金（澳大利亚联邦政府向国家教师质量合作项目组提供了 55 000 万美元用于相关教师教育项目的改革（2009—2013），NPST 是其中一项重要的项目），而这也使得 NPST 从最初的理念建构到正式公布的 2 年时间里，有充分的资金保障和支持，这也是 NPST 的每个制定环节都能不流于形式的根本前提和保证。同时，在多元化、全球化、和国际化的教师教育背景下，NPST 不仅是对澳《墨尔本宣言》的及时响应，也明确提出是对 ANFPST 的及时更新，这反映了 NPST 从理念建构、内容结构以及最后的实施过程等各环节不仅推进和顺应了澳教师专业标准的发展历程，而且是对教师教育面临的社会背景的及时响应，这也是 NPST 得到很好实施的前提。从制定过程的具体环节来看，经历了理念建构、形成草稿、征集意见、有效论证等环节，先是由教师教育的权威组织机构 AEEYSOC 和教师教育研究机构 ACER 进行筹备工作，在优化 ANFPST、相关研究报告等的基础上，初拟讨论稿，继而征求各方意见，博采众长，最后通过授权新英格兰大学对来自一线教师近6000 份调查研究数据的研究报告以论证该标准对教育实践的适切性和有效性。不仅是对 ANFPST 的承启，而且使每个环节遵循了从教育研究机构到一线教师等相关参与者之间的"由上至下"与"由下至上"互动融合的制定规则。以上这些都体现了该标准制定过程的科学性与严谨性。

（二）以学生发展为核心目的的标准理念建构

从标准制定理念上说，与 2003 年的 ANFPST 相比，NPST 同样提出了提高教育质量的总体目标，但在具体理念上由使教学专业化、促进教师专业发展转向了为了学生的发展而促进教师专业发展。尽管 NPST 组织结构各内容之间是互相依赖，甚至是相互渗透和重叠的，但从该标准遵循的《墨尔本宣言》以及该标准的具体内容中，均可以看出该标准制定的核心目的是促进学生的发展，特别是要尊重学生的个体差异以及不同文化背景差异。比如在标准中明确提出不同发展阶段的教师都要尊重和理解土著学生、托雷斯海峡学生以及残疾学生的发展需求，并促进不同学生个体之间、不同文化背景之间的学生之间的和谐交往。因为 NPST 的基本逻辑前提是"教师是促进学生发展的最重要的影响因素"，即教师专业发展的目的是学生发展、教学质量的发展、整个国家教育水平的发展，因此教师的发展只是该标准的一个兼顾目的，并不是核心目的。学生是教师工作的对象（client），达令-哈默德（Darling-Hammond，1995）① 曾经指出，面对纷繁的社会变革，教师不光是"传授课程"（cover the curriculum），还得将每个学习者的独特的学习需要与学习目标联系起来。在对教师工作的有效性进行判断的过程中，对学生的学业成就评定是重要的要素。而 NPST 的具体内容中很少涉及源自教师的发展需要的陈述，在教师发展的四个阶段中，每一个阶段都必须掌握对学生的评价方式和策略，在领导型教师阶段，甚至要求能设计合理的学生评价体系。由此可看出该标准中，教师发展与学生发展的之间的关系是：前者是后者发展的手段，教师发展是服务于学生发展的。

（三）详尽具体的标准内容结构

ANFPST 的内容结构由职业发展维度（careers dimensions）和四个专业要素（professional elements）构成，但这些内容结构的具体介绍则较为笼统，可操作性不强。与此相比，NPST 的内容则更为具体和详尽，其内容结构由纵向上的四个教师专业发展阶段构成，横向上由七个内容标准构成，这七个内容标准又分属于三个教学领域，即专业知识领域、专业实践领域和专业参与领域，每个领域下都规定有具体的关注领域（总共有38 个具体的关注领域），并同时结合纵向上的教师专业发展阶段，对每一个专业发展阶段的教师在每一个具体的关注领域均有详尽的规定和阐述，这使得 NPST 的每一个标准都具备较强的可操作性。其次，从标准的权威性上说，尽管 ANFPST 也是全国性的教学标准，但是各州（部落）仍然根据自己的需求，而并未严格参照该标准去制定各自的相应的教学（教师）专业标准，因此澳联邦政府通过国家教学标准来实现对教师教育领域的集权管理的意图未能实现。而 NPST 从制定到最后颁布都明确提出是全国性最高权威的教师专业标准，并要求各州（部落）、各教师教育协会、教师资格注册机构等的教师专业标准都必须参照该标准制订和执行，这在某种程度上使得 NPST 的权威性大大地超过了 ANFPST 的权威性，也是为了防止出现像 ANFPST 流于形式的实施而专门提出的要求，最终也会

---

① Darling-Hammond L. Changing Conceptions of Teaching and Teacher Development ［J］. Teacher Education Quarterly，1995：9-27.

促进和强化 NPST 的可操作性和可实施性。

（四） 强制性与自愿性共存的标准效力

从标准的效力上来说，NPST 中准教师阶段和胜任教师阶段是澳教师资格鉴定必须达到的阶段，教师必须在达到胜任阶段的标准要求后，才能注册成为澳大利亚的全职教师。而优秀教师和领导教师则是采用自愿注册的原则。将教师专业发展阶段分为准教师、胜任教师、优秀教师、领导教师四个阶段，体现了教师专业发展的向上性，从具体的各个阶段的标准内容中可以看出，这是一种从低级到高级的向上的发展过程，比如从教师知识的维度上来说，处于准教师阶段更多的是强调"知道"（knowledge），而胜任教师阶段则强调"实践与运用"（implementation）。从每一个关注领域的具体方面来说，准教师阶段也是强调"知道"，胜任教师阶段则强调的是独立的完成和实施，优秀教师阶段强调的是合作，领导型教师阶段强调的是指导与创建。这些使得该标准既具备强制作用，也具有导向的作用。

四、结语

NPST 在 2011 年 2 月正式颁布后，AITSL 通过各大媒体、舆论和相关研究机构等在全国范围内进行了广泛宣传。但是，除了各教师教育研究者对此反应比较积极之外，比如桑特诺（Ninetta Santoro，2011）[1] 和梅耶（Diane Mayer，2011）[2] 等已对 NPST 进行相关研究，目前大部分州（部落）政府、教师注册机构等还持着一种观望的态度，只有昆士兰州政府教育部对此做出了较积极的回应，不仅转载了 NPST 全文，而且专门对此标准做出了正式的回应。面对这样的情况，结合澳大利亚长期以来的教育分权制度，NPST 能否真正在全国范围内得到实施，会不会再次流于形式？这将是今后面临的挑战之一。

教师教育目前在澳大利亚已经被看成一个政策问题（Diane Mayer，

---

[1] Santoro N. The Making of Teachers for the Twenty-first Century：Australian Professional Standards and the Preparation of Culturally Responsive Teachers［C］. The First Global Teacher Education Summit，2011.

[2] Mayer D. The Continuing Problem of Teacher Education：Policy Driven Reforms and the Role of Teacher Educators［C］. The First Global Teacher Education Summit，2011.

2011)①，NPST 在某种程度上体现了政策制定者的愿望。达令-哈默德（Darling-Hammond，1989)② 曾经提出通过"专业问责制"（professional accountability）使教师教育系统与政策制定者实现一种"政策交易"（policy bargain）以换取政策制定者对于教师职业的放权，实现教师教育系统的自主管理。但是梅耶（Diane Mayer，2011)③ 认为在 NPST 制定以及实施过程中，这种交易并未达到，因为 NPST 有太多的"政府"目的，而目前也没有建立起有效的教育质量的评价机制。该标准的实施效果到底怎么样？怎么样来评价 NPST 真正起到了促进澳大利亚教育质量的提高和学生的发展？这是 NPST 在今后实施中面临的挑战之二。

① Mayer D. The Continuing Problem of Teacher Education: Policy Driven Reforms and the Role of Teacher Educators [C]. The First Global Teacher Education Summit，2011.

② Darling-Hammond L. Accountability for Professional Practice [J]. Teachers College Record，1989，91（1）：59-80.

③ 同①.

第 5 章

教师教育模式

第 1 节 芬兰研究本位教师教育模式：历史考察与特征解析^①

一、引言

进入 21 世纪以来，伴随芬兰学生在 OECD 举办的 PISA 测试中连续取得好成绩，一个人口只有 500 多万的小国发展成为教育领域中的"超级大国"^②，引起国际社会的广泛关注和研究者的浓厚兴趣。研究者们在分析芬兰教育取得巨大成功背后的原因时常常会举出其研究本位的教师教育模式。^③ 那么，芬兰研究本位教师教育模式的特征主要体现在哪些方面？这种研究本位的教师教育又是如何发展而来的？探讨这些问题正是本节的主要目的。

之所以要分析芬兰研究本位教师教育模式的历史由来及其特征，是因为虽然人们多用"研究本位"来概括芬兰教师教育的特征，但是大家对于"研究本位教师教育"的内涵，却并不十分明确。即使是芬兰的教师教育者们对于何谓研究本位的教师教育，也莫衷一是。^④ 因此，厘清芬兰教师教育的"研究本位"特征主要体现在哪些方面，对于我们深刻理解芬兰教

① 本节作者系饶从满、李广平，本节曾发表于《外国教育研究》2016 年第 12 期。

② Uusiautti S，Määttä K. Significant Trends in the Development of Finnish Teacher Education Programs（1860－2010）［J］. Education Policy Analysis Archives，2013，21（59）：1-19.

③ Jakku-Sihvonen R，Niemi H. Research-based Teacher Education in Finland：Reflections by Finnish Teacher Educators ［M］. Finnish Educational Research Association，2006. Research in Educational Sciences 25；Kansanen P，Tirri K，Meri M，te al. Teachers' Pedagogical Thinking：Theoretical Landscapes，Practical Challenges ［M］. New York：Peter Lang，2000.

④ Toom A，Krokfors L，Kynäslahti H，et al. Exploring the Essential Characteristics of Research-based Teacher Education from the Viewpoint of Teacher Educators. TEPE 2nd Annual Conference Teacher Education in Europe：Mapping the Landscape and Looking to the Future，Ljubljana，166-179.

师教育不可或缺。

本节主要基于通过对芬兰教师教育的实地考察收集到的相关资料和通过其他途径获取的文献资料进行分析。作者曾经于 2010 年 12 月份对在芬兰赫尔辛基大学和于韦斯屈莱大学这两所芬兰教师教育领域中非常具有代表性的大学进行了考察访问。考察访问的主要活动包括：与两所大学教师教育系的教师就芬兰以及这两所大学的教师教育进行了深入交流；与承担教育实习指导任务的于韦斯屈莱大学附属学校校长和教师就教育实习等问题进行了交流；观摩了于韦斯屈莱大学师范生在附属学校的教育实习。通过实地考察和其他途径收集到的文献资料主要包括三个方面：一是芬兰教师教育政策方面的相关文献；二是赫尔辛基大学、于韦斯屈莱大学等的教师培养方案；三是芬兰教师教育的相关背景性文献。

二、历史考察

在分析芬兰研究本位教师教育模式的特征之前，我们首先有必要对芬兰教师教育进行一个简单的历史考察，以揭示芬兰研究本位教师教育是在什么样的社会与教育背景下兴起并发展而来的。

（一）20 世纪 70 年代：教师教育学术化与研究本位教师教育的开启

20 世纪 70 年代既是芬兰向福利国家过渡的重要时期，也是芬兰教育改革的黄金期：在基础教育领域，追求教育平等的综合化改革如火如荼；在高等教育领域，基于学术化的理念实现了高等教育的大扩张。也正是在此背景下，芬兰的教师教育经历了一场大规模改革。可以说 20 世纪 70 年代构成芬兰教师教育发展史上一个重要分水岭，也是芬兰研究本位教师教育模式的奠基期。

20 世纪 70 年代以前，芬兰的中学和小学教师培养是在不同的机构中进行的：小学教师在师范学院进行为期三年的培养，中学教师是在大学接受学术型的学科专业教育之后再到大学或师范学院的附属师范学校接受一年的教育实践训练。相比之下，前者更重视教师的教育实践训练，后者更重视教师的学科专业素养。然而，进入 20 世纪 70 年代之后，芬兰的教师教育开始经历重大变革。这一变革可用一个关键词加以概括：教师教育的学术化。教师教育的学术化实际上是分两个阶段实现的：第一阶段是始自 60 年代末至 70 年代初的大学化进程，第二阶段是始自 70 年代末的硕士化进程。

1. 教师教育的大学化

所谓教师教育的大学化，是指统一教师培养机构，将中小学教师培养都纳入大学系统，在大学培养中小学教师。根据 1971 年《教师教育法》的规定，芬兰中小学教师培养都被移交大学进行，与此同时在 1973—1975 年期间在所有大学都设立了教育学院。其目的就是要提升教师培养层次和实现教师培养的标准化。

1973 年芬兰教育部成立的教师培养委员会于 1975 年提交了一份报告，勾画了统一的学术型教师培养的基本原则与框架：[①]

（1）中小学教师培养均交由大学进行。中小学教师培养均由大学培养，有助于教师教育学术水准的提升、学科专业知识的掌握和教学与研究的相互促进。提升教师教育的学术水准和在大学设立教育学院，一方面有助于小学教师更好地掌握学科专业知识，另一方面有助于提升中学教师的教育学素养。

（2）教师教育标准化。教师教育改革应该致力于建立这样一种制度：基础性教师教育培养教师拥有一种相对宽泛、综合的知识和能力，以便在此基础上由后续的继续教育予以补充。长期目的是实现所有教师教育的对等、统一，并且使教师教育与其他学术领域接近。

（3）重新审视教育科学课程学习的地位。主要为了实现以下三个目标：第一，提升教师的教育专业素养。教师的职责不仅仅是教学，教师还是负责指导学生的社会、情感和心理发展的广义教育者。因此，尽管教学法（didactics）是教师教育专业素养中不可或缺的基础性要素，学习有关的教育社会学和教育心理学等更为重要。第二，实现理论学习和实践学习的融合。即进一步促进教学实践与教育学的理论化之间的紧密结合，目的在于帮助未来教师运用研究方法独立地发现、分析和解决在自己工作中的问题，亦即以研究者的姿态对待自己的工作。第三，实现教育专业学习与学科专业学习的进一步融合。处理学校教育环境中出现的学习问题要求教师既要受过教育专业方面的教育，又要具有与所教科目相关的宽厚学科专业素养。

（4）教师教育应该更加广泛地涵盖社会和教育议题。教师应该对自己在社会中的影响力和职责有大局观，社会中存在的教育问题应该是纳入社

---

① Hytönen J. The Development of Modern Finnish Teacher Education [M] // Tella S. Teacher Education in Finland: Present and Future Trends and Challenges. Helsinki: University of Helsinki, 1996: 1-10.

会科学议题的背景。因此，解决教育领域中存在的问题需要有一种跨学科的方法。而且，教师工作应该遵循民主主义的原则，促进学校教育制度的运用和发展。

（5）教师教育应该是持续的。将来，教师的继续教育无论是在量还是在质的方面都将获得提升。因此，未来教师每隔5—7年都应该获得一次学术休假接受继续教育的机会。

从目前来看，除了教师教育的标准化和为所有教师提供继续教育休假这两点没有实现之外，教师教育委员会报告书的核心目的均已实现。[①]

2. 教师教育的硕士化

20世纪70年代初的教师教育大学化改革虽然实现了小学教师与中学教师均由大学进行培养的目标，但是并没有实现中小学教师毕业时学位水准的统一。教育学院毕业的小学教师与其他学院毕业的中学教师所获得的学位在层次上依然不同：小学教师在教育学院毕业时只能获得学士学位，而中学教师毕业于其他学院则可获得硕士学位。这一问题在20世纪70年代末的学位制度改革中得到解决。为了进一步推进教师教育的标准化和学术化，芬兰于1978年和1979年颁布了有关学位制度改革的政令。根据这些政令，虽然小学教师和中学教师所接受的培养各有侧重，但是都必须修满大约160学分（1个学分相当于40个小时），获得科学硕士学位才能够在中小学任教，硕士学位由此成为在芬兰取得中小学教师任教资格的基础学位。与此同时，大学新设教师教育系，具体负责教师培养和教师教育研究等工作。此项改革之后，小学教师教育课程中教育理论类和研究方法类课程无论是在数量还是在质量上都得到大幅提升，而且所有师范生都必须完成硕士论文。这一切都使得芬兰教师教育更趋学术化，并为实施研究本位的教师教育创造了可能。

必须指出的是，20世纪70年代的芬兰教师教育学术化改革并不只是为实施研究本位教师教育创造了环境（context），而且在实践过程中研究本位教师教育的取向也初见端倪。正如教师培养委员会1975年报告提到的要培养以研究者的姿态对待自己工作的教师所表明的那样，20世纪70年代的教师教育学术化改革实际上是基于培养"教师即研究者"这一明确目标意识展开的。尽管这里所说的研究者并非像大学研究者那样从事理论

---

① Toom A，Kynäslahti H，Krokfors L，et al. Experiences of a Research-based Approach to Teacher Education：Suggestions for Future Policies [J]. European Journal of Education，2010，45（2）：331-344.

研究，而是能够在自己的教学工作中运用研究方法自主地发现、分析和解决问题的研究者。为了培养具有研究取向的专业人员，芬兰开始谋求建立研究本位的教师教育模式。从这一模式追求教育专业学习与学科专业学习、理论学习与实践学习之间的有机融合这两点，我们不难看出芬兰研究本位教师教育是以教师教育即专业教育（professional education）的基本理念为指引的。

　　总而言之，我们可以说芬兰研究本位教师教育模式探索是以教师教育的学术化改革为基础和背景开启的。正是 20 世纪 70 年代的教师教育学术化改革，拉开了芬兰研究本位教师教育的序幕。

（二）20 世纪 80—90 年代：研究本位教师教育模式的成型

　　进入 20 世纪 80 年代，芬兰一直基于教师是"专业人员"这一基本理念，不断地探索完善研究本位的教师教育模式。[①] 如果说 20 世纪 70 年代的教师教育学术化改革，通过将中小学教师培养纳入大学系统之中，进而提升到硕士层次，从而在很大程度上实现了促进教育专业教育与学科专业教育之间的平衡和整合的话，相比之下在促进理论与实践的有机整合方面，尚遗留一些问题。解决这些问题正是 20 世纪 80 年代芬兰教师教育改革的一个重点。

　　1973 年成立的教师培养委员会也曾试图为芬兰的教师教育勾画基本目标。其主要目的是把教师培养发展成为目标取向的学习单元，通过规定教师教育课程应该包含哪些内容，为师范生提供从事未来工作所需的基本素养。虽然该委员会具有整合理论学习与实践学习的意图，但是 1975 年的委员会报告并没有指明教师教育应该如何组织才能整合理论与实践，从而使教师教育发展成为一个功能性的整体。[②] 为了解决这一问题，芬兰教育部于 1981 年 6 月成立了一个工作小组，以分析教育实习的组织和指导中涉及的教育学问题，并提出解决问题的建议。该工作小组于 1983 年 5 月提交了一份报告。工作小组高度重视教师培养方案整体设计的重要性，认为教师培养方案的设计必须超越具体的课程设置，要有一定的顶层设

---

①　Westbury I, Hansen S, Kansanen P, et al. Teacher Education for Research-based Practice in Expanded Roles：Finland's Experience ［J］. Scandinavian Journal of Educational Research，2005，49（5）：475-485.

②　Hytönen J. The Development of Modern Finnish Teacher Education ［M］// Tella S. Teacher Education in Finland：Present and Future Trends and Challenges. Helsinki：University of Helsinki，1996：1-10.

计。教师教育共同体的所有成员都应该理解教师教育的总目标以及培养方案设计背后的理论背景，并且将培养方案视为一个整体。基于如上认识，工作委员会总结了关于理论与实践整合的一般原则，主要有如下几方面：①

（1）整合的过程应该从教学的具体方面开始，逐步发展到整个模块。但是首先要让学生了解整体模块的构成以及各个构成模块的功能。

（2）教师培养方案中的课程应该详细说明理论学习与各实践学习阶段之间的联系。每个实践学习阶段都应该有不同的目标和性质，负责理论教学和实践指导的教师教育之间应该紧密合作。

（3）实践应该尽早开始。理论和研究结果应该有助于理解实际教学情境中出现的问题。

（4）理论学习与教学实践之间的相互作用应该是持续的。实践应该被分割成若干个实际的部分。成为一个教师是一个长期的逐步成熟过程，不可揠苗助长。

（5）在大学附属学校和普通中小学的教育实践应该以有意义的方式交替进行。比如理论学习与教育实习的整合应该更多地安排在大学附属学校而不是一般中小学进行。实践的性质及其目标决定了理论学习如何与在大学附属学校或一般中小学的实践进行整合。

以上原则概括起来，不外乎两个方面：第一，教育实践应该体系化并且贯穿教师培养全过程；第二，教育实践应该与教师培养的其他要素构成一个整体，以便理论与实践循环往复、相互促进。该工作委员会的上述观点为此后的芬兰大学谋求教师教育中理论与实践的整合提供了基本指南。各大学在此原则指引下纷纷开发了各种整合理论学习与教育实践的策略。

在 20 世纪七八十年代期间，芬兰教育部制定了一个相对严格的教师教育核心课程，它一方面统一了所有大学的教师教育，提升了共同的水准，但另一方面在一定程度上限制了大学的自由和创造性，使得大学不能弹性地适应地方的教育发展需求和各学校的实际。进入 20 世纪 80 年代末之后，在地方分权化的浪潮下，地方的决策权和责任受到了重视。莱茵、基维劳玛和希茂拉（Rinne，Kivirauma & Simola）曾经对这一分权化进程进行过总结："之前人们认为教育的目标只有通过严格的规范控制才能达成，而现在人们则认为它们可以通过制定核心国家目标和随后的绩效评

---

① Hytönen J. The Development of Modern Finnish Teacher Education ［M］// Tella S. Teacher Education in Finland：Present and Future Trends and Challenges. Helsinki：University of Helsinki，1996：1-10.

价来实现。"[1] 在此过程中，无论是大学（及其教师）还是中小学（及其教师），在课程研制和教学方面都获得了更大的自由和弹性，同时意味着承担更大的责任。在此背景下，芬兰的教师教育也发生了相应的变化，其中最为主要的变化集中体现在以下两个方面：

第一，扩大选择自由，为中学与小学准教师相互取得资格提供机会与可能。1995 年颁布的"关于教育科学与教师教育学位的政令"，扩大了师范生在副修科目中的选择自由，小学准教师可以通过副修专业的选修科目获得中学教师的资格，中学准教师也可以通过选择小学合科教学的科目而取得小学教师资格。这样，同时具有中学和小学教师资格的教师，就可以在综合学校小学部和中学部任教。

第二，进一步明确了研究本位的教师教育取向。伴随中小学教师在课程与教学方面获得更多的自由与责任，承担教师教育任务的大学必须面对这样一个任务：培养能够承担更大责任的中小学教师。与此同时，受国内外关于教师和教师教育的研究，特别是关于教师工作（teacherhood）基本性质和教师的研究者角色研究的影响，芬兰的教师教育制度在 20 世纪八九十年代期间开始明确地接受从事教师工作需要不断研究这一思想。[2] 由于教师工作的研究性质，培养此项工作从业人员的教师教育就应该是研究本位的。

（三）进入 21 世纪以来：博洛尼亚进程与研究本位教师教育模式的巩固

芬兰于 1995 年加入欧盟后，积极参与欧洲一体化进程。1999 年，欧洲 29 个国家在意大利博洛尼亚举行会议，签署了博洛尼亚宣言，确定了到 2010 年建立"欧洲高等教育区"（European Higher Education Area）的发展目标，正式启动了博洛尼亚进程（Bologna Process）。根据这一进程，芬兰的教师教育自 2005 年 8 月 1 日开始实行两级学位体系：3 年的学士学位和 2 年的硕士学位。只有修满 300 ECTS 学分（按照每学年 60 ECTS，1 ECTS 相当于 27 学时计算，本科阶段为 180 ECTS，硕士阶段为 120 ECTS），获得硕士学位，才有资格做中小学教师。芬兰坚持 30 多年的中小学教师由大学进行培养的传统依然延续，取得教师资格的基础学

① Rinne R，Kivirauma J，Simola H. Shoots of Revisionist Education Policy or Just Slow Readjustment? The Finnish Case of Educational Reconstruction ［J］. Journal of Education Policy，2002，17（6）：643-658.

② Uusiautti S，Määttä K. Significant Trends in the Development of Finnish Teacher Education Programs（1860-2010）［J］. Education Policy Analysis Archives，2013，21（59）：1-19.

位依然是硕士学位。

关于博洛尼亚进程对芬兰教师教育发展的影响，涅米和贾库-希胡南（Niemi & Jakku-Sihvonen）有过比较准确的把握。他们指出，芬兰"更多的是把博洛尼亚进程看作对全国教师教育课程联合进行分析而不是在制度结构上发生根本变革的阶段"。[①] 也就是说，博洛尼亚进程对芬兰教师教育的影响更多的是在课程而非制度结构方面。尽管芬兰教师教育伴随博洛尼亚进程而进行的许多调整工作主要是在大学层面进行的，但是许多全国性的网络和项目在发展新的学位培养方案中也发挥了重要作用。芬兰教育部于 2003—2007 年期间在近 20 个学科领域中（包括数学、人文学科、社会科学、教育科学与教师教育、技术科学、法律、经济学、心理学、医学和健康科学等）成立了全国性协调小组。每个学科都对新的学位培养方案中的主要内容进行根本的分析，确定每个学科领域的核心学术课程（参见表 5 - 1）。

表 5 - 1　核心学术课程分析的格式

课程	须知 （must know）： 对于未来学习而言必须掌握的核心学科，理解这些主题以确保获取更深、更广博的技能与知识	应知 （should know）： 引入更宽广的理论细节和提供不经常需要的应用之洞察的补充性信息	乐知 （nice to know）： 加深对某一具体领域掌握的特殊信息
基于学术知识 （academic knowledge） 的观点			
基于专业知识 （professional knowledge） 的观点			

资料来源：Niemi H，Jakku-Sihvonen R. In the Front of the Bologna Process：Thirty Years of Research-based Teacher Education in Finland ［A］. Posodobitev

---

① Niemi H，Jakku-Sihvonen R. In the Front of the Bologna Process：Thirty Years of Research-based Teacher Education in Finland ［A］. Posodobitev Pedagoskih Studijskih Programov v Mednarodnem Kontekstu：Modernization of Study Programmes in Teachers' Education in an International Context. Ljubljana：Univerza v Ljubljani，Pedagoska fakulteta，2006：50-69.

Pedagoskih Studijskih Programov v Mednarodnem Kontekstu：Modernization of Study Programmes in Teachers' Education in an International Context. Ljubljana：Univerza v Ljubljani，Pedagoska fakulteta，2006：50-69.

特别值得指出的是，芬兰教育部在赫尔辛基大学建立了"教育科学与教师教育"全国网络（被称作"Vokke 项目"），以协调两级学位体系的实施，促进各教师教育机构之间的交流互动和经验分享。由于这种合作，所有大学基本都有一个共同的教师教育课程结构，并且对于教师教育课程的核心内容也达成一定的共识。[①] 表 5-2 和表 5-3 就是由 Vokke 项目对于芬兰全国小学教师培养的课程设置和中学教师培养中教育类课程设置的建议。

综观 20 世纪 70 年代以来的芬兰教师教育改革与发展历程，如果说 70 年代的教师教育学术化改革为研究本位教师教育模式奠定基本制度基础，80—90 年代的改革明确高举研究本位教师教育的旗帜，并对 70 年代奠基的研究本位教师教育进行了完善的话，那么进入 21 世纪之后的改革则在推动各教师教育机构与人员间的互动合作和交流分享基础上以共识的形式将研究本位教师教育的基本框架固化了下来。

表 5-2　Vokke 项目所建议的小学教师培养课程的结构

学习模块	学士：180 ECTS	硕士：120 ECTS	总计：300 ECTS
沟通与定向课程	15＋5 ECTS	5 ECTS	25 ECTS
教育主修课程：			140 ECTS
·研究准备（研究方法、自己的研究）	10 ECTS	40 ECTS	
·理论内容	25 ECTS	5 ECTS	
·教学论学习＋教学实践	25 ECTS	35 ECTS	
关于芬兰综合学校教授科目的学习	60 ECTS		60 ECTS
其他学习（选修）	40 ECTS	35 ECTS	75 ECTS

资料来源：Class Teacher Programme（National recommendation by Vokke project 2005）［EB/OL］.［2014-09-10］. http：//www. helsinki. fi/vokke/english/redommendations.

---

① Niemi H，Jakku-Sihvonen R. Teacher Education Curriculum of Secondary School Teachers.［EB/OL］.（2009）［2014-08-12］. http：//www. revistaeducation. mec. es/re350/re350-08ing. pdf.

表 5 - 3　Vokke 项目所建议的中学教师培养中教育学课程的结构

科任教师的教育学课程学习	学士层次	硕士层次	总计
• 此类课程的学习（至少 60 ECTS）既可以在硕士学习期间也可以在取得硕士学位之后进行。如果作为硕士学位组成部分进行学习，可以将其划分为学士层次（25～30 ECTS）和硕士层次（30～35 ECTS），也可以全部在硕士期间进行学习。 • 教育实践总计不少于 20 ECTS • 包含在教师的教育类课程学习之中的教育实践主体应该在已经完成了关于执教科目的学习之后进行	25～30 ECTS（包括教育实践）	30～35 ECTS（包括教育实践，至少 15 ECTS）	至少 60 ECTS

资料来源：Pedagogical Studies for Subject Teachers（National recommendation by Vokke project 2005）［EB/OL］.［2014-09-10］. http：//www. helsinki. fi/vokke/english/redommendations.

三、特征解析

在考察芬兰研究本位教师教育特征时，我们需要一个分析框架，即需要确定从哪几个方面或维度去考察，才能够真正把握芬兰研究本位教师教育的本质特征，而不至于沦为简单的描述或只是揭示了表层的特征。

芬兰赫尔辛基大学的奥莉·图姆（Auli Toom）等人曾经针对芬兰教师教育者做过一项研究，以了解教师教育者们是如何理解研究本位教师教育的。研究结果显示教师教育者们主要从环境（context）、方式（approach）、内容（content）以及目的（aim）等不同侧面或维度来理解研究本位教师教育：[1]（1）教师教育是基于教师教育研究成果的学术型教师教育（环境维度）；（2）研究本位教师教育是一种教师教育观，一种组

---

[1]　Toom A，Krokfors L，Kynäslahti H，et al. Exploring the Essential Characteristics of Research-based Teacher Education from the Viewpoint of Teacher Educators. TEPE 2nd Annual Conference Teacher Education in Europe：Mapping the Landscape and Looking to the Future，Ljubljana，166-179.

织、编制教师教育课程的基本原理（方式维度）；（3）研究本位教师教育
是包含并统整教育理论、研究方法、学士和硕士学位论文、阅读教育文献
等内容的教师教育课程（内容维度）；（4）研究本位教师教育是聚焦于发
展教师教学思维（teacher's pedagogical thinking）的教育（目的维度）。
其实，如果把以上四个维度综合起来，或许可以获得研究本位教师教育的
相对全貌：所谓研究本位的教师教育，是建立在教师教育研究成果的基础
上，以培养教师的教学思维为目的，以教育理论、研究方法、学士和硕士
学位论文、阅读教育文献等为主要内容的一种教师教育方式。这样的理解
或许更符合芬兰研究本位教师教育实践的丰富性和复杂性。

　　不过本节以下只是打算从目的、内容和方式等三个方面去考察芬兰研
究本位的教师教育，因为无论"环境"多么重要，它只是支撑一个事物的
背景因素，并不能构成这个事物本身的特征。芬兰教师教育领域的领军人
物、赫尔辛基大学的博蒂·坎萨南（Pertti Kansanen）也不认同把建立在
教师教育研究成果和证据的基础上作为衡量研究本位教师教育的主要标
准。他指出，所谓研究本位教师教育，一般包含两个方面意思：一是教师
教育的方案设计建立在有关教师教育的研究结果和证据基础上；二是教师
教育的目的是培养教师思维和反思，这种思维和反思使得运用研究方法证
明所采取的决定和参与的活动是合理的成为可能。但他同时指出，迄今为
止，有关教师教育的研究成果不足以支撑证据为本的教师教育，因此他所
理解的研究本位教师教育是以培养基于研究的教学思维为主要目的的教师
教育。①

　　鉴于本节从目的、内容和方式等三个方面对芬兰研究本位教师教育进
行考察，不仅要考察"研究"与芬兰教师教育的目的、内容与方式的关
系，更意在分析芬兰研究本位教师教育的内在逻辑，从而通过揭示"研
究"在芬兰教师教育中的地位和作用，来最终把握芬兰研究本位教师教育
的本质特征。本节认为，芬兰研究本位教师教育在目的、内容和方式等几
个层面上都与"研究"建立了紧密的联系，作为一种以培养研究为本的教
学思维为主要目的、"为了研究"的教师教育（teacher education for
research），它所基于的不仅仅是一种"关于研究"的教师教育（teacher
education about research），更是一种"依托研究"的教师教育（teacher

　　① Kansanen P. Constructing a Research-based Program in Teacher Education［M］// Oser F
　　　 K，Achtenhagen F，Renold U. Competence Oriented Teacher Training. Old Research
　　　 Demands and New Pathways. Rotterdam & Taipei：Sense Publishers，2006：11-22.

education through research）。

（一）目标：聚焦于培养基于研究的教学思维

当我们翻阅有关芬兰教师教育的文献资料时，无论是教师教育政策文献、各大学的教师培养方案等实践文献，还是研究者的著作和论文等研究性文献，"教学思维"（pedagogical thinking）、"基于研究的思维"（research-based thinking）或者"基于研究的教学思维"（research-based pedagogical thinking）等概念或术语不断呈现在我们的面前。这是因为芬兰的教师教育虽然也与其他许多国家一样，以培养自主的专业人员和反思型教师为目标，但是更多地以培养具有"教学思维"或"基于研究的思维"的教师（pedagogically-thinking teacher）来进行表述。①

芬兰在教师的教学思维方面具有自己的理论框架和研究传统。早在 20 世纪 60 年代，芬兰著名的教育学家马蒂·考斯凯涅米（Matti Koskenniemi）就提出了其关于教学思维（didactically thinking）和反思型教师的观点。他所说的教学思维指的就是教师在教学过中的行为。考斯凯涅米提出关于教学思维的思想，正当芬兰提高教师教育的学术地位、促进教师教育专业化之时。伴随教师教育学术化进程的逐步展开，考斯凯涅米关于教学思维的思想被扩展后用以指导芬兰的教师教育。②

赫尔辛基大学的博蒂·坎萨南是芬兰教师教育领域的领军人物，他在整合英美传统的教师思维研究与德国传统的教学论研究的基础上，对教师的教学思维进行了较为系统的阐释，并对研究本位的教师教育进行了理论分析。③ 透过他关于教师教学思维的思想，我们大体可以理解芬兰教师教育所致力于培养的教学思维的内涵。坎萨南认为研究本位的教师教育与泽

---

① Toom A，kynäslahti H，Krokfors L，et al. Experiences of a Research-based Approach to Teacher Education：Suggestions for Future Policies ［J］. European Journal of Education，2010，45（2）：331-344.

② 同①.

③ Kansanen P. The Deutsche Didaktik and the American Research on Teaching ［A］, P. Kansanen. Discussions on Some Educational Issues Ⅵ，Research Report 145 ［R］. Department of Teacher Education，University of Helsinki，1995；Kansanen P. Constructing a Research-based Program in Teacher Education ［M］ // Oser F K，Achtenhagen F，Renold U. Competence Oriented Teacher Training. Old Research Demands and New Pathways. Rotterdam & Taipei：Sense Publishers，2006：11-22.

奇纳（Zeichner）所说的探究取向的教师教育非常相似，它的所有构成要素之间是一个系统的整体，并聚焦于基于研究的教师思维过程。换句话说，在研究本位教师教育中，研究作为一种视野贯穿在所有教师教育课程之中。[①] 他还指出，所谓研究本位教师教育，一般包含两个方面意思：一是教师教育的方案设计建立在有关教师教育的研究结果和证据基础上；二是教师教育的目的是培养教师思维和反思，这种思维和反思使得运用研究方法证明所采取的决定和参与的活动是合理的成为可能。他认为迄今为止，有关教师教育的研究成果不足以支撑证据为本的教师教育，因此他所理解的研究本位教师教育是以培养基于研究的教师思维为主要目的的教师教育。

坎萨南还以教师培养方案的结构背景是演绎式还是归纳式的，教师培养方案的根据是基于直觉的还是基于理性的这两个指标，归纳出四种基本的教师教育范畴（见图 5 - 1）：[②]

演绎式	学校本位型	研究本位型
归纳式	个人经验型	问题本位案例型
	基于直觉	基于理性

图 5 - 1　教师教育范式的类型

（1）个人经验型（experiential，personal）：如果教师培养方案的根据是基于直觉的，在结构上属于归纳式，那么这种教师教育就属于"经验型"。在这种范式中，活动源于实践，并建立在师范生个人的经验基础上。这种教师教育对师范生的成长无任何助益，师范生的发展完全依靠个人的经验积累。

（2）学校本位型（school-based）：这种教师教育近似于师徒制，它与经验型教师教育的不同之处就在于，它为师范生提供了来自他人的指导。在这种范式下，师范生的所有学习几乎都在中小学环境下进行，主

---

① Kansanen P. Research-based Teacher Education [M] // Hytönen J. Razdevšek-Pučko C, Smith G. Teacher Education for Changing Schools. Ljubljana：University of Ljubljana, Faculty of Education，1999：135-141.

② Kansanen P. Constructing a Research-based Program in Teacher Education [M] // Oser F K，Achtenhagen F，Renold U. Competence Oriented Teacher Training. Old Research Demands and New Pathways. Rotterdam & Taipei：Sense Publishers，2006：11-22.

要在他人的指导下通过实践来积累经验。这种范式的教师教育为师范生分享优秀教师的实践知识和智慧提供了很好的机会，而且如果指导者（mentor）的水平够高的话，它可能发展成为具有理性基础和演绎结构的教师教育。但问题在于它的质量在很大程度上取决于师范生伙伴和指导者的素质。

（3）问题为本案例型（problem-based，case approach）：这种教师教育的特点在于它广泛采用案例和问题，并基于案例和问题进行教育教学。它拥有整体的系统化设计，因而可以说是建立在理性基础上；由于问题和案例是基于实践的，因而在结构上属于归纳式。这种范式的教师教育成功与否，在很大程度上取决于是否把理论与实践的整合、研究的作用、教师的自主性等置于教师教育中的重要地位。

（4）研究本位型（research-based）：这种教师教育在结构上属于演绎式的，在根据上以理性为基础。在这种教师教育中，所有课程和单元都贯穿着基于研究的思维。主线是贯穿培养始终的研究方法课程，所有阶段的教育活动都致力于整合理论、实践和研究。研究本位型教师教育的目的在于培养师范生能够有在日常的、直觉的思维基础上，基于理性论证做出教育决策的能力。坎萨南认为其他三种教师教育范式即使没有基于研究的教育思维也可以实现，而研究本位的教师教育则通常可以涵盖以上三种范式。

与其他许多人一样，坎萨南基本上是将"教学思维"和"基于研究的思维"互换使用的。他所说的教学思维，就是能够在日常的、直觉的思维基础上，基于理性论证做出教育决策的能力，而这也正是重视证据的研究思维的主要特征。因此，所谓教师的教学思维，就是教师按照研究的原则去对待自己工作的一种思维。

由此，我们不难发现"研究"在研究本位教师教育目标中的地位。作为具有教学思维或基于研究的思维的教师，他需要两方面研究能力：一是广泛了解研究方法，以便能够接受新的知识和信息，主要是具有能够阅读、讨论研究文献，并进而将阅读和讨论所得运用于自己的思维和工作之中的能力；二是具有在工作需要的时候实际运用某种或某些研究方法开展研究的能力。帕拉斯（Pallas A M）称第一种研究能力为"消费者"能力，第二种研究能力为"生产者"能力。[①] 需要再次指出的是，研究本位的教师教育并非要培养专业的研究者（professional researcher），而是要养成以开放、探究的方式对待教学工作的态度和能力。

（二）内容：研究构成教师教育课程的重要组成部分

在明确了芬兰研究本位教师教育的目标在于培养基于研究的教学思维之后，我们现在来考察一下这一目标在教师教育课程中是如何得到贯彻和体现的。

目前芬兰的中小学教师培养由均衡地分布在芬兰全国各地的 8 所大学进行。尽管芬兰各大学自 20 世纪 90 年代开始在教师教育课程设置等方面获得了相当程度的自主权，因而在课程设置上各有特色，但是各教师教育机构之间还是遵循一些共同的原则和框架。这部分地源于教育部的建议，部分地源于各大学的教育学学院院长、教师教育系系主任之间所达成的协定。各大学的教育学院、教师教育系相互之间以及与教育部建立了定期沟通交流的制度。特别是在向博洛尼亚进程过渡的过程中，负责教师教育的各大学之间建立了"教育科学与教师教育"全国网络（被称作"Vokke 项目"），以协调两级学位体系的实施，促进各教师教育机构之间的交流互动和经验分享。由于这种合作，所有大学基本都共有一个共同的教师教育结构，并且对于教师教育课程的核心内容也达成一定的共识。[②] 这就为我们透过某一所或几所大学的教师教育课程来考察其研究本位教师教育课程的特征提供了可能。

表 5 - 4　于韦斯屈莱大学小学教师培养课程结构

学习模块	学士学位：180 ECTS	硕士学位：120 ECTS	总学分：300 ECTS
1. 沟通交流与入门学习	20 ECTS	5 ECTS	25 ECTS
2. 教育的基础学习	25 ECTS	-	25 ECTS
3. 教育的学科学习	35 ECTS	-	35 ECTS

---

① Pallas A M. Preparing Education Doctoral Students for Epistemological Diversity［J］. Educational Researcher，2001，30（5）：6-11.

② Niemi H，Jakku-Sihvonen R. Teacher Education Curriculum of Secondary School Teachers. ［EB/OL］. （2009）［2014-08-12］. http：//www. revistaeducation. mec. es/re350/re350-08ing. pdf.

学习模块	学士学位： 180 ECTS	硕士学位： 120 ECTS	总学分： 300 ECTS
4. 教育的高级学习	-	80 ECTS	80 ECTS
5. 多学科的学校教学科目学习	60 ECTS	-	60 ECTS
6. 副修科目学习	25 ECTS	35 ECTS	60 ECTS
7. 选修性学习	15 ECTS	-	15 ECTS

资料来源：Curriculum of Teacher Education（2014—2015），University of Jyvaskyla.

表 5 - 5　中学教师培养的主要课程

中学教师培养方案	学士学位： 180 ECTS	硕士学位： 120 ECTS	总计： 300 ECTS
教育学课程（副修） • 教学方法与评价基础 • 不同学习者的支持 • 教与学的最新研究结果与研究方法 • 与不同的伙伴和当事人之间的合作	25 ～ 30 ECTS （包括指导下的教育实践）	30～35 ECTS （包括最低 15 ECTS 的教育实践）	60 ECTS
不同科目的学术研究：主修	60 ECTS（包括学士论文，6～10 ECTS）	60～90 ECTS （包括硕士论文，20 ～ 40 ECTS）	120～150 ECTS
不同科目的学术研究：1～2 个副修	25～60 ECTS	0～30 ECTS	25～90 ECTS
语言与沟通研究，包含 ICT 工作生活实践 准备和更新个人学习计划 选修课程	35～40 ECTS	0～30 ECTS	35～70 ECTS

资料来源：Niemi H, Jakku-Sihvonen R. Teacher Education Curriculum of Secondary School Teachers. [EB/OL]. (2009) [2014-08-12]. http：//www. revistaeducation. mec. es/re350/re350-08ing. pdf.

表 5 - 4 和表 5 - 5 分别是于韦斯屈莱大学小学教师培养的课程结构和芬兰中学教师培养的主要课程。综观芬兰中小学教师教育课程设置，我们可以发现研究在其中占据重要地位，主要体现在以下几个方面：

第一，研究性学习占据重要地位。在小学教师培养中，研究性学习一般包含在教育主修课程之中。从 Vokke 项目建议的课程结构和于韦斯屈莱大学小学教师培养的课程结构中，我们可以看出，研究性学习的学分大约在50～60 学分之间。在中学教师培养中，研究性学习分布在主修的学科专业与副修的教育学之中。在主修专业中，学士和硕士论文等有关研究性学习在26～50 学分之间，而在副修的教育领域，与研究方法相关的研究性学习大约为 3～12 学分不等。可见，无论是小学教师培养还是中学教师培养，研究性学习占总学分的比重大约都在 1/6～1/5 之间，足见芬兰教师培养对研究性学习的高度重视。研究性学习主要包括两大部分：一是研究方法学习；二是学士和硕士学位论文。关于研究方法的学习非常广泛、系统，除了必修的质化和量化研究方法课程之外，学生还可以根据学位论文所要用到的研究方法自主选择一些课程。研究方法课程的学习具有双重目的：一是使师范生具备批判性地阅读教育研究文献的能力；二是使其能够运用恰当的研究方法完成自己的学士和硕士学位论文。如果说研究方法课程的学习重在使学生尽可能全面了解研究方法的话，那么学位论文重在为学生实际运用一种或几种研究方法进行研究的机会。当然，学位论文研究的主要目的不在于生产新的知识，而是在于培养未来教师基于证据、以反思和探究的姿态对待自己工作的态度，以及在需要的时候通过研究解决自己工作中出现问题的能力。需要指出的是，研究方法课程的教学并非单纯地传授关于研究方法的知识，而是会根据研究方法学习的需要，安排学生开展诸如观察、行动研究或实验等小型的研究活动。这么做的目的，一是希望学生通过做研究学会研究方法，二是为了帮助学生为学位论文研究做好必要的积累和铺垫。

第二，教育理论学习受到高度重视。根据芬兰的法律规定，教育学课程学习（pedagogical studies）是取得教师资格的必修课程（60 ECTS）。教育学课程通常包含教育理论、教育研究入门、教育实习等内容。从芬兰于韦斯屈莱大学的中小学教师培养方案中教育学的课程结构来看，教育理论课程与教育实习一样受到高度重视（见表 5 - 6 和表 5 - 7），教育理论类课程的学分分别达到了 56 ECTS 和 35 学分。贾库-希呼伦（Jakku-Sihvonen）等人曾经对芬兰大学的 12 个教师教育系中学教师培养中教育学课程的核心要素进行了分析，得出了如表 5 - 7 的结果。由表 5 - 7 可见，教育学课程的主体是教育理论，占到大约 25～40 学分。特别值得指出是，从各大学所设置的教育理论课程来看，基本是按照教学法、教育心理学、教育史、教育哲学、教育社会学和比较教育等比较传统的学科划分进行设置的。重视教育理论以提升教师的教育学素养，是教师培养委员会1975 年报告提出提升教师的教育学素养建议以来，芬兰一贯坚持的基本方针。之所以如此坚持，一方面因为教育哲学、教育社会学、教育心理学、教育史等教育理论对于培养教师作为广义"教育者"不可或缺，更为重要的是，这些课程有助于培养师范生从不同学科多角度、批判性思考和分析教育问题的意识和能力。而多角度、批判性思考和分析问题的意识和能力正是培养教师教学思维的重要基础和体现。而且，有关教育理论的学习，也使得师范生在建立自身研究的理论基础和分析框架时更加得心应手。换句话说，芬兰大学的教师培养中重视教育理论课程，也体现了"研究本位教师教育"的意味。

表 5-6　于韦斯屈莱大学小学教师培养的教育学课程模块和进度安排

课程模块	第 1 学年	第 2 学年	第 3 学年	第 4 学年	第 5 学年	总计
教育的文化基础（教育的历史、哲学与人类学）	5 学分			3＋3 学分		**8＋3**学分
发展与成长环境（教育心理学）	5 学分	3＋4 学分			3＋3 学分	**15＋3**学分
学校与社会（教育社会学）	5 学分	3 学分		3＋3学分		**11＋3**学分
成长指导与学习（学习指导的理论与教育学）	6 学分	6 学分		4＋3学分		**16＋3**学分
指导下的教育实践	4 学分	3 学分	3 学分	10 学分	6 学分	**26**学分
研究方法学习与学位论文（方法路径）			13 学分	10 学分	35 学分	**58**学分
总计						**134＋6**学分

注：必修的部分以粗黑字体表示，选修的部分以正常字体表示。

资料来源：Curriculum of Teacher Education（2014—2015），University of Jyvaskyla

表 5 - 7　于韦斯屈莱大学教师培养的教育学课程模块与进程安排

学习模块	教师的教育学基础学习			教师的教育学学科学习
	第 1 学年	第 2 学年	第 3 学年	第 4 学年
教育的文化基础（教育的历史、哲学与人类学）	5 学分			5 学分
发展与成长环境（教育心理学）	5 学分			6 学分
学校与社会（教育社会学）	5 学分			
成长指导与学习（学习指导的理论与教育学）		5 学分		4 学分
实践		5 学分		17 学分
研究方法学习				3 学分
总计	25 学分			35 学分

资料来源：Curriculum of Teacher Education（2014—2015），University of Jyvaskyla

表 5 - 8　中学教师培养中教育类课程的结构

课程类别	学分
教育理论类课程	25～40 ECTS
教育实习	12～25 ECTS
研究性学习	3～12 ECTS
选修	只在 4 个学校有此类课程。总量在 10 ECTS 以内

资料来源：Niemi H，Jakku-Sihvonen R. Teacher Education Curriculum of Secondary School Teachers.［EB/OL］.（2009）［2014-08-12］. http：//www. revistaeducation. mec. es/re350/re350-08ing. pdf.

（二）方式：研究本位的教学思维扮演理论与实践融合剂的角色

理论与实践的融合问题，是教师教育领域中的基本理论问题和重大实践难题，因而也是教师教育领域中的永恒话题。教师教育如果不能很好地解决这个问题，其目标的实现就难以得到根本的保证。因此，如何有效地促进理论与实践的有机融合，是所有教师教育政策制定者、实践者和研究者都不可回避的一个课题。如前所述，芬兰 20 世纪 70 年代以来的教师教育改革，就把实现理论学习和实践学习的有机融合作为主要追求。教师培养委员会 1975 年的报告之所以强调要进一步促进教学实践与教育学的理论化之间的紧密结合，就是为了帮助未来教师运用研究方法独立地发现、分析和解决自己在工作中的问题，亦即以研究者的姿态对待自己的工作。换句话说，实现理论与实践的有机融合被视为研究本位教师教育的应有之义。

那么，芬兰的教师教育是如何促进理论与实践的有机融合的呢？可以说芬兰的教师教育基本是遵循了 1983 年的工作小组报告所提出的原则，推进教师教育中理论与实践的融合的。

第一，体系化的教育实习贯穿教师培养全过程。比如于韦斯屈莱大学的教育实习就被分成入门实习、基础实习、高级和适应性实习三个阶段，分别安排在不同时期：① 入门实习主要帮助师范生建立关于学生和教学环境的知识，并进行视野转换（即由学生的视野向教师的视野转换）；基础实习集中在有限的学科领域和教学技能；高级和适应性实习旨在为学生综合运用教学理论提供机会。入门实习、基础实习和高级实习一般安排在大学的附属学校进行，而适应性实习一般安排在附属学校以外的普通学校，通常是师范生所毕业的学校，目的也是为了使师范生更好地适应不同的学校环境。东芬兰大学的教育实习由四个模块组成，并分布在五年的教师培养阶段里：第一个模块的目的在于引导师范生从教育和教育心理学的视角去观察学校生活、教师的工作和学生；第二和第三个模块聚焦于具体学科的教学和学生学习过程的指导与评价；第四个模块旨在支持学生承担更全面的责任，并且将视野由课堂扩展到整个学校乃至学校之外。四个模块中的三个模块在大学的附属学校进行，另外一个在学生自己选择的普通学校进行。② 其他大学的教育实习也都有类似的设计。实践教学的各个阶段各有分工，并相互衔接。

---

① Kontoniemi M，Salo O. Educating Teachers in the PISA Paradise. Perspectives on Teacher Education at a Finnish University ［M］. Jyvaskyla：University of Jyvaskyla，2011：114-119.

② Malinena O，Vaisanen P，Hannu S. Teacher Education in Finland：A Review of a National Effort for Preparing Teachers for the Future ［J］. The Curriculum Journal，2012，23（4）：567-584.

第二，将教育实习与教育理论学习进行整体化设计。为了促进理论与实践之间的融合，芬兰不仅建立了比较完善的教育实习体系，将其分布于教师培养的整个过程，而且将每个教育实习阶段或环节都与教育理论学习之间建立联系，使理论学习与实践学习之间起到相互促进的作用。例如：根据每个阶段教育实习的任务和性质，安排阅读相关研究性文献、开展小规模研究以及组织研讨班讨论所阅读的文献和研究等，以支持教育实习；要求学生通过建立个人档案袋和撰写反思性学习日志反思其教学经验，指导教师也会定期给予反馈；与此同时，在理论课程的学习中教师会给师范生安排观察任务或其他作业，以促使他们将所学理论思想运用于实践情境；等等。

那么，在芬兰研究本位的教师教育中，"研究"到底在理论与实践的融合中发挥什么样的作用呢？一个简单的回答就是，研究本位的教学思维在理论与实践的融合过程中发挥着黏合剂的作用。[1] 也就是说，"研究"是通过培养师范生的研究本位教学思维而作用于理论与实践的融合的。以下打算以芬兰学者奥莉·图姆等人建立的关于研究本位教师教育的分析框架来解释这一点。

图姆等人从教师教育的两个水平和实践的双重性的角度建立了一个关于研究本位教师教育整体图景的理论框架。他们指出，研究本位的教师教育包含两个水平：一是掌握日常教学实践所需的基础知识、学科教学知识和实践技能的基础水平；二是与日常教学实践保持适当的距离以便进行反思、元认知、教育决策等旨在确保教师持续发展的综合水平。研究本位的教师教育是由基础水平到综合水平的一个连续体。

图姆等人还认为，当今的教师作为专业人员，不仅仅需要在自己的教学实践中做好教学决策，还需要对自己和他人的教学进行研究。也就是说，教师的实践所涉及的不仅仅是教学实践，还包括研究实践，具有双重性。研究本位的教师教育必须承担起为这两种实践提供支持的职能。因此，他们认为，研究本位的教师教育应该具有如图 5-2 所示的四个维度：在基础水平的教学实践中，注重的是实施和运用教师教育课程中学到的教学方法和学科教学知识，检验课堂管理的规定和技巧；而在综合水平的教学实践中，重点是促进理论知识与实践知识的有机整合，形成师范生的个

① Westbury I, Hansen S, Kansanen P, Bjorkvist O. Teacher Education for Research-based Practice in Expanded Roles: Finland's Experience [J]. Scandinavian Journal of Educational Research，2005，49（5）：475-485.

人实践知识。在整个教师教育过程中，各阶段的教学实践各有侧重，并构成一个整体。在基础水平的研究实践中，研究更多地与研究训练有关，学生主要是学习一些教育研究方法基础，然后在此基础上运用所学习的研究方法开展一些与教育和学科专业学习有关的小规模调查研究。研究实践遵循螺旋式安排，最终达到综合水平的研究实践阶段。硕士学位论文作为在指导教师指导下独立进行的课题研究，是整个学习的集大成，安排在培养的最终阶段。

	教学	研究
综合水平（general level）	·元认知 ·反思 ·**教学思维**	·**研究成果的产出** ·高度专业知识
基础水平（basic level）	·**日常思维** ·技能为本的教学 ·教学处方、常规、技巧	·**研究方法的运用** ·研究成果的消费 ·知识为本
	做出教育决策 研究本位的教师教育	探究自己的工作

图 5-2　研究本位教师教育的基础和综合水平上的双重实践

资料来源：Toom A，Krokfors L，Kynäslahti H，et al. Exploring the Essential Characteristics of Research-based Teacher Education from the Viewpoint of Teacher Educators. TEPE 2nd Annual Conference Teacher Education in Europe：Mapping the Landscape and Looking to the Future，Ljubljana，166-179.

　　图姆等人进一步指出，师范生不仅需要教学实践，也需要研究实践，需要在指导下的实践中获得从事教育研究的能力。因此，仅仅学习理论取向的课程是不够的，师范生还需要实际去运用诸如观察、访谈和解释等能力。知与行必须相互促进，在开展研究的过程中尤其需要如此。"当教学和研究这两种形式的实践融合的时候，换句话说，当一个学生围绕硕士学位论文的研究活动与在学校现场的最终阶段教育实习相互结合的时候，就会达成一种理想的状态，反之亦然。"[①] 在实践中，芬兰的教师培养也正是遵循这样的思路去做的：不仅使研究方法课程在整个培养过程中不断线，

---

① Toom A，Kynäslahti H，Krofors L，et al. Experiences of a Research-based Approach to Teacher Education：Suggestions for Future Policies [J]. European Journal of Education，2010，45（2）：331-344.

而且积极促进师范生将学位论文研究与教育实习紧密结合。

那么，芬兰研究本位的教师教育中关于教学实践与研究实践之间融合的机制又是什么呢？如前所述，研究本位的教师教育的目的在于培养教学思维，即能够在日常的、直觉的思维基础上，基于理性的根据进行教育决策。而所谓教学思维，实际上就是教师进行教育判断时发挥作用的思维。图姆等人指出，有关教育理论的学习使师范生熟悉了有关教学过程的概念，也使得他们对经验进行反思和在实践情境中进行行动回应成为可能。当教师对其教学进行教育学反思时，他们的行动和思维呈现为三个不同的层次：在行动层次上，教师主要对其教育行动进行规划、实施和评价；在实践理论层次，教师的思维主要聚焦的是教育的实践理论；而在教育的元理论层次，教师的思维聚焦于关于实践理论的教育元理论。[①]

如果我们把图姆等人说的教师思维层次与他们所提出的研究本位教师教育的结构做一比对的话，我们就会发现二者之间存在平行的关系。图姆等人所说的行动层次的教学思维大体对应于图 5 - 2 中综合水平的教学实践；而所谓实践理论层次的教学思维，实际上是指对于进行教育判断时的实际情境加以理论化，并对其进行理论考察的一种思维，涉及图 5 - 2 中综合水平的教学实践和基础水平的研究实践；而关于所谓教育元理论层次的教学思维，指的是对实践理论进行理论考察以修正和完善的一种思维活动，大体对应于图 5 - 2 中综合水平的研究实践。由于教师思维的结构与研究本位教师教育的结构之间存在这种平行关系，我们可以这样认为：研究本位的教师教育所培养的教学思维越发展、越成熟，师范生关于教学实践的学习和关于研究的学习就会越融合；反过来也是如此，如果师范生关于教学实践的学习与关于研究的学习越融合，其教学思维就会更容易形成和发展。[②] 正是从这个意义上讲，研究为本的教学思维构成教师教育理论与实践融合的黏合剂。

四、结语

如上所述，芬兰研究本位的教师教育是以教师教育学术化改革为背景

①　Toom A, Kynäslahti H, Krofors L, et al. Experiences of a Research-based Approach to Teacher Education: Suggestions for Future Policies [J]. European Journal of Education, 2010, 45 (2): 331-344.

②　国崎大恩. フィンランドの教師教育とその構造：「教育学的思考」と教師教育カリキュラムの相同性 [J]. 兵庫教育大学研究紀要, 2014, 44: 219-228.

兴起和发展而来的。芬兰研究本位的教师教育以促进学科专业学习与教育专业学习、理论学习与实践学习之间的有机融合为追求，在目标、内容和方式等主要维度上均体现了"研究本位"的特征。我们可以说，它是一种"为了研究"的教师教育（teacher education for research），"关于研究"的教师教育（teacher education about research）和"基于研究"的教师教育（teacher education through research）。所谓"为了研究"，体现在它以培养研究为本的教学思维为核心目标；所谓"关于研究"，体现在它以研究性学习为教师教育课程的重要内容；所谓"基于研究"，体现在它把研究为本的教学思维作为实现理论与实践融合的黏合剂。特别需要指出的是，强调研究为本的教学思维是芬兰研究本位教师教育的核心要素与特征，因为它既是研究本位教师教育的目标，也是研究本位教师教育的保障。

第 2 节　理论与实践融合视角下的夏威夷大学教师教育模式探析①

20 世纪 80 年代，美国兴起了一场全国性的运动以改进教师培养。在这场运动中"理论与实践"之间由分离逐渐走向融合，并逐渐形成了大学与中小学合作的流行的教师教育范式。在这场改革浪潮中，夏威夷大学教育学院作为霍姆斯小组成员，② 秉持了该组织倡导的"将教学视为专业，提升教师教育计划至研究生层次，并建立专业发展学校为教师提供学习和专业发展的场所"的理念，③ 设计实施了教学型教育硕士培养计划（the Master of Education in Teaching Program，简称 MET 计划），旨在培养已在非教育领域获得学士学位并有志于从事教学事业的未来教师。④

夏威夷大学 MET 计划始于 1991 年，至今已有接近 23 年的历史，⑤ 与其他教育硕士培养计划不同，在强调大量现场实践学习的同时，十分重视职前教师的学术发展。它通过在大学与中小学之间建立紧密的伙伴关系，在实践发展中逐渐形成以实践学习为基础，关注教师发展时机，并以研究整合理论与实践为鲜明特色。其毕业生得到了中小学校长及在职教师的赞扬，并在夏威夷地区获得了高度认可，如一些毕业生成为夏威夷州教师年度获奖者，还有一些毕业生成为学校中的重要管理人员，如各类学校

---

① 本节作者系贺敬雯、饶从满，本节曾发表于《延边大学学报（社会科学版）》2014 年第 1 期，原文名称为《基于理论与实践融合视角的教师教育模式探析——以美国夏威夷大学 MET 计划为例》。

② Oda E A，Whitesell P. The Development of the MET Program [EB/OL]. [2013-09-11]. https：//coe. hawaii. edu/sites/default/files/field/attachments/publications/Vol30-1Su-96. pdf.

③ 周钧. 霍姆斯小组与美国教师教育改革 [J]. 比较教育研究，2003，11：37-40.

④ The Degree about Master of Education in Teaching [EB/OL]. [2013-09-11]. https：//coe. hawaii. edu/academics/institute-teacher-education/med-teaching.

⑤ 同②.

的副校长或代理校长。① 尽管 MET 计划成果丰硕，但也伴随着挑战，对其教师教育模式的经验进行总结，可为我国教师教育改革发展提供借鉴。

一、指导原则与培养目标中彰显的融合理念

夏威夷大学教学型教育硕士培养计划，学制两年，该计划以实践探究为核心，以倡导合作的学习共同体为文化准则，以有效教师——反思性实践者的培养为主要目标，通过大学与中小学之间建立紧密的伙伴关系实现理论与实践的融合。②

（一）指导原则中彰显的理论与实践融合理念

MET 计划最初的设计遵循三项基本原则：（1）职前教师需要对自己的学习负责；（2）职前教师应该熟练掌握实践研究的方法；（3）以学生教学实践（student-teaching practice）整合职前教师培养和在职教师发展。现行 MET 计划在发展过程中，对初始理念进行了发展和补充，逐渐形成四项基本指导原则：③（1）整合理论和实践；（2）探究学习；（3）反思；（4）合作（见表 5-9）。

MET 计划在设计的最初就明确提出通过以学生教学实践整合职前教师培养和在职教师发展，然而初期的融合更多强调的是一种在制度上的联合，伴随 MET 计划的发展，对初始指导原则不仅在内容上进行了发展和扩充，对每一个原则具体包含的内容也进行了清晰阐释，明确提出了整合理论和实践，并通过探究学习、反思和合作将理论与实践融合具体化。整合理论和实践原则，不仅指出通过大学与中小学合作对理论与实践进行整合，促进职前教师培养和在职教师发展，还明确指出了教师作为专业人员的学习需要发生在真实教学情境中，并强调发展职前教师对职业的体认，这些都彰显了融合的理念。另外，探究、反思、合作本身就是为理论与实践提供整合的重要方式。

---

① Yoshioka J. Preparing Teachers to Become 21st Century Agents of Change：The Evolution of the Master of Education in Teaching Program ［EB/OL］. ［2013-09-18］. https：//coe. hawaii. edu/research/coe-publications-reports.

② Freese A R. Innovation and Change in Teacher Education：An Inguiring，Reflective，Collaborative Approach ［M］// Hoban G. The Missing Links in Teacher Education Design，Springer，2005：117-133.

③ 同①.

表 5 - 9 MET 计划的四项指导原则

指导原则	描述
整合理论和实践	1. 专业学习应该发生在作为一名教师思考和行动的真实情境中； 2. MET 计划在与某一学校或社区合作的环境下，提供整合职前教师培养和在职教师发展的机会
探究学习	1. 培养独立的和具有批判性的思想者，要求学习者积极参与和负责自己的学习； 2. 以探究解决问题的方式是 MET 计划中最主要的教学/学习活动； 3. 旨在学习者共同体中构建一个探究共同体
合作	1. 职前教师与实践专业人员合作来学习教学； 2. 旨在让 MET 计划申请者和大学协调者共同设计、反思，并且共同建构知识
反思	1. 发展学习者善于对专业实践进行思考和自我批判的态度； 2. 学习者定期评估和评价自身的学习和表现； 3. 旨在支持教师进行反思性实践

（二）培养目标中彰显的理论与实践融合理念

现行的四项指导原则又被解构用以创建八项具体教师培养目标[①]（create eight Teacher Preparation Outcomes）（见表 5 - 10），目的是在 MET 计划的概念框架中融入专业、国家、州以及大学的目标，并通过具体的课程、教学、实习以及实践体验的设计和实施实现。从八项培养目标中的沟通者、课程开发者、资源管理者、倡导者等可以看出，MET 计划更关心未来教师的工作实践，在整合理论与实践的理念上越来越清晰，并在培养目标方面也更加全面化和多样化，但是核心目标仍是反思实践者；在对未来教师培养方面，不仅注重实用技能，而且注重学术性，同时，培养教师的责任和使命感，努力让教师真正成为 21 世纪变革的中心。

---

① Yoshioka J. Preparing Teachers to Become 21st Century Agents of Change：The Evolution of the Master of Education in Teaching Program [EB/OL]．[2013-09-18]．https：//coe. hawaii. edu/research/coe-publications-reports.

表 5 - 10　八项教师培养目标

教师培养目标	描述
1. 沟通者	MET 毕业生能够与学生、家长、同事和共同体成员有效沟通；
2. 课程开发者	MET 毕业生能够设计、实施和反思课程，并满足新兴的不同学生学习者的需求；
3. 资源管理者	MET 毕业生能够有效地管理利用重要资源，并塑造人性化的、有活力的课堂；
4. 倡导者	MET 毕业生能够鼓励全体学生全面发展；
5. 反思实践者和研究者	MET 毕业生反思作为教师的自我，并定期通过行动研究报告自己的实践；
6. 跨文化机会、多样性和公平促进者	MET 毕业生能够寻求机会促进多元文化教育、多样性和公平；
7. 领导者	MET 毕业生能够承担领导者角色，使学生、学校和社区受益；
8. 终身学习者	MET 毕业生是终身学习者，他们关心专业实践，识别需要改进或提高的领域和方法，并实现卓越教学

二、课程设置中对融合理念的落实

美国夏威夷大学 MET 计划主要由五类课程构成：专业学习研讨，现场体验和基于现场的研讨，职业专业化，教学法，教学实习及研讨。在学分分配上，教育理论课程与实践课程并重。教育理论课程主要由专业学习研讨（6 学分）、职业专业化（9 学分）和教育教学法（6 学分）组成，学分共计 21 学分；实践课程由现场体验及基于现场的研讨（6 学分）和教学实习及研讨（18 学分）组成，学分共计 24 分（见表 5 - 11）。① 除了理论课程与实践课程在教师教育计划中并重，该项目课程的突出优势在于它突破了传统课程的"组合"结构，即职前教师先在大学中学习主要课程，②再到中小学进行实习，并以学徒制为主的实习结构模式，构建了富有特色的"融合"模式。

---

① MEdT Program Sheet Elementary ［EB/OL］. ［2012-10-01］. https：//coe. hawaii. edu/sites/default/files/pdf/MEdTProgramSheet-Elementary. pdf.
② Zeichner K，Tabachnick B. Are the Effects of University Teacher Education "Washed Out" by School Experience ［J］. Journal of Teacher Education，1981，32 （3）：7-11.

（一）教师教育课程在结构与时间上的交叉安排

MET 计划中高度融合的课程首先体现在课程的结构设置与时间安排上（见表 5 - 11）。首先，在课程结构方面，采取理论课程与实践课程交叉设置，实现结构性交互。如在 MET 计划的第一年，为职前教师既安排了理论课程，同时安排了实践课程，理论课程包括专业学习研讨、职业专业化和教育教学法，实践课程主要是现场体验及基于现场的研讨。其次，在时间安排上，理论课程与实践课程同时进行，并关注教师发展时机，针对职前教师在不同时期的需要和发展特点，在理论课程与实践课程的比例以及关注的内容上有所调整。如在第一学年，学生学习的重点在于理论的学习和现场观察；到了计划的第二年，重点在学生教学实习。[①] 其中，职业专业化课程贯穿于整个计划，课程形式灵活，既可以单独设置课程，也可将其内置于现场体验与基于现场的研讨课中，实际课程形式由一组课程协调人员决定。随着每学期学习的深入，职前教师被要求在合作学校现场的时间越来越多，从第一学年每周至少 2 天，到第二学年每周至少 5 天。

表 5 - 11　夏威夷大学 MET 计划教师教育课程分布一览表

时间 课程		第一年：现场与观察（每周至少 2 天）		第二年：学生教学与实习（每周 5 天）	
		秋季学期	春季学期	秋季学期	春季学期
理论课程	专业学习研讨	√	√		
	职业专业化	√	√		√
	教育教学法	√	√		
实践课程	现场体验与基于现场的研讨	√	√		
	预实习与教学实习研讨			√	
	教学实习与全职实习研讨				√

资料来源：该表格根据夏威夷大学 MET 计划中初等教育、中等教育课程设置的共同特征整理而成。

---

① MEdT Program Sheet Elementary［EB/OL］.［2012-10-16］. https：//coe. hawaii. edu/sites/default/files/pdf/MEdTProgramSheet-Elementary. pdf.

（二）在课程内容上的融合

在课程内容的融合上主要体现在内容安排上注重理论与实践的交互性，并且十分关注教师发展时机，每学期课程内容都依据教师发展特点设计了不同的学习重点（见表5-12）。MET计划的所有课程内容都围绕实践展开，[①] 例如第一学期现场体验以学校整体为重点，职前教师通过结构性观察，参与教学活动，加深对学校文化和集体的理解。针对第一学期现场体验的重点，在专业学习研讨课安排上的研究主题相应地也会以整个学校为本或者以更为宏观的一些探究主题为主。如：学习者与学习、教师与教学、学校组织发展及学校教育理念发展等问题，并旨在帮助职前教师学会识别问题，形成批判性思维和有效交流与合作的技能，以及运用理论知识分析实践中的教学事件和问题的技能。学生通过现场体验中的感受，选择感兴趣的主题，并以小组的形式研究他们选择的主题，每个主题的探究大约持续三周时间，最终以研究报告的形式呈现研究成果。同时，第一学期对学生还布置了研究任务，也是围绕体验内容进行任务安排，旨在帮助职前教师更好地在理论和实践之间建立联系，如第一学期，要求学生进行学校肖像研究。基于现场的研讨课主要是对现场体验课中发现的问题和难题进行讨论和回应。在第一学期的职业定位课程，如职业专业化和初（高）等教育教学法，也主要是安排一些关于研究方法、阅读、写作和英语语言学习的内容。而第二学期的现场体验课的重点是课堂，主要内容是学生与指导教师共同开发课程（lessons），进行单元（units）设计和教学。专业学习研讨课的内容在这一学期相应调整为与课程开发、评估、教育技术和行动研究相关的内容，主要为学生提供理论支持。在研究任务的安排上，也开始开展行动研究，旨在协助职前教师反思实践、增强自我认识、改善教学和学生学习，同时，行动研究还为硕士毕业论文提供了经验。行动研究的成果能够成为硕士论文中重要的资料来源。这一时期，基于现场的研讨主要针对任教科目和任教年级的课程设计和开发的问题及难题进行探讨和回应。而职业定位课程安排的也同样是一些关于研究方法、阅读、写作和英语语言学习的内容。

---

① Freese A R. Innovation and Change in Teacher Education：An Inguiring，Reflective，Collaborative Approach ［M］// Hoban G. The Missing Links in Teacher Education Design，Springer，2005：117-133.

表 5 - 12　MET 计划课程的内容安排

时间 内容安排	第一年		第二年	
	第一学期	第二学期	第三学期	第四学期
专业学习研讨	基础理论和实践知识、分析教学实践和问题的技能	课程开发，评估，教育技术和确定行动研究项目		
研究	肖像研究	行动研究	行动研究	硕士论文
现场体验	学校整体；根据专业学习研讨课选择的主题明确体验和观察的重点	课堂教学；通过与指导教师共同开发课程、单元设计而参与到教学中	教学实习（指导教师指导）	全职实习（大学教师与指导教师共同指导）
基于现场的研讨	讨论现场中发现的问题和难题回应	针对任教科目和任教年级的课程设计和开发	教学设计和教学方法	协同合作共同解决实践中遇到的难点、热点问题
专业定位	预期内容：研究方法、阅读、写作和英语语言学习	研究方法、阅读、写作和英语语言学习		具体内容由指导教师或课程协调人员安排

　　而到了计划的第二年，也就是从第三学期开始时，专业学习研讨课不再开设。现场体验课的重点开始变为学生在指导教师的指导下进行教学实践，强调师生之间共同建构知识和实践。学生的教学实践主要从基于现场的研讨而得到支持，研讨的重点也随之调整为教学设计和教学方法，研究任务的安排依旧为行动研究。进入第四学期，学生开始全职实习，全职实习类似于新教师工作的第一年，唯一不同的是，实习生能够全程受到大学教师和实习指导教师的支持和指导。这一时期基于现场的研讨继续进行，主要内容为师生协同合作共同解决实践中遇到的难点、热点问题。研究任务的安排上，主要是进行硕士论文的撰写，并且由于即将毕业而开始找工

作，职业定位课会为毕业生提供这方面的支持，具体内容由大学指导教师或者课程协调人员安排。

总之，现场体验的设计伴随学期的进行而越来越具有挑战性质，且重点也越来越明确，其他课程的内容也相应围绕体验内容而进行调整，为职前教师理论与实践的整合提供最有效的支持。

三、教学方法中采用的融合路径

MET计划与其他教育硕士培养项目相同，都强调大量的现场实践，但是在实践中又有目的、有意识地帮助学生整合理论和实践。在MET计划发展中，逐渐形成了三种独具特色的学习方式：[①] "沉浸式"学习、基于问题的探究学习以及基于教学实践的共同建构和反思等学习方式。这些学习方式使得职前教师始终被浸入真实的 "教与学" 的情境中，并借助探究、共同建构和反思教学实践，真正地促成职前教师个人实践理论的形成。

（一） "沉浸式" 学习

沉浸式（Immersion）学习是MET计划的一大特色。MET计划注重职业体验，从指定合作学校的第一天，职前教师就被浸入课堂，在 "教与学" 的真实情境中体验教学。在这两周中，大学的专业学习研讨并不进行，以便学生能够在合作学校的开放周期间充分体验学校、教师、学生在做什么。前两个星期的现场体验为职前教师提供观察的机会，观察教师是如何迎接他们的学生，如何进行日常工作，以及如何建立目标和期望。同时，要求职前教师一直保持记反思日记的习惯，在日记中记录下对课堂中发生事情的观察和反思，如学生与教师的互动，课堂活动和常规教学，管理方面的问题，学生学习，等等。从这些重点观察中，职前教师基于观察结果思考关于学生和教师、学习和教学的问题，这些源于实践的问题会成为专业学习研讨和基于现场的研讨课学习中讨论和探究的话题。反思日记还是对职前教师思想、反应、思想转变以及成长进行的持续记录。职前教师经常将这些日记与指导教师分享，并且在与指导教师、大学教师、职前

---

① Freese A R. Innovation and Change in Teacher Education: An Inguiring, Reflective, Collaborative Approach [M] // Hoban G. The Missing Links in Teacher Education Design, Springer, 2005: 117-133.

教师之间提供一种互动对话。职前教师通过两年 MET 计划的学习，已经学会利用反思日记，为其叙事研究以及对自身在成长和发展中的自我研究提供有效的资料来源，如一些职前教师在第四学期撰写硕士论文的过程中，详细描绘了他们成为一名教师的愿景，包括他们建构思想以及思想重构的过程。

（二）基于问题的探究学习

探究学习是 MET 计划中最主要的学习方式。大学教师和指导教师利用探究学习的方式，协助职前教师了解学校及课堂动态。职前教师基于个人、学校及课堂体验，记录可能成为研讨课上与指导教师共同讨论的问题或关键事件。这些关键事件能够成为证明问题是如何推动（drive）课程以及在课堂体验中与理论、教学实践建立联系的案例。职前教师以详细描述的方式记录关键事件，如他们描写事件发生时人物之间的对话以及问题出现时的情形。在研讨课上，职前教师与同伴、指导教师和专家通过讨论关键事件，诸如班级管理情形、学生学习、家长和教师之间的关系、评价等，建构意义和重新架构问题。

（三）基于教学实践的共同建构和反思

大学教师、指导教师通过帮助职前教师与有经验的一线教师共同建构、共同反思他们的教学，使职前教师的现场体验更有意义。为了帮助职前教师更有效地建构实践，大学教师、指导教师、职前教师之间建立对话，通过对话引导反思帮助职前教师逐渐形成反思意识。例如，在第一学期，职前教师进入指导教师的课堂进行观察，指导教师会分析几堂自己的课。指导教师把自己的想法清楚地告诉给职前教师。在上课之前，指导教师与职前教师会讨论在设计一堂课时，应该考虑哪些内容，预想在课堂中可能会发生的事件。指导教师会鼓励职前教师记录在进行课堂观察时产生的疑问和反应。由于职前教师观察的是指导教师的想法在课堂中实施的最终结果，他们可能不知道课堂教学采取某种组织形式，或是采用某种教学策略，又或者学习者的反应如何影响未来的课程设计及教学方法的原因，因此，职前教师被鼓励提问，并探寻指导教师有关教学设计的思维形成过程。指导教师通过对一堂课的课后解析，使职前教师认识到，即使技艺精湛的指导教师也不能预料到在课堂中发生的一切事情，教师要在学生的反馈和情境下不断进行调整。在课后，指导教师会解答职前教师的疑问，以及分享在课堂中遭遇突发事件时当下做出的决策。[①]

在第二学期，当职前教师开始参与课堂教学时，他们变得更积极参与分析自身的教学实践。第二学期的重点在于职前教师的想法，在课前准备会上，指导教师作为"提问者"的身份，而非"专家"或"信息提供者"的身份。讨论以对课程设计探究的形式展开，职前教师对课堂中可能发生的事情提出假设，然后指导教师提问、剖析，帮助职前教师设想课堂情境、学生的表现以及预期的学习效果。指导教师通过职前教师的课堂教学设计，鼓励其对课堂实践情境展开想象。例如，指导教师会运用这样的对话进行引导："马上要进行的是一堂写作课，当我们走进班级中，想象一下你看到的班级是什么样子的，当上课铃声响起，学生们走进教室，你将如何告诉学生们怎样进行日记写作？……"指导教师不断剖析职前教师的想法，使职前教师更加明确课堂活动如何有效开展，像这样的交互对话贯穿整个学期的单元教学和课堂教学设计，鼓励职前教师应对超越技术层面的教学，想象各种可能性：在课堂中学生在做什么，班级可能的样子，以及想要学生学习什么样的内容，等等。在学习过程中，职前教师被要求一直记录反思日记，包括自己对教学实践的思考、思想的转变以及成长等。这些日记通过分享，在指导教师、大学教师、职前教师之间提供一种互动对话。

四、理论与实践融合的体制保障

（一）建立专业发展学校，加强大学与中小学的合作

由于 MET 计划强调大量的现场实践需要在合作学校实现，因此，建立专业发展学校，加强大学与中小学合作是 MET 计划得以顺利实施的重要制度保障。在大学与中小学合作的模式中，MET 计划不仅仅是将合作学校作为职前教师学习的现场，同时在制度上也考虑大学能够为指导教师的成长或学校的改进做些什么。他们认为，通过 PDS[②]，可以做很多事情，如为中小学校人员提供在项目中授课的机会，或与专业发展学校共同

---

① Freese A R. The Role of Reflection in Pre-service Teachers' Development in the Context of a Professional Development School [J]. Teaching and Teacher Education，1999，15（8）：895-910.

② PDS 为美国专业发展学校（Professional Development School）的简称，它是作为依托大学与中小学合作模式改进教师教育的产物。

决定为其提供哪些专业发展的机会等。现阶段 MET 通过与课程研究部门的同事合作，为合作学校的指导教师提供参加硕士学位课程的机会，并且部分学费由项目经费承担。[①]

（二）成立专门的管理机构

融合型的教师教育模式的有效运行，需要有大学与中小学的密切合作为保障。因此，MET 计划成立了专门的管理机构——MET 计划执行委员会，通过这一专门机构进行课程设计、实施和评价。执行委员会由大学教师、中小学合作校校长、指导教师以及学生代表组成，每个月召开一次会议，旨在促进沟通、协作决策以及进行形成性评价。[②] 这种独特的参与式管理结构，为各相关人员之间的持续合作以及计划的评估和完善提供了机会。

（三）人员选择

人员选择对于一个项目能否成功运行至关重要，因此，MET 计划对项目中人员的选择制定了一些具体要求：（1）从项目主任（program director）到大学教师以及支持人员，都应该为了项目而共享一个共同的愿景，并能够作为一个多面手处理多重任务，承担多项职责，如 MET 成员不仅仅是课程领域的专家，他们还要作为"职前教师的导师和顾问""与 PDS 和社区合作中大学代表"，在项目内和其他项目间共享知识和成果，同时，他们要将工作重点放在"地方教育"（place-based education）和"学校—社区协同工作"（school-community collaboration）上；（2）要求项目人员具有一定的灵活性，即项目人员能够在不断变化的环境中游刃有余地工作，愿意并能够改变计划或课程以造福于职前教师，并且不需要监督或者扶持就能完成工作，在不同情况下能够熟练地与不同人员一起工作，尤其是要具有与 PDS 人员共同工作的能力，这种能力直接影响双方能否共同为职前教师提供成为"变革动力"的机会，而不仅仅是课程内容方面的专家。

---

① Yoshioka J. Preparing Teachers to Become 21st Century Agents of Change：The Evolution of the Master of Education in Teaching Program［EB/OL］．［2013-09-18］．https：//coe. hawaii. edu/research/coe-publications-reports.

② Freese A R. Innovation and Change in Teacher Education：An Inguiring, Reflective, Collaborative Approach［M］// Hoban G. The Missing Links in Teacher Education Design，Springer，2005：117-133.

　　另外，为了更好地实现大学与中小学的合作，MET 计划设置了专门的 PDS 联络员，要求 PDS 联络员不仅达到上述要求，并且有能力加强大学与中小学的联系，同时能够创造一些不可预期的机会，如为职前教师提供替代教学的安排或长期聘用的机会等。[①]

（四）建立共同愿景

　　在好的合作关系中，各方都会朝向一个共同的愿景，共同为职前教师创造机会，因此建立共同愿景是必要的。共同愿景是建立在对教与学的共同理解上的，MET 计划在理念共享的基础上，共同承担专业人员培养和学生培养职责，将其专业智能和资源整合起来以实现共同目标。因此，MET 计划进行了理念的共享，无论在大学校园还是在合作学校现场，"整合理论与实践、探究、反思、合作"的理念遍及整个计划。

五、夏威夷大学"融合型"教师教育模式的优势与挑战

　　与传统教师教育模式相比，夏威夷大学 MET 计划作为一种创新的教师教育模式，通过大学与中小学密切合作，为职前教师提供了在真实的"教与学"的情境中学习教学的机会，并通过高度融合的课程和以探究为主的学习，使得职前教师在 MET 计划中不仅获得了专业知识，增强了反思意识，还提高了探究实践的能力、研究能力、开发课程的能力等。同时，该项目还注重职前教师形成对职业的理解，从实践体验中加深对职业的理解与认同。这种在大学与中小学之间建立合作，在大学教师团队、指导教师、职前教师之间建立合作对话的模式，不仅更好地完成了对职前教师的培养，还为在职教师和大学教师的发展以及教学研究提供了良好的平台。在这种培养模式下，MET 计划得到了毕业生、中小学校长及在职教师的高度赞扬。[②]

　　然而 MET 计划也面临着挑战，这些挑战主要来自项目在运行过程中遇到的难题。最主要的难题是计划涉及的时间、资源和精力难以得到保证，如在精力问题上，教育学院很多大学教师不愿承担这种新角色，他们

---

① Yoshioka J. Preparing Teachers to Become 21st Century Agents of Change：The Evolution of the Master of Education in Teaching Program［EB/OL］. ［2013-09-18］. https：//coe. hawaii. edu/research/coe-publications-reports.

② Freese A，McEwan H，Bayer A，Awaya A，Marble S. Reinventing Teacher Preparation：The Master of Education in Teaching Program［J］. National Forum of Teacher Education Journal，1998，8（1）：7-13.

认为在合作学校中花费大量时间，却不能获得额外的报酬，尤其是对那些还未获得终身任期的大学教师来说，科研开展与论文发表的要求，以及合作学校中职前教师和指导教师的期待，更加剧了这种挑战。① 这些问题正在通过一些新的改革措施进行改进，如在 MET 计划施行的早期提高教师的流动率，尽管这种状况在当时看来是行之有效的，但因教师人员每年都会发生变化而使培养缺乏连续性，所以并不算是理想的。现在 MET 计划开始通过两个路径解决此问题：一是将精力投入一些愿以 MET 为终身事业的教员的身上，他们能够为项目提供一个清晰的、共同的愿景，并有能力与 PDS 营造和保持良好的人际关系；二是利用 MET 成员经验让彼此之间相互协作，例如进入工作第二年的成员可以和刚刚进入项目的首年度成员一同工作，在对新人进行指导的同时，他们可以通过协作来完成共同设计的活动。现在 MET 的小组协调员（cohort coordinator）通常以两人为一对的方式对一组职前教师进行管理和指导，并且其中一名需要拥有小学的教学经验，而另一名需要拥有中学的教学经验，旨在帮助职前教师未来能够更顺利地成为中小学教师。② 这样的搭配方式可以让同一组内两个协作者之间的专业背景互不重叠，将协作团队可发挥的效能扩大了一倍。

另外，MET 还会面临由于 PDS 和大学人员变更的问题而带来对合作关系的影响，如果人员发生变动就需要重新花时间来建立彼此之间的信任。因此，MET 现在的策略放在构建一个共同的愿景上，使之在更大的范围内产生影响，并且未来将重点放在为当地和社区培养、维护和发展具有变革力的教师（agents of change）。

六、夏威夷大学"融合型"教师教育模式对我国教师教育的启示

（一）职前教师培养：构建融合型教师教育模式，培养高品质教师

在我国教师教育发展的当前阶段，培养具有高度实践智慧与实践技能

---

① Freese A，McEwan H，Bayer A，Awaya A，Marble S. Reinventing Teacher Preparation：The Master of Education in Teaching Program ［J］. National Forum of Teacher Education Journal，1998，8（1）：7-13.

② Yoshioka J. Preparing Teachers to Become 21st Century Agents of Change：The Evolution of the Master of Education in Teaching Program ［EB/OL］. ［2013-09-18］. https：//coe. hawaii. edu/research/coe-publications-reports.

的教师已基本达成共识，这就要求教师不仅应具有获取知识的能力、思考能力、有效交流的能力以及对实践进行批判反思的能力，而且要成为教育的思想者、研究者、实践者、创新者以及不断发展的专业工作者。那么，如何培养这样的高品质教师？夏威夷大学 MET 计划的实践证明了"融合型"的教师教育模式能够更好地培养这样一种专业人员。MET 计划无论从课程的设计理念、结构还是课程设置都体现了理论与实践融合的概念，并通过大量的现场实践和研究来实现这种融合。MET 计划的理念和目标体现了 21 世纪对教师成为变革动力的要求，并通过课程设计以及大学与中小学紧密合作来实现高品质教师的培养。在课程结构方面，其有别于传统教师教育模式中职前教师先在大学中学习主要课程，再到中小学进行实习，并以学徒制为主的实习结构模式，而是采取理论课程与实践课程交叉设置，同时进行以合作为主的实习结构模式，实现结构性交互。在课程内容安排上，MET 计划的课程围绕主题或任务，通过研究实现理论与实践相互交叠、有机整合，实现实质性交互。同时，MET 计划十分关注教师发展时机，即每学期课程内容的设计都有不同关注重点，做到了更有针对性地培养职前教师。在教学方面，通过"沉浸式"教学，职前教师始终被浸入真实的"教与学"的情境中，并借助探究、共同建构和反思教学实践，真正地实现知识的生成。在实习安排方面，每一学期都依据职前教师学习教学过程的特点有针对性地进行不同教育实践安排。这些都为我们对职前教师的培养提供了宝贵的经验。

（二）大学与中小学之间的合作：设置专门管理机构，建立共同愿景

旨在促进教师专业发展的大学与中小学合作已成为世界教师教育改革的流行范式，为了推进教师专业发展，并以教师专业发展促进学校发展，提高学生学业成绩，提升教学质量，促进教育发展，我国也建立了以中小学为基地，大学与中小学合作，旨在促进教师专业发展的 Teacher Development School（TDS）模式①，和倡导大学、政府以及中小学之间建立合作的 University—Government—School（U—G—S）模式等。我国的 TDS 模式主要是在美国教师专业发展学校 PDS 实践模式的影响下发展起来的，但是由于起步较晚，发展时间短，仅在少数几个城市和地区实

---

① 任立梅.我国 TDS 教师教育模式现状、问题及改进：基于美国 PDS 发展学校的启示 [J].教育与教学研究，2011（25-9）：17-19.

施，并且在其实施过程中存在一些问题，如对职前教师培养的关照不足，我国 TDS 模式更多的是对在职教师的关注，注重在职教师的专业发展，而对实习生重视不够，甚至实习生"学校边缘人"的地位还没有得到实质性的改变。① 如何促进大学与中小学持续有效地合作是中美两国教师教育面对的共同问题。夏威夷大学 MET 计划在大学与中小学合作方面的实践经验为我们提供了一些启示，如通过设置专门管理机构，在大学与中小学之间建立共同的愿景、设置专门的 PDS 的联络员等。而 MET 计划面临的挑战，如大学教师的精力问题、PDS 和大学人员的变更带来的对合作关系的影响问题，其解决经验也为我们提供了思考。这也许是我们现在正在面临或者即将面临的问题，需要引起注意。

---

① 任立梅. 我国 TDS 教师教育模式现状、问题及改进：基于美国 PDS 发展学校的启示［J］. 教育与教学研究，2011（25-9）：17-19.

第 3 节　日本校内研修：问题考察与对策分析[①]

日本校内研修作为一种重要而且有效的教师研修方式，从 20 世纪末开始受到国际教育界的广泛关注与认可。但实际上，以课例研究为主要形式的日本校内研修在漫长的实践中也始终存在着种种问题，甚至有学者说，"将课例研究的历史说成是与模式化、形式主义斗争的历史也不为过"[②]。日本中小学教师与教育研究者不断探讨校内研修的问题与对策过程，一定程度上推动了日本校内研修的发展。

自 20 世纪末以来，推进校本研修是我国深化教师在职教育改革的一个重要趋势。目前我国关于日本校内研修的研究大多将其作为成功的典范，主要关注其具体实施方式。日本校内研修的开展可以成为我们很好的借鉴，但实际上，考察日本在推进校内研修的过程中面临的问题以及为解决问题所采取的对策，更有助于我们汲取其教训与经验。有鉴于此，本节试图基于相关研究文献，对日本校内研修发展过程中面临的问题及问题的关键进行考察，并在此基础上对日本学者解决这些问题而提出的对策进行分析，以期对我国的校本研修有所助益。

一、日本校内研修存在的问题

虽然日本的校内研修可以追溯到明治时期开始兴起的"教学批评会"和"校内研究会"等，但"校内研修"这一用语的确立是进入 20 世纪 60 年代之后的事。[③]"二战"前有关校内研修的文献基本上描述如何组织与实施公开课，还未达到研究的层次。"二战"后到 20 世纪 60 年代，校内研

---

①　本节作者系徐程成、饶从满，本节曾发表于《比较教育研究》2017 年第 12 期，原文名称为《日本校内研修的问题考察与对策分析——基于日本校内研修的相关研究文献》。

②　寺岡英男. 授業研究の課題と方法—戦後授業研究の歴史的検討をふまえて— [J]. 教師教育研究，2009（2）：301-306.

③　中留武昭. 校内研修を創る [M]. 東京：エイテル研究所，1984：36-37.

修属于一种教师个人或团体自发进行的非正式研修①，研究者也未对此给予太多关注。

　　20 世纪 70 年代前后，日本中小学学生学力低下、校园暴力等问题日渐凸显。与此同时，以 1966 年联合国教科文组织与国际劳工组织提出《关于教师地位的建议》为契机，教师专业性论和教育内容、方法的现代化论等在日本逐渐兴起。在此背景下，校内研修开始被有意识地提升到学校组织管理层面，关于如何进行校内研修的参考书也纷纷出炉。这些参考书虽然可以看作校内研修研究的发端，但内容大多是所谓"怎么做"的技术论和"处方笺"。② 1978 年，日本中央教育审议会发布题为《关于提高教师资质能力》的咨询报告之后，日本中央与地方教育行政部门开始重视校内研修的功能，越来越多的学校开始设置校内研修委员会。随着校内研修实践的不断深化与发展，一些现实问题也开始显露，并引起研究人员的关注。因此，自 20 世纪 80 年代日本学者关于校内研修的理论化、体系化研究在教育管理学领域开始起步。③ 进入 20 世纪 90 年代以来，伴随社会发展和第三次教育改革的深入推进，日本学校教育发展日新月异。与此同时，在"学习共同体"等理念的推动下，日本的校内研修又被赋予了变革学校、带动区域教育发展的使命，校内研修的研究视角也随之日益多元。

　　通过研究相关文献，我们可以发现日本的校内研修始终存在如下主要问题。

（一）形式化

　　日本的校内研修始终存在着容易被形式化的问题。"形式化"也常被表述为"形骸化""仪式化""形式主义"等。早在 20 世纪 80 年代，伊藤和卫就曾指出，校内研修在选取研修主题、达成研修共识和研修时间安排方面占有优势，但也因为是以职场为研修的舞台，同事间缺乏严肃的相互批判，所以可能会流于形式。④ 在青森县长时间致力于"基于校内研修创造教学实践"的伊藤功一进一步指出，"仪式化"的校内研修常常会出现如下一些问题：缺乏常态性，有些教师认为研修只是在特定时期进行的，

---

① 中留武昭. 校内研修を創る［M］. 東京：エイテル研究所，1984：32.
② 同①Ⅳ.
③ 高木宏康，藤井基貴. 校内研修の歴史と研究動向［J］. 静岡大学教育学部付属教育実践総合センター紀要，2010（18）：93-103.
④ 伊藤和衛. 現職教育の再検討［M］. 東京：教育開発研究所，1986：95.

不是将本校教育课题作为研修主题，而是随波逐流或模仿他校；内容浅薄，教材研究不够深入，难以触及日常教学改善的核心问题，课后研讨会上授课教师一直处于防御姿态，参观教师也尽量避免伤及对方；缺乏远见性，反复进行单年度的研修，对有深度的研究、需要持续追踪的研究敬而远之；缺乏丰富的内涵，外部委托型的研修课题常会受时间等条件制约，因急于完成而成为"义务性的研修"，等等。① 进入 21 世纪以后，这些问题依然存在，有的校内研修甚至只有部分教师上公开课和参与课后研讨，这样的研修渐渐变得有形无实，难以形成教师同事之间的互动合作状态。② 校内研修很容易导致教师"为了研究而研究"，偏离教师的日常教育活动，难以被活用于实践当中，甚至增加了教师的负担。③ 正如佐藤学所说，这样的校内研修目的"变成了改善个体教师的教学，而不是形成专业共同体"④。

（二）模式化

日本校内研修的"模式化"问题也饱受诟病。日本校内研修中教学实践模式化的传统从 19 世纪 90 年代赫尔巴特式教学模式的普及开始一直延续至今，教学的结构框架和课例研究的方式已在教师的意识中根深蒂固。⑤ 校内研修呈现"模式化"状态后，研修时间、程序和内容就会受限较多，容易陷入结果主义之中，难以进行深度讨论。而且，"模式化"的校内研修常常伴随着封闭性和保守性而只限于校"内"的人员与活动，陷入"自己人在温室内浅谈的状态"，不能真正发挥改善教学的效果。⑥ 有教学模式化倾向的学校，一般会有追求本校独特教学方式的取向，但即便通过校内研修将某种教学实践模式化后，也很可能会在未经成果验证的情况下随着

---

① 伊藤功一. 教師か変わる授業か変わる校内研修［M］. 東京：国土社，1990：15-26.

② 松崎邦守，中山実，北條礼子. 中学校における校内研修としての実践レホート報告会の検討［J］. 日本教育工学会論文誌，2006（30）：157-160.

③ 北神正行. 研修を阻害する要因はなにか［C］//堀井啓幸，黒羽正見. 教師の学ひ合いか生まれる校内研修［C］. 東京：教育開発研究所，2005：12-15.

④ 佐藤学. 専門家としての教師を育てる―教師教育改革のクラントテサイン［M］. 東京：岩波書店，2015：124.

⑤ 秋田喜代美，キャサリン・ルイス. 授業の研究教師の学習［M］. 東京：明石書店，2008．43-46.

⑥ 北神正行，木原俊行，佐野享子. 学校改善と校内研修の設計［M］. 東京：学文社，2010：60-61.

研修的结束而消失。① 佐藤学认为当前很多学校的校内研修在组织、内容、形式等方面仍限定于一些固有的模式当中，其中很多事项需要打破常规进行变革，如：公开课次数一年固定在 3 次左右，并且不是建立在教师自律自觉的基础上；公开课的执行者通常只限于年轻教师；研修内容多是传统的课堂教学，并不是 21 世纪应该聚焦于学习的课例研究；教学研讨会上积极发言的教师只限于少数的几个人，内容主要是讨论教学方法，从而变成了一种教学评价，始终停留于该如何改善的各种建议层面，却较少触及学生的学习；小学常常只针对一些特定学科进行研修，等等。② 校内研修的"模式化"问题与"形式化"问题密切相关，由于研修中对一些"固有程式"采取循规蹈矩的方式，则最终导致研修只能流于形式，让校内研修难以发挥应有的功能。

（三）协调难

日本校内研修中还存在"协调难"的问题。进入 21 世纪后，伴随日本教育界对培养学生"生存能力"的提倡和"综合学习时间"的导入，许多学校也通过校内研修积极探讨实施体验性活动和充实全校性集体活动，愈加重视人际交流，在校内研修中"工作坊""过程事件簿""集体反思"等协作活动也屡见不鲜。可是，校内研修尽管具有能够根据校内实际设定主题灵活实施的优势，但从计划制订到实践推行，仍存在着如何确定时间、选定主题以及让讨论聚焦等问题，再加上教职员因经验差异而可能产生的摩擦，校内研修很容易陷入让教师不甚满意的状态。③ 校内研修的研究主题常常由全校集体决定，每个教师没有个人的研究主题，④ 或教师个体的问题意识未能得到充分反映。教师各自持有的不同教育理念很难通过校内研修全部实现，教师会感到校内研修的方向与自我教育观之间的落差，这也是教师参与校内研修意愿降低的一个重要原因。⑤ 由于日常繁忙

---

① 伊藤功一. 教師か変わる授業か変わる校内研修 [M]. 東京：国土社，1990：15-26，20-21.

② 佐藤学. 専門家としての教師を育てる—教師教育改革のクラントテサイン [M]. 東京：岩波書店，2015：124，123-124，124.

③ 森脇正博. 校内研修としての授業研究の動向と新たな方略の提案—「学ひの共同体」論の検証を軸として— [J]. 京都教育大學紀要，2014（125）：131-146.

④ 同②.

⑤ 高木宏康，藤井基貴，加藤弘通. 小学校教師の校内研修に対する認識 [J]. 静岡大学教育実践総合センター紀要，2012（20）：159-166.

的学生工作和众多的课外活动，教师在准备校内研修的公开课等工作时积极性不高，一些年轻教师常常是抱着履行义务的心态在参与。[①] 在这样的状态下，再加之缺乏有力的引领，校内研修在规划运行方面就会有多种事项难以协调。[②] 协调难问题所导致的教师消极参与研修的情况会令校内研修浮于表面、难以深入，从而陷入形式化的窘境。

综合来看，虽然日本各地方校内研修的具体实践情况有所不同，研究者对于其中一些"顽疾"却有大致的共识，即：尽管校内研修有在校内进行的便利与优势，但也正因为是在校内进行，所以容易出现形式化和模式化等问题；同时，即便是在校内进行，也会由于教师经验、认识的差异而产生种种难以协调的问题；特别是，校内研修的模式化和协调难等问题还会令形式化问题加剧。

二、日本校内研修问题的关键所在

关于教师在职研修，日本的《教育公务员特例法》第 19 条中规定，"教育公务员为履行其职责，必须不断加强其研究与修养"；《地方公务员法》第 39 条中也规定，"为让职员能发挥工作能力、提高工作效率，必须给予其研修的机会"。[③] 由此可以看出，在日本，研修既是教师的义务，也是教师的权利。尽管作为权利的研修与作为义务的研修并非截然不同，但是因为代表了不同的立场，因而两者之间存在一种张力。理想的状态当然是能够维持二者之间的平衡，但问题是如何维持二者之间的平衡。

日本学者木原俊行曾以旨在提高教师共性能力的研修为纵轴，以适应教师各自兴趣和需求而形成个性化能力的研修为横轴，勾画了一个反映日本教师专业发展舞台多样性的坐标图（见图 5 - 3）。在这个坐标图中，不同类型的教师研修占据着不同的位置。其中由各都道府县及市町村教育委员会企划实施的行政研修更倾向于培养教师应该具备的共性能力，常常是集中进行，且主题内容统一鲜明；教师在学校外自由参加的各种教育研究团体活动和研讨会等更倾向于协助部分教师群体在某一方面的能力获得发展，可选择性强，且主题内容常带有偏向性；而校内研修是在学校内有组

---

① 松崎邦守，中山実，北條禮子. 中學校における校内研修としての実践レポート報告會の検討 [J]. 日本教育工学會論文誌，2006 (30)：157-160.

② 北神正行，木原俊行，佐野享子. 学校改善と校内研修の設計 [M]. 東京：学文社，2010：61-62.

③ 伊藤和衛. 現職教育の再検討 [M]. 東京：教育開発研究所，1986：88.

织、有计划地进行的教师群体学习探究活动，既有解决学校共性教育课题的需要，又以每位教师的专业发展为目的，恰好处于促进教师共性能力与个体独特能力发展的交汇之处。[①] 如果说日本的行政研修更多地体现的是教师研修的义务，那么校外的团体研修活动和自我研修等则更多体现了教师研修的权利。而校内研修则处于两者之间，虽然其并非教师的法定义务研修，却是学校内教师群体约定俗成共同进行的组织学习。

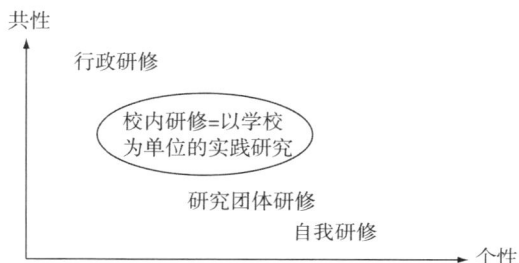

图 5 - 3　教师专业发展的舞台

资料来源：北神正行，木原俊行，佐野享子. 学校改善と校内研修の 設計［M］. 東京：学文社，2010：53.

　　日本校内研修需要兼顾教师研修的共性与个性、权利与义务，这种特质决定了教师个人的研修关注点与学校的研究主题之间、教师专业自主性与学校对校内研修的组织管理之间、教师的个体发展与同事合作之间张力的存在。如果教师在校内研修中对学校的课程管理、研修计划与协作分工缺乏自律、自主的意识，那么教师就会感觉"被迫去做"。[②] 一直以来就有很多研究反复强调，校内研修中需要发挥研究主任的领导力，同时要确保教职员的共同理解和共识形成，但在实践中一直不甚理想[③]，这正是源于其中的张力并不那么容易调和。校内研修过于强调共性就容易诱发封闭性、保守性，存在模式化、形式化的风险，难以唤起教师的研修意愿；而如果过于偏向个性的发展则又会令校内研修难以协调有效进行，教师专业能力发展缺乏外在支撑，导致学校的教育课题无法得以完成。

　　因此，校内研修可以说是一种"共性要求"与"个性诉求"相拮抗的

① 北神正行，木原俊行，佐野享子. 学校改善と校内研修の设计［M］. 東京：学文社，2010：60-61，61-62，53-54，103-115.
② 田村知子. カリキュラムマネシメントへの参画意識を促進する校内研修の事例研究［J］. カリキュラム研究，2006（15）：57-70.
③ 榊原禎宏. 校内研究における「仮説-検証」問題［J］. 京都教育大学**紀要**，2013（123）：171-181.

研修类型，这既是校内研修的活力之本，也是校内研修的问题之源。明确这一点，对于审视日本解决校内研修问题的对策至为关键。

三、日本校内研修问题的对策分析

为解决日本校内研修中存在的问题，充分发挥校内研修的功能，学者们从多种视角提出了解决对策。概括起来，主要有以下几个方面。

（一）加强校内研修的组织管理

如何解决校内研修中"协调难"的问题，人们首先想到的就是改善校内研修的组织管理。中留武昭和牧昌见早在 20 世纪 80 年代就指出，校内研修中需要发挥学校领导部门和相关人员的管理职能，让教师形成对研修的共识，进行校内（外）合作。① 另外，要消解校内研修的封闭性、保守性，明确校内研修在教师在职教育体系中的核心地位，在组织管理方面需要协调的就不仅是校内的事情，还要注意与校外研修的关系。教育委员会应发挥切实的作用，建立并协调中小学和行政机构、研修机构、教育研究团体、大学之间的有机联系。② 为加强校内研修的组织管理，需要学校设置研修部门或研修主任，充分发挥其在确立研修计划、给予指导建议和联络协调等方面的职能。但有学者调查发现，许多学校并未设立单独的研修部门，原因在于缺乏相关人才。③ 同时，研修主任需要得到中层领导或教师的支持，这些人员应该作为学校组织与教师个人之间的媒介，充实校内研修发挥"实践性的领导力"。④ 因此，近些年来，日本的一些大学已开始着手在教育硕士研究生培养中开发相关课程，以提高现有校内研修领导者的相关资质能力，培养未来的校内研修协调者、组织者。还有一些大学相

---

① 牧昌見. 教員研修の総合的研究［M］. 東京：ぎょうせい，1982；中留武昭. 校内研修を創る［M］. 東京：エイテル研究所，1984.
② 岸本幸次郎，岡東壽隆，林孝，小山悦司，河相善雄，杉山浩之. 現職教育のシステム化と行政施策の方向［J］. 日本教育行政学会年報，1983（9）：126-152.
③ 三橋弘. 高校における校内研修-研修主任の役割-［J］. 東京大学大学院教育学研究科教育行政学研究室紀要，2001（20）：117-128.
④ 北神正行，木原俊行，佐野享子. 学校改善と校内研修の設計［M］. 東京：学文社，2010：103-115.

关人员通过开设讲座或直接参与等形式对中小学的校内研修予以支援。①
日本各都道府县的教育中心等部门也在积极探讨为各学校的校内研修提供
更有针对性的援助。②

　　但从校内研修组织管理的角度来改善校内研修，也存在一些无法回避
的现实问题：日本中小学的"流转制"决定了中层领导和教师需要频繁流
动，加上近年来代际更替带来的老教师不断减少等情况，导致从学校经营
管理的角度来改善校内研修、确保校内研修的持续有效存在一定难度。③

（二）强化研修者的研修意识

　　要想让校内研修脱离表面化、形式化的境地，强化研修者的研修意识
也是不容忽视的课题。伊藤和卫早在 20 世纪 80 年代就指出，校内研修若
只依赖学科会、学年会等，而每个教师不认真进行自我研修的话，研修就
会变成准备不足、研修不实的一种成员集会。④

　　要想强化校内研修中教师的研修意识，既需要教师个体不断地反思和
探索，也需要有能够保障和调动教师积极参与研修的机制。但有调查显
示，在骨干层次以上的教师看来，课例研究在很多情况下并没能发挥其在
校内研修中的应有功能。⑤ 因此，有研究者建议，应针对校内不同年龄资
历的教师，构建一个新手教师能成为活性要素、骨干教师能活跃教学与研
讨的气氛、老教师的经验和业绩能受到尊重的机制，以此来活化校内研
修；⑥ 在具体实践层面，公开课的授课者要对自身的作用有明确的认识，

---

① 寺崎千秋.「校内研修・研究コーティネーターの育成」の授業の充実・改善の取組：現
　職教員の授業を中心に［J］.東京学芸大学教職大學院年報，2012（1）：67-77；山本雅
　哉．教職大學院における授業の在り方-校内研修、行政研修との比較を通して-［J］.京
　都教育大学教育実践研究紀要，2012（12）：207-213；山崎雄介，岩澤和夫.教職大学院
　「課題研究」を通した校内研究・授業力向上の支援［J］.群馬大学教育実践研究，2013
　（30）：179-187；佐藤浩一，武井英昭.学習指導に関わる校内研修に対する教職大学院
　の支援［J］.群馬大学教育実践研究，2014（31）：153-162.
② 京都府総合教育センター，校内研修の充実に資する『出前講座』-学校の課題に即応
　し、授業改善につなかる研修方法として―［J］.中等教育資料，2011（12）：14-17.
③ 森協正博.校内研修としての授業研究の動向と新たな方略の提案―「学ひの共同体」
　論の検証を軸として―［J］.京都教育大学紀要，2014（125）：131-146.
④ 伊藤和衛.現職教育の再検討［M］.東京：教育開発研究所，1986：187.
⑤ 秋田喜代美.教師の力量形成［C］//日本の教育と基礎学力.東京：明石書店，2006：
　191-208.
⑥ 西穰司.若手を応援する気持ちを持ち、中堅の意思を活発に表明させ、ヘテランの経
　験・実績を尊重する［J］.総合教育技術，2005（6）：18-19.

在授课过程中凸显本校课题，体现实践的共性，观察者要依据教学事实推进课例研究；① 在课后研讨会上，参与者不能只是去评判公开课，而应从授课者身上学习长处，并且参与者应该尽可能在课前和课后对公开课内容进行"预习和复习"，以便能够与授课者在同样的立场上进行课例研究。② 除此之外，想形成自由且活跃的"组织学习"，教师自身必须不断重新认识自己的儿童观和教学观，具备自律钻研的精神，这关系到教师集体的动向。③ 同时，教师在日常教学中的个人反思也不能只停留在技巧层面，需进行探索自身潜力和发展可能性的"自我发现"活动。④

但是，随着时代的发展，教师的教育观也呈现多样化的状态，若是一味强调教师个人的自我研修，那么教师个人致力于研修活动的目标和学校的教育目标又有可能产生偏离，由此又会产生处理"教师研修观差异"的课题，即校内研修中协调难的问题。另外，从强化教师研修意识的角度提出的很多对策都带有预测和批评的取向，倡导"事在人为"的精神论，反而有可能让教师研修意愿减退，甚至产生负面效果。⑤

（三）改进校内研修的内容和方法

为解决校内研修容易陷入形式化、模式化的问题，充实研修内容和改进研修方法也是研究者们关注的一个重要方面。

如果能让校内研修的内容源于学校教学课题、密切结合日常教学活动，则可以避免校内研修的形式化问题。许多学者从这一角度，针对校内研修各环节需要改进和充实的内容提出了相关对策。如有学者指出，校内研修的研究主题左右着研修的内容和教师参与的意愿，为避免公开课偏离研究主题走入形式化、模式化的怪圈，在设定研究主题时，需要通过教职员群体商议以明确符合本校教学实际情况的课题，不能过于夸大虚空，应具有年度内可实现的目标指向，并能据此提出可能的解决方案或分解为若

---

① 吉永幸司. 授業者には、課題を明確にして分かりやすい授業を行い、さらに学校ての自らの役割を自覚することを目指させる [J]. 総合教育技術，2005（6）：16-17.

② 志水廣. 授業研究会ては、参加者に「長所伸展法」の目を持たせ、授業者と参加者に「予習と復習」をさせる [J]. 総合教育技術，2005（6）：26-28.

③ 古賀野卓. 学校における「組織学習」の考え方・進め方一校内研修の見直し一 [A]. 教職員の職能発達と組織開発 [J]. 東京：教育開発研究所，2003：26-29.

④ 黒羽正見. 授業改善を核にして同僚性をはくくむ [C] //教職員の職能発達と組織開発. 東京：教育開発研究所，2003：76-79.

⑤ 森協正博. 校内研修としての授業研究の動向と新たな方略の提案一「学ひの共同体」論の検証を軸として一 [J]. 京都教育大学紀要，2014（125）：131-146.

干层级课题。① 在准备公开课时，可由教师集体商定教案，并进行责任分担，这样既能够提高课后研讨会的质量，也可以提升授课者的参与意愿和成就感，从而使其能够敢于尝试，打破固有模式。② 在公开课前后的研讨会上，也应根据教师教学计划中的"学习目标、学习活动、学习课题、研究课题"进行探讨，在具备共同反思的依据和程序的基础上形成结论性观点。③ 为防止校内研修形式化，还有非常重要的一点：切忌将课例研究的焦点放在教学策略上，以防错失学科知识、课堂教学与学生学习的关联及其背后的社会文化关系；教师要着眼于学生学习的具体情况，将儿童的生活环境等背景也纳入教学实践中，协同进行互学互助的课例研究。④

如果在课例研究中采取更加严谨的科学研究方法，那么也可以令校内研修更加深入有效，远离模式化、形式化的问题。因此，也有很多学者从改进研修方法的方面着手，提出了一些改善校内研修的对策。在 20 世纪 90 年代，中留武昭等人就主张在课例研究中应记述包含研究目标、领域和作为假说的研究方法，这是将其发展为实证研究的有效策略，⑤ 以此来监测校内研修的效果，脱离浮于表面的仪式感。进入 21 世纪后，由于日本学生在 OECD 和 IEA（国际教育成就评价学会）等推行的国际学力测试中成绩下降，日本"学力低下"的呼声甚嚣尘上，社会更加关注学校教育教学的成果。原来企业用于改善业绩的 PDCA（Plan-Do-Check-Action）质量管理循环体系在校内研修中愈发受到重视，对于 PDCA 如何运用于校内研修中也有相关研究进行了详细阐述。⑥ 需要指出的是，将 PDCA 模式导入校内研修中，着眼于提高研修实践的效率，确实在某种程度上能够实现持续的改良循环，但也存在着将教育活动数值化，增加教师收集整理资

① 村山功. 成果の蓄積する「課題駆動型」校内研修の提案 [J]. 静岡大学教育実践総合センター紀要，2012（20）：213-222.

② 小林克樹. 校内研修における教師の協働か研修意欲に与える効果に関する事例研究 [J]. 教育実践研究，2013（23）：301-306.

③ 村山功. 授業計画に基つく授業分析の方法：授業計画時の意志決定を焦点にして [J]. 静岡大学教育実践総合センター紀要，2007（14）：95-102；村山功. 授業リフレクションによる授業研究：事後検討ゎて効果的に論点を出す方法 [J]. 静岡大学教育実践総合センター紀要，2008（16）：37-44.

④ 坂本篤史. 現職教師は授業経験から如何に学ふか [J]. 教育心理学研究，2007，55（4）：584-596.

⑤ 金子照輝，中留武昭. 教育経営の改善研究事典 [M]. 東京：学校運営研究会，1994：251.

⑥ 寺崎千秋. 確かな学力向上のための校内研修の推進 PDCAをとう生かすか [C] //高階玲治. 確かな学力向上のための指導 PDCA. 東京：教育開発研究所，2005：138-141.

料的工作量等问题。① 目前日本的校内研修几乎都是采取课例研究的方式，而且大多是遵循"假说—验证"的研究路径，但事实上，一线教师常常在此过程中产生徒劳感和负担感，根本原因在于教学本身的非系统性、自我言说性与观察测定的不适性等特征，使得其不适合采取这种自然科学方法，在实践中可能更应该做的是促使教学样态多样化而非深化。②

（四）改善校内研修的软环境

除了研究主题、研修形式与内容、公开课次数等对校内研修效果有影响之外，校内的"和""协作"等内部关系也在实质性地支撑着校内研修的运行。③ 要解决校内研修的协调难、形式化等问题，建设作为校内研修基础的学校软环境，也是不容回避的问题。正如有学者所指出的那样，"要推动教师进行研修，首先应该明确研修是在什么样的教师文化和学校文化当中进行，以及教师作为学校组织的一员是在哪些因素的促动下产生了研修动力"。④ 校内研修必须考虑教师所处的职场环境与文化，脱离日常教育教学实践的校内研修只会进一步加重教师工作繁忙感并影响研修的效果。⑤

日本曾有作为校内研修实施基础的"教师同僚性""教师团队"等教师文化的存在，但随着时代变迁，教师之间的合作正在不断弱化。⑥ 在进入 20 世纪 90 年代后，佐藤学等人推出"学习共同体（learning community）"概念，主张强化和活用教师的同僚性，从学校内部进行变革，打破充满闭塞感、仪式感的校内研修状况。这种作为"学习共同体"的学校并不从"应该如何"的立场出发去要求教师构建学习环境，而是把教师和学生共同缔造互学互助环境的过程作为变革主轴。佐藤学将实现教师与学生协同学习的课堂作为核心课题，在教育过程中兼顾质量与公平，

---

① 高木宏康，藤井基貴. 校内研修の歴史と研究動向 [J]. 静岡大学教育学部付属教育実践総合センター紀要，2010 (18)：93-103.

② 榊原禎宏. 校内研究における「仮説-検証」問題 [J]. 京都教育大学紀要，2013 (123)：171-181.

③ 伊津野朋弘，吉田浩，榎本和生，上野惠三. 教師の指導力形成要因に関する調査研究-校内研修とそれをささえる校内体制- [J]. 日本教育行政学会年報，1981 (7)：129-143.

④ 天笠茂. 教員研修の組織風土に関する基礎的考察：諸調査研究の分析をふまえて [J]. 日本教育行政学会年報，1981 (7)：115-128.

⑤ 神山知子. 研修における教師の多忙感受容を促す要因に関する考察-校内研修の「日常性」と「非日常性」を手かかりとして- [J]. 日本教育経営学会紀要，1995，37 (0)：115-128.

⑥ 藤原文雄. 人間関係調整力とチームマネシメント [C] //教職員の職能発達と組織開発. 東京：教育開発研究所，2003：8-91.

重视人与人之间、人与事物之间、事物与事物之间的关联性，加深学校与家庭、社区之间的协作，在此基础上管理学校，进行校内研修。①

在知识社会和终身学习社会背景下，"学习共同体"论在日本及国际上都引起了强烈反响。为了让新时期日本的教师协作文化再次焕发生机，构建校内研修的基础，许多学者基于"学习共同体"论提出确保和强化教师之间以及师生之间、生生之间交流的必要性。教师参与校内研修实际上是从融入一所学校的文化开始的，在校内研修中应塑造一种能够相互学习、相互协作的教师文化，进而形成一种所有人都能够相互学习的学校文化，并在此基础上形成以学校为中心的社区"学习共同体"。② 在进行"聚焦于学习者"的课例研究过程中，教师通过关注学生与教材、教师的联系，能够感受到学习的多样性，在课后研讨中授课者与参观者可以通过交流和回顾去反思所观察到的和思考的事实。③ 校内研修在可以活跃和丰富教师同事之间教学交流的同时，可以从侧面影响学生，让学生之间也形成互学的团体。④ 简而言之，文化是由人创造的，又会回塑人的心灵，文化是校内研修的基础与支撑。

"学习共同体"论不仅在理论研究上有长足的发展，在现实中也显示了因解决协调难而产生校内研修停滞等问题的可能性。但也有学者对"学习共同体"论能否提高校内研修质量提出了一些疑问，如：以"学"为关键词展开的教学是否能够实现高质量的教育；进行的大量公开课都以讨论学生的状态为中心，是否能够确保在教材研究和学科指导方面的"教师专业性"；"学习共同体"论能否为长期处于迷乱状态的校内研修带来有效的课例研究；等等。⑤

以上日本学者从多个角度提出的校内研修问题解决对策可以说涉及了校内研修的方方面面，堪称综合性对策。但需要指出的是，这些对策的提出并非一蹴而就，而是经历了一个发展的过程。这个过程一方面受校内研

---

① 佐藤学.「ハントラの箱」を開く＝「授業研究」批判 [J]. 教育学年報, 1992 (1)：63-88；佐藤學. 学校を変える [M]. 東京：小学館, 2003；佐藤学. 学校の挑戦 [M]. 東京：小学館, 2006；佐藤学. 学校を改革する [M]. 東京：岩波書店, 2012.

② 秋田喜代美. 学ひの心理学授業をテサインする [M]. 東京：左右社, 2012：187-219.

③ 秋田喜代美. 教師の専門性と校内研修のあり方 [J]. 初等教育資料, 2003 (10)：2-5.

④ 木原俊行. 教師か磨き合う「学校研究」[M]. 東京：きょうせい, 2006：11-12.

⑤ 石井英真. 授業研究を問い直す—教授学的関心の再評価— [C] //日本教育方法学会. 授業研究と校内研修—教師の成長と学校つくりのために. 東京：図書文化社, 2014：36-48；森脇正博. 校内研修としての 授業研究の動向と新たな方略の提案—「学ひの共同体」論の検証を軸として— [J]. 京都教育大学紀要, 2014 (125)：131-146.

修实践重点位移的影响，另一方面反映了研究者们研究兴趣的变化（见图5-4）。从日本学者针对校内研修中因共性要求和个性诉求的张力所引发的问题而提出的对策，可以看到两种不同取向的解决路径：一种是考虑在校内研修中保障共性要求的前提下如何兼顾个性诉求；另一种是通过谋求个性的发展与相互之间的合作来促进共性的形成。早期的研究者更多的是基于学校发展的立场，强调教师发展的共性需求，从加强学校的研修组织管理、提高每个研修者的研修意识以及改善研修内容和方法等角度建言献策；进入20世纪90年代后，研究者更多地站在教师的立场，强调教师的个性化发展，关注校内研修所需的现实条件，着眼于中小学教学一线、教师与学生的实际情况，力图通过重塑学校文化、强化教师合作来改善校内研修。

图 5-4　日本校内研修发展相关事项与研究动向年表

时间	相关事项	校内研修发展及相关研究动向
1947	教育基本法制定 日本教职员组织结成	学习指导法研修　　官方研修与自主研修的对立　　对管理人员的指导
1951	学习指导要领颁布	
1958	学习指导要领修订 →法定约束力	
1968	学习指导要领修订 →重视系统性 掉队、不正当行为问题	
1977	学习指导要领修订 →宽松教育	教育课题对策研修　　教师个体的技能提升　　教师的协同性
1989	学习指导要领修订 →新学力观、基础与基本	
1998	学习指导要领修订 →生存能力 顺应个性的教育	
2011	学习指导要领修订 →知识型社会、语言活动	

资料来源：高木宏康，藤井基贵. 校内研修の歴史と研究动向 [J]. 静冈大学教育学部付属教育实践总合センター纪要，2010（18）：93-103.

四、结语

以课例研究为主要形式的日本校内研修之所以受到国际社会的高度关注，在很大程度上是因为它在促进教师的个体发展与集体发展，教师发展与学生发展，学校发展的有机统一方面展现了巨大的优势和潜力。虽然说在学校教育的环境下，教师的发展特别是专业发展最终也是为了学生的发展、学校的发展，但是由于学校的教师群体是由处于不同发展阶段、有着不同兴趣和基础的教师组成的，所以教师个体的发展需求不尽相同。而由学校主导的校内研修则主要根据学校和学生发展的需要进行设计，更多体现的是对共性发展的要求。因此，校内研修就不得不面临如何处理教师个体的发展诉求（个性）与集体的发展要求（共性）之间的张力。这种张力的存在本身并非问题，如何面对并有效平衡这种张力才是问题的关键，日本校内研修的成败得失均与此密不可分。这种张力并非日本的校内研修所独有，而是所有校本研修都不得不面对的课题。日本在此方面的经验与教训值得我们认真研究汲取。

第 6 章

教育实习

第 *1* 节　中国高校师范生的教育实习：
课题与对策^①

　　中国教师教育自 20 世纪 90 年代开始进入重大转型期。虽然提高质量是贯穿 20 世纪 90 年代以来中国教师教育改革与发展的共同主题，但是大体上还是可以以 2005 年左右为界将这 20 多年中国教师教育的发展分为前后两个阶段：

　　第一阶段在中国的社会转型特别是经济体制由计划经济向市场经济转型以及基础教育课程改革的大背景下，中国教师教育发展的重点放在了教师教育体系改革方面，主要以西方教师教育为参照推进了教师教育开放化、高等教育化、职前与在职教育一体化等方面的改革，结构改革堪称这一时期教师教育改革与发展的主题词。^② 我们不妨将这一阶段称为"追赶型结构改革时期"。

　　第二阶段在构建和谐社会和建设创新型国家的大气候下，促进教育公平与提高教育质量的教育发展主题深深地影响了教师教育的发展。在此背景下，中国采取了如下一些政策措施：实施师范生免费教育政策，启动了全日制教育硕士研究生教育；推进教师教育标准体系建设（制定了《教师教育课程标准（试行）》，幼儿园、小学、中学和职业学校《教师专业标准（试行）》以及《师范类专业认证标准（试行）》）；实施教师资格制度改革（全面实施教师资格证书考试等）；强化师范生教育实践（比如大力推进大学与地方政府、中小学的合作，推进大学教师与中小学教师协同对师范生进行教育实践指导的"双导师制"，倡导顶岗实习、实习支教等）。总体而言，这一阶段教师教育的发展更多的是为了应对中国社会和教育发展面临的严峻现实问题，采取了一些回应型变革措施，也可以说是

---

　　① 本节系东北师范大学与日本东京学艺大学教师教育合作研究的成果，作者系饶从满，原文被收录于：岩田康之，三石初雄. 教員養成における「実践的」プログラム：中国の知見に学ぶ［M］. 東京：東京学芸大学出版会，2019。

　　② 饶从满.「中国における教師教育の改革動向と課題」『教員養成カリキュラム開発研究センター研究年報』［J］. 東京學芸大学，2007（3）：39-50.

在第一阶段结构改革的基础上重点进行了内涵建设。加强师范生教育实践能力培养的一系列政策举措就是内涵建设的重要组成部分。

客观而言，教育实习在近年来中国教师培养中的地位不断得到加强，为教师培养质量提升奠定了重要的基础。但是若对照专业教育的要求，尚存在不少课题需要解决。

一、遵循专业教育与终身教育的理念，科学合理地设定教育实习的目标任务

有效的教育实习首先取决于清晰明确并且科学合理的教育实习目标。教育实习是实习生在教师的指导下了解教育现实、体验教育实践、培养教育教学技能、形成教育理解、确立职业认同的过程。也就是说教育实习不仅是培养师范生教育教学技能的手段，更是师范生形成对教师职业专业认同的重要途径与机会；教育实习也不能仅仅关注帮助实习生顺利站稳讲台的所谓即效性，更要重视其对师范生未来作为教师的终身发展。然而反观中国高校的教育实习，尽管关于教育实习的目标都有明确的规定（这一目标是否在教育实习的实施过程中得到贯彻落实另当别论），但是在一些高校关于教育实习的目标规定中不难发现，很多是把教育实习当作培养师范生的教学技能，为其毕业后马上能够从事教学工作服务，而对于教师专业认同、专业愿景、专业伦理和精神等教师专业发展中的深层次问题未能给予关注。关注教学技能、关注短期效果的教育实习取向自然也未能就师范生作为教师的未来可持续发展给予应有的重视。

我们认为，在制定教育实习目标时，应该遵循两个基本理念：

第一，专业教育的理念。教师教育作为一种以培养专业人员为目标的专业教育，是一种"为了实践的教育"，即以服务和引领基础教育实践为目标的教育。而教师教育要达到服务和引领基础教育的目的，无疑需要把培养教育实践能力作为主要关切。教师培养必须使教师形成基本的教育实践能力，为此必须让学生做好两方面的准备：一是技术方面的准备，即要使师范生掌握开展教育教学所需的基本知识和技能；二是心理与精神方面的准备，即要使师范生形成教师职业是一个复杂的专业性职业的信念。关于前者的重要性无须赘述，而之所以强调要使学生形成教师职业是一个复杂的专业性职业的信念，是因为教育实践能力以"解决教育现实问题"为核心特征，而实际情境中面临的教育现实问题往往是非常复杂的，可是教育理论知识则往往是单纯的、概括的、简化的。这两者之间无法直接——

对应，问题解决者无法把先前所学的知识直接拿来一一应用。也就是说，教学工作所涉及的不只是知识、技能，还涉及就具体课堂情境下教什么、何时教以及如何教等做出个人判断。如果教师对此缺乏必要的心理和精神准备，就会出现不能适应实践的所谓"现实震撼"或"实践冲击"现象。而使师范生形成视教师职业为一个复杂的专业性职业的信念，不仅可以使师范生做好必要的心理准备，也可以使其形成成为反思型教师的必要意识。因为有了这样的信念，师范生就可能会把教师工作视为一种只可以不断地加以改进，却不可以"掌握"的"持续的探究"。[①]

第二，终身教育的理念。教师发展是一个终身的过程。因此，教师教育应该是终身的。将教师教育视为终身教育，不仅仅意味着教师教育长度的增加和重心的后移，即在职前教育的基础上增加并重视入职教育和在职教育，更为重要的是它强调教师教育要打破职前教育、入职教育、在职教育各自为政、相互割裂的局面，发展成为一个内部各阶段在功能上各具特点同时又相互关联、相互补充、相互作用的结构体。为此，各阶段的职能分工和定位至为关键，因为职能定位是融合的前提，没有明确的职能分工和定位也就谈不上有效的融合。[②] 按照终身教育的理念，教师培养阶段（职前教育阶段）只是为教师发展奠定一个基础。这个基础不仅包括前面所述的基本教育实践能力，还应包括可持续发展的能力，因为作为教师所需的很多素质是需要在参加工作之后通过实践和在职学习来发展的。正因为许多能力和素质需要在参加工作之后发展，可持续发展能力更显其重要性。而对于教师的可持续发展而言，反思的意识和能力培养至为关键。教师只要具备了反思的意识和能力，就会持续不断地对自己乃至同事的实践进行反思，而为了反思，就会主动地从各种渠道汲取信息，充分利用各种资源，这在客观上就决定了反思型教师必然是终身学习者与研究者。换句话说，反思的意识和能力就是一种可持续发展的能力。教育实习作为教师培养阶段的重要环节，不仅要关注基本教育实践能力的培养，更要重视师范生反思意识与能力的培养。

---

① Hoban G F. The Missing Links in Teacher Education Design: Developing a Multi-linked Conceptual Framework [M]. Springer, 2005: 6.

② 张贵新，饶从满. 关于教师教育一体化的认识与思考 [J]. 课程·教材·教法，2002 (4)：58-62.

二、树立立体思维，推进教育实习的体系化建设

教师教育作为一种专业教育，具有鲜明的实践性。正因教师教育具有如此鲜明的实践性，针对以往教师教育有所谓过于"理论化"倾向，近年来许多改革都把凸显教育实习在教师教育中的地位作为改革的重点，而且多以增加教育实习的时间为前提。然而需要指出的是，在教师培养时间确定的前提下，仅靠增加实习的时间是存在局限的。而且除了实习时间的长短问题之外，实习的内容和时机也至关重要，而更为重要的是理论与实践的融合问题。而这就需要我们从长度、宽度和深度三个维度去立体化地思考教育实习。

第一，教育实习的长度。师范生教育实践能力的培养需要有一定的教育实习时间作为保障。中国教育部自 2011 年以来一直不断地推进师范生到中小学的教育实践不少于一个学期的制度。但是就现状而言，由于经费有限，再加上许多中小学不愿接受实习生长期实习等因素，真正能够推行一学期教育实践的高校并不多。即使在实施一个学期教育实习的高校里，学生在这一个学期里真正获得的锻炼机会也很有限。也有的高校将学生送到偏远的农村地区中小学，以实习支教的方式进行顶岗实习，获得了大量的锻炼机会，但是他们往往难以获得有效的、高质量的实习指导，教育实习的质量也无法得到有效保障。教育实习的时间到底应该多长合适？虽然迄今为止的研究尚无定论，但是有一点可以肯定的是，并非时间越长就越好，因为教育实习虽然是师范生教育实践能力培养的必要条件，却非充分条件。因此，今后应该进一步加强研究，探索教育实习时间的合理长度。

第二，教育实习的宽度。教育实习的质量不仅取决于教育实习的长度，还与在什么样的环境下开展什么样内容的教育实习有关。教师工作具有情境性和复杂性。因此，教育实习应有足够的宽度。教育实习的所谓宽度至少包含两个方面的含义：（1）教育实习的内容除了教学实习之外，应该包括师德体验、班级管理实践、教研实践等；（2）教育实习的环境应该具有足够的多样性，即师范生应该尽可能到不同环境的学校和班级进行教育实习，从而更好地理解中小学教育的复杂性与多样性，并做好相应的心理准备。从这两方面来看，中国目前许多高校的教育实习还存在一定的问题。首先，从教育实习的内容来看，教学实习受到了高度的关注，这无可非议，但是师德体验、班级管理实践和教研实践等没有获得足够的关注。其次，关于教育实习环境的多样性，绝大多数高校并未充分考虑这一点，

或者考虑到了这一点，因为实施起来较为困难而作罢。因此，师范生基本都是在一个学校环境下进行教育实习，没有充分的机会去认识中国基础教育的复杂性。在此方面，东京学艺大学的基础实习（在大学附属学校进行）＋应用实习（在实习生的母校进行）的做法值得我们借鉴。

第三，教育实习的深度。教育实习安排的时机也同样重要，因为它关涉教育实习的深度——理论与实践之间的有机融合问题。而理论与实践的有机融合，是教师教育作为一种专业教育的核心。[①] 令人欣喜的是，越来越多的人认识到理论与实践融合问题的重要性，也意识到要实现理论与实践的融合，需要"理论与实践的循环往复"（如"见习——实习——研习"的安排）。然而，这种"理论与实践的循环往复"式教育设计和安排，在绝大多数情况下依然停留于"理论＋实践＋理论……"的加法思维，并不能真正起到理论与实践融合的作用。

那么如何才能真正实现理论与实践的融合呢？芬兰教育部 1983 年的一份工作小组报告对我们极具参考价值。该报告高度重视教师培养方案整体设计的重要性，认为教师培养方案的设计必须超越具体的课程设置，要有一定的顶层设计。教师教育共同体的所有成员都应该理解教师教育的总目标以及培养方案设计背后的理论背景，并且将培养方案视为一个整体。基于如上认识，工作小组总结了关于理论与实践整合的一般原则，主要如下：[②]（1）整合的过程应该从教学的具体方面开始，逐步发展到整个模块。但是首先要让学生了解整体模块的构成以及各个构成模块的功能。（2）教师培养方案中的课程应该详细说明理论学习与各实践学习阶段之间的联系。每个实践学习阶段都应该有不同的目标和性质，负责理论教学和实践指导的教师教育之间应该紧密合作。（3）实践应该尽早开始。理论和研究结果应该有助于理解实际教学情境中出现的问题。（4）理论学习与教学实践之间的相互作用应该是持续的。实践应该被分割成若干实际的部分。成为一名教师是一个长期的成熟过程，不可揠苗助长。（5）在大学附属学校和普通中小学的教育实践应该以有意义的方式交替进行。比如理论学习与教育实习的整合应该更多地安排在大学附属学校而不是一般中小学进行。实践的性质及其目标决定了理论学习如何与在大学附属学校或一般中小学

① 佐藤学.『専門家として教師を育てる』［M］.東京：岩波書店，2015：74.

② Hytönen J. The Development of Modern Finnish Teacher Education ［M］// Tella S. Teacher Education in Finland：Present and Future Trends and Challenges. Helsinki：University of Helsinki，1996：1-10.

的实践进行整合。以上原则概括起来，不外乎两个方面：（1）教育实践应该体系化并且贯穿教师培养全过程；（2）教育实践应该与教师培养的其他要素构成一个整体，以便使理论与实践循环往复、相互促进。

因此，高校应切实采取措施将教育实践贯穿教师培养全过程，系统设计教育实践课程、分阶段设定教育实践的目标与内容，统筹规划教育实践课程与其他课程的安排，精心组织体验与反思，有效促进理论与实践的有机结合。

三、切实落实"双导师制"，进一步提高教育实习指导质量

教育实习是师范生在教师的指导下循序渐进地开展的教育实践。因此，教育实习的质量在很大程度上也取决于实习指导的质量。而在实习指导中，大学指导教师与中小学指导教师之间的合作指导，更被认为是保障教育实习质量的重要法宝。威尔逊（Wilson S M）、弗罗登（Floden R E）和费里尼-马恩迪（Ferrini-Mundy J）等人的研究也显示，教育实习中实习教师与指导老师之间的合作能够对实习教师产生实质性影响。① 东北师范大学自 2007 年开始探索基于 U—G—S 模式的教育实习，其中一个主要做法就是派出大学指导教师长驻实习学校，与中小学指导教师协同对实习生教育进行全程全方位指导。有研究显示，这种双导师指导富有成效。② 鉴于双导师指导的意义，中国教育部近年来一直在大力推进各高校实施双导师教育实习指导制度。但是从各高校的教育实习指导特别是双导师指导的实际情况来看，还存在不少问题：

第一，在高校指导教师方面，主要存在如下问题：（1）合格指导教师的数量严重不足。符合教育实习指导教师素质要求的应该是责任心强、教育教学经验丰富、熟悉中小学教育教学实践的教师。而最适合承担教育实习指导工作的应该主要是学科教法教师。但是自 20 世纪 90 年代中期以来，伴随师范院校的综合化，学科教法教师的数量在一定程度上减少，远远不能满足教育实践指导的需要。在此情况下，各高校只能以学科专业的教师来弥补学科教法教师的不足。在数量不足的背景下，高校无暇考虑实

① Wilson S M，Floden R E，Ferrini-Mundy，J. Teacher Preparation Research：Current Knowledge，Gaps and Recommendations［R］. A Research Report Prepared for the U. S. Department of Education by the Center for the Study of Teaching and Policy in Collaboration with Michigan State University，2001. ［EB/OL］［2011-01-03］. http：// depts. washington. edu/ctpmail/PDFs/TeacherPrep-WFFM-02-2001. pdf.
② 蹇世琼，饶从满. 教育实习中实习生教学能力发展的调查研究：基于 D 师范大学的调查［J］. 教师教育研究，2012（1）：73-79.

习指导教师的资质，更谈不上制定并执行严格的实习指导教师遴选标准。而且虽然一些高校在实习前都会召开实习动员会，并开展某种形式的实习指导培训，但是许多学科专业教师不仅不了解基础教育实践，甚至对教育实习指导的目标、内容和方式以及教育实习在教师培养中的地位和作用都并不是十分清楚。（2）教师承担教育实习指导的积极性不高。由于高校的评价体系偏重科研业绩的缘故，包括学科教法教师在内的高校教师对承担教育实习指导特别是长住实习学校进行教育实习指导的积极性不高，因此投入度受到影响。由于上述原因，高校教师的实习指导质量大打折扣。

第二，在中小学指导教师方面，同样也存在一些问题，突出表现在以下两点：（1）无严格的指导教师遴选标准。并非所有的中小学教师都能胜任教育实习指导工作，能够承担教育实习指导任务的中小学教师应该是教学经验丰富、教学水平高，并且责任心强、具有指导能力的教师。因此，指导教师的遴选非常重要。然而，在中小学接受实习生积极性不高、中小学教师参与教育实习指导意愿不强的背景下，高校期望遴选中小学指导教师的愿望难以实现，因此，也谈不上制定并执行严格的指导教师遴选标准。（2）缺乏中小学指导教师培训。尽管有相当一部分中小学教师对实习指导尽心尽责，但是由于他们中的许多人不了解高校关于教师培养的总体设计，不清楚教育实习的目标、内容和方式等，因此实习指导质量受到严重制约。从世界各国特别是发达国家的教育实习指导实践来看，许多国家都有针对中小学教育实习指导教师的培训安排。在中国，虽然作为对中小学接收实习生的回报，许多高校安排有针对中小学教师的培训（如"置换培训"），但这些培训基本上只是着眼于教师自身的专业发展而并没有关注教育实习指导能力的培训。中小学教师教育实习指导能力的发展完全依靠自身在指导实践中的自我摸索。

第三，大学指导教师与中小学指导教师之间的合作关系有待加强。教育实习的重要作用在于促进理论与实践的有机结合。而在这个过程中，代表理论的大学指导教师和代表实践的中小学指导教师之间合作关系的建立与维持，对于教育实习质量的保障至关重要。然而，在很多教育实习指导中，经常会出现这样两种情况：一是大学指导教师与中小学指导教师之间缺乏有效沟通，给予实习生的指导意见不一致甚至尖锐对立，导致实习生无所适从；二是为了回避矛盾，大学指导教师放弃指导责任，把实习指导全部交给中小学指导教师，或者当指导意见不一致时，让学生遵照中小学指导教师的意见。这两种情况显然都不利于教育实习质量的提升。如何在实习生、大学指导教师、中小学指导教师三者之间建立良好的合作关系，需要给予重视并进行进一步的探索。

四、加强研究，完善教育实习评价体系

教育实习评价是检验教育实习效果和测量实习生教育实践能力的重要依据，对教育实习活动具有导向、激励、发展、调控和监督功能。但是，从目前的教育实习评价来看，还存在一些问题甚至是难题。突出表现在以下两个方面：

第一，评价的目的有偏颇。迄今为止，中国高校盛行的教育实习评价常常关注的是对实习生最终实习成绩的判定和等级划分，而忽略了对实习生教育实习过程表现的评价和素质能力提升程度的评价。也就是说，目前的教育实习评价更多地凸显的是其终结性评价和相对评价的功能，而忽视了其形成性评价和绝对评价的功能。这也意味着我们的教育实习评价实际上丧失了它在教育实习过程中应有的发展功能。

第二，评价体系不健全。从目前来看，绝大多数高校的教育实习评价体系都不健全，难以实现对实习生的客观和全面评价：（1）在评价主体方面，虽然高校一般都强调评价主体的多元化，但是主要还是以指导教师的评价为主，对实习生的自我评价和相互评价重视程度不够，没能够充分发挥评价对实习生自主发展的引导作用。（2）在评价内容方面，绝大多数高校都把教学实习、班级管理实习和教研实习作为主要评价内容，但是主要是根据有形的或者外在的行为表现来进行评价，而对于实习生的师德修养、专业认同等无形的或内在的品质关注不够。（3）在评价标准方面，由于客观性和可操作不足，使得评价者难以把握评价的尺度，造成评价具有较大的主观性和随意性，严重影响教育实习评价的信度和效度。

教育实习评价问题是一个难题，需要通过深化研究来加以解决。今后特别需要加强对教育实习评价体系的研究，以建立健全以指导教师评价为主、兼顾同伴评价、自我评价的多主体参与评价制度，并且有必要探索建立师范生成长跟踪数字化档案库，全方位、系统地评价师范生的教育实习表现。

五、注重协同，构建教育实习保障的长效机制

教育实习的有效实施需要高校建立和健全教育实习工作管理组织体系和制度保障，建立教育实习经费的持续保障机制，建立健全评价激励机制，引导和激励教师深入基础教育一线，了解基础教育，并积极参与教育

实习指导工作。做到这些绝非轻而易举，但绝大部分是高校通过自身努力可以解决的事情。而对于高校的教育实习工作而言，目前更难的是教育实习基地建设工作：是否拥有数量充足、长期稳定的教育实习基地？实习基地能否为实习生提供合适的实习岗位、充分的锻炼机会、优质的实习指导和安全健康的实习环境？这些都是困扰高校的难题。高校虽然与许多中小学签订了教育实习基地协议，但是很多停留在纸面上，而且实习基地即使接受了实习生，实习生也难以得到充分的锻炼机会和优质的实习指导。要解决这些难题，需要大学与中小学以及地方政府之间有效的协同合作。东北师范大学自 2007 年开始的 U—G—S 模式探索的一个重要目的就是为了解决教育实习难的问题。而 U—G—S 模式的经验就在于它探索了一条大学与地方政府、中小学合作共赢的道路。在教育部大力推广 U—G—S 模式经验的政策背景下，近年来各高校也在积极探索符合各校实际的合作模式。然而要使 U—G—S 的三方合作超越形式，形成长效机制，还需要认真思考并有效解决如下两个问题：

第一，组织层面的合作成本-效益问题。合作需要合作方在人力、物力、时间等方面付诸一定的投入，而资源又总是稀缺的，因此，合作的成本-效益也是影响 U—G—S 模式可持续性的重要因素。从高校的角度来看，教师培养、教育研究和为基础教育服务（教师研修）之间是否能够有机结合、相互促进，是关系到 U—G—S 模式可持续性的关键。目前来看，教师培养与教师研修以及教育研究与教师培养之间的关系，离有机结合和相互促进的状态还有较大的距离。从中小学的角度来看，实习指导（教师培养）与中小学教师的专业发展、学校改进如何有机结合起来，也是一个需要进一步探讨的问题。

第二，个体层面的合作意愿和能力问题。U—G—S 模式的实施，不仅取决于合作方组织层面的意愿，更要靠组织内部的有关个体，特别是大学与中小学的教师来具体落实。如果教师缺乏积极参与的意愿和能力，无论组织的合作意愿多么强烈，都难以期待合作的有效性和可持续性。而目前来看，无论是大学教师还是中小学教师，其参与合作的意愿和能力都有进一步提升的空间。对于大学教师来说，他们中很多人是出于学校的要求，把参与合作作为不得不完成的任务来对待。对于中小学教师来说，他们中有很多人也是因为教育局和学校的行政安排而投入其中的。也就是说，很多人并非出自主体和内部的需要而积极参与合作的。这一问题若不能得到有效解决，很可能会影响 U—G—S 模式的长效性。

第 2 节　教育实习中实习生教学能力发展的调查研究①

一、问题的提出

教育实习是培养师范生教育实践能力的重要途径，是教师培养中谋求理论与实践融合的关键环节。因此，近年来世界各国进行的教师教育改革均把教育实习作为改革的重点，所采取的措施主要不外乎两方面：一是延长实习时间，提高教育实习在教师培养中的比重；二是改革实习模式，提高实习的质量。中国各教师教育机构特别是部属师范大学近年来纷纷与地方政府和中小学合作，建立教师教育创新实验区，积极进行教育实习模式的改革，教育实习时间多为 6～8 周。

东北师范大学在强化校内实践教学环节的同时，是较早开展教师教育创新实验区建设的部属师大之一，自 2007 年开始就与周边 3 省教育厅签订合作协议，建立教师教育创新实验区，探索大学与地方政府和中小学合作的办学模式。根据协议，东北师范大学师范生的教育实习被安排在 3 省 23 个县的 100 所中学里进行。为了确保实习生有较充分的教育实践特别是教学实践的机会，以及在每个教育实践环节都能得到大学指导教师与实习学校指导教师的有效指导。采取了"县域集中、混合编组、巡回指导、多元评价"的教育实习模式，② 实习持续时间是 6 周。

本节拟以东北师范大学的教育实习模式为背景，从师范生的教学能力（教育实践能力的核心维度）出发，具体回答以下问题：第一，通过教育

---

① 本节作者系骞世琼、饶从满、回俊松，本节曾发表于《教师教育研究》2012 年第 1 期。
② 所谓"县域集中"，是指在每个县城选择 2～3 所学校作为实习基地；所谓"混合编组"，是指每个学校安排 15～20 名不同学科（通常 3～4 个学科）的实习生；所谓"巡回指导"，是指在每个实习学校都安排一位大学教师（以课程与教学论教师为主）进行全程指导的同时，由在同一县城担任指导的大学教师在本县城的几所实习学校之间针对本学科实习生巡回进行更有针对性的指导；所谓"多元评价"，是指实习生的实习成绩根据实习学校的指导教师、大学指导教师和实习小组的评价进行综合评定。

实习，实习生的教学能力是否有明显提高？第二，通过教育实习，实习生在教学能力的哪些方面发展比较好，哪些方面有待加强？以探讨东北师范大学新教育实习模式的有效性及其有待改进之处。

二、研究方法

（一）问卷调查

1. 研究对象的选取

本研究以东北师范大学 2006 级 300 名师范生为调查对象，前后进行两次问卷调查。第一次调查在实习生进入教育实习 1 周（进入听课、备课环节）时进行，回收有效问卷 233 份；第二次问卷调查在实习结束后进行，回收有效问卷 281 份。2009 年，东北师范大学的实习生总数是 1200人左右，两次问卷调查的样本均占总体的 20％以上，能有效地代表东北师范大学的总体情况。

2. 问卷的编制

本研究将教学能力分成教学认知能力、教学实施能力和教学反思能力三个维度（分别对应课堂教学的课前、课中、课后三个阶段），并参考何雪利（2007）[1]、王宪平（2009）[2]、James D. Klein（2007）[3]、J. Michael Spector（2007）[4] 等对教学能力的具体陈述，设计了由 36 个项目组成的问卷。其中，项目 1～9 属于教学认知能力维度，主要包括课前对课程内容的准备、教学方法的设计等方面的能力；项目 11～28 属于教学实施能力维度，主要包括与学生互动、课堂纪律维持、学科知识传授、语言表达等方面的能力；项目 29～35、39、40 属于教学反思能力维度，主要指实习生对教学、教育活动进行理性反省的能力，强调实习生对教学活动的自我认知、陈述及批判。每个陈述均采取 Likert 自评 5 级评分方式进行计分。

---

① 何雪利. 职前教师教学基本能力的培养方案研究 [D]. 杭州：浙江师范大学，2007.

② 王宪平. 课程改革与教师教学能力发展 [M]. 北京：学林出版社，2009：96.

③ James D，Klein J，Spector M，et al. 教师能力标准 [M]. 顾小清，译. 上海：华东师范大学出版社，2007：86-89.

④ Thomasian M. Book Reviews：The Wisdom of Practice：Essays on Teaching，Learning，and Leaning to Teach [J]. Catholic Education，2007（12）：250-252.

3. 信度效度检验

对有效问卷进行信度检验，教学认知能力 Alpha＝0.6300；教学实施能力 Alpha＝0.8006；教学反思能力 Alpha＝0.7032；总的教学能力 Alpha＝0.8597。说明调查问卷的内部一致性水平较高，研究结果具有较高的可靠性。

从教学能力各个维度之间及其与教学能力总分之间的相关关系来看（表6-1），教学能力各维度之间呈中等偏低的相关，表明各个维度之间具有一定的独立性；而各维度与教学能力总分的相关基本上都达到了偏高的相关，表明各个维度较好地反映了教学能力所要测查的内容。说明本问卷具有较好的结构效度。

表6-1　教学能力各维度之间及其与教学能力总分之间的相关系数矩阵

	教学能力	认知能力	实施能力	反思能力
教学能力				
认知能力	.78＊＊			
实施能力	.92＊＊	.58＊＊		
反思能力	.80＊＊	.51＊＊	.58＊＊	

注：其中，＊＊表示 $p < 0.01$。下同。

（二）访谈调查

在初步分析问卷调查结果的基础上，在实习结束后，选取文理科各3名实习生作为对象，采用 QQ 或者面谈的方式进行访谈。涉及以下内容：教育实习期间，教学能力是否有明显提高？主要体现在哪些方面？实习过程中和实习结束后的反思主要采取什么方式？都反思什么？自己对于实习期间最满意、最不满意的一堂课是什么？为什么这么认为？等等。

三、研究结果与讨论

（一）教学能力发展的显著性分析

从两次问卷调查的 t 检验结果（表6-2）来看，实习生的教学能力在实习后有明显的提高。访谈资料也证明了这一点，在参与访谈的6名实习生中，当被问及"教学能力是否有明显提高？"时，基本上都会很坚定地回答"肯定有"。

　　"教育实习时，我不但实地体验了（师范）学习的教学基本技能，上课时的各种姿势、教学语言也都得到了很大强度的训练，并且加深了对学科基本知识的进一步理解。"（摘自实习数学学科的学生 A 的访谈记录）

　　实习生的教学能力有非常显著的提高，虽说与实习生在参加教育实习之前的理论课程学习以及其他教育实践环节的培养（比如微格教学、教育见习）等分不开，但实习本身的组织良好也是重要原因。首先，在新的教育实习模式下，虽然总的实习持续时间并没有延长，但是在有限的时间里，实习生的教育实践机会特别是上课次数得到了保证。曾有调查显示，东北师范大学有 91.5% 的实习生讲课时数超过 12 节，每个实习生平均讲课时数达到 16.9 节，[①] 这与新教育实习模式实行之前每个实习生实际授课时数平均在 8 节以下有了天壤之别。本次调查也显示，有 75% 以上的实习生讲新课次数就每人超过了 10 节。较充分的实践机会为确保教育实习目标的达成奠定了坚实的基础和前提。东北师范大学将实习学校选定在县城而不是省城或农村（由于中国目前的城乡教育资源配比差距，选择省城学校虽然可以使实习生得到较好的实习指导，但是往往难以保证实习生有充分的教学实践机会；选择农村学校虽然可以确保充分的教学实践机会，却难以保证实习生得到有效的实习指导），这既为实习生提供了较充分的实践锻炼机会，又确保了实习生能够得到更为有效的实习指导。

表 6 - 2　实习生教学能力发展的 t 检验

维度	调查时期	平均数	标准差	t 值
教学能力	实习初	3.79	0.37	−6.03 * *
	实习后	4.06	0.35	
认知能力	实习初	3.81	0.45	−10.27 * *
	实习后	4.18	0.34	
实施能力	实习初	3.78	0.44	−4.82 * *
	实习后	3.96	0.39	
反思能力	实习初	3.78	0.44	−5.63 * *
	实习后	4.04	0.59	

---

　　① 董玉琦，侯恕. 教育实习实地研究 [C]. 长春：东北师范大学出版社，2008：375.

对于教育实习来说，除了充分的实践机会之外，实习指导对于确保实习质量至为关键。Suzanne M. Wilson & Robert E. Floden（2001）[1] 等的研究揭示，教育实习中实习教师与指导教师之间的合作能够对实习教师产生本质性的影响。Karen Goodnough & Pamela Osmond（2008）[2] 等和 Cheryl Sim（2005）[3] 也认为良好的三角关系能提高教育实习的效果，而且有助于培养实习生的合作能力。在东北师范大学这种"县域集中、混合编队、巡回指导、综合评价"的实习模式下，实习生、大学指导教师和实习学校指导教师三者之间建立了良好的合作关系（以下称"三角关系"），为有效的实习指导提供了保证。通过对涉及实习生、大学指导教师、中学指导教师三者之间合作情况的项目与实习生教学能力的相关分析（表 6-3）可以发现，在教育实习期间，三角关系与实习生的教学能力发展呈现显著的正相关关系。访谈也证实，实习生从第一次备课、上课到反思活动等每个环节中，都有实习指导教师的反复指导。

表 6-3　三角关系与教学能力发展的相关性分析

变量	调查时期	样本	r 值
教学能力与三角关系的关系	实习初	233	0.49 * *
	实习后	281	0.47 * *

（二）教学能力各维度发展的具体分析

1. 教学认知能力、实施能力、反思能力三个维度之间的均衡性分析

在实习生教学能力得到显著发展的同时，各个维度的发展是不平衡的（见表 6-2）。与实习初期相比，实习后实习生教学能力各维度的提高程度分别是（计算公式：教学能力各维度的实习后平均值减去实习初平均值，并除以实习后与实习初的标准差的和的二分之一）：教学认知能力 0.939；教学实施能力 0.430；教学反思能力 0.515。可见，教学认知能力的提高

---

① Wilson S M，Floden E R，et al. Teacher Preparation Research：Current Knowledge，Gaps，and Recommendations [R]. Center for Study of Teaching and Policy，2001：2.

② Karen Goodnough，Pamela Osmond，David Dibbon，et al. Exploring a Triad Model of Student Teaching：Pre-service Teacher and Cooperating Teacher Perceptions [J]. Teaching and Teacher Education，2008（10）：285-296.

③ Sim C. Preparing for Professional Experiences-incorporating Pre-service Teachers as Communities of Practice [J]. Teaching and Teacher Education，2005（07）：77-83.

最为明显，其次是教学反思能力，最后是教学实施能力。

教学认知能力主要体现课前的准备情况，是教学能力的基础，包括对课程的熟知情况、教学方法设计、对学生的了解等方面（申继亮，王凯荣，2000）。[1] 实习生教学认知能力提高最为明显，或许与以下两点有关：第一，东北师范大学的教育实习中非常重视教学认知能力的培养。在东北师范大学的教育实习模式中，第 1 周就是专门针对实习生教学认知能力的备课环节实习。让实习生在听课的基础上再自己备课，这期间实习学校指导教师和大学指导教师都会针对实习生的教案进行点评，提出意见、建议，并组织其他实习生一起参与讨论教案。第二，教学认知能力处于教学的预期阶段，也是教学能力中"技术"性最强的维度，不像教学反思能力和教学实施能力那样必须在实际的教学情境体验下才能得到发展，所以，"机械"性较强，容易在一定时期内得到明显的提高。

从 20 世纪 80 年代开始，人们对教师角色的认识经历了"工匠型技术人员"到"反思性实践者"的转变。[2] 现在，各师范大学也十分重视师范生反思能力的培养，这也是东北师范大学的实习指导非常强调的一个环节。每次听课、授课之后，指导教师都会组织相关实习生一起讨论，反思得失，总结经验与教训。在整个教育实习结束后，实习小组和全班性的反思也是教育实习的重要组成部分。另一方面，教学反思能力的发展又必须以一定的教学实践体验为基础和前提。实习生在教育实习之前少有实际体验教学的机会，反思能力发展的基础也较为薄弱，因此经过教育实习，实习生反思能力的发展比较明显也就不难理解。

对于教学实施能力的发展来说，必须基于一定的教育实践活动和实际情景中。调查显示：东北师范大学的实习生有 93.5％以上参加过微格教学，其中有 35.1％参加过 5 次以上的微格教学；有 79.7％的实习生做过家教。加上东北师范大学定期举行的教师技能大赛、教育见习活动等教育实践活动，为师范生的教学实施能力打下了良好的基础，使得实习生在参加教育实习前已经具备一定的教学实施能力，因此教学实施能力的提高不及其他两个维度明显。

2. 教学认知能力各方面的发展情况分析

对教学认知能力各方面进行 t 检验发现（表 6-4），实习生在熟悉教

---

[1]　申继亮，王凯荣. 论教师的教学能力 [J]. 北京师范大学学报（人文社科版），2000（1）：64-71.

[2]　佐藤学. 课程与教师 [M]. 钟启泉，译. 北京：教育科学出版社，2003.

学内容、了解学生以及选择教学方法的能力等方面有明显的提高，而在确定课堂教学目标和与生活联系起来进行备课的能力方面则没有什么提高。实习生在熟悉教学内容、了解学生以及选择教学方法的能力等方面有了明显的提高，符合预期，不需要做过多解释。而对于教育实习在提高实习生确定课堂教学目标和与生活建立联系的能力方面发展不明显则有必要进一步分析。

确定课堂教学的目标是成功开展教学的先决条件，是备课的重点之一。而课堂教学目标的确定，必须建立在对课标、教材和学生的综合分析，尤其是对课标的深刻把握基础上。虽然调查显示实习生实习之后的教学目标确定能力与实习初相比没有提高，但这并不代表实习生的课堂教学目标确定能力低，而恰恰相反，从实习初期和实习后的平均数均维持在 4 以上可以看出，实习生在进入实习之前就具备了较高的教学目标确定能力。这可能与东北师范大学的课程教学中注重课标解读和教材分析有很大关系，使得师范生在实习前受到了很好的确定教学目标的训练。

表6-4　实习生教学认知能力各维度发展的 t 检验

序号	项目陈述	调查时期	平均数	标准差	t 值
1	确定课堂教学目标能力（1 个项目）	实习初	4.07	0.71	.72
		实习后	4.03	0.69	
2	教学内容熟悉能力（4 个项目）	实习初	3.63	0.56	−11.19＊＊
		实习后	4.14	0.46	
3	了解学生的能力（1 个项目）	实习初	3.41	0.88	−10.31＊＊
		实习后	4.18	0.80	
4	教学方法选择能力（1 个项目）	实习初	3.88	0.82	−7.61＊＊
		实习后	4.38	0.68	
5	与生活联系起来备课的能力（2 个项目）	实习初	2.20	0.75	−.296
		实习后	2.11	0.57	

正如 Deborah Loewenberg Ball & G. Williamson McDiarmid （2011）[①] 所

---

① Ball D L, McDiarmid G W. The Subject Matter Preparation of Teachers ［EB/OL］. ［2011-06-20］http：／／www. Google. com. hk..

指出的那样，在职前培养阶段，教师知识的准备不仅仅是学科的内容知识，还包括对学科的思想、信念、历史等内容的深刻理解，因为教学的目的不仅仅是传授那些可传授的理论知识，还要鼓励学生自己参与到知识的获得过程中，即将学生的日常生活与学习联系起来，这样才能更好地激发起学生的学习兴趣。作为一名合格的教师，不仅仅要对执教学科知识的内在逻辑有一个清晰的把握，更需要把执教学科知识放在更大的背景中，理解所教学科知识与相关学科和社会生活之间的联系。而从表 6 - 4 可以看出，实习生与日常生活联系起来进行备课的能力没有提高。不仅如此，从平均值来看，无论是实习初期还是实习后的平均数均在 2.1、2.2 这样的低水平上。这说明实习生联系日常生活教学备课的能力处于较低水平。而这一点至少反映了实习前的教师培养上或许存在如下问题：第一，旨在拓宽师范生宽广的人文、社会和自然科学视野的通识教育没有充分发挥作用；第二，学科知识的教学中与相关学科的联系可能不充分。

3. 教学实施能力各方面的发展情况分析

表 6 - 5　实习生教学实施能力各项维度发展的 t 检验

序号	项目陈述	调查时期	平均数	标准差	t 值
1	课堂纪律维持能力（4 个项目）	实习初	3.65	0.64	$-7.25**$
		实习后	4.02	0.47	
2	教育机智（4 个项目）	实习初	3.51	0.56	-0.97
		实习后	3.55	0.51	
3	一般语言表达能力（2 个项目）	实习初	3.63	0.66	$-4.29**$
		实习后	3.93	0.67	
4	与学生互动的能力（5 个项目）	实习初	3.84	0.51	$-4.42**$
		实习后	4.03	0.44	
5	学科知识传授能力（3 个项目）	实习初	3.96	0.59	1.33
		实习后	3.89	0.59	

表 6 - 5 表明，实习生的教学实施能力中，课堂纪律维持能力、一般语言表达能力、与学生的互动能力有明显提高，而教育机智、学科知识传授能力发展不明显。访谈也从一个侧面证明实习生的教育机智、学科知识传授能力还有进一步提升的空间：

"我是来自湖北的，高中时候的数学挺好的，我觉得初中的数学简直没有什么学法，但是不幸的是我实习的年级是初中，那些这么简单的数学题，换为我的话几下就懂了，但是无论我怎么努力地讲，这些学生就是不懂。这种学生听不懂，自己却已经讲清楚的感觉一直持续到了实习结束。"（摘自实习生 E 的访谈记录）

"我上到近 30 分钟时，新课讲完了，出了一道练习题让学生做，结果叫了一名学生到黑板面前做题的时候，无论我怎么引导她都无法做出练习题，当时，我想这是考验我耐心的时候到了，就到她面前耐心地跟她讲解应该怎么做，结果等这名学生把题做出来的时候，下课铃声已经响了。课后，实习学校指导老师对我提出我这样做是忽略了班上其他同学，而只照顾了个别同学，不但正常的授课计划完不成，且导致了课堂秩序的混乱。"（摘自实习师范生 C 的访谈记录）

实习生的学科知识传授能力、教育机智的发展不及课堂纪律维持能力、一般语言表达能力以及与学生的互动能力等提高明显，与实习生在教育实习期间的关注处在"生存"水平上不无关系。Fuller（1969）[1] 认为，教师在早期教学阶段，有一种显性的关注，即对自我的胜任能力（self-adequacy）的关注，表现为对课堂纪律的控制、与学生以及指导教师之间的关系上。Huberman（1993）[2] 指出，与学生之间保持一种良好的关系是初任教师专业发展的先决条件，并认为入职初期的教师主要的问题就是"求生存"，有"自己"的学生的感觉能在一定程度下减轻现实休克（reality shock）带给他们的冲击。表 6-5 的结果证明了 Fuller（1969）[3] 和 Huberman（1993）[4] 的看法。对于实习生自己来说，教育实习期间最主要的关注则在"生存"水平上，其对于学科知识传授的关注不及其对学生、课堂纪律等方面的关注。因此 Suzanne M. Wilson & Robert E. Floden，et al.（2001）[5] 建议在教师教育职前培养项目中，师范生学到了多少具体的学科知识、教育学知识等是一个方面，更重要的是要"关注教师怎么在工作中运用知识"。

教育情境是复杂多变的，预先的课程目标能否顺利完成，必须考虑到课堂教学环境的复杂性和多变性。而应对这种复杂性与多变性，需要教师

---

[1]　Fuller F F. Concerns of Teachers：A Developmental Conceptualization [J]. American Educational Research Journal，1969（03）：207-226.

[2]　Huberman M. The Lives of Teachers [M]. New York：Teachers College Press Columbia University，1993.

[3]　同[1].

[4]　同[2].

[5]　Wilson S M，Floden R E，et al. Teacher Preparation Research：Current Knowledge，Gaps，and Recommendations [R]. Center for Study of Teaching and Policy，2001：17.

富有教育机智。教育机智是教师在教学时，针对课堂发生的突发情况也能应对自如，顺利完成教学任务的重要能力。然而，教育机智是优秀教师和普通教师的分界线，[①] 它的形成绝非一朝一夕，需要有较为丰富的教学实践体验积累。期待师范生通过短短的6周实习形成较为娴熟的教育机智是不现实的。本次调查也显示，有69.9％的实习生希望教育实习时间超过6周，其中，有20.6％的实习生认为最佳持续时间是8周～3月，有10.7％的实习生认为最佳的持续时间是3～6月。

从教学实施能力的层次来说，维持课堂纪律、与学生互动等能力可以说是基础，学科知识传授能力是核心，而教育机智则属于教育实施能力的最高层次。从实习生实习后教学实施能力各方面的平均数来看，最突出的同样是课堂纪律维持能力，然后才是学科知识传授能力以及教育机智。这一点不仅反映了教育实习的现实，也符合实习生教学能力发展的规律。

4. 教学反思能力各方面的发展情况分析

反思能力是新时代教师必备的能力之一。我国的新课程改革也高度强调教师的反思能力。表6-6表明，教学反思能力的各个方面（主动反思能力、有效反思能力以及对教学能力的自我评价能力）在教育实习期间均有显著发展。

表6-6 实习生教学反思能力各项目发展的独立样本 t 检验表

序号	项目陈述	调查时期	平均数	标准差	t 值
1	主动反思的能力（3个项目）	实习初	3.86	0.67	−3.99＊＊
		实习后	4.08	0.58	
2	课堂教学指向（2个项目）有效反思的能力（5个项目）	实习初	3.72	0.74	−4.88＊＊
		实习后	4.04	0.73	
3	人际关系指向（3个项目）	实习初	3.85	0.71	−3.32＊＊
		实习后	4.08	0.82	
4	教学能力自评（1个项目）	实习初	3.363	0.760	−5.111＊＊
		实习后	3.752	0.961	

主动反思的意识是反思能力培养的重要前提。是否具有主动反思的意

---

① 林崇德. 教育的智慧［M］. 北京：北京师范大学出版社，2005.

识和能力是衡量教师反思能力的重要指标。本研究中主要通过调查实习生是否主动地对课堂中的某个细节或问题进行观察与回忆，是否主动地与老师、同学等讨论课堂中的某个问题或细节等项目来考察实习生的主动反思意识能力。表 6-6 显示，实习生的主动反思能力在教育实习期间有明显的提高。这可能与东北师范大学在教育实习中非常重视实习生这种主动反思能力的培养有很大关系。东北师范大学的实习指导教师在实习生实践体验（field experience）的基础上，经常组织实习生对其他同学或自己的课堂教学进行集体反思，并要求实习生在课后写反思日志。这些指导下的反思无疑会引导和促进实习生逐步养成主动反思的意识和能力。

有效反思能力的维度，指的是在不同的反思内容中，反思能力的发展和进步。申继亮，刘家霞（2004）[①] 认为教师反思的内容有课堂教学指向、学生发展指向、人际关系指向、教师发展指向等。由于考虑到实习生第一次接触到实际教育情境，在教师的指导下完成教学是实习生的主要任务，因此，本节主要从实习生的课堂教学指向、人际关系指向两方面来分析实习生的有效反思能力发展情况，其中课堂教学指向主要指实习生在课后反思自己的教学是否达到课堂教学目标；人际关系指向主要指实习生反思自己与实习指导教师、学生之间的关系是否和谐。表 6-6 表明，实习生的这两种指向均有明显的发展。

尽管实习生教学反思能力的各个方面均发展显著，但访谈也揭示了一些值得注意的问题。比如：

"有时候感觉指导老师指导时并没有秉持着学生发展的教育理念，仍然是拿分数高低来区别对待学生；每个班的学生超过 50 名，上课时根本无法顾及个体差异，但是没办法，这是中国的教育现状，只要实习指导老师怎么说能完成教学任务，我就照着他说的办。"（摘自实习生 B 的访谈记录）

从 B 的访谈记录中，我们可以发现实习生的反思所引发的不是应有的改变而是妥协于现状。而这种状况反映了实习生存在着"信奉理论"与"使用理论"之间的不一致的地方，即尽管他们都信奉教育要促进每名学生发展的教育理念，但是在真正行动时，却受到很多其他不可控因素的影

① 申继亮，刘加霞.论教师的教学反思［J］.华东师范大学学报（教育科学版），2004（03）：44-49.

响。明显地，实习生与指导教师之间的交流遵循一种"第一行动交往理论"[①] 的模式，即教师怎么说，学生就怎么做，目的只是为了完成实习任务、教学任务，这是一种单循环的交往模式。

问卷中设计了实习生对于指导教师的建议是否经过斟酌后采纳的项目，结论显示：实习初期与实习后的均值分别是 2.95 和 2.99，经过 t 检验并没有明显差异。这可能是实习生第一次面临教育情境的"现场休克"（really shock）导致的对于指导教师的一种过度依赖，使实习生成了"被动的接受者"造成的。这实际上也限制了实习生反思能力的发展，即阻碍了实习生批判性反思能力的发展，使得实习生的反思可能更多地停留于技术层面。

四、结论与建议

根据以上分析，本研究得出如下结论与建议：

1. 经过教育实习，实习生的教学能力有明显的提高，这在很大程度上说明了东北师范大学新教育实习模式的有效性。

2. 实习生的教学能力在教学认知能力、教学实施能力、教学反思能力等各个维度上发展程度不均衡。提高最显著的是教学认知能力，依次是教学反思能力和教学实施能力。

3. 从微观方面来说，实习生熟悉教学内容、了解学生、选择教学方法、维持课堂纪律、一般语言表达、与学生互动、主动反思、有效反思、教学能力自评等方面的能力发展显著；联系生活进行备课、传授学科知识、教育机智、批判性反思能力等方面的能力则发展不明显。

4. 东北师范大学在课程设置与今后的教育实习改革中需要加强和重视实习生的教学能力发展不明显的那些方面。

---

① 克里斯·阿吉里斯，唐纳德 A 舍恩. 实践理论：提高专业效能 ［M］. 邢清清，赵宁宁，译. 北京：教育科学出版社，2008：66-84.

第 7 章

教师从教准备度

第 1 节　教师从教准备度调查：教师培养
成效的评估策略①

当前，世界教师教育的发展呈现鲜明的"结果取向"（outcome-oriented）②，教师培养项目的改进乃至教师教育政策的制定都需以教师培养成效评估的结果作为依据③。正如达林-哈蒙德等人所说："有效的评估策略对于教师培养而言越发重要，它早已关乎教师教育的质量提升乃至生死存亡。"④ 然而，如何评估教师培养成效却是一个处在持续探索中的难题。⑤ 无论是教师资格考试成绩（Teacher Licensure Tests）、教师表现性评价（Teacher Performance Assessments）抑或增值评估模型（Value-added Modeling），在评估教师培养成效方面都存在一定局限。1990 年以来，越来越多的研究者和机构开始借助教师从教准备度的知觉（teachers' sense of preparedness to teach）⑥ 来反映教师培养的成效。⑦⑧⑨ 目前，教师从教准备度调查已经成为一种重要的教师培养成效评估方式，值得学术

---

① 本节作者系吴宗劲、饶从满，本节曾发表于《教育科学》2018 年第 12 期。

② Cochran-Smith M. Constructing Outcomes in Teacher Education：Policy，Practice and Pitfalls [J]. Education Policy Analysis Archives，2001，9（11）：1-56.

③ 我国于 2017 正式颁布实施的《普通高等学校师范类专业认证实施办法（暂行）》（教师 [2017] 13 号）明确指出，认证工作坚持"产出"导向。可见我国政府同样希望借助教师培养成效评估来推动教师教育的发展。

④ Darling-Hammond L，Newton X，Wei R C. Evaluating Teacher Education Outcomes：A Study of the Stanford Teacher Education Programme [J]. Journal of Education for Teaching，2010，36（4）：369-388.

⑤ 同②.

⑥ 为了行文的便利，下文将以"教师从教准备度"代之。

⑦ Housego B E J. Student Teachers' Feelings of Preparedness to Teach [J]. Canadian Journal of Education，1990，15（1）：37-56.

⑧ Darling-Hammond L，Eiler M，Marcus A. Perceptions of Preparation：Using Survey Data to Assess Teacher Education Outcomes [J]. Issues in Teacher Education，2002，11（1）：65-84.

⑨ 同④.

界关注。①

　　然而，由于教师从教准备度调查测量的是教师对其专业素质的个人知觉（individuals' perceptions），它并不能完全代表教师实际的专业水平，因而有人会质疑该评估策略的有效性。② 虽然有少量介绍教师培养成效评估策略的研究报告提及教师从教准备度调查这一评估策略③④⑤，但是相较于教师表现性评价和增值评价模型而言，并未有专门的研究对教师从教准备度调查用于教师培养成效评估的理论基础、操作规范、优势和应用边界进行讨论。这暗示着，对教师从教准备度调查的质疑，与学术界对教师从教准备度调查如何能够作为教师培养成效评估策略这一问题缺乏必要的总结和反思有关。为了消除人们心中的顾虑，也为了教师从教准备度调查这一评估策略在实践领域的推广，本研究拟从学理层面探讨如下问题：第一，教师从教准备度调查的理论基础和操作规范是什么？第二，相较于其他评估策略，教师从教准备度调查用于教师培养成效评估的优势和应用边界何在？

一、教师培养成效评估的必要性与挑战

（一）评估是问责和改进教师培养工作的前提

　　在提升教师培养质量的诉求下，教师培养成效评估作为一项保障和提升教师培养质量的治理技术，日益受到政府（认证机构）和教师培养机构的重视。一方面，政府希望借助教师培养成效评估来了解教师培养的质量，强化对教师培养的问责。例如，美国于 2007 年更新的《高等教育法》

---

① 正值我国师范类专业认证工作正式启动之际，有关如何评估教师培养成效的研究理应受到学术界的关注。截至 2018 年 4 月，从 CNKI 收录的文献来看，国内研究更侧重于对国外教师教育认证政策的评述，几乎没有研究直接涉及教师培养成效评估这一主题。因此，无论是从评估策略的引介层面还是从实际的测量层面探讨教师培养成效的评估都是有必要的。而本研究属于前者。

② Feuer M J. Evaluation of Teacher Preparation Programs: Purposes, Methods, and Policy Options [M]. Washington: National Academy of Education, 2013: 35.

③ 同②.

④ Coggshall J G, Bivona L, Reschly D J. Evaluating the Effectiveness of Teacher Preparation Programs for Support and Accountability [M]. Washington: National Comprehensive Center for Teacher Quality, 2012: 15-17.

⑤ Worrell F C. Assessing and Evaluating Teacher Preparation Programs [M]. Washington: American Psychological Association, 2014: 23-26.

（*Higher Education Act*）就规定要以毕业生的教师资格测试成绩来评估教育学院的工作，另外一项竞争性拨款计划——"力争上游"（Race to the Top）则鼓励利用 K-12 阶段的学生学业成绩来评价教师个体以及教师培养项目的有效性。我国《普通高等学校师范类专业认证实施办法（暂行）》规定认证结果可以作为政策制定、资源配置、经费投入的依据。另一方面，教师培养机构为了教师培养工作的改进，需要对教师培养的效果进行评估。因为理解教师候选人学习教学的历程，探究教师培养过程中教与学的复杂关联是十分必要的，它能够澄清教师培养工作的成效和不足，从而为教师培养项目的改进提供证据。正如达林-哈蒙德所说："教师培养历程中实际发生了什么仍旧是一个'黑箱'，研究者对教师培养所设计的课程和相关实践是如何影响教师在实际的教育现场中所需的专业知识、能力和情意的，却讨论甚少。"[①]

（二）如何评估教师培养成效是一个难题

虽然教师培养成效评估已经成为教师培养改革的重要推动力，如何评估教师培养成效却是一个正在探索并且争议不断的话题。一种教师培养成效评估策略若能在实践领域得到推广，至少应该具备两个条件：评估策略（工具）必须具有良好的效度（validity）；实施该评估策略所需的客观现实条件（如金钱、人力、时间、技术）能够为评价主体所接受。以此为标准，诸如教师资格考试成绩、教师表现性评价、增值评价模型，用来评估教师培养的效果时都存在局限。它们要么因为评价结果未能真实反映教师培养的效果而受人质疑，要么因为客观技术条件的限制和数据资源的缺乏无法大范围使用，要么因为成本高昂难以大范围推广。教师从教准备度调查作为一种简便而有效的评估策略，不但能够甄别不同培养渠道的教师培养项目的优劣，还能用来评估单个教师培养项目的效果，以帮助教师培养项目实现自我改进。此外，相较于其他成本高昂的评估策略而言，教师从教准备度调查还具有程序设计简便和耗时、耗资少的优点。[②] 鉴于此，探讨教师从教准备度调查的理论基础、操作规范、优势和应用边界具有现实意义。

---

① Darling-Hammond L. Constructing 21st-Century Teacher Education［J］. Journal of Teacher Education，2006，57（3）：300-314.

② 吴宗劲，饶从满. 教师培养课程对职前教师从教准备度的贡献研究：基于效能期待的视角［J］. 教育学报，2018，14（2）：78-88.

二、教师从教准备度调查的理论基础和操作规范

（一）理论基础：班杜拉的自我效能概念和社会学习理论的奠基

教师从教准备度的内涵可以由班杜拉（Bandura）的自我效能概念（self-efficacy）来定义。[①] 自我效能是指个人有能力去执行以取得特定成就所需的行为的信念。它由效能期待（efficacy expectations）和结果期待（outcome expectations）两个向度组成：效能预期是指在特定情境下个人有能力完成某项特定任务的信心程度；结果预期是个人对于一个给定的行为将产生特定结果的估计。研究者往往基于效能期待的向度将教师从教准备度理解为教师对其专业素质的自我评价，即教师对其专业素质所表现出来的心理预期程度或自信程度（见图 7-1）。[②③④]

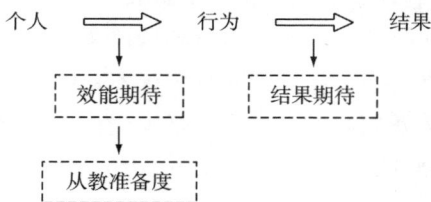

```
  个人  ⟹  行为  ⟹  结果

┌ ─ ─ ─ ─ ─ ┐      ┌ ─ ─ ─ ─ ─ ┐
  效能期待            结果期待
└ ─ ─ ─ ─ ─ ┘      └ ─ ─ ─ ─ ─ ┘
      │
┌ ─ ─ ─ ─ ─ ┐
  从教准备度
└ ─ ─ ─ ─ ─ ┘
```

图 7-1　教师从教准备度概念的源起

根据班杜拉社会学习理论的观点，人类的学习和活动是行为（B）、人的属性（P）[⑤] 和环境（E）三者持续交互决定的结果。其中，自我效能作为个人认知属性的关键要素，能够对个人的行为进行干预和调节，是决定

[①]　Bandura A. Self-efficacy：Toward a Unifying Theory of Behavioral Change [J]. Psychological Review，1977，84（2）：191-215.

[②]　Housego B E J. Student Teachers' Feelings of Preparedness to Teach [J]. Canadian Journal of Education，1990，15（1）：37-56.

[③]　Patricia T Ashton，Rodman B Webb. Making a Difference：Teachers' Sense of Efficacy and Student Achievement [M]. New York：Longman，1986：4.

[④]　黄嘉莉. 第一期卓越师资培育奖学金学生教学准备之研究 [J]. 教育研究与发展期刊（台湾），2016，12（1）：1-38.

[⑤]　人的属性是指认知、情感和生理等形式存在的内在个人因素。参见：班杜拉. 自我效能：控制的实施（上册）[M]. 上海：华东师范大学出版社，2003：8.

行为的近向原因（proximal determinant）。[1] 一个人的自我效能信念能够影响他们发展技能时所需的努力和思维。[2][3] 同理，有大量研究表明，教师的从教准备度即教师对其专业素质的效能期待不但能够影响他们完成特定教学任务的努力程度和韧性（persistence）[4][5][6]，而且与教师的从教意愿或留任意向存在显著的相关关系[7]。鉴于此，教师的从教准备度应该成为教师培养的结果之一，理应纳入教师培养成效的考察范畴。研究者借助教师从教准备度表征教师有效性（teacher effectiveness）并以此评估教师培养成效，不失为一种有益的探索。

（二）操作规范：教师从教准备度调查的量表编制与应用情况

1. 教师从教准备度调查的量表编制

教师从教准备度调查的核心工作是编制《教师从教准备度调查量表》（以下简称"量表"），并以此来测量教师对其专业素质的效能期待。通常情况下，研究者会以"教师专业标准"作为量表编制的依据，所编量表的结构维度和具体条目表征的是教师专业标准的内容。这是因为"标准"（standard）一词本身就带有引领和测量的意涵。[8]"教师专业标准"的制定和实施具有政府和专业组织引导和规范教师培养工作的意图。作为理想

① 根据三元交互理论，个人的行为同样可以影响信心的建立。班杜拉认为："人们不会持有空虚的效能信念而缺乏作为其基础的能力。"换言之，教师从教准备度虽然不能代表其实际的专业素质，但它也并非完全属于教师的主观判断，而是以其一定的专业素质为基础的。参见：班杜拉. 自我效能：控制的实施（上册）[M]. 上海：华东师范大学出版社，2003：87.

② Bandura A. Self-efficacy：Toward a unifying theory of behavioral change [J]. Psychological Review，1977，84（2）：191-215.

③ 班杜拉. 自我效能：控制的实施（上册）[M]. 上海：华东师范大学出版社，2003：87.

④ Housego B E J. Student Teachers' Feelings of Preparedness to Teach [J]. Canadian Journal of Education，1990，15（1）：37-56.

⑤ Clark S K，Byrnes D，Sudweeks R R. A Comparative Examination of Student Teacher and Intern Perceptions of Teaching Ability at the Preservice and Inservice Stages [J]. Journal of Teacher Education，2015，66（2）：170-183.

⑥ Tschannen-Moran M，Hoy A W，Hoy W K. Teacher Efficacy：Its Meaning and Measure [J]. Review of Educational Research，1998，68（2）：202-248.

⑦ Darling-Hammond L，Chung R，Frelow F. Variation in Teacher Preparation：How Well Do Different Pathways Prepare Teachers to Teach [J]. Journal of Teacher Education，2002，53（4）：286-302.

⑧ Ingvarson L，Rowe K. Conceptualising and Evaluating Teacher Quality：Substantive and Methodological Issues [J]. Australian Journal of Education，2008，52（1）：5-35.

教师图像的"教师专业标准"是对教师专业和教学工作所需的专业素质的基本规范。[①] 因此，"教师专业标准"可以作为衡量教师培养成效的重要依据。表 7 - 1 是个别研究所编制或使用的《教师从教准备度调查量表》的编制依据和具体维度。

不难看出，量表的维度设计包含了两个层面的内容。第一个层面的内容涉及教师的专业职责或专业情意（disposition），通常以"专业发展"（develop professionally）这一维度呈现，具体内容涉及教师职业所应承担的责任（例如：长期从教的意愿，终身学习与自我发展，遵守教师伦理和法纪，参与教科研活动，维持社会公正）和与学校教育相关人士的关系（例如：与家长沟通，与同事合作，参与学校改革与社区服务）。第二个层面的内容涵盖了教师工作的基本知识和技能。教师工作的内涵是课程、学生和环境的三角互动（教师的教学是发生在特定的环境脉络中的，课程是教师的教学所要传递的内容，学生是教学的对象）。教学工作所需的知识和技能涵盖了学科知识与学科教学知识、教学设计与实施、尊重并支持学生的学习、创设良好的学习环境等内容。事实上，世界各国（或地区）的"教师专业标准"大抵也是从教师的专业职责、教师的专业知识和能力两个层面来理解教师的专业素质。[②]

此外，由于《教师从教准备度调查量表》测量的是教师对其专业素质的效能期待，量表中的每一个具体条目在句法上会采用班杜拉的建议使用句式"我可以……"[③] 或者是豪斯格（Housego）使用的"我能……"句式[④]，以暗示教师需要对其专业素质进行自我判断。

---

① 史宁中.《中学教师专业标准》说明 [N]. 中国教育报，2011-12-14（003）.

② 黄嘉莉. 教师专业标准的发展及其运用之研究 [A] //吴清基，黄嘉莉. 教师专业标准、发展与实践. 台北：师范教育协会，2016：111－116.

③ 班杜拉. 自我效能：控制的实施（上册）[M]. 上海：华东师范大学出版社，2003：62.

④ Housego B E J. Student Teachers' Feelings of Preparedness to Teach [J]. Canadian Journal of Education，1990，15（1）：37-56.

表 7 - 1　不同研究中"教师从教准备度调查量表"的编制基础与具体维度

文献	标准	维度
Darling-Hammond, Newton & Wei (2010)[①]	州际新教师评估和支助联合会标准（Interstate New Teacher Assessment and Support Consortium Standards）；全国教学专业委员会标准（National Board for Professional Teaching Standards）；加利福尼亚教学专业标准（California Standards for the Teaching Profession）	（1）课程与教学设计（design curriculum and instruction）；（2）支持多样的学习者（support diverse learners）；（3）使用评价来引导教学和（学生）学习（use assessment to guide learning and teaching）；（4）创造一个合理的班级环境（create a productive classroom environment）；（5）发展专业情意（develop professionally）
Darling-Hammond, Eiler & Marcus (2002)[②]	州际新教师评估和支助联合会标准（Interstate New Teacher Assessment and Support Consortium Standards）；全国教学专业委员会标准（National Board for Professional Teaching Standards）	（1）促进学生学习（promote student learning）；（2）理解学习者（understand learners）；（3）教授批判性思考能力（teach critical thinking skills）（4）开发课程（develop curriculum）；（5）评价学生学习（assess student learning）（6）发展专业情意（develop professionalism）
Brown, Lee & Collins (2015)[③]	美国全国幼儿教育协会标准（National Association for the Education of Young Children Standards）	（1）学科教学知识（pedagogical content knowledge）；（2）教学计划和准备（planning and preparation for instruction）；（3）班级管理（classroom management）；（4）促进家长参与（promoting family involvement）；（5）专业情意（professionalism）

①　Darling-Hammond L，Newton X，Wei R C. Evaluating Teacher Education Outcomes：A Study of the Stanford Teacher Education Programme [J]. Journal of Education for Teaching，2010，36（4）：369-388.

②　Darling-Hammond L，Eiler M，Marcus A. Perceptions of Preparation：Using Survey Data to Assess Teacher Education Outcomes [J]. Issues in Teacher Education，2002，11（1）：65-84.

③　Brown A L，Lee J，Collins D. Does Student Teaching Matter? Investigating Pre-Service Teachers' Sense of Efficacy and Preparedness [J]. Teaching Education，2015，26（1）：77-93.

2. 教师从教准备度调查的运用情况

根据评估目的的不同，教师从教准备度调查在教师培养成效评估中的运用可以分为两类。第一类研究着眼于对教师培养项目的问责，属于终结性评价，它旨在分辨出哪一种培养路径所培养的教师更优异。哈蒙德等学者对美国传统型教师培养项目和替代型教师培养项目所培养的教师的从教准备度的差异的比较就属于这类研究的典范。[①] 这类研究采用的是大样本的量化调查（样本的代表性足以覆盖整个国家），以描述统计、t 检验和回归方程作为主要的分析手段，旨在测量从不同教师培养路径毕业的新手教师其从教准备度的差异，并以此作为评估不同教师培养路径的成效的依据。第二类研究着眼于教师培养项目的改进，属于形成性评价，旨在反映教师培养项目或特定教师培养课程（如教育实习）的效果，探索其改进的空间。这类研究中，有的研究会跟踪职前教师在接受特定课程训练前后从教准备度的变化来确定教师培养课程的效果[②]；有的研究则使用教师培养历届毕业生的从教准备度的变化来跟踪教师培养项目改革的效果[③]；还有一些研究辅之以访谈，旨在了解教师候选人学习教学的历程，以探究教师培养课程对于教师学习教学的贡献[④]。

三、教师从教准备度调查的优势与应用边界

不同评估策略在评估教师培养成效时都有其自身的优势和局限。因此，有必要将教师从教准备度调查同现行的教师资格考试、教师表现性评价以及增值模型三种主要的评估策略进行对比，以明确教师从教准备度调查在教师培养成效评估中的优势和应用边界（详情见表 7 - 2）。

---

① Darling-Hammond L, Chung R, Frelow F. Variation in Teacher Preparation：How Well Do Different Pathways Prepare Teachers to Teach [J]. Journal of Teacher Education, 2002, 53 (4)：286-302.

② Housego, B E J. Student Teachers' Feelings of Preparedness to Teach [J]. Canadian Journal of Education, 1990, 15 (1)：37-56.

③ Darling-Hammond L, Eiler M, Marcus A. Perceptions of Preparation：Using Survey Data to Assess Teacher Education Outcomes [J]. Issues in Teacher Education, 2002, 11 (1)：65-84.

④ 吴宗劲，饶从满. 教师培养课程对职前教师从教准备度的贡献研究：基于效能期待的视角 [J]. 教育学报, 2018, 14 (2)：78-88.

表 7 - 2 几种评估策略的对比

评估策略	收集的数据	优点	局限	成本
教师资格考试	纸笔测试成绩	提供关于教师素质的客观数据	测试结果未能有效反映教师真实的专业能力	未有文献提及
教师表现性评价	教学录像；成长档案；课堂教学的实物	较为全面地反映教师的教育教学能力，为评估教师培养成效提供丰富的信息	地方性的评价工具，其信度、效度难以保障，研究结果的推广性也受到限制	投入大量的人力、财力和时间
增值评价	学生成绩的增值	能够借用基础教育阶段学生学业成绩来评估教师培养成效；提供共同的度量对教师培养的贡献（成效）进行精准测量	运用范围有限；测试结果的一致性低，且受多重因素干扰；标准化成绩未能全面反映学生的学业成就	投入大量的时间、金钱和技术
教师从教准备度调查	自陈式报告数据	在反映教师培养效果的同时，能为教师培养的改进提供证据；较低的成本使得项目间的比较成为可能	并非对教师专业表现的实际测量；评价结果并不具有因果解释力度	程序设计简便，投入资金少

（一）教师资格考试

教师资格考试主要是通过纸笔测试来考核教师候选人对读写、表达等基本能力、学科知识、教育学知识的掌握程度。它收集到的是关于教师素质的客观评价结果。目前，许多国家的教师资格制度都把通过教师资格考试视为教师培养项目毕业生获取教师职业资格的必要前提。因此，教师资格考试通过率也被视为衡量教师培养项目有效性的证据在教师培养成效评估中使用。但是批评者认为，通过检验候选人对教育专业知识的掌握程度来筛选教师资格，仅能检验低认知层次的能力[①]，其测试结果并不能完全

[①] 黄嘉莉，叶怡芬，许瑛玿，曾元显. 取得中学教职的关键因素：运用决策树勘探师资培育历程 [J].教育科学研究期刊（台湾），2017，62（2）：89-123.

反映教师候选人实际的专业素质和教学水平[①]，以此不足以说明教师培养的效果。此外，即便有研究证实教师资格考试成绩与教师所教学生的学业成绩之间存在适度正相关关系，但是也有研究结果表明那些未通过教师资格考试的教师在课堂上同样能够对学生学习产生积极影响。[②] 这表明，教师资格考试能否预测基础教育领域学生的学业成绩仍有待检验。综上，借由教师资格考试的通过率来评估教师培养成效的做法值得商榷。

（二）教师表现性评价

教师表现性评价旨在通过全面评估教师候选人在实际的教育教学活动中的专业表现来反观教师培养成效。与教师资格考试主要通过纸笔测试衡量教师候选人对专业知识的掌握程度不同，教师表现性评价会借助课堂观察记录、教师成长档案袋、教师的反思日志等资料综合考察教师候选人如何将所学运用于具体教学情境。[③④] 因而，教师表现性评价能够为研究者综合评价教师候选人的专业表现提供翔实的细节信息，并有助于研究者确认教师培养项目在帮助教师候选人形塑自身专业智能方面的贡献和不足，从而为教师培养的持续改进提供证据。[⑤⑥⑦] 然而，目前大多数表现性评价使用的评价工具是基于特定（教师培养）情境开发的，缺乏共同的标准，其评价工具的信度和效度有待检验。这不但使得表现性评价难以用于问责等高风险评估，而且削弱了它在教师培养项目改进方面的作用。此外，教师表现性评价工具的开发和修订需要大量时间、人力和资金投入，也使得

---

① U. S. Department of Education. Teacher Quality: A Report on the Preparation and Qualifications of Public School Teachers (NCES 1999-080) [R]. Washington, D. C.: National Center for Education, 1999, 6.

② Coggshall J G, Bivona L, Reschly D J. Evaluating the Effectiveness of Teacher Preparation Programs for Support and Accountability [M]. Washington: National Comprehensive Center for Teacher Quality, 2012: 19.

③ 同②.

④ Feuer M J. Evaluation of Teacher Preparation Programs: Purposes, Methods, and Policy Options [M]. Washington, D. C.: National Academy of Education, 2013: 34.

⑤ 同②.

⑥ 同①5.

⑦ Pecheone R L, Chung R R. Evidence in Teacher Education: The Performance Assessment for California Teachers (PACT) [J]. Journal of Teacher Education, 2006, 57 (1): 22-36.

评估策略在实践领域难以进一步推广。①②

（三）增值评价模型

增值评价模型③是以 K-12 学段学生标准化测试成绩的增值来评估教师培养成效的。增值模型的建立为评估活动的开展确定了一个共同度量（common metric），使得评价者可以对教师培养的效果乃至不同培养项目间的差距进行精确的测量。④ 但由于增值评价缺乏为教师培养的改善和做出有意义的决定提供证据，因而人们会质疑它对教师培养项目以及相关当事人的意义。⑤ 此外，增值评价还面临着来自技术层面和教育（意义）层面的挑战。达林-哈蒙德等人做了如下归纳：（1）适用范围有限。大多数教学领域和年级通常不能获取进行分析所需的特定课程的测试分数。（2）模型的干扰因素多。来自学生层面、学校层面的因素和统计上误差的干扰，会影响对教师效能的测量。（3）测量结果的一致性低。即便是同一名教师的增值评价结果也会因班级和学年的不同而产生显著差异。（4）标准化考试成绩的代表性问题。因为考试成绩不能完全指代学生的学业成就，因而用它来衡量教师效能乃至教师培养成效是不够全面的。⑥ 此外，增值评价模型的成本是高昂的，需要投入大量的时间和资金，并且很少有国家和地区能够为增值模型提供完整的收集和分析数据的系统。可见，增值模型在技术上还不够成熟，用它来衡量教师培养成效同样受人质疑。

---

① Michael J F. Evaluation of Teacher Preparation Programs：Purposes，Methods，and Policy Options [M]. Washington，D. C.：National Academy of Education，2013：34.

② Jane G C，Bivona L，Daniel J R. Evaluating the Effectiveness of Teacher Preparation Programs for Support and Accountability [M]. Washington：National Comprehensive Center for Teacher Quality，2012：20.

③ 我们团队的另外一项研究对"增值模型"产生的背景、基本逻辑、运用情况、成效与争议做了详细的研究。参见：冯慧，饶从满. 美国教师培养项目增值评价探析：以路易斯安那州为例 [J]. 比较教育研究，2018（6）：59-68.

④ Jane G C，Bivona L，Daniel J R. Evaluating the Effectiveness of Teacher Preparation Programs for Support and Accountability [M]. Washington，D. C.：National Comprehensive Center for Teacher Quality，2012：12.

⑤ Cochran-Smith M，Peter P，Christine P. The Politics of Accountability：Assessing Teacher Education in the United States [J]. The Educational Forum，2013，77（1）：6-27.

⑥ Darling-Hammond L，Wei R C，Johnson C M. Teacher Preparation and Teacher Learning：A Changing Policy Landscape [M] // Gary Sykes，Barbara Schneider，David N P，et al. Handbook of Education Policy Research. New York：Routledge，2009：613-636.

（四）教师从教准备度调查

教师从教准备度调查收集的是教师对其专业素质的自我报告数据（self-report data），因而它相较于前述评估策略而言具有程序设计简便和耗时、耗资少的优点。[①] 也正是得益于低廉的成本和操作方法的简便，教师从教准备度调查也是一种可行性强、应用范围广泛的评估策略：它能收集到足够多的调查样本，为跨项目、跨地区的评估工作甚至是开展国际比较研究创造条件。[②③]

不仅如此，教师从教准备度调查的突出优势在于它在表征教师培养效果的同时，能为教师培养的改进提供证据。一方面，教师从教准备度调查能够还原教师培养的过程图像，呈现教师培养项目的优势和不足。当教师候选人对其从教准备度进行自我判断时，研究者结合教师候选人对学习教学经历的描述能够分辨出教师专业素质获得的来源，从而有助于研究者弄清楚教师专业素质的形成受哪一类教师培养课程的影响。[④⑤] 因而，教师从教准备度调查有助于澄清教师培养课程同教师候选人学习教学之间的复杂关联，并且它能够甄别出各类教师培养课程对于教师从教准备度的相对贡献度，为教师培养的改进提供证据。[⑥] 另一方面，教师从教准备度调查也是一种自下而上（bottom-up）归纳式（inductive approach）的评价反馈机制。教师对其从教准备度和学习教学经历的描述不但有助于教师候选人了解自身的教育教学水平和专业发展需要，表达他们对于教师培养项目改进的意见，而且能促成教师培养的相关当事人（教师培养机构、教师教育者、教师候选人）就教师培养培养项目的改进进行对话。

---

① Darling-Hammond L，Eiler M，Marcus A. Perceptions of Preparation：Using Survey Data to Assess Teacher Education Outcomes [J]. Issues in Teacher Education，2002，11（1）：65-84.

② Worrell F C. Assessing and Evaluating Teacher Preparation Programs [M]. Washington，D. C.：American Psychological Association，2014：23.

③ Zientek L R. Do Teachers Differ by Certification Route? Novice Teachers' Sense of Self-efficacy，Commitment to Teaching，and Preparedness to Teach [D]. ProQuest Dissertations and Theses，2006.

④ Housego B E J. Student Teachers' Feelings of Preparedness to Teach [J]. Canadian Journal of Education，1990，15（1）：37-56.

⑤ 黄嘉莉. 第一期卓越师资培育奖学金学生教学准备之研究 [J]. 教育研究与发展期刊（台湾），2016，12（1）：1-38.

⑥ 吴宗劲，饶从满. 教师培养课程对职前教师从教准备度的贡献研究：基于效能期待的视角 [J]. 教育学报，2018，14（2）：78-88.

当然，教师从教准备度调查也有其应用边界：将教师从教准备度调查的结果用于教师培养问责等高风险决策时应当是审慎的。一方面，教师从教准备度调查所使用的自我报告数据反映的是教师对其专业素质的效能期待，它不能完全代表教师真实的教育教学能力[1][2]，其评价结果也不能等同于教师培养项目的实际成效。因而，在研究类型上教师从教准备度调查属于描述性的研究，而非严格意义上的因果关系解释，其研究结果更多是探索性的（explorative）和暗示性的（suggestive）。[3] 另一方面，同教师表现性评价一样，许多教师从教准备度调查的评价工具是基于特定的教师培养情境开发的，服务于个别教师培养项目。这不仅使得教师从教准备度调查结果的有效性易受人质疑[4]，也致使教师从教准备度调查的结果在教师培养项目间的比较受到限制[5]。

四、结语

当前，教师教育的发展已经步入了一个以评价来推动改革的时代。教师培养成效评估已经成为问责和改进教师培养工作的一种重要手段。然而，如何衡量教师培养成效却是一个难题。现有的评估策略要么因为评价结果未能真实反映教师培养的效果而受人质疑，要么因为成本、技术和时间等客观条件的限制难以在实践领域大范围推广。教师从教准备度调查的兴起，是对现有评估策略的一种补充。它不但能够在一定程度上体现教师培养的效果，而且能为教师培养的改进提供证据。不仅如此，低廉的成本和便于操作的优势还使得教师从教准备度调查能够在实践领域大范围推广。当然，教师从教准备度调查也有其自身的局限：将教师从教准备度调查的结果用于教师培养问责等高风险决策时应当是审慎的。

---

① Feuer M J. Evaluation of Teacher Preparation Programs：Purposes，Methods，and Policy Options [M]. Washington：National Academy of Education，2013：35.

② Worrell F C. Assessing and Evaluating Teacher Preparation Programs [M]. Washington，D. C.：American Psychological Association，2014：23.

③ Clark S K，Byrnes D，Sudweeks R R. A Comparative Examination of Student Teacher and Intern Perceptions of Teaching Ability at the Pre-service and In-service Stages [J]. Journal of Teacher Education，2015，66（2）：170-183.

④ 同②.

⑤ Coggshall J G，Bivona L，Reschly D J. Evaluating the Effectiveness of Teacher Preparation Programs for Support and Accountability [M]. Washington，D. C.：National Comprehensive Center for Teacher Quality，2012：15.

第 2 节　教师培养课程对职前教师从教准备度的贡献[①]

一、问题的提出

世纪之交以来，我国教师培养的重心正由"数量满足"向"质量提升"转变。[②] 欲提高教师培养质量，探究教师专业素质的养成与教师培养项目课程设计之间的复杂关联就显得十分必要，这有助于我们瞭望教师培养的成效，为项目的持续改进提供经验证据。然而，正如达林-哈蒙德所言，研究者们对于教师培养的课程结构与培养模式的讨论较多，但是对于教师培养这一"黑箱"中实际发生了什么以及培养为教师候选人设计的一切是如何累积其在实际的教学情境中作为教师所需的专业知识、能力和性向的，却讨论甚少。[③]

目前，无论是调查教师候选人在教师培养过程中的专业表现，或是借助教师资格考试成绩，还是根据毕业生参加工作后在教育现场的教学效果，都不足以说明教师培养项目对提升教师专业素质的效果。[④] 因此，不少研究者尝试借助教师对自身从教准备度的主观感觉（teachers' feeling of

---

① 本节作者系吴宗劲、饶从满，本节曾发表于《教育学报》2018 年第 4 期，原题为《教师培养课程对职前教师从教准备度的贡献研究》。

② 钟启泉，胡惠闵. 我国教师教育课程标准的建构 [J]. 全球教育展望，2005 (1)：36-39.

③ Darling-Hammond L. Constructing 21st-Century Teacher Education [J]. Journal of Teacher Education，2006，57 (3)：300-314.

④ Cohran-Smith M. Constructing Outcomes in Teacher Education：Policy，Practice，and Pitfalls [J]. Education Policy Analysis Archives，2001，9 (11)：1-59.

preparedness to teach）来反观教师培养的成效。[1][2][3] 这一研究视角基于的是班杜拉的自我效能理论[4]中效能期待的观点。[5] 在效能期待的视角下，教师从教准备度可以被视为教师对自身专业素质的主观评价，即教师对自身专业素质所表现出来的心理预期程度或自信程度[6][7]。

　　基于效能预期的视角开展的教师从教准备度研究，使用的主要是自陈报告式数据（self-report data），在研究类型上属于描述性研究而非严格意义上的因果关系揭示，其研究结果更多是暗示性的（suggestive）。[8] 也就是说，教师教育专业毕业生对自身从教准备度的效能预期不能完全代表其真实的教学能力，因而也不能等同于教师教育项目的实际成效。但是，教师对个人从教准备度的效能预期往往建立在一定的实际能力基础上，并非完全主观的自我判断。而且这种效能预期会影响其完成特定教学任务时的努力程度和韧性（persistence）[9][10][11]，从而影响教师的日常教学行为、班级管理方式以及教学革新[12]。而那些对自身教学缺乏自信心的新手教师，

---

[1] Housego B E J. Student Teachers' Feelings of Preparedness to Teach [J]. Canadian Journal of Education，1990（15）：37-56.

[2] Darling-Hammond L，Chung R，Frelow F. Variation in Teacher Preparation：How Well Do Different Pathways Prepare Teachers to Teach [J]. Journal of Teacher Education，2002，53（4）：286-302.

[3] Kee A N. Feelings of Preparedness among Alternatively Certified Teachers：What Is the Role of Program Features? [J]. Journal of Teacher Education，2012，63（1）：23-38.

[4] 根据班杜拉（1977）的界定，自我效能是指"个人有能力去组织和执行取得特定成就所需的行为的信念"，由结果期待和效能期待两个相互独立且稳定的维度组成。结果期待是指个人对执行特定行为将产生可能的后果的估计；而效能期待是指在特定情境下个人关于自己有能力完成某项特定任务的信心程度。

[5] Bandura A. Self-efficacy：Toward a Unifying Theory of Behavioral Change [J]. Psychological Review，1977，84（2）：191-215.

[6] 同[1].

[7] Ashton P，Webb R. Making a Difference：Teachers' Sense of Efficacy and Student Achievement [M]. New York：Longman，1986.

[8] Clark S K，Byrnes D，Sudweeks R R. A Comparative Examination of Student Teacher and Intern Perceptions of Teaching Ability at the Pre-service and In-service Stages [J]. Journal of Teacher Education，2015，66（2）：170-183.

[9] 同[1].

[10] 同[8].

[11] Tschannen-Moran M，Hoy A W，Hoy W K. Teacher Efficacy：Its Meaning and Measure [J]. Review of Educational Research，1998，68（2）：202-248.

[12] Tschannen-Moran M，Hoy A W. Teacher Efficacy：Capturing an Elusive Construct [J]. Teaching & Teacher Education，2001，17（7）：783-805.

越有可能从自己的教学岗位中离职①。因此，帮助职前教师强化自身对从教准备度的效能期待也应该是教师培养的目标之一，当然也可以纳入教师培养成效的考察范畴。鉴于此，基于效能期待视角的从教准备度研究仍然不失为一种考察教师培养成效的视角。

不仅如此，从教准备度研究还有自身的优势。首先，当教师对自身从教准备度进行主观判断时，能够较容易地分辨出教师专业素质获得的来源，从而有助于研究者弄清教师专业素质的形成主要是受哪一类课程的影响。② 因而，基于效能预期的视角研究教师从教准备度，不但能够在一定程度上反映教师培养项目的效果，还能甄别出具体的课程和教育实践对于教师从教准备度的贡献度，并为教师培养项目的改进提供经验证据。③④⑤ 其次，由于从教准备度研究作为一种评价策略，主要依据自陈式报告，具有程序设计简便、耗时短、投入少等优点，是一种较为经济的评价策略，能够对大样本或者超大样本的数据进行采集和分析。⑦⑧

目前，国际学界借助教师从教准备度来反映教师培养成效的研究主要有两类：一类研究旨在借助于教师从教准备度的高低来甄别不同类型教师培养项目（如美国的传统型教师培养项目和替代型教师培养项目）的效果优劣；另一类研究则通过描述（职前）教师从教准备度来反映单一教师培养项目（或其中某几类课程）的实施效果，并为项目的后续改进提供建议。本研究属于后者，尝试从这一视角去考察职前教师的从教准备度以及

---

① Darling-Hammond L，Chung R，Frelow F. Variation in Teacher Preparation：How Well Do Different Pathways Prepare Teachers to Teach [J]. Journal of Teacher Education，2002，53（4）：286-302.

② Housego B E J. Student Teachers' Feelings of Preparedness to Teach [J]. Canadian Journal of Education，1990（15）：37-56.

③ 同②.

④ 同①.

⑤ Kee A N. Feelings of Preparedness among Alternatively Certified Teachers：What is the Role of Program Features? [J]. Journal of Teacher Education，2012，63（1）：23-38.

⑥ 黄嘉莉，武佳滢.我国教育实习学生知觉教师专业知能"习得""运用"与"重要"之研究 [J].教育科学研究期刊，2015，60（2）：1-32.

⑦ Darling-Hammond L，Eiler M，Marcus A. Perceptions of Preparation：Using Survey Data to Assess Teacher Education Outcomes [J]. Issues in Teacher Education，2001，11（1）：65-84.

⑧ Zientek R L. Do Teachers Differ by Certification Route? Novice Teachers' Sense of Self-efficacy，Commitment to Teaching，and Preparedness to Teach [D]. Texas A & M University，2006.

教师培养中各类课程对其从教准备度的贡献。

二、研究设计与实施

本研究的目的是在考察职前教师从教准备度的基础上，重点揭示哪一类的教师培养课程更有助于提升职前教师的从教准备度。因此职前教师个体的学习经历和他们对各类教师培养课程如何影响他们从教准备度的主观看法将成为本研究的重心。考虑本研究的目的，本研究采用了个案研究的方法，因为个案研究有助于厘清职前教师学习和课程实施之间的复杂关联。本研究选择了东北师范大学作为个案考察的对象。之所以选择东北师范大学作为个案研究的对象，主要考虑东北师范大学是教育部直属师范大学，也是承担"卓越教师培养计划"项目的单位，其在教师教育领域进行的一些改革探索被广泛推广，其教师培养质量在基础教育界深受好评。

根据东北师范大学 2011 版课程计划，以培养中学教师为目标的师范专业的学生需要修满大约 155 学分才能毕业，其中通识教育课程约 50 学分，学科专业课程约 80 学分，教师职业教育类课程约 25 学分。教师职业教育类课程又被划分为教育理论类课程、教育技能类课程和教育实践类课程三大类，其中教育理论类课程又包括共通教育理论课程（教师学与教学论、学校教育心理学、青少年心理学等教育学、心理学类课程，不少于 5 学分）和学科教育理论课程（学科课程与教学论、课标解读与教材分析等课程，不少于 4 学分）；教育技能类课程包括微格教学、信息技术的教学应用、教育研究方法等课程，不少于 5 学分；教育实践类课程包括教育见习（1 学分）和教育实习（5 学分）。教育理论和教育技能类课程相对集中在第五和第六学期。教育实践类课程则被安排在第六和第七学期开展，其中微格教学被安排在第六学期，大多数学院也在此时开设学科教育理论类课程；教育见习通常安排在第六学期，集中进行 1 周时间的学校或课堂观察；教育实习被安排在第七学期，师范生基本上都由学校统一安排在实习基地进行为期 8 周的集中实习，并尽可能保障每名学生都有比较充分的授课机会和接受来自中学和大学的双导师指导。

作为收集资料的方法，本研究主要采用问卷调查和访谈法。之所以如此选择，主要考虑到：第一，问卷调查能够获得关于教师从教准备度的总体状况和课程贡献度的绝对数值。第二，访谈能够收集不同受访者的学习经历以及他们对于各类教师培养课程贡献度的看法，有助于揭示教师专业素质的形成与教师培养课程的实施之间的复杂关联：包括职前教师个体对于课程学习的投入程度，教师的教学态度和教学效果，以及二者的相互影响。此外，由于从教准备度调查使用的是职前教师的自陈报告，访谈作为另外一种收集资料的方法用来描述教师的从教准备度，可以与问卷调查的数据进行相互验证，有助于保证研究的内部效度。

问卷调查与访谈的具体设计与实施如下：

（一）问卷调查

1. 调查对象的选取

问卷调查实施于 2016 年 6 月，研究者向东北师范大学 2016 年 7 月即将毕业的全体中学师范专业本科生（以下简称"职前教师"）发放了 1024 份调查问卷。最终回收有效问卷 736 份，回收率达 71.88%。

2. 问卷的编制

本研究采用自编的《职前教师从教准备度调查问卷》进行调查，问卷由基本信息、从教准备度调查量表和教师培养课程对从教准备度的贡献度排序三部分组成。

问卷的基本信息包括被调查者的性别、专业、教育实习期间实习学校的类型、任教学段、任教学科、实习内容、授课节数和实习指导方式。

《教师从教准备度调查量表》根据教育部 2012 年颁布的《中学教师专业标准（试行）》（以下简称《标准》）编制而成。该《标准》是对合格中学教师的基本专业要求，是衡量教师教育质量的重要依据。[①] 因此《标准》的指标维度和每个维度下的具体陈述可以作为量表的基本框架与核心内容。《标准》由"专业理念与师德""专业知识"和"专业能力"三个维度，14 个领域，共计 63 项具体要求组成。根据研究需要，本研究对有关条目进行了合并和修订。如"专业理念与师德"维度中的教师"个人修养与行为"被删去，因为"准备度"由效能预期概念发展而来，属于个人的认知与动机范畴，而教师"个人修养与行为"作为对教师日常教学行为的外在规范不属于本研究的范畴。修改后的量表共计 54 题，包括一道关于从教准备度总体判断的题目。每个题目采用里克特 4 级评分方式进行计分，得分越高意味着职前教师对于自己的专业素质越自信。问卷的子维度

---

① 史宁中.《中学教师专业标准》说明 [N]. 中国教育报，2011-12-14（003）.

及相应题目的枚举如表 7-3 所示。

表 7-3 教师从教准备度调查量表的子维度及相应题目的枚举

一级维度	子维度	题量	举例
专业理念与师德	职业理解与认知	7	认同教师职业是一个专业性职业
	对待学生的态度	7	尊重学生的个体差异,了解和满足学生的不同需求
专业知识	通识性知识	2	具有宽广的自然、人文、社会科学素养
	学科知识	5	掌握所教学科的基本知识内容
	教育学知识	4	了解教育的基本原理,能够多角度思考教育问题
	学科教学知识	5	理解所教学科课程标准的基本精神和主要内容
专业能力	教学设计	3	能够设计对学生而言既具有挑战性又可以实现的教学目标
	教学实施	5	能够运用多种教学方式实施有效教学
	教学评价	4	能够运用多种评价方法对学生的学习进行评价
	班级管理	3	能够引导学生建立良好的班级文化和班级氛围
	沟通能力	3	能够与学生有效沟通,建立良好的师生关系
	专业发展能力	5	能够自主运用各种学习资源进行专业提升

教师培养课程对从教准备度贡献度的排序题将东北师范大学的教师培养课程划分为通识教育课程、学科专业类课程、一般教育理论类课程、学科教育理论课程、微格教学、教育见习和教育实习 7 类,以探究各类课程对提升教师从教准备度的贡献程度。其中之所以将教育实践类课程细分为

微格教学[①]、教育见习和教育实习，是因为强化教育实践是我国教师教育改革的方向之一，因此本研究想了解不同类型的教育实践课程在建构教师从教准备度过程中的作用；将教育理论类课程和教育技能类课程按照是否与所教学科有联系，重新划分为学科教育理论课程和一般教育理论课程，是因为本研究想了解与学科的密切程度是否会影响到职前教师对这类课程的学习投入，进而影响职前教师对这类课程贡献度的判断。职前教师需要根据各类课程对其从教准备度的贡献程度，对上述 7 类课程由大到小进行排序。

3. 信效度检验

在本研究中，量表的总体 Cronbach alpha 系数为 0.977，"专业理念与师德""专业知识"和"专业能力"三个子维度的 Cronbach alpha 系数分别为 0.928、0.931、0.952。各维度的 Cronbach alpha 系数均大于0.7，说明量表的内部一致性水平较高。其次，量表根据《中学教师专业标准（试行）》制定，理应具有良好的理论效度。此外，该量表在编制和修订的过程中曾获得 5 位专家的支持，他们对量表的内容和表达方面的规范性予以指导，保障了量表的内容效度。

（二）访谈

在获得问卷作答者同意的情况下，随机抽取了 7 名来自汉语言文学、数学、化学、历史和物理学科的职前教师进行半结构式访谈。在这 7 名受访者进入教学岗位半年后，研究者又对其进行了回访，以了解他们作为初任教师对各类教师培养课程的看法。访谈内容涉及职前教师对于自我从教准备度的描述和教师培养课程对提升其从教准备度的贡献程度两个部分。在访谈中，职前教师需要描述其在"专业理念与师德""专业知识"和"专业能力"三个维度的从教准备度状况。当受访者描述其自身从教准备度的变化时，研究者会提示其明确指出这种变化是受哪一类课程的影响。这个特殊的提示，是为了将访谈结果与问卷调查结果进行有机结合，更深入地了解教师培养课程与职前教师从教准备度之间的关系。在调查不同教师培养课程的贡献度时，除了让他们对课程贡献度进行排序之外，为了了解影响课程对从教准备度的贡献度的相关因

---

① 相对于教育理论类课程，师范专业教育技能类课程中的微格教学（模拟教学）课程因其具有较强的实践属性，因而可以被归入教育实践类课程的范畴。

素，还要求职前教师从个人的学习态度和大学教师的课程教学效果两个方面进行回答。

三、研究结果与讨论

(一) 职前教师从教准备度的状况

1. 职前教师的整体从教准备度

整体从教准备度是指职前教师对自己从教准备度的总体判断，也代表职前教师面对未来教育教学工作时所表现出来的自信程度。如图 7 - 2 所示：72.5%的职前教师表示自己已经做好准备成为一名教师（其中"做好充分准备"占 18.4%；"大体准备好"占 54.1%）。但仍然有超过四分之一（27.5%）的职前教师回答他们并没有做好成为一名教师的准备（其中，"准备得一般"占 24.6%，"完全没有准备"占 2.9%），这表明他们缺乏足够的自信面对未来的教育教学工作。

如表 7 - 4 所示，职前教师在"专业理念与师德"维度的从教准备度得分，显著高于其在"专业知识"维度和"专业能力"的得分。此外，所依样本 T 检验的结果显示，职前教师在"专业理念与师德"维度的得分分别与"专业知识"维度和"专业能力"维度的得分呈现显著差异；而职前教师"专业知识"与"专业能力"之间的得分相近，并无明显差异。这说明职前教师对自身在专业理念与师德方面的从教准备度明显更有自信。

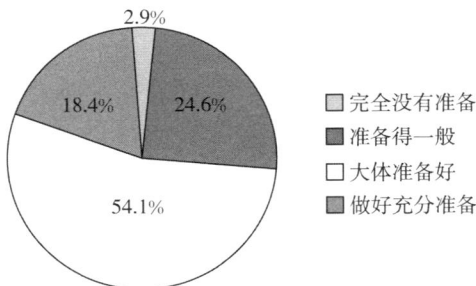

图 7 - 2　职前教师整体准备度的分布情况

表 7 - 4　专业理念与师德分别与专业知识、专业能力之间的差异性分析

比较项目	平均分	标准差	t 值
专业理念与师德	3.02	0.57	9.534＊＊
专业知识	2.91	0.61	
专业理念与师德	3.02	0.57	8.113＊＊
专业能力	2.92	0.59	
专业知识	2.91	0.61	−1.942
专业能力	2.92	0.59	

注：其中，＊＊表示 $p<0.01$。

这是否意味着职前教师高估了自己的"专业理念与师德"？半年后的回访结果表明，这些新入职的教师虽然处在"求生存"阶段，面临着来自各方的压力，但是他们表示自己不会向"现实屈服"。"基础教育的现实可能是以成绩说话，但我的教学会尽力趋向'以学生为中心'，尽可能地观照每一个学生的需求。"我们的另一项未发表的研究显示，由东北师范大学毕业已经入职两年的新手教师的从教准备度在"专业理念与师德"维度的准备度的得分和职前教师在上述维度的得分并无显著差异。这同样也能说明在职前阶段教师对自身专业理念与师德表现出的较高的自信是稳定的。

2. 教师从教准备度在各维度的具体表现

（1）在"专业理念与师德"维度的表现

根据表 7 - 5 可知，"职业理解与认知"维度的平均得分为 3 分。这表明职前教师在自我意识层面已经初步形成了关于教师职业的理解。具体来看，"认同教师职业是一个专业性职业"是该维度中得分最高的一项（3.21 分）。这说明职前教师高度认同教师职业是一门专业性职业。访谈中一名职前教师就表示："并不是任何人随随便便就可以当老师的，他需要接受专业教育。"其他项目，如"具有教书育人的意识"（3.07 分）、"具有为人师表、行为世范的意识和修养"（3.07）、"愿意长期乃至终身从教"（2.96 分）等，得分也相对较高。这表明职前教师知觉到为人师表和教书育人是教师职业内在的道德要求。访谈中，谈及职业理解时，职前教师同样认识到了教师职业的道德属性，他们认为"教师的行为是学生的表

率"，"教师不仅要教授知识，还应该注重养成学生良好的品行"。但是，该子维度中的一个项目，"熟悉国家教育方针，能够依法执教"的得分仅为 2.67 分。

"对待学生的态度"维度的平均得分为 3.04 分，其中每个项目的平均得分均高于 2.95 分。其中得分较高的项目是："关心爱护学生"（3.14分）、"重视学生自主发展"（3.11 分）、"公正地对待每一个学生"（3.09分）、"尊重学生独立人格"（3.08 分）。这表明职前教师已经形成了"学生为本"的教育理念。访谈的结果与问卷调查结果一致，在谈及教师该如何对待学生的话题时，职前教师同样表示："老师要把学生放在第一位""在我看来每一个孩子都是希望""好老师要爱学生和尊重学生"。

表 7 - 5　职前教师从教准备度各维度之得分

一级维度	子维度	平均分（M）	标准差（SD）
专业理念与师德	职业理解与认知	3.00	0.60
	对待学生的态度	3.04	0.62
专业知识	教育知识	2.82	0.59
	通识性知识	2.88	0.66
	学科知识	2.90	0.63
	学科教学知识	2.94	0.61
专业能力	教学设计	2.89	0.63
	教学实施	2.92	0.60
	教学评价	2.94	0.61
	班级管理	2.90	0.63
	沟通能力	2.98	0.63
	专业发展能力	2.90	0.60

（2）在"专业知识"维度的表现

根据表 7 - 5 可知，职前教师在"教育知识"和"通识性知识"子维度的得分要低于"学科知识"和"学科教学知识"子维度的得分。对每个题目进行分析发现，平均分得分最高的三项为"掌握所教学科的基本知识内容"（2.99）、"理解所教学科课程标准的基本精神和主要内容"（3.00）、"把握教学的重点"（3.03），均属于"学科知识"和"学科教学知识"维度。反观平均分最低的三项为"了解学生身体、认知和社会性发展的特征及其对中学生学习的影响"（2.69）、"具有宽广的自然、人文、社会科学素养"（2.79）、"了解学生如何学习"（2.89），主要属于"教育知识"和"通识性知识"维度。这表明，职前教师认为自己对学科知识、学科教学知识方面的准备度要强于对教育知识和通识性知识方面的准备度。访谈的结果与前述分析相一致，受访者都对自己的通识知识和一般教育理论知识感到不足。一名职前历史教师就直言："历史要教好，是得结合很多学科的。政治、地理、文学、艺术，可以不精，但要博，但我做得不够"，"教育学类和心理类的知识，我觉得挺薄弱的"。此外，该结果也和国内的其他研究结果一致。关于教师教学能力的研究发现，职前教师在备课中缺乏与生活相关联的能力，这与他们的通识教育知识不足有关。[1] 而教师知识的测试结果则指出职前教师的教育知识有待提高。[2]

（3）在"专业能力"维度的表现

"专业能力"所列的六方面能力，实际上可以归结为教育教学能力（包括教学设计、教学实施、班级管理、教学评价和沟通能力）和专业发展能力两大方面。表 7-5 中数据显示，教育教学能力的得分均高于 2.9 分（教学设计维度除外，为 2.89 分）。但是通过对具体项目的分析，会发现职前教师在"引发学生独立思考和主动探究"（2.73）、"根据学生差异合理设计教学目标"（2.84）、"引导和帮助学生设计个性化的学习计划"（2.88）、"合理评价学生的学习和进步"（2.89）、"引导学生建立良好的班级氛围"（2.89）等题目上的得分相对较低。可以看出，相对于教学内容和教学方法的选择，职前教师对自己的教育对象即学生不够熟悉，他们在如何照顾学生个性差异、满足个性需要方面还有提升的空间。而访谈过程中职前教师屡屡表示，"我难以引导学生去思考和探究""我的课堂缺乏对于学生的观照，对于学生的反馈我难以引导"。这可能与职前教师处于求生存阶段（early concerns about survival）有关，他们将更多经历投注于

---

① 蹇世琼，饶从满，回俊松.教育实习中实习生教学能力发展的调查研究：基于东北师范大学的调查 [J].教师教育研究，2012（1）：73-79.

② 韩继伟，马云鹏.中学数学教师的教师知识的状况调查 [J].全球教育展望，2016（4）：106-117.

对教学内容的理解和对课堂纪律的掌控，而难以顾及学生的差异和需要。[1]
豪斯格的研究也指出，实习期间职前教师的从教准备度在班级管理和教学
设计方面有显著提升，但是在如何促进学生学习方面却没有变化。[2]

在教师的"专业发展"能力维度上，职前教师在"运用教育科学研究
的方法，解决教育教学工作中的问题"（2.85）、"理解专业标准，确立专
业需求"（2.87）方面的得分相对较低。这表明职前教师在研究能力和把
握自身专业需要的能力方面还有精进的空间。访谈过程中有职前教师也表
示，"研究方法的课上倒是介绍了些方法，教育调查虽然做了，但我感觉
效果不好"。有受访者表示自己不熟悉专业标准，难以确认自己的专业需
求："上课时有老师提及专业标准这个东西，但是教师专业标准如何与我
的教学的改进相结合，我就不太清楚了。"

（二）各类教师教育课程对职前教师从教准备度的贡献

根据教师教育课程对从教准备度的贡献程度的大小，以理论中值（4
分），可以将课程划分为高贡献度和低贡献度两类，各类课程的贡献程度
如表 7 - 6 所示。结合受访者的经验，有如下三个主题浮现：

表 7 - 6　教师培养课程对从教准备度的贡献

贡献程度	课程	得分
高贡献度	教育实习	4.76
	学科专业类课程	4.54
	微格教学	4.44
	学科教学类课程	4.17
低贡献度	一般教育理论	3.56
	教育见习	3.48
	通识教育课程	2.99

---

[1] Fuller F. Concerns of Teachers: A Developmental Conceptualization [J]. American Educational Research Journal, 1969, 6 (2): 207-226.

[2] Housego B E J. Student Teachers' Feelings of Preparedness to Teach [J]. Canadian Journal of Education, 1990 (15): 37-56.

1. 通识教育课程被认为是不重要的

第一，访谈中职前教师屡屡抱怨他们难以从通识教育课程的学习中获得成长，一些大学教师并不重视这类课程的设计与讲授。"感觉这类课程很'鸡肋'，我并不知道开设这些课程对我而言有什么用。""老师上课感觉也没讲什么，都是一些知识性介绍，上课就是照着自己写的书在念教学课件而已。"其次，职前教师会"吐槽"这类课程的考核方式。他们表示："反正通识教育课程又不会挂科，都是开卷考试的，或者交论文就可以了。""有的老师甚至把题目都告诉你了，（考试时）拿着书过来抄就好。"这种略带形式主义的考核方式，会让学生误以为通识教育不重要，那么他们自然不会把精力过多地花费在这类课程的学习上。对于上述现象，学术界不乏批评之声。这类研究指责通识教育的学术性被弱化了，通识教育沦为专业教育的附庸，成为一种扩充知识面的教育，①②③以至于通识教育课程被戏称为"酱油课程"或"营养学分"。④如此看来，一些高校和大学教师本身对通识教育理念的理解和制度设计就存在偏差，这也难怪职前教师会抱怨通识教育是"灌了水的"，因为它不能满足职前教师的兴趣和需要。一些职前教师持有某种"课程等级"观念，认为专业类课程比通识教育课程更重要，也就不足为奇了。

第二，部分职前教师会倾向于认为通识教育课程与他们未来的教学专业是无关的。一名职前教师表示："这类知识（通识教育课程）并不能提升我的教学啊，就拿'人体构造与健康'这门课程来说，它虽然很有趣，我也收获了很多知识，但是这些知识对于我的化学课堂并没有帮助呀。"这可以看出职前教师倾向于以一种实用主义的态度来看待通识教育，注重通识教育课程的即效性。当他们不清楚通识教育与他们的未来教学和个人成长有何意义时，他们自然不会把精力花费在通识教育课程的学习上，从而将这类课程视为低贡献度的课程。职前教师之所以会有如此观点，不但与前述提及的通识教育的表浅化和形式化有关，还与通识教育与专业教育

---

① 甘阳. 大学通识教育的两个中心环节 [J]. 读书，2006（4）：3-12.
② 李曼丽. 中国大学通识教育理念及制度的构建反思：1995-2005 [J]. 北大教育评论，2006（3）：87-99.
③ 庞海芍，郇秀红. 中国高校通识教育：回顾与展望 [J]. 高校教育管理，2016（1）：12-19.
④ 王洪才，解德渤. 中国通识教育20年：进展、困境与出路 [J]. 厦门大学学报（哲学社会科学版），2015（6）：21-28.

二者缺乏一致性有关。[①] 正如怀特海所说，课程教学中并没有规定哪一门只提供普通教育，哪一门是专门的知识，这犹如将一件无缝的学问外套割裂了。[②] 通识教育与专业教育的二分，使得通识教育对于职前教师专业成长的意义被遮蔽了。如此看来，统整通识教育和专业教育实属必要，应该思考如何发挥通识教育在教师培养中的特殊意义。

2. 与学科相关的课程被认为比一般教育理论类课程重要

表 7-6 的结果显示，职前教师认为与学科相关的课程（包括学科专业类课程和学科教学类课程）对于从教准备度的贡献要大于一般教育理论类课程。

在访谈过程中，职前教师会自觉提及学科专业课程与学科教学类课程对从教准备度的贡献。职前教师认为学科知识是教学得以开展的基础，他们一致肯定学科专业类课程为他们提供了大量的学科知识。"我感触比较大的还是（学科）专业课程的影响……那些专业知识可以说是我进行课堂教学的骨架。"学科教学课程让职前教师真正从教学的角度去理解课标和教材。有职前教师表示："在上课程标准解读这方面的课程时，我突然意识到我未来是要成为一名教师的。这让我开始从怎么教的角度来重新认识学科知识。""文本解读课程让我意识到原来老师需要比学生更加深入地窥探一个文本，才能够把这些东西传输出去。"一项全国范围的抽样调查结果与该结论类似，相较于一般教育理论类课程而言，职前教师更重视学科专业类课程和学科教学类课程的学习。[③] 可见，职前教师认为与学科相关的课程的贡献度大是因为这类课程所提供的知识是支撑教师教学的基础性要素。事实上，所有关于教师需要何种知识的讨论都承认学科知识和教学知识对于教师教学的重要性。[④]

然而，访谈过程中职前教师并不会自觉提及一般教育理论类课程对于他们从教准备度的贡献，但是他们也不否认学校开设这类课程的必要性，而是对一般教育理论课程的授课质量表示极大的不满。有职前教师认为"这类课程的开设就是为了让我们修学分"。他们经常形容一般教育理论课

---

① 陈小红.通识课程与专业课程的博弈与一致性：美国的经验 [J].复旦教育论坛，2007 (5)：30-33.

② 华东师范大学教育系.现代西方资产阶级教育思想流派论著选 [M].北京：人民教育出版社，1996.

③ "全国高等师范院校师范生培养状况调查"项目组.中国高等师范院校师范生培养状况调查与政策分析报告 [J].教育研究，2014 (11)：95-106.

④ 范良火.教师教学知识发展研究 [M].2 版.上海：华东师范大学出版社，2015.

程是"脱离实际的"和"抽象的"，这类课程的教学就是"满堂灌"，大学教师"照本宣科"，远离"一线教学情境"。这一发现同其他学者对教师培养课程实施状况的调查结果一致。①②③ 除此之外，不少受访者表示由于缺少教学经验和必要的学校体验，他们难以将所学的教育理论内化为个人的实践智慧。"我们缺少一线教学的经验，教育学、心理学等理论课程的讲授我觉得有点抽象，如果先前能够让我们去实习一下，可能更容易理解吧"。

3. 教育实践的总体贡献度较大， 但教育见习课程被认为是不重要的

通过表 7 - 6 发现，教育实践类课程对职前教师从教准备度的贡献度较大，其中教育实习被认为是贡献度最大的课程。事实上，教育实践尤其是教育实习历来被认为是教师培养项目中最有帮助的课程。④ 以至于世纪之交以来，世界各国的教师培养都将教育实践视为改革的焦点。

教育实习的贡献度在所有课程中是最大的。作为"极点课程"（culminating experience），教育实习能够统合"教师学习经验之总体"⑤。职前教师普遍表示认同教育实习的积极意义。"教育实习提供了理论与实践相结合的机会。""教育实习是对我过往所学的一次检验。"此外，东北师范大学相当重视教育实习的规划，在长达 8 周的实习时间里，力图保障职前教师有充分的授课课时和指导教师的指导。一名职前教师表示，在实习过程中"我能有亲自实践的机会，在指导老师的帮助下我能够反思所学，并进而有针对性地调整"。可见教育实习之所以被认为贡献度大，一方面由其内容和性质所决定，另一方面因为它受到了大学（和教师教育者）与职前教师的高度重视，并且在授课机会与指导质量方面获得了有效保障。

微格教学因为其能够使职前教师在可控的系统下进行教学技能和教学策略的训练，而被职前教师认为对他们的从教准备度有较大贡献。有职

---

① 韩继伟，马云鹏，赵冬臣，等. 中学数学教师的教师知识来源的调查研究 [J]. 教师教育研究，2011（3）：66-70.

② "教师教育课程标准"专家组. 关于我国教师教育课程现状的研究 [J]. 全球教育展望，2008（9）：19-24.

③ 田宏根，杨军，刘婷. 教育类课程对职前数学教师作用欠佳的归因调查 [J]. 数学教育学报，2008（5）：41-43.

④ Flores M A. Teacher Education Curriculum [M] // Loughran J, Hamilton N M L. International Handbook of Teacher Education (Volume 1). Singapore：Springer，2016.

⑤ 佐藤学. 课程与教师 [M]. 钟启泉，译. 北京：教育科学出版社，2003.

前教师认为："微格教学能让我在不断否定自我的过程中前进……自己感触比较深的是了解身边同学的教学，对自己的教学技能更了解，相互借鉴优点和长处，在老师的指导下备课、上课，这个反复打磨的过程，比较享受，挺有意思的。"这表明职前教师认为在明确的目标导向和具体的指导反馈下，微格教学能够强化他们对特定教学技能、教学策略的学习和运用，积累教学体验。可见，教师的有效指导也是保障微格教学发挥其功能的重要因素。

教育见习的目的是积累职前教师的实践体验，加深其对教育理论的理解。但部分职前教师却认为教育见习相对于其他教师培养课程而言是低贡献度的课程。从访谈来看，之所以贡献度低，在很大程度上是因为教育见习未落到实处，未充分发挥其功能。教育见习只是流于表面的"走过场"是受访者们的普遍反映。受访者表示由于缺乏必要的事前指导，在没有理性规划的前提下，他们就盲目地进入见习学校，自己并不清楚教育见习的目的。"我们并不知道教育见习让我们干吗"是所有受访者的一致感受。此外过程和事后指导不足也是教育见习效果不佳的原因。受访者表示，见习过程中他们并没有意识到要将实践体验与大学中教育理论的学习联系起来，他们几乎没有获得来自大学和中小学教师的指导和反馈。一名职前教师表示："整个见习比较散漫，像放羊。老师把我们带来了，就让我们听课，然后就不管我们了。"

综上可知，教育实践类课程对职前教师从教准备度的贡献较大，不仅是因为它能够为职前教师提供实践体验，发展自己的教学，而且大学方面对于课程的理性规划以及教师教育者的指导，在其中扮演着关键作用。

四、综合讨论与结论

（一）综合讨论

研究结果表明，职前教师从教准备度在各个维度上表现出较高的自信，不同类型的教师培养课程对于职前教师从教准备度的贡献程度是不同的。但上述研究结果还存在两点疑惑：一是职前教师的专业理念与师德的养成问题；二是各类教师培养课程的贡献度与课程统整问题。以下综合讨论将围绕上述问题展开。

1. 教师专业理念与师德的养成：教师养成教育的意义

处在社会转型期的中国，教师培养重视教师专业理念与师德，不仅是促进教师专业化的内在要求，也是走出教师道德滑坡困境的现实需要。[①]本研究发现，职前教师在"专业理念与师德"维度的从教准备度要显著高于在"专业知识"和"专业能力"维度的从教准备度，但是涉及专门培养教师专业理念与师德的一般教育理论课程（"教师学与教学论""学生心理学"等）却被职前教师认为是低贡献度的课程。这一矛盾现象促使我们去思考，职前教师的专业理念与师德是如何形成的？

访谈结果表明，某类具体课程很少直接影响职前教师对教师专业的理解，相反整体四年的教师培养历程，包括有形的课程和无形的师范文化、学生活动，潜移默化地形塑了职前教师关于教师专业的理解。大多数职前教师如此回答："我并不记得哪门理论课程告诉我什么是教师职业了，我感觉我对它的理解和认同是在我四年的学习过程中逐渐形成的……通过不断的学习或实践，我越来越觉得专业知识的重要性，教师需要专门的教师。""我们大学还挺重视师范教育的……我对教师职业的理解源于参与社团（组织）的支教、教师技能大赛或者是一线优秀教师的讲座吧。"这恰好说明教师培养乃是一种养成教育，它的本意是引出和唤醒，是经过"外育"（外在教育的教化）而引向"内修"（内在自我的省思）的一种内外结合的沉浸式教育。职前教师所形成的专业理念与师德不仅源于四年教师培养课程的涵养，还应该归功于东北师范大学作为师范大学浓厚的教师教育氛围的熏陶。

20世纪末以来，随着我国教师培养格局由"一元封闭"向"多元开放"转变，教师教育在高等教育体系中的地位逐渐被边缘化和弱化，教师培养质量也出现下滑的趋势。[②]本研究发现东北师范大学作为传统部属师范大学，其教师教育氛围对职前教师专业理念与师德的形塑具有基础性的作用。这恰好促使政策制定者去思考不同路径的教师培养之优点与不足。这样一来，开展跨机构的职前教师从教准备度的比较研究就显得十分必要了。

2. 各类教师培养课程对教师从教准备度的贡献： 实然与应然

需要指出的是，本研究得出的各类教师培养课程对职前教师从教准备

---

① Rao C. The Reform and Development of Teacher Education in China and Japan in an Era of Social Change [M] // Kimonen E, Nevalainen R. Transforming Teachers' Work Globally: In Search of a Better Way for Schools and Their Communities. Rotterdam: Sense Publishers, 2013.

② 于兴国. 转型期中国教师教育政策研究 [D]. 长春：东北师范大学，2010.

度贡献度的发现，虽然在很大程度上可以反映东北师范大学乃至中国当前教师培养状况的一种实然状态，却不能就此做出应然判断。换言之，我们不能就此断定通识教育课程、一般教育理论课程和教育见习对教师从教准备度贡献不大，因而也不重要，而是要考虑上述课程该如何设计实施才能充分发挥其功能，因为这些课程因为各种原因没有实现其预期的功能。本研究结果暗示，应该从相关当事人对教师培养项目的理解与认同，以及对各类教师培养课程的统整两个方面来思考教师培养的改进。

第一，教师培养机构要让教师教育相关当事人知晓并认同教师培养方案的目标与理念，充分理解各自承担的课程在整个教师培养中的地位与作用。本研究前述的访谈结果也显示，教师教育者对所授课程的理解、重视程度、授课方式、实践指导等，会影响职前教师对教师培养课程学习的态度和看法，进而影响其对教师培养课程贡献度的判断。正如研究结果显示，教育实习是贡献度最高的课程，与学校的高度重视、指导教师的指导以及职前教师的全身心投入有关；通识教育课程贡献度低，是因为大学和相关教师对通识教育的理念和实践的认识存在偏差，职前教师不理解通识教育课程的性质和学习它的意义。目前，很多国家的教师教育认证都强调相关当事人对于教师培养目标与理念的认同。教师教育者只有理解了教师培养的目的和理念才能给予足够的重视，并采取相应的策略提升教学质量；职前教师只有理解了教师培养的目的和理念，才能认真并主动学习，有所收获。

第二，教师培养机构在规划通识教育课程时要着重考虑通识教育与专业教育的融通。正如雅思贝尔斯所说，大学培养的是"全人"，既需要整体知识又需要专业知识，二者缺一不可。换言之，通识教育与专业教育二者不可偏废。前者指向知识的广度，后者指向知识的深度。而狭隘的专业教育只能给予教师过多的教学技能，而非让教师能思考教育的目的、过程与教育的目标和手段。[①] 可见，通识教育对于教师培养而言并非不重要，而是高校和大学教师需要重新思考什么是通识教育，通识教育课程该如何设计和讲授。此外，由于通识教育课程与专业课程之间缺乏融通，职前教师难以将通识教育的知识同他自身的教学专业结合起来。有研究指出，将指向"成人"为目标的核心课程（通识教育课程）与每一门专业主修课程

---

① Silberman C E. Crisis in the Classroom：The Remarking of American Education［M］. New York：Vintage Books，1970.

产生链接，二者相辅相成，更可能促进职前教师的个人成长和专业发展。[1]
在我国，教师教育乃至整个高等教育研究领域，很少有研究对统整通识教育和专业教育有细致的探讨。未来的教师教育研究可以对此加以尝试。

第三，教师培养课程的改革要关注一般教育理论课程与教育实践课程开设的时机。尽管职前教师认为一般教育理论课程的贡献度较低，但绝不能就此否定它对于职前教师教学的独特贡献。关于教师培养课程内涵的争论显示，教师专业缺乏理性知识和理论课程同样受人质疑。[2] 因而，探讨如何通过课程的设计，帮助职前教师将理论知识与自身教学实践结合起来实属必要。事实上，在教师培养中整合大学课程和实践经验是十分复杂的。[3] 就东北师范大学的教师培养方案而言，教育理论类课程的安排大多早于或同步于微格教学和见习，实习则被安排在所有课程结束后进行。其中积累实践体验的教育见习被安排在理论学习后，集中在 1 周进行。这种课程设计虽然从要素构成上来看具有较为丰富多样的教育实践类型，但是在实质上并未充分考虑实践课程与理论课程的内在关联。先理论、后实践的做法让缺乏实践体验的职前教师觉得理论的学习是"抽象乏味"的，他们表示"理论与实践穿插在一起会更好"。杜威（Dewey）就认为实践经验对于个人（教师）的学习起着基础性和奠基性的作用。[4] 相关研究也表明，基于实践体验的理论学习效果比没有实践体验的课程学习效果要好，职前教师有机会将课程和实践体验联系起来，他们会从中学到更多。[5] 因此，实践体验和教育理论的学习应该是循环往复、相互促进的，才能促使职前教师在"行动中反思"（reflection in action），使之更好地统整教育理论与实践。东北师范大学先前的课程设计，由于教育理论与实践类课程开

① Barce J，Habrowski E，Kanne J. The One，Two Punch！General Education and Teacher Education Curricula at a Small，Independent，Liberal Arts College for All Students Including Pre-service Teachers ［R］. Education Resources Information Center Eric Document Reproduction Service，2000. ［EB/OL］. ［2018-03-22］. https：//files. eric. ed. gov/fulltext/ED440061. pdf.

② 黄嘉莉. 美国师资培育课程的相关议题：1950 年代后的省思 ［A］//师范教育学会. 师资培育与教学科技. 台北：台湾书店，1999.

③ Suzanne M，Wilson S M，Floden R E. Teacher Preparation Research：Current Knowledge，Gaps and Recommendations ［R］. Washington，D. C.：Center for the Study of Teaching and Policy，2001.

④ 约翰·杜威. 经验与教育 ［M］. 姜文闵，译. 北京：教育科学出版社，2005.

⑤ Darling-Hammond L. Constructing 21st-Century Teacher Education ［J］. Journal of Teacher Education，2006，57（3）：300-314.

设的时机设定欠妥，才使得教育见习和教育理论课的效果均得不到彰显。

（二）结论

经过上述讨论，本研究的结论如下：

第一，东北师范大学的职前教师从教准备度呈现较高的自信。从总体上看，超过七成的职前教师认为自己已做好应对未来教育教学工作的准备。他们在"专业理念与师德"方面呈现的自信心要强于他们在"专业知识"和"专业能力"方面的表现。在"专业理念与师德"维度上，职前教师能够意识到教学的专业性和教师职业的道德属性，能够照顾学生差异，但也存在对国家教育理念和方针不够自信的情况；在"专业知识"维度上，职前教师在学科知识和学科教学知识方面的准备度要好于一般教育理论知识和通识知识；在"专业能力"维度上，在教育教学能力方面，职前教师对学生的熟悉程度不及对教学内容、教学方法和教育规则的理解；在专业发展能力方面，职前教师的教研能力和自我发展能力有待进一步提升。

第二，职前教师关于课程贡献度的理解，一定程度上体现了 D 大学教师培养课程的实然状态，但不能就此否认通识教育课程、一般教育理论课程和教育见习的意义，而只能说明上述课程需要被重新设计。未来的教师培养课程要让相关当事人，尤其是教师教育者和职前教师知晓和认同教师培养方案和课程设计的目标与理念，这样才能提高职前教师的学业成就和教师的教学质量。教师培养课程的改革在重新设计通识教育课程时，要整合通识教育课程和专业教育课程，只有两者相辅相成，才能促进职前教师个人的成长和专业发展。最后，教师培养课程还应该考虑一般教育理论课程有教育实践课程开设的时机，将教育实践课程穿插在教育理论课程中进行，循环往复，才能确保职前教师实现理论与实践的融合，在保证理论课程有趣、有效的同时，提升教育实践的效果。

第三，教师专业理念与师德的形塑并非单一课程作用的结果，四年的培养历程和师范大学的氛围在潜移默化中塑造了职前教师的专业理念与师德。这恰恰体现了教师培养是一种养成教育，无论是在师范大学中培养教师还是在综合大学中培养教师，都应该坚持营造良好的教师教育氛围和环境，才能有助于培养职前教师关于教师专业的正向态度。

第 3 节 教育实践类课程对职前教师 从教准备度的贡献[①]

一、问题提出与研究视角

20 世纪 80 年代以来，强化教育实践早已成为世界各国教师培养改革的重点和趋势。我国也不例外，《教师教育课程标准（试行）》中就明确把"实践取向"作为教师教育课程改革的理念。然而，对于教师培养课程中教育实践的"量"（教师培养需要多长时间的实践）、"质"（教师培养需要什么样的实践）和"时机"（教育实践安排在什么时间比较合适），学界并未达成共识。在我国，教育实践通常被视为教师培养的短板，教育实践存在时间短、类型单一（以终结性的教育实习为主）、缺乏指导、与理论课程缺乏联系等突出问题。[②③④⑤] 这使得我们有必要透过深入的个案分析来探讨教育实践的设计与实施。此外，教育实习作为教师培养课程中最有益的成分，人们（主要是职前教师和雇主）都希望能够延长教育实习的时间来提高教师培养质量。[⑥] 但是，在有限的培养时间内无限延长教育实习的时间并不实际。教育部于 2016 年颁布《教育部关于加强师范生教育实践的意见》（教师［2016］2 号）。该政策要求教师培养机构保障职前教师的授课课时和推行"双导师指导"，尤其要落实大学指导教师对实习生的

[①] 本节作者系吴宗劲、饶从满，本节曾发表于《教师教育研究》2018 年第 11 期，原题为《教师实践类课程对职前教师从教准备度的贡献研究》。

[②] 顾明远，檀传宝. 中国教育发展报告：变革中的教师与教师教育［R］. 北京：北京师范大学出版社，2004：154-156.

[③] 王艳玲. 培养"反思型实践者"的教师教育课程［D］. 上海：华东师范大学，2008：1-5.

[④] "全国高等师范院校师范生培养状况调查"项目组. 中国高等师范院校师范生培养状况调查与政策分析报告［J］教育研究，2014（11）：95-106.

[⑤] 汪贤泽. 关于浙江省教师教育课程现状的研究［J］. 全球教育展望，2016（9）：109-117.

[⑥] Flores M A. Teacher Education Curriculum［M］// Loughran J，Hamilton M L. International Handbook of Teacher Education（Volume 1）. Singapore：Springer，2016：232.

指导。为此，有必要探讨上述两项制度措施是否有助于提升教育实习的效果。

目前，国内关于教育实践（主要指实习）的研究以理论探讨居多。有关教育实践成效的实证研究（empirical research）却非常匮乏。正如实证科学所强调的，科学的研究证据（research evidence）乃是评估教育政策与实践的黄金标准。实证研究的匮乏将不利于教育实践课程的开发和实施乃至教师培养质量的提升。为此，本研究坚持实证研究的立场，旨在借助教师从教准备度的知觉（teachers' feeling of preparedness to teach）[①] 来探讨教育实践类课程在教师培养项目中的贡献。具体的研究问题如下：相较于其他教师培养课程，教育实践类课程对于职前教师从教准备度的贡献情况如何？教育实习中职前教师的授课课时和双导师的指导，对职前教师从教准备度有何影响？

教师从教准备度的内涵可以从班杜拉效能期待的视角来理解。效能期待是指个人关于自己有能力完成某项特定任务的信心程度。[②] 继而，教师从教准备度可以理解为教师对其专业素质所表现出来的心预期程度或自信程度。[③④] 20 世纪 90 年代以来，许多研究开始借助教师从教准备度来表征教师素质及其有效性（teacher quality and effectiveness），[⑤⑥] 并以此来衡量教师培养项目或相关课程的效果[⑦⑧⑨]。本研究之所以借用教师从教准备度来衡量教育实践的效果，不仅出于经济性和便利性的考量（这类调查主

---

① 为了行文的便利，下文仅以"教师从教准备度"代之。

② Bandura A. Self-efficacy: Toward a Unifying Theory of Behavioral Change [J]. Psychological Review, 1977, 84 (2): 191-215.

③ Ashton P, Webb R. Making a Difference: Teachers' Sense of Efficacy and Student Achievement [M]. New York: Longman, 1986: 4.

④ Housego B E J. Student Teachers' Feelings of Preparedness to Teach [J]. Canadian Journal of Education, 1990 (15): 37-56.

⑤ Brown A L, Lee J, Collins D. Does Student Teaching Matter? Investigating Pre-service Teachers' Sense of Efficacy and Preparedness [J]. Teaching Education, 2015, 26 (1): 77-93.

⑥ Webster N L, Valeo A. Teacher Preparedness for a Changing Demographic of Language Learners [J]. TESL Canada Journal, 2011, 28 (2): 105-128.

⑦ 同④.

⑧ Darling-Hammond L, Chung R, Frelow F. Variation in Teacher Preparation: How Well Do Different Pathways Prepare Teachers to Teach [J]. Journal of Teacher Education, 2002, 53 (4): 286-302.

⑨ Kee A N. Feelings of Preparedness among Alternatively Certified Teachers: What Is the Role of Program Features? [J]. Journal of Teacher Education, 2012, 63 (1): 23-38.

要使用的是自陈式报告数据，具有程序设计简便和投入少的优势），更为重要的是教师从教准备度的效能预期会影响教师完成特定教学任务时的努力程度和韧性（persistence），[1][2][3] 进而影响教师的日常教学行为、班级管理方式以及教学革新。[4] 而那些越对教学缺乏自信的教师，越有可能从自己的教学岗位中离职。[5] 因此，帮助职前教师强化自身对从教准备度的效能期待也应该是教师培养的目标之一，可以作为衡量教育实践效果的核心指标。

二、研究设计

（一）调查对象的选取

本研究以东北师范大学作为个案，主要是考虑东北师范大学是教育部直属师范大学，也是承担"卓越教师培养计划"的单位，其对教育实践课程（尤其是教育实习课程）的探索获得了政府、高校和学界的多方关注。根据东北师范大学 2012 版课程计划，教师培养课程（155 学分）由通识教育类课程（50 学分）、学科专业类课程（80 学分）和教师职业教育类课程（25 学分）组成。而教师职业教育类课程由教育理论类课程、教育技能类课程（含 1 学分的微格教学）、教育实践类课程（5 学分的教育实习和 1 学分的教育见习）组成。鉴于微格教学（模拟教学）具有较强的实践属性，东北师范大学的教育实践体系可由微格教学、教育见习和教育实习三类课程组成。本研究所谓的"教育实践类课程"的外延即指上述三类课程。

在教育实践类课程的设置上，微格教学和教育见习被安排在第 6 学期

---

[1] Housego B E J. Student Teachers' Feelings of Preparedness to Teach [J]. Canadian Journal of Education，1990（15）：37-56.

[2] Clark S K，Byrnes D，Sudweeks R R. A Comparative Examination of Student Teacher and Intern Perceptions of Teaching Ability at the Pre-service and In-service Stages [J]. Journal of Teacher Education，2015，66（2）：170-183.

[3] Tschannen-Moran M，Hoy A W，Hoy W K. Teacher Efficacy：Its Meaning and Measure [J]. Review of Educational Research，1998，68（2）：202-248.

[4] Tschannen-Moran M，Hoy A W. Teacher Efficacy：Capturing an Elusive Construct [J]. Teaching & Teacher Education，2001，17（7）：783-805.

[5] Darling-Hammond L，Chung R，Frelow F. Variation in Teacher Preparation：How Well Do Different Pathways Prepare Teachers to Teach [J]. Journal of Teacher Education，2002，53（4）：286-302.

进行。微格教学[①]是对课堂教学的模拟，职前教师可以在模拟环境中有针对性地学习教学。教育见习主要是积累职前教师的实践体验，加深其对教育理论的理解。在修习教育理论类课程后，职前教师需要进入中小学开展为期 1 周的学校课堂观察。[②] 其目的在于积累职前教师的实践体验，加深对教育理论的理解。教育实习被安排在第 7 学期开学初的 8 个教学周进行。其目的是帮助职前教师树立从教信念，在实践中学习教学。为了保障职前教师的授课课时和落实双导师指导，职前教师被安排进入实习基地开展实习。

（二）经验数据的类型

本研究的经验资料由定量的问卷调查结果和定性的访谈资料组成。

1. 问卷调查

本研究的量化数据源于一项针对东北师范大学 2016 届即将毕业的中学师范专业全体 1024 名本科毕业生（以下简称"职前教师"）的调查，其中有效样本为 736 个。《教师从教准备度调查量表》根据《中学教师专业标准（试行）》编制。教师从教准备度可从"专业理念与师德""专业知识"和"专业能力"三个维度来衡量。其次，教师培养课程被划分为通识教育课程、学科专业类课程、一般教育理论课程、学科教学类课程、微格教学、教育见习和教育实习 7 类。职前教师需要根据各类教师培养课程对其从教准备度的贡献程度由大到小将上述课程进行排序。描述统计是主要的数据处理技术。贡献度最大的课程计 7 分，并依此类推。

2. 访谈

访谈资料是为本研究而重新收集的。教育实践类课程对于职前教师从教准备度的贡献乃是访谈的焦点。职前教师首先需要描述相较于其他课程，教育实践对职前教师从教准备度的贡献。其次，针对微格教学、教育见习和教育实习三类教育实践课程，职前教师需要回答以下三类问题：各类教育实践课程的独特性是什么？它们对于教师从教准备度的贡献是什

---

① 微格教学是一个由教学计划——微格教学（试教）——回馈反应——重定教案——再次
　试教五个步骤组成的循环。
② 东北师范大学 2013 版的课程计划对教育见习进行了重新规划，以往的连续 1 周的见习期
　被分散在第 6 学期的 3、4、5 月份的某个星期的周四、周五进行。此外东北师范大学还
　加强了对于教育见习的事前和事后指导，在见习前学校向每一名职前教师颁发了见习指
　导手册，以明确教育见习期间的目的和具体任务，并在见习期间加强了对职前教师的指
　导，引导职前教师将大学所学和实际学校教学中的经验结合起来。

么？它们需要改进的地方为何？关于教育实习的两项制度措施——亲自授课的经验和双导师指导，职前教师需要结合自身学习教学的经历回答它们对职前教师从教准备度的影响。

以信息饱和性为标准，[①] 综合考虑时间、资金和人力等现实因素，本研究对 20 名来自数学、语文、化学、物理和外语专业的 2016 年 7 月即将毕业的职前教师进行访谈。此外，本研究还以同样的标准邀请了 10 名 2017 年 7 月行将毕业的职前教师参与访谈，以了解他们对重新设计的教育见习课程的看法。

三、研究结果与讨论

（一）教育实践类课程对教师从教准备度的贡献

根据教师教育课程对从教准备度的贡献程度的大小，以理论中值（4分）为标准，可以将教师培养课程划分为高贡献度的课程和低贡献度的课程。

1. 教育实践对教师从教准备度的贡献较大

如表 7 - 7 所示，总体上教育实践类课程对教师从教准备度的贡献度较大。换言之，职前教师把教育实践视为学习教学的重要途径。"教育实践比理论更重要"代表了绝大多数职前教师的心声。"教育实践能让我参与到真实的教学中，使我对教学有了更为直观的感受和体验。"正如舒尔曼所说："专业最终是关于'实践的'……这些知识被运用于专业'领域'中才会成为'专业'知识。"[②] 教师培养作为一种专业教育是基于实践的教育。在教师培养历程中，职前教师掌握了多少知识等只是一个方面，更为重要的是"教师在工作中如何运用这些知识"。[③] 教育实践类课程能够有效帮助职前教师将他们的所学同真实的学校教育情境联系起来，在实践中体会教学、发展教学乃至学会教学。

① 塞德曼. 质性研究中的访谈：教育与社会科学研究者指南 [M]. 3 版. 周海涛，译. 重庆：重庆大学出版社，2009：61.
② 李 S 舒尔曼. 理论、实践与教育的专业化 [J]. 王幼真，刘捷，编译. 比较教育研究，1999（3）：36-40.
③ Suzanne M，Wilson S M，Floden R E，et al. Teacher Preparation Research：Current Knowledge，Gaps and Recommendations [R]. Washington，D. C.：Center for the Study of Teaching and Policy，2001：17.

表 7 - 7　教师培养课程对从教准备度的贡献

贡献程度	课程	得分
高贡献度	教育实习	4.76
	学科专业类课程	4.54
	微格教学	4.44
	学科教学类课程	4.17
低贡献度	一般教育理论	3.56
	教育见习	3.48
	通识教育课程	2.99

2. 各类教育实践课程对职前教师从教准备度的贡献

第一，教育实习对职前教师从教准备度的贡献最大。职前教师认为教育实习的独特性在于它是"最接近实情的演练"。一名职前教师对比教育见习和微格教学后认为："教育实习具有较强的实践性和真实性，课堂上发生的一切都是真实的，我能够和学生面对面地对话，并且通过课堂反馈和指导教师的指导及时地去修正和调整我的教学。而微格教学是死的，真实的课堂里什么都能发生。教育见习则只能观察，不能去实践。"这表明，在教育实习中，职前教师能够在实际经验的累积中与一定的反馈和指导下体悟教师的角色和发展自己的教学。教育实习属于教师培养环节中的"高峰体验"（culminating experience），能够统合"教师学习经验之总体"。难怪东北师范大学会格外重视教育实习课程的投入，确保职前教师的授课机会和落实双导师指导。

第二，微格教学是高贡献度的课程。在职前教师看来，微格教学的独特性在于它能够及时地对职前教师的教学做出诊断和针对性的改进。"微格教学最大的好处在于课后的教学视频录像分析，自己可以比照路线对自己的教学进行剖析，然后结合指导教师的建议有针对性地调整和改进。"其次，微格教学"诊断"功能的发挥，有赖于指导教师的指导。在微格教学课上未能获得教师指导的职前教师，会认为"微格教学流于形式"。因此，许多职前教师希望增加微格教学的学分和学时，落实指导教师的指导，以保障微格训练的质量。此外，也有职前教师谈及微格教学的局限。微格教学只是对课堂教学的"模拟"，"它和真实的课堂还是不一样的"，

"没有真实的学生和真实的课堂互动"。有学者批评微格教学所信奉的是罗塞尔式的"理论在实践中的应用"理念，带有明显的技术理性色彩和工具性色彩，是对教学复杂性和情境性的简化。[①] 而艾伦（Allen）在创立微格教学时就指出它不能也不可以替代真实的课堂。[②] 综上，不能简单地否定微格教学的价值，而应该思考微格教学在教育实现课程体系中的作用和限度。

第三，教育见习是低贡献度的课程。但不能就此认为教育见习没有开设的必要，而是要对教育见习落实情况进行分析。部分职前教师并不清楚教育见习的目的，更遑论教育见习的独特性。部分职前教师感觉东北师范大学并未像重视教育实习一样重视教育见习。"教育见习就是走过场，走马观花地看一遍就结束了。"一名职前教师如下的经历是职前教师普遍的感受："当时我去的是 CC 市某中学见习，学校安排了一名带队老师让我们去听课，但是没有说怎么听、听什么，这让我和同学们都觉得很迷茫，像观光旅游一样。听课倒是有去听，但是什么也不懂，看不出什么名堂来。回来象征性地做个总结就结束了。"由此观之，教育见习的贡献度较低是源于东北师范大学对教育见习缺乏足够的理性的规划，事前指导和事后指导不足。

此外，教育见习开设的时机也会影响教育见习的效果。本研究发现，一般教育理论课程虽然是低贡献的课程，但是职前教师并未对教育理论表现出非理性的拒斥，他们只是认为理论学习较为艰涩，难以与实践融合。"一方面无法规避的是理论的枯燥以及空洞，另一方面是理论要长时间慢慢地在实践中发挥作用。当然理论知识是不可或缺的，两者完美结合那就再好不过啦。"对参加过重新设计的教育见习课程的 10 名职前教师的调查进一步发现，职前教师更倾向于理论课程与实践课程穿插在一起进行。这表明东北师范大学先前的教师培养课程忽视了一般理论课程同教育实践（尤其是教育见习）开设的时机，理论学习在先，实践在后的方式未能实现职前教师理论与实践的整合。美国著名的教师教育研究者达令-哈蒙德比较了多名学者的研究后认为，基于实践体验的理论学习效果比没有实践体验的课程学习效果要好，职前教师有机会将课程和实践体验联系起来，

---

① 杨燕燕.论教育实践课程 [D].上海：华东师范大学，2012：75-77.

② Allen D W, Eve A W. Microteaching [J]. Theory Into Practice, 1969，7（5）：181-185.

他们会从中学到更多。① 换言之，一般教育理论同教育见习穿插在一起进行，循环往复、相互促进，既能够保障理论学习的有效性，又能提升教育实践的效果。

综上可知，教育实践课程为职前教师学习教学提供了类型丰富的实践体验。不同教育实践课程的功能定位是不同的。教育实践开设的时机也会影响职前教师的学习。此外，职前教师的实践是指导下的实践。教育实践的效果很大程度上取决于大学方面的合理规划和指导教师的指导水平。

（二）授课课时、双导师的指导与从教准备度的关系

保障职前教师的授课课时和落实双导师指导乃是国家层面推行的旨在提升教育实习质量的两大举措。为此，有必要探讨这两项措施的效果。

1. 授课课时与职前教师从教准备度的关系

当前，东北师范大学的教育实习保障了每一位实习生都有一定数量的授课课时。职前教师认为，实践经验的累积是必要的。一方面，实践经验有助于增加职前教师的信心。"第一次上讲台的时候整个过程都是心惊胆战的，几轮下来就不紧张了，毕竟熟能生巧嘛。"另一方面，实践经验还能有助于职前教师教学能力的提升。"亲自授课，让我学会如何去教学，它不是象牙塔的模拟，我得实实在在地去分析学情，然后去观察学生的反应，及时地总结反思，然后再试教。"班杜拉的自我效能理论就指出熟练掌握的经验（mastery experiences）是建立自我效能的首要来源。成功的经验将有助于自我效能的提高。② 职前教师在教育实习过程中通过亲自授课能够建立其自身对于教育教学活动的信心，提升自己的从教准备度。③

---

① Darling-Hammond L. Constructing 21st Century Teacher Education ［J］. Journal of Teacher Education，2006（3）：300-314.

② Bandura A. Self-efficacy：Toward a Unifying Theory of Behavioral Change ［J］. Psychological Review，1977，84（2）：191-215.

③ Brown A L，Lee J，Collins D. Does Student Teaching Matter? Investigating Pre-service Teachers' Sense of Efficacy and Preparedness ［J］. Teaching Education，2015，26（1）：77-93.

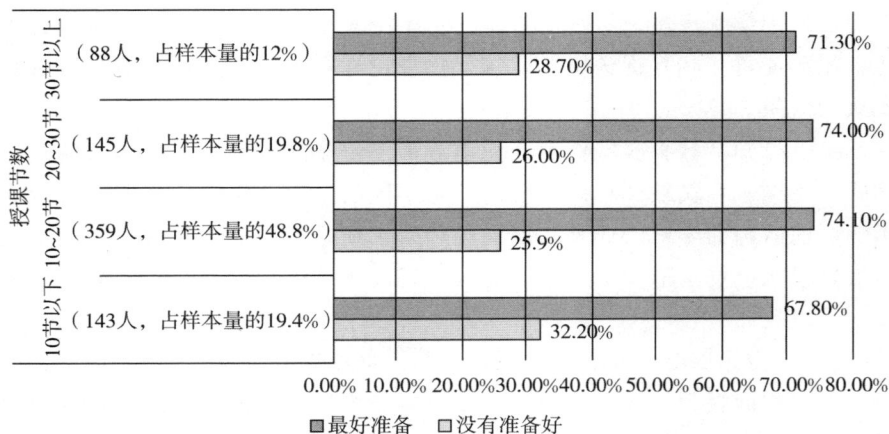

图 7 - 3　职前教师的授课课时与职前教师准备度的关系

在此基础上，用"职前教师的授课课时"和"从教准备度"绘制成交叉表，转变成条形图 7 - 3。如图所示：把授课课时在 10 节以下的组重命名为 A 组，依次类推，四个组分别为 A、B、C、D。对比 A、B 两组，认为自己做好从教准备的教师人数占比较前者有所上升；而对比 B、C 两组，认为自己做好准备的教师人数占比基本保持稳定；再对比 C、D 两组，认为自己做好准备的教师人数占比较前者会有所下降。由此，可以初步推断授课课时对职前教师的从教准备度的积极影响存在阈值效应。访谈结果也显示，职前教师普遍认为"授课课时贵在精，不在多，多了反而会适得其反"。有关研究也表明，适当的工作量会增加职前教师的从教准备度，但是职前教师的工作量并不是越多越好。[1][2] 教育实习对于职前教师的心理和能力都是一种考验。从自我效能理论来理解，职前教师的从教准备度作为一种效能期待受个人自身情绪水平的影响。过多的授课课时会让职前教师感到难以胜任，自然会降低职前教师对其教学能力的自信程度。维尔曼的经典研究就以"现实震撼"（reality shock）来描述职前教师所承受的来自教育现场的冲击。[3] 这种紧张和不适会降低职前教师对从教准备

---

①　吕立杰，刘新，王萍萍. 实习教师自我效能与职业认同的相关性研究 [J]. 高教探索，2016（11）：111-116.

②　Clark S K, Byrnes D, Sudweeks R R. A Comparative Examination of Student Teacher and Intern Perceptions of Teaching Ability at the Pre-service and In-service Stages [J]. Journal of Teacher Education，2015，66（2）：170-183.

③　Veenman S. Perceived Problems of Beginning Teachers [J]. Review of Educational Research，1984，54（2）：143-178.

度的自我判断，严重的还会导致职前教师的信心崩溃。

综上，本研究发现授课课时对于职前教师从教准备度的积极影响存在阈值效应。根据图 7 - 3 可知，B、C 两组，认为自己做好准备的教师人数占总人数的比重基本保持稳定。这表明阈值可能在 20 节课左右。访谈的结果可以进一步对其进行佐证，20 名职前教师对合理的授课课时的回答在 15～25 节之间不等。

2. 双导师指导与职前教师从教准备度的关系

目前，东北师范大学的教育实习正在落实"双导师指导"。从本次调查结果来看，所有的职前教师都获得了来自中小学指导教师的指导，但仅有占样本量 52.9% 的职前教师（389 人）表示自己真正获得来自大学指导教师的指导。那么双导师的指导是否必要呢？t 检验结果（见表 7 - 8）显示，有双导师指导的职前教师的从教准备度较高，其会比只有中学教师指导的职前教师在各方面表现出更高的自信（尽管"专业理念与师德"维度的得分在统计上不显著）。这恰好说明，双导师指导，尤其是大学教师的指导是必要的。

表 7 - 8 双导师指导对职前教师从教准备度影响的 t 检验

维度	是否有双导师指导	平均分	标准差	t 值
总体准备度	否	2.88	0.51	−2.549 *
	是	2.99	0.57	
专业理念与师德	否	2.99	0.57	−1.505
	是	3.06	0.61	
专业知识	否	2.83	0.53	−3.010 * *
	是	2.96	0.59	
专业能力	否	2.85	0.52	−2.671 * *
	是	2.97	0.59	

注：* 表示 $p < 0.05$，* * 表示 $p < 0.01$。

访谈结果显示，获得双导师指导的职前教师充分肯定了大学指导教师的指导工作。他们通过比较中小学指导教师的指导和大学指导教师的指导，来说明大学指导教师对他教学的帮助。有职前教师认为："中小学指导教师主要是从经验层面为教学提供指导，比较实用、接受性强；大学指导教师是站在理论、知识高度的角度去指导你……他们传递给你的是一种意识（理念），就像我实习回来还是很肯定大学老师的指导……""中学指导教师更强调'技艺'，大学指导教师在实践中强调'理论'的作用。大学指导教师教会我如何运用理论来反思自己的教学，通过听评课、试教、反思、再试教，一轮下来我就觉得融会贯通了。"可见大学指导教师的指导是来自理论层面的指导，它区别于中小学指导教师在经验层面的指导，两者对于职前教师而言同样重要。

遗憾的是，很多职前教师反映自己没真正获得来自大学指导教师的指导，他们对职前教师的帮助更多体现在后勤保障方面，其教学指导的责任很难落实。"大学指导教师的指导可以说没有，由于他要负责与多个实习基地之间的联络工作，对我们的帮助主要是对我们生活起居的照顾和负责通知一类的行政性事物上。"在国外，大学指导教师的指导同样难以保障，许多大学指导教师缺少观察学生教学并给予反馈和指导的时间，使得大学指导教师的作用仅限于联络和精神支持。[1][2]

综上，并不是说大学指导教师的指导对职前教师学习教学没有帮助，而是大学指导教师的指导难以落实。在教育实习环节，职前教师乃是以一种"合法的边缘参与"（legitimate peripheral participation）角色参与实习学校的教育教学活动。[3] 他们在学校中更倾向于做一名观察者和学习者，在指导教师的指导下开展教育教学活动，并从中获得教益。因此，可以重申职前教师的实践属于指导下的实践，大学指导教师的指导是不可或缺的，他们为职前教师的实践反思所提供的理论启迪是无可替代的。换言之，在教育实习中推行"双导师指导"，尤其是落实大学教师的指导是非常必要和紧迫的。

---

① Koehler. The Instructional Supervision of Student Teachers [EB/OL]. [2018-03-22]. ERIC Document Reproduction Service. 1984. https：//files. eric. ed. gov/fulltext/ED271430. pdf

② Zimpher N L, Devoss G G, Not D L. A Closer Look at University Student Teacher Supervision [J]. Journal of Teacher Education，1986（4）：12-15.

③ Lave J, Wenger E. Situated Learning：Legitimate Peripheral Participation [M]. New York：Cambridge University Press, 1991.

四、结论与建议、研究局限

（一）结论与建议

第一，本研究发现教育实践对于职前教师的从教准备度有较大贡献。不同类型的教育实践课程的功能定位是不同的。教育实践课程开设的时机会影响职前教师对实践的体验和理论的学习。这意味改革教育实践要在确保"量"（时间）的基础上考虑"质"和"时机"。未来教师培养课程既要充分考虑教育实践在教师培养中的功能地位，为职前教师提供类型丰富的实践课程，又要注重教育实践课程开设的时机，理论学习与实践体验穿插在一起进行，循环往复，才能确保职前教师实现理论与实践的融合。此外，职前教师的实践是指导下的实践，大学（包括教师教育者）的重视和投入会影响课程的效果。为此教师培养课程应该高度重视教育实践的建设和投入，保障各类课程功能的发挥。

第二，本研究发现，教育实习中职前教师的授课课时对从教准备度的积极影响存在阈值效应，阈值约为 20 节。未来的教育实习应该考虑为职前教师合理地安排授课课时。其次，教育实习中职前教师的从教准备度会因是否有双导师指导而产生显著差异。大学指导教师从理论的高度为职前教师的实践反思所提供的指导是不可或缺的。落实双导师指导，尤其是大学指导教师的指导有其必要性和紧迫性。大学方面应该采取更多积极的措施鼓励更多优秀的教师参与到教育实习的指导工作中。

（二）研究局限

第一，教师从教准备度的研究并不能完全代表教师个人真实的教学能力或者教师知识的真实水平，因而本研究的结果仅是暗示性的，并不具备因果必然性。其研究发现如果成立，还需要同其他类似研究进行相互验证。

第二，由于教育实践类课程的模糊性和多样性，加之本研究仅以东北师范大学的教育实践类课程作为研究对象来探讨教育实践对职前教师从教准备度的贡献，并未对其他大学的其他类型的教育实践课程进行讨论，因此，本研究的研究结论需要同其他类似的或者相关的研究进行比照，才能获得较好的推广。

第 8 章

教 师 教 育 者

第 1 节　中国的教师教育者：职前培养
与在职研修①

一、教师教育者及其发展：凸显的课题

在教师教育这一生态系统中，教师教育者发挥着至关重要的作用。科瑟根、拉芙兰和鲁能伯格（Korthagen，Loughran & Lunenberg）曾经以教师教育者与医学院教授的角色区别为例，分析了教师教育者的角色特征。他说："教师教育者不仅担负帮助师范生知晓教学的角色，而且在此过程中通过他们自身的教学示范教师角色。在此方面，教师教育职业是独特的，不同于传授医学的医生们。在医生的教学中，他们并不承担为实际的职业实践进行角色示范的任务，也就是说，他们并不治疗他们的学生。而教师教育者，无论是有意或无意，不仅传授关于教学的知识（teach about teaching），而且实际地去教他们的学生（teach their students）。"②易言之，教师教育者对师范生的影响是全方位的，他们的影响不仅仅在于他们提供给师范生关于教学的知识（knowledge），更在于他们以自身的教学过程（process）与方式潜移默化地影响着师范生。

尽管教师教育者承担如此重要的角色，学术界关于他们的研究却极其匮乏。兰尼尔和利特尔（Lanier & Little）早在 1986 年就曾指出："在教师教育研究中，教师的教师——他们是什么样子，做什么，思考什么——

---

① 本节系东亚教师教育国际合作研究的成果之一，作者系饶从满、李广平、陈欣、秦春生、高文财，原文名称为"中国における教師教育者の養成と研修"，被收录于：東アジア教員養成国際共同研究プロジェクト.「東アジア的教師」の今［M］.東京：東京学芸大学出版会，2015.

② Korthagen F A J，Loughran J，Lunenberg M. Teaching Teachers：Studies into the Expertise of Teacher Educators［J］. Teaching and Teacher Education，2005，21（2）：107-115.

完全被忽视了。甚至连研究人员也不能准确确定他们到底是谁。"① 究其原因，可能与教师教育者的培养与研修实践的贫乏有很大关系。正如许多学者指出的那样，教师教育者几乎没有受过任何作为教师教育者的正式培养，在专业发展方面也很少获得专业的支持。②这种状况在世界上属于一种非常普遍的现象，在中国也不例外。③

20 世纪八九十年代以来，伴随教师教育改革的不断深入，人们逐渐认识到了教师教育者对教师教育质量提升的重要性，教师教育者开始步入人们的视野，并空前地凸显出来。④ 正是在这样的大背景下，东北师范大学自 2007 年开始进行教师教育者的职前培养与在职教育探索。

在介绍东北师范大学的教师教育者职前培养与在职教育探索之前，有必要交代一下本节的关键概念——教师教育者。所谓"教师教育者"，顾名思义，就是"教师的教师"，应该既包括参与职前教师培养的教师，也包括为在职教师提供教育指导的教师；既涵盖高等学校中参与职前教师培养与在职教师研修的高等学校教师（university-based teacher educator），也涵盖参与职前教师培养与在职教师研修的中小学及幼儿园教师（school-based teacher-educator）。但由于本节的宗旨所在，这里的"教师教育者"仅指参与教师职前培养与在职研修的大学教师。

在 20 世纪 90 年代以前，中国建立了较为完整的独立设置的师范院校体系。"在以培养师范生为唯一任务的师范院校里，不管这类院校的教师们以何种学科专业背景从事教学活动，也不管他们如何理解教师教育，把自己的教学对象培养成为教师是他们很明确的教学任务与目标。在这个意义上说，传统师范院校里的教师都是教师教育者，尽管这时也并非所有的教师都专注于师范生作为教师职业者特殊专业素质的发展要求。"⑤ 但是自 20 世纪 90 年代中期开始师范院校走上综合化的道路以后，"谁是教师教

① Lanier J, Little J. Research in Teacher Education [M] // Wittrock M C. Handbook of Research on Teaching. New York: Macmillan, 1986: 527-569.

② Lunenberg M, Korthagen F, Swennen A. The Teacher Educator as a Role Model [J]. Teaching and Teacher Education, 2007 (23): 586-601.

③ 在职前培养方面，虽然中国大学的研究生教育中有课程与教学论等专业，但也主要是以培养中小学教师或者课程与教学论研究者为主旨，并没有专门的以培养教师教育者为主要目标的专业；在在职教育方面，虽然很多地方政府或大学有所谓的岗前培训、入职教育或在职教育措施，但很少有专门针对教师教育者的专业发展支持计划。

④ 由部分教师教育者发起，继而迅速获得广大教师教育者响应的"自我研究"运动，就是其中最引人注目的动向。

⑤ 李学农. 论教师教育者 [J]. 当代教师教育，2008，1 (1)：47-50.

育者"这一原本不是问题的问题就被提了出来，因为"本来与教师教育相关的各种学科专业不再受教师教育限制而得以在自己的学科专业领域中发展，教师教育就成为诸多学科专业中的一种专业方向。这样教师教育必然要从那些专注于本身学科专业领域的教师们的视野中淡出。一个现实是：师范院校从所有教师都关注师范生的成长，到只有一些教师关注，或只有一些教师只是以部分的精力关注师范生的成长。"①东北师范大学作为一所教育部直属大学，自 1950 年开始直至 20 世纪 90 年代初一直是一所专门培养教师的师范大学，自 20 世纪 90 年代中期开始也步入综合化的进程。截至 2005 年，东北师范大学的师范专业数大约只占学校本科专业总数的四分之一，师范生占本科生总数的大约三分之一。伴随综合化的进程，相当一部分教师，特别是与教师教育无直接关系的学科专业教师，也不再视自己为教师教育者。因此，在此还有必要进一步对师范大学的教师教育者概念做进一步澄清。

本节将师范大学的教师教育者分为广义和狭义两个群体：广义的群体是指师范大学的所有教师；狭义的群体是指师范大学中承担教育专业和学科教育课程教学的教师。之所以将所有师范大学教师视为教师教育者，主要有两个理由：一是即使与教师教育无直接相关的学科专业教师也有可能承担大学的通识教育课程教学任务，尽管他们自身并无意图，但实际上参与了师范生的培养。东北师范大学自 2004 年修订本科生培养方案之后，要求所有本科生修学 50 学分左右的通识教育课程，内容涉及人文、社科和自然科学等广泛的领域。二是设有师范专业的学院的教师，不仅承担师范生的学科专业课程教学任务，而且有很大可能承担师范生的教育实习指导任务，因为目前各学院的学科教育教师数量无法满足教育实习指导需要。基于如上理由，不将教师教育者局限于狭义的群体，可能更符合中国目前的教师教育实际，毕竟中国绝大部分高校的内部教师教育组织体系依然不同于西方的教育学院。

基于如上的教师教育者界定，以下本节将分别介绍东北师范大学在广义教师教育者的培养（即大学教师培养）和狭义教师教育者的在职教育方面所做的实践探索。

---

① 李学农.论教师教育者［J］.当代教师教育，2008，1（1）：47-50.

二、广义教师教育者的职前培养：以东北师范大学研究生院的探索为例

正如罗伯特·布鲁姆（Blume R）曾经指出的那样，"教师是按照他们实际受教的方式进行教学，而不是按照他们被告知的方式去教学的。"[①]教师教育者的教学过程与方式对师范生的影响有时要大于传授给他们的知识。因此，教师教育者自身的教学能力至关重要。然而，师范生对教师教育者的模仿并不局限于狭义的教师教育者，所有参与师范生教育、指导的大学教师都是师范生的潜在模仿对象，因此，确保大学教师教学能力的重要性不言而喻。

正是着眼于提升大学教师教学能力的目的，东北师范大学研究生院自2007年开始在博士生教育中开展博士生大学教学能力培养探索。[②]

（一）背景

东北师范大学研究生院之所以在博士生教育中探索博士生教学能力培养，主要基于如下几点认识：

1. 培养博士生的教学能力是提高高等教育教学质量的需要

中国高等教育在经历了改革开放特别是1998年以来的快速发展之后，已经跨入大众化阶段。现阶段及今后相当长一段时间里，中国高等教育将会在稳步扩大规模的同时，不断提高教育质量，因为这是实现高等教育持续健康发展的基础和前提。近年来，一场以提高教育教学质量为核心的高等教育改革正在全国范围内轰轰烈烈地展开。提高高等教育质量，关键在于教师。教师作为具体教育教学活动的直接组织者，其教学水平对人才培养质量有着直接影响力。教学能力是教师诸多能力中影响大学教师教学的最直接、最重要的要素，是衡量教学质量的一块试金石。《教育部关于全面提高高等教育质量的若干意见》中第二十七条也明确指出要提高教师业务水平和教学能力。

2. 培养博士生的教学能力是提高博士生就业竞争力的需要

从中国目前的博士生就业去向来看，大学尤其是师范大学博士毕业生

---

① Blume R. Humanizing Teacher Education [M]. PHI Delta Kappan, 1971, 53：411-415.

② 更详细的内容还可以参见：高文财，秦春生，饶从满. 博士生教学能力提升的思路与举措：以东北师范大学博士生教育改革为例 [J]. 学位与研究生教育研究，2013，（4）：20-24.

的就业去向主要集中在高等院校，且多从事教学与研究工作。东北师范大学 2006—2011 年期间的博士毕业生中多数选择了高等院校（见表 8 - 1）作为就业单位。近年来，伴随政府和社会对高校提高教学质量的要求和压力的日趋加大，高等学校在招录新教师时也越来越重视教学能力的考察。用人单位对新入职博士毕业生的教学能力越来越多地提出质疑，认为他们拥有丰富的知识，却不能很好地传授给学生；具有很强的思考能力，却不能将思路清晰地表达给学生；满怀高度的教学热情，却不能很好地与学生沟通。这种状况的出现反映了我们的博士生教育没有给博士生提供必要的从教能力训练，没有使那些有志于从事高校教学工作的博士生做好从教准备，因为我们的博士生教育一直专注于提升博士生的研究能力而忽视了教学能力的培养，且想当然地认为博士生在学期间做好科研、写好学位论文就可以了，至于教学，那是水到渠成的事。① 这种状况很显然不利于博士生的就业竞争力及其社会角色履行，因为无论博士研究生将来是否在高校工作，他们都需要有把自己的知识与研究成果分享给其他人的能力。

表 8 - 1　2006－2011 年东北师范大学博士毕业生就业去向分布（比例单位：％）

年份 ＼ 单位	高等院校	党政机关	企事业单位（不含高校）	其他
2006	98.03	0.66	0.99	0.32
2007	79.31	6.90	9.66	4.13
2008	67.08	3.73	9.93	19.26
2009	60.92	3.45	26.43	9.20
2010	63.58	0.58	28.91	6.93

资料来源：东北师范大学就业指导中心

3. 培养博士生的教学能力是博士生教育的国际趋势

由于仅仅重视研究能力培养研究生的教育已不再适应现代社会发展的需要，重视研究生教学能力的发展已经成为博士生教育的国际趋势。美国早在 1993 年就提出在博士生教育中实施未来师资培训计划，目的就在于

---

① 聂永成.对当前高校教师职业准备的反思 [J]. 中国研究生，2007（4）：4-5.

让那些有志进入学术职业的博士生为学术工作做好全面准备。^① 美国研究生院协会也于 2005 年发表了一份报告，强调今后要在博士生教育中强化博士生从事大学教师教学能力的培养功能。日本的大学从 1998 年开始实施 FD 制度，其目的是唤起大学对教师教学能力更多的关注，树立教师的专业发展意识，提高教师的教学能力。日本在 FD 制度实施过程中也非常注意研究生教育与教师职前培养之间的关系。在有关提高未来高校教师质量的研究中，许多日本高校都认为在研究生阶段有必要实施 FD 预备教育（Pre-FD），为那些有可能成为大学教职员的硕士生和博士生提供一些有计划的准备教育和训练^②。

（二）举措

自 2007 年 9 月开始，东北师范大学的博士生培养开始执行新的培养方案。新的培养方案在确保科学研究贯穿博士生培养全过程、强化研究能力培养的同时，为未来有志于从事高校教学的博士生提供一个培养大学教学能力的选择，即一方面为博士生开设了"高校教师专业发展"选修课程，另一方面为博士生提供担任助教的锻炼机会。

东北师范大学博士生教学能力培养的总体设计遵循理论与实践有机融合的思路，力求使博士生受到基本却较为系统的教育教学训练。理论与实践的融合不仅体现在"高校教师专业发展"课程侧重于理论、助教环节侧重于实践这一体系设计上，而且体现在"高校教师专业发展"课程和助教环节内部。

1. 开设"高校教师专业发展" 课程

研究生院委托教师教育研究所组建了课程开发和教学团队，对课程目标、课程内容、教学方式和考核方式等进行了深入研讨，最终形成了"高校教师发展课程"的基本框架。

经过研讨之后，确立的"高校教师专业发展"课程目标主要如下：

（1）让学习者了解高等教育的目的、功能、使命、特征以及国际发展趋势；

（2）让学习者了解大学课程与教学的基本理论以及国际发展趋势；

---

① 张英丽. 美国博士生教育中的未来师资培训计划及对我国的启示 [J]. 学位与研究生教育，2007（6）：58-63.

② 孟凡丽. 日本促进大学教师专业发展的 FD 制度及其启示 [J]. 高等教育研究，2007（3）：58-62.

（3）让学习者熟悉大学教学的基本过程，掌握大学教育教学的基本技能与方法；

（4）让学习者感悟大学名师的教学才艺及发展历程，形成自我发展的意识与能力；

（5）让学习者养成关注大学教学、研究大学教学、关注大学生发展的意识与能力。

基于如上目标，设计了如下几个模块的课程内容：

（1）高等教育理论：内容包括高等教育的目的与特征、高校教师的责任与使命、高校教师专业发展的方法等。设置这一模块的目的是要使博士生跳出自身学科专业的局限，学会将自己的学科专业放在更大的高等教育背景下进行思考，学会多角度、批判性地思考教育教学问题的理论思维。

（2）高校教学的过程与方法：内容包括高校教学的基本过程与模式，讲授课、研讨课等各种课型的准备与实施等。设置这一模块的目的是使博士生了解高校教学的基本过程及其在具体情境下的运用方法。

（3）高校教学的观察与分析：内容包括对校内、国内、国外教学名师教学（或教学录像）的观察与观摩，以及基于教学观察或观摩进行的教学分析。设置此模块的目的一是使博士生站在高起点上，从学习优秀教师教学经验开始，确立高标准的教学发展目标，二是要使他们学会理性地、批判性地借鉴其他优秀教师的教学经验，而不是简单地模仿。为了防止学生的简单模仿，在进行教学视频观摩与研讨时，一般会在名师教学视频中穿插分析与点评，让学生知道哪些做法是好的，好在哪里，哪些做法是不好的，不好在哪里，力求知其然，知其所以然。

（4）微格教学或模拟教学：博士生分成若干小组，每个小组配有一名指导教师，在微格教室中进行模拟教学。设置这一模块的目的是使博士生学会将所学的理论知识实际运用于实践之中，一方面深化对高校教学理论的理解，另一方面受到基本的教学技能训练。

以上内容会由任课教师团队根据每学期的学生群体的特征与要求适当做相应调整，但基本维持如上的内容框架（参见表 8 - 2）。

从以上课程目标和内容可以看出，"高校教师专业发展"课程总体上是基于开阔视野、奠定基础、感悟名师、掌握技能的理念进行设计的，并且注重理论与实践的结合，注重国际视野与本土特征的结合。

表 8 - 2   2012 年秋季学期"高校教师专业发展课程"的内容与进度安排表

序号	日期	课程内容
1	2012/09/06	课程介绍与调查
2	2012/09/13	高等教育发展趋势与热点问题研讨
3	2012/09/20	大学教师的专业发展
4	2012/09/27	国际视域下的高等教育课程与教学
5	2012/10/11	东北师范大学名师教学观摩（文科、理科）
6	2012/10/11	东北师范大学名师教学观摩（文科、理科）
7	2012/10/18	国际名师教学录像观摩与分析
8	2012/10/25	国内名师教学录像观摩与分析
9	2012/11/01	大班教学的准备与讲课策略
10	2012/11/08	分组进行微格教学
11	2012/11/15	分组进行微格教学
12	2012/11/22	分组进行微格教学
13	2012/11/29	研讨课的准备与实施
14	2012/12/06	分组进行微格教学
15	2012/12/13	分组进行微格教学
16	2012/12/20	分组进行微格教学
17	2012/12/27	优秀教师与优质教学

2. 实施博士生助教制度

博士生助教制度在许多国家极为普遍。比如美国大学在研究生教育中，早就开始实施研究生助教制度，重视研究生助教的教学能力发展，使其掌握未来大学教师的教学技术、提高教学能力和积累教学经验[①]。博士生助教制度在中国尚未形成风气。2008 年开始，东北师范大学开始实施博士生助教制度，每年设置一定助教岗位，资助博士生协助大学专任教师开展本科生课程教学。

东北师范大学的博士生助教工作不只是博士生获取资助的手段，更是培养博士生教学能力的重要环节。为了确保博士生助教制度能够达到培养

---

① 屈书杰. 培养研究生助教的教学能力：美国大学的经验 [J]. 学位与研究生教育，2004（7）：61-64.

博士生教学能力的目的，东北师范大学研究生院制定了博士生助教制度的有关规定。根据规定，博士生申请助教工作的前提是，修过"高校教师专业发展"课程并且考核合格。做此要求，也是为了避免将本科生当作博士生教学实验的"小白鼠"而影响本科教学质量，从而保障助教工作的有效性和可持续性。

根据博士生助教制度的有关规定，博士生助教包括如下几个主要环节：

（1）上岗培训。申请助教工作的博士生尽管选修了"高校教师专业发展"课程并且通过了课程考核，仍然需经过助教聘用学院的考核和培训才能上岗。培训内容主要包括：关于学校博士生助教制度规定的介绍；此前担任过助教者的经验介绍；本科生课程主讲教师的经验介绍等。岗前培训工作主要由助教聘用学院负责实施。

（2）教学见习。博士生被聘为助教之后，所助本科课程的主讲教师即为该助教的指导教师。博士生必须跟随该课程的主讲教师听课不少于 10 次，并在教学见习结束后撰写教学见习报告。之所以要求撰写教学见习报告，目的是使该博士生的教学见习不是停留于走马观花，停留于表面，而是促进其就所见所闻进行深入的理论思考。

（3）实地授课。经过教学见习和必要的教学准备，经指导教师把关认可后，博士生才能走进本科课堂进行实际授课活动。研究生院规定每名助教为本科生讲授 8 课时的理论课程。为了确保实际授课的质量，研究生院要求指导教师从备课到上课，对助教进行全程跟踪指导，课后还要对讲授情况进行点评，指出优点和不足。

（4）总结反思。要求博士生在助教活动结束后撰写 1 篇总结反思报告。主要内容包括：澄清自己关于教育教学的基本理念；阐明助教制度对于教师专业发展的具体体现作用；分析自身发展上存在的主要问题；规划自身未来专业发展的努力方向。做此要求的目的是促使博士生助教对自身的教学实践和专业发展进行很好的反思，养成自我反思的意识和习惯。

（三）成效

经过几年的实践，东北师范大学的博士生教学能力培养探索取得了一定的成效。根据东北师范大学研究生院的统计，2009—2012 年期间选修"高校教师专业发展"课程和担任博士生助教的博士生人数如表 8－3 所示。

表 8-3　2009—2012 年期间选修"高校教师专业发展"课程和担任博士生助教的博士生人数

年度 类别	2009 年 秋季学期	2010 年	2011 年	2012 年
选修"高校教师专业发展"课程的人数	26	93	80	77
担任博士生助教的人数	63	33	33	33

"高校教师专业发展"课程团队和研究生院在每学期期末时都会对课程和助教制度的效果进行调查。根据 2012 年年底针对选修"高校教师专业发展"课程的博士生的半结构式问卷调查（发放问卷 73 份，回收有效问卷 73 份），93.1％的博士生对"高校教师专业发展"课程的内容设计较为满意，82.2％的博士生认为"高校教师专业发展"课程对于了解、熟悉大学教育教学基本理论很有帮助。博士生普遍认为课程学习不仅弥补了自己相关知识方面的不足，而且提升了自己对高校教育教学的认识。根据 2012 年底针对博士生助教的半结构式问卷调查（发放问卷 50 份，回收有效问卷 50 份），77.3％的博士生认为助教工作对其今后从事高校教学工作有很大帮助。如教育科学学院一名博士生说："助教工作养成了我多角度思考问题的习惯，使我对大学教学有了全新的认识，加深了我对以前所学专业知识的理解，对我将来就业很有帮助。"

然而，必须指出的是，尽管东北师范大学进行的博士生大学教学能力的培养探索，属于广义教师教育者的职前培养，而且取得了一定的成效，但是它毕竟不是专业化的教师教育者培养，因为它并非基于教师教育者的专业标准进行的。不过，基于理论与实践相融合的理念、以高校教师专业发展课程和助教制度为主要内容的大学教师教学能力培养模式，或许可以为探索专业化的教师教育者培养提供一些借鉴。

三、狭义教师教育者的在职教育：以东北师范大学教师教育研究院的探索为例

伴随教师教育改革的不断推进，特别是师范生免费教育政策在六所部属师范大学的实施，为了保障并不断提升教师教育质量，东北师范大学自 2009 年开始把教师教育者的在职教育摆上重要议事日程。

东北师范大学针对教师教育者的在职教育主要针对狭义的教师教育者，特别是从事学科课程与教学论方面教学与研究的教师（以下称"学科

教育教师"）。众所周知，作为一名合格的中小学教师，不仅要懂得教什么（学科专业知识），还要懂得如何教（教育知识）。而且教师的专业知识基础不是学科知识和教育知识的简单相加，而在于二者之间的相互作用和融合。在教师教育课程设置中，除了教育类课程、学科专业类课程之外，还有一类课程，即学科课程与教学论类课程。此类课程的主要功能就在于促进学科知识与教育知识之间的相互融合，因而在形成教师的核心专业能力中发挥了重要作用。因此，提高教师教育质量，培养专业化基础教育教师，需要高度重视这类课程的教学和师资队伍建设。学科教育教师群体的素质和水平代表了教师教育者群体的专业性，在很大程度上决定了教师教育的质量。

在一个知识经济时代，教师教育者与所有其他专业人员一样，需要终身不断地学习和发展。尤其是在教师教育者的专业化培养体系尚未建立的背景下，教师教育者的在职教育更显得必要。

（一）背景

与学科教育类课程在教师教育中所处的重要地位形成鲜明对比的是，学科教育师资队伍处于一个非常尴尬的现实境况。刘小强于 2009 年在《中国教育报》上发表的《教师教育亟需学科教学类课程与师资建设》一文中对中国高校学科教育教师队伍面临的尴尬境况进行了分析，并列举了这支队伍存在的主要问题：[①]

第一，数量严重短缺。比如在某一所部属师范大学，师范生与学科教育教师的比例严重不平衡，15 个师范专业中，除了化学、生物、数学等专业外，其他专业都存在学科教育教师严重短缺的情况。比如，汉语言文学专业 200 多名学生，只有 2 名学科教育教师。在一些师范专业里，学科教育教师几乎没有。

第二，质量不高。作为两种知识、两种学科交叉融合的中介和载体，学科教育教师的知识、能力、素质要求理应更高，因为他们既要有深厚的学科专业素养，也要有很好的教育专业素养；既要有一定的理论素养，也需熟悉基础教育实践。但从目前中国学科教育教师队伍的实际状况来看，这支队伍的素质还不高，离落实学科教育类课程教学的要求还有一定距离。根据杨启亮的归纳，中国目前学科教育教师队伍的构成大致有以下几

---

①　刘小强. 教师教育亟需学科教学类课程与师资建设 [J]. 中国教育报，2009：12.

种类型①：一是原本从事学科专业教学与研究的人员，学术方向、学术兴趣转移到学科教育方面；二是具有丰富中小学学科教学实践经验的人员调到大学从事学科教育方面的工作；三是长期致力于学科教育研究与教学并且长期工作于高校与基础教育之间的人员；四是学科课程与教学论专业的研究生等科班出身的人员。一般而言，第一类人员一般拥有较深厚的学科专业素养却缺乏足够的教育专业素养，而且有部分人员的确是因为无法很好地驾驭学科专业的教学与研究工作而转任学科教育教师的，从而造成学科教育教师都是一些做不好学科专业的人员的印象。第二类人员来自基础教育一线，具有丰富的基础教育实践经验，他们的教学以及对师范生的实践指导比较受学生欢迎，但是缺乏理论的"实践型"标签使得他们在重视学术研究的大学里很难获得应有的认可。第三类和第四类虽然具有较深厚的教育理论素养，但是因缺少学科专业背景和基础教育教学实践经验而被认为只会空谈理论，脱离实际。

第三，地位低下。学科教育类师资数量不够、质量不高的根本原因还在于这类教师在高校师资队伍中的地位不高。很多情况下，学科教育教师实际上处在教育学科与学科专业之间的"夹缝"、高等教育与基础教育之间的"夹缝"以及教育理论与专业实践之间的"夹缝"之中，艰难地求得自己的生存。② 这样的生存状况一方面影响学科教育教师的工作积极性和发展意愿，另一方面也制约了他们的发展。

刘小强等描述的学科教育教师队伍面临的尴尬境况同样也适用于东北师范大学。首先，数量不足是最为显著的问题。2009 年，培养东北师范大学中学教师的师范专业共 13 个，年度招收 1500 余名师范生，而当时全校只有 30 余名学科教育教师。这些教师除了承担本科生的学科教育课程教学和教育实践指导任务之外，还要承担学科课程与教学论专业的学术型研究生和大量教育硕士专业学位研究生的课程教学与指导任务，任务过重，严重影响了这支队伍的提高与发展。其次，脱离基础教育实际。绝大多数学科教育教师缺乏在基础教育一线工作的经验，而且往往高居于大学校园，不愿深入基础教育一线，深入基础教育、服务基础教育的能力也不强，教育教学与基础教育实践结合不紧密，教学枯燥乏味，不受学生欢迎。第三，教育教学研究水平不高。有些教师所做的研究基本都是书斋式

---

① 杨启亮. 反思与重构：学科教学论改造 [J]. 高等教育研究，2000 (5)：68-71.

② 史晖."我"将何去何从：高师院校学科教学论教师的生存困境 [J]. 教师教育研究，2009 (4)：18-21.

研究，缺乏实证的支撑，更多的是在"写"文章而不是"做"研究。他们争取高级别科研项目的能力弱，发表的高水平科研论文较少。第四，地位边缘化，士气不高。分散在相关专业学院的学科教育教师，由于学科归属、学术身份经常悬游于两种学科（教育学科和其他学科）之间，当将其考评归属于具体学科专业时，他们因为在学科专业的研究中的"弱势"，难以融入学院学科建设和其他教学事务的主流中；而当将他们与教育学科划归一起进行考评时，他们也因为同样的原因难以进入教育学科的"中心"。地位的边缘化使得学科教育教师们感觉被忽略，专业发展意愿不足。

（二）举措

在独立封闭的师范教育时代，师范大学以举校体制办教师教育。在开放化、综合化背景下，师范大学举全校之力办教师教育已不可能，因此，为了确保并不断提升教师教育质量，有必要在高校内部建立新的教师教育组织体制，以整合校内外教师教育资源。

世纪之交以来，举办教师教育的高等院校特别是师范院校都在积极探讨内部教师教育组织体制改革，改革的路径大致有以下几种：第一是"教育学院＋各专业学院"体制。组建新的教育学院，将所有教育学科的教师，包括将原先分散在各专业学院的学科教育教师统统划归教育学院。由教育学院负责包括学科教育类课程在内的所有教育类课程的教学任务，各相关专业学院则只承担学科专业教育。这是一种以欧美的教育学院（school of education）为样板的改革路径。第二种是"教师教育学院＋各专业学院"体制。在这一体制下，各专业学院负责学科专业教学，新设的教师教育学院负责包括学科教育类课程在内的所有教师教育类课程教学，教育科学学院退出教师教育，专事教育科学研究。第三种是"教育（科学）学院＋教师教育学院＋各专业学院"体制。在这一体制下，原先的教育（科学）学院依然承担全校教育类共同课程的教学任务，新设的教师教育学院负责专业的学科教育课程教学及其教师的统一管理，而各专业学院只负责学科专业课程的教学。

与以上改革途经有所不同，东北师范大学在维持传统的教师教育组织体制[①]的同时，于 2009 年 1 月新成立了教师教育研究院（以下称"研究

---

① 即由教育科学学院（2012 年改名为"教育学部"）负责全校教育类共同课教学，由各专业学院负责学科专业课程和学科教育课程教学，学科教育教师归各相关专业学院日常管理。

院"），并任命主管教学的副校长担任院长。研究院主要有三方面职能：一是组织推动全校的教师教育研究；二是负责学校教师教育师资队伍特别是学科教育教师队伍的建设；三是配合大学教务处，组织安排师范生的教育实践和教师教育创新东北实验区的教师在职教育等工作。

研究院作为一个兼具管理职能的研究机构，不同于很多高校设置的教师教育学院，它并没有把分散在各专业学院的学科教育教师的人事关系纳入研究院统一管理，主要考虑有二：第一，学科教育教师不仅需要教育学科素养，而且离不开学科专业的滋养。让学科教育教师脱离相关专业学院，可能会削弱他们与学科专业的日常联系，因而也会影响他们学科专业素养的提升。第二，由于学科教育教师队伍的补充相对困难，在短期内仅仅依靠这支队伍无法满足教师教育特别是师范生的教育实践指导的需要。而且伴随教育硕士研究生数量的增加，特别是自 2012 年开始每年有 1200 多名免费师范生回校接受教育硕士专业学位教育，原本就严重不足的学科教育教师队伍更是雪上加霜。如果将学科教育教师剥离各相关专业学院，即意味着剥离各专业学院与教师教育发生关系的纽带，不利于吸收各专业学院中一些具有丰富教学经验而且对教师教育感兴趣的教师参与教师教育特别是师范生教育实践和学位论文的指导。

虽然各专业的学科教育教师的人事关系依然留在各相关专业学院，学科教育教师队伍建设的主体归属于各专业学院，但是研究院则从两个方面发挥其在学科教育教师队伍建设方面的重要作用：一是推动各专业学院对学科教育教师实行定编定岗，有计划地补充学科教育教师，力求形成一支数量规模适中、结构合理稳定、熟悉基础教育的教师教育队伍；二是组织和推动教师教育者的在职研修。

研究院主要通过以下几方面手段来推动教师教育者的在职研修：

1. 立项资助——支持教师教育者通过研究实现专业发展

研究院自 2009 年开始设立教师教育研究基金，支持教师教育者开展教育研究。资助教育研究，一方面希望产出一批高水平教师教育研究成果，另一方面也是期待教师教育者能够通过研究实现自身的专业发展，因为研究是大学教师专业发展的最重要路径。

为了达到研究基金的设立目的，研究院规定了优先资助的几个原则：（1）优先支持基于实证的研究。做此要求，是为了引导教师开展具有明确研究问题和科学研究方法的科学研究。因为只有这样的研究，才能真正产出有价值的研究成果，才能有助于教师真正获得专业发展。（2）优先支持团队合作研究，特别是不同专业的学科教育教师之间、学科教育教师与教育科学学院教师之间以及大学教师与中小学教师之间的合作研究。做此要求，是为了给教师教育者搭建相互之间合作与交流的平台，期待教师教育者在合作与交流的过程中取长补短，共同发展。（3）优先支持旨在解决教师教育领域中真实问题的研究。之所以提出这样的要求，是为了引导教师教育者的研究紧密结合学校和自身的教师教育实践：一方面希望研究能够为学校的教师教育提供理论支持和技术指导，另一方面也期待教师教育者的研究能够促进自身的教育教学质量提高。

截至 2014 年 6 月，教师教育研究院共投入 600 余万元经费支持教师教育者的课题研究。仅 2009 年就立项资助了 23 项课题，其中重点项目 3 项，每项 30 万元；一般项目 20 项，每项资助 3 万元。

2. 伙伴合作——推动教师教育者深入基础教育，了解和研究基础教育

如前所述，与中国其他高等学校一样，东北师范大学的教师教育者也存在对基础教育实践不熟悉的问题。因此，如何引导和推动大学的教师教育者深入基础教育一线，了解和研究基础教育实践，一直是东北师范大学在致力解决的课题。

2007 年 12 月，东北师范大学与中国东北三省教育厅签订协议，开始进行"师范大学—地方政府—中小学校"协同开展教师教育的"U—G—S"模式探索。"U—G—S"模式探索，意在以师范大学与地方政府、中小学共建"教师教育创新东北实验区"、打造教师教育合作共同体为载体，探索理论与实践有机融合的教师职前培养模式，教师培训、教师发展、学校改进有机结合的教师在职教育模式，以及教育研究与教育实践紧密结合的教师教育者发展模式。也就是说，开展"U—G—S"模式探索的其中一个目的，就是引导和推动大学的教师教育者深入基础教育一线进行调研，了解中国基础教育的实际，研究解决中国基础教育中存在的现实问题，并在此过程和基础上更好地实现自身的专业发展。2009 年教师教育研究院成立后，依托"U—G—S"伙伴合作，积极引导和推动教师教育者深入基础教育一线，了解和研究基础教育。主要措施有二：

第一，推动大学的教师教育者在教育实习指导过程中了解和研究基础教育。根据"U—G—S"合作协议，东北师范大学每年将师范生 2 个月的教育实习安排在实验区进行，并派遣大学指导教师与实习学校指导教师共同对实习生进行实习指导。此举的目的一方面是为了确保教育实习质量，另一方面是希望借此推动大学教师教育者深入基础教育一线，了解基础教育实践。2个月的时间与实习生同吃同住在实习学校，来自大学的教师教育者不仅可以了解实习生每天的实习情况，也可以观察实习学校乃至实验区其他学校的学校管理、教师教学和学生学习情况，这是一个了解和研究基础教育的极佳机会。

第二，推动大学的教师教育者在服务基础教育的过程中了解和研究基础教育。根据"U—G—S"合作协议，作为对实验区支持师范大学教育实习工作的回报，大学有义务为实验区教师开展在职教育。大学方面不只是将为实验区中小学教师提供在职教育看作单纯的回报，而是试图把为实验区教师开展的在职教育与大学教师教育者的专业发展有机结合起来，将其作为大学教师教育者深入了解基础教育的重要契机，因为要提供有针对性、富有成效的教师在职教育，承担教师在职教育者就必须了解基础教育教师的需求。为此，大学方面积极引导和鼓励大学指导教师在实习指导期间为实习学校乃至实验区学校的教师做讲座，参与或指导实习学校教师开展的校本研修或教学研究。除此之外，研究院还积极与实验区教育局和实习学校沟通协调，安排大学教师教育者在实验区学校、教师进修学校等机构任名誉校长等职务，为教师教育者搭建紧密联系基础教育的稳定桥梁。目前已有6名大学教师在实验区担任实习学校、教师进修学校或区域教育学会的名誉校长、会长。

3. 研讨研修——为教师教育者的发展提供专业支持

教师教育者与其他高等学校教师一样，在专业发展过程中也会遇到各种各样的技术性问题，需要获得专业支持。针对教师教育师资队伍的素质现状，研究院主要采取了如下两方面措施：

第一，举办以提高教师教育者的研究能力为主旨的报告会和研讨会。为了推动研究院立项课题的顺利进行，促进教师教育者通过研究提高研究能力，研究院要求每个立项课题均须经历申报评审会、开题报告会、研究进展报告会（每年至少一次）、结题报告会等若干环节，课题组负责人需要代表课题组做公开报告。研究院不仅安排有关专家参加会议，针对课题研究提出具体意见和建议，而且欢迎并鼓励所有感兴趣的教师参与会议交流，意在使评审会、报告会、研讨会发挥作为教师教育者之间相互交流切磋的重要平台的作用。除了配合研究院立项课题举办的各种会议之外，研究院还积极推进教师教育者的国内外学术交流，充分利用国内外学者来访之际举办学术报告会或研讨会，鼓励教师教育者积极参与学术报告与交流，拓宽学术视野。

第二，举办以提高教师教育者的教育实践指导能力为主旨的研修会。为了确保实习生在有限时间内的实习质量，东北师范大学高度重视教育实习指导，除了要求实习学校方面派出有经验的指导教师之外，也向实习学校派大学指导教师（每所实习学校派遣 15～20 名实习生，安排一名大学指导教师），与实习学校的指导教师共同对实习生进行全程、全方位的实习指导。这意味着每年大学方面需要向实习学校派出 60～70 名教师，其中相当一部分并非学科教育教师。为了确保实习指导质量，研究院配合教务处在每次教育实习前都组织教育实习指导研修会，除了详细解读学校关于教育实习的要求和教育实习指导的注意事项等，一般会请几位具有丰富教育实习指导经验的教师分享他们的经验与体会。每次教育实习结束后，学校也会召开教育实习总结表彰大会，一方面对在本年度教育实习指导工作中表现突出的教师进行表彰奖励，激励其参与教育实习指导的积极性，另一方面总结本年度教育实习工作的经验，反思存在的问题，并安排本年度优秀实习指导教师介绍他们的经验，分享他们的体会。

（三）成效

经过研究院与学校教务处、各专业学院的共同努力，教师教育师资队伍建设取得了一定的成效。首先，学科教育教师队伍的数量由 2009 年的 30 余人发展到 2014 年的将近 50 人。更为重要的是，通过研究院采取的如上教师教育者在职教育的举措，教师教育者在以下几方面发生了明显的变化：第一，研究教育问题的意识和能力增强，研究氛围越来越浓厚。这首先表现在研究者的问题意识和方法意识更强了；其次体现在教师教育者的研究自信增强方面，申请并获批省部级以上科研项目和在国内外有影响的学术刊物上发表文章的人越来越多。第二，了解、联系基础教育的意识和能力增强。过去很多大学教师把理解和联系基础教育更多地视为负担，而今通过教育实习指导和教师培训等途径更加熟悉了中国基础教育实际的教师教育者们将他们在基础教育一线获取的鲜活案例运用于大学课堂教学，教学更加生动活泼，更加贴近师范生的需要，受到师范生的欢迎。而且鲜活的基础教育实践为教师教育者提供了越来越多的研究素材。由于切实感受到理解和联系基础教育实践的好处，越来越多的教师教育者发自内心地愿意深入基础教育，联系基础教育。第三，研究院搭建的平台使得教师教育者特别是学科教育教师感受到来自多方面的关心和支持，不仅逐渐摆脱边缘感，而且视野更加开阔，工作和发展的意愿比过去更强了。

但是，必须指出的是，立项资助、伙伴协作、专业支持等手段对于教师教育者的专业发展固然必要，但是远不充分。为了更有效地引导和推动教师教育者的专业发展，还需针对教师教育者特别是学科教育教师的特征建立健全相应的考核评价制度。

四、结语

由于教师教育者在教师教育中有举足轻重的作用，他们的职前培养和在职教育理应受到重视。尽管直到目前为止，教师教育者的教育还没有像教师的教育那样获得足够的关注，但是已经开始进入人们的视野。

东北师范大学近年来在教师教育者队伍建设方面面临的问题和中国其他众多高校有很多的共性，但是在面对共性问题时解决问题的路径却与其他一些高校有所不同。这一方面是因为各个学校的校情不同，另一方面更多的是因为各个高校的发展定位和追求不同所致。因此，东北师范大学的探索不能代表全中国，只是给大家展现了一个中国近年来在教师教育者教育方面所进行的诸多改革探索的一个案例而已。

总体而言，中国教师教育者的职前培养和在职教育尚处于起步阶段，尚未形成专业化的体系。要建立健全教师教育者的职前培养和在职教育体系，还需要做好很多基础性工作，比如：（1）制定教师教育者专业标准，进一步明确谁是教师教育者，并明确作为教师教育者的专业素质要求；（2）建立健全与教师教育开放化和中国国情相适应的高校内部教师教育组织体制，明确教师教育者教育的责任主体；（3）在博士生教育的层次上设置"教师教育者教育"专业，开展专业化教师教育者培养；（4）对师范专业的教师教育者特别是学科教育教师的数量设定最低要求，并制定符合其特征的考核评价标准，等等。做好这些工作，绝非一蹴而就，既需要政府在制度上的总体设计，更需要各个大学发挥各自的创造性。

第 2 节　英国的校本指导教师国家标准分析①

一、引言

教师培养不仅仅是大学的责任，也是中小学的义务。即使在以大学为基地的教师培养中，教育实践环节的开展也离不开中小学的支持与配合。特别是自 20 世纪 80 年代以来，正如以学校为基地的教师培养模式在一些国家受到推崇所表明的那样，中小学校在教师培养中的地位与作用日益凸显。教师培养实践转向的背后有着提高教师培养质量的诉求。然而，通过凸显中小学在教师培养中的地位，强化实践在教师培养中的比重，能否达到提高教师培养质量这一目的，关键在于身处中小学校的教师教育者（即指导教师）的素质能力及其指导质量。英国学者海斯（Hayes D）曾经就实习指导对实习生成绩的影响做过一个案例研究，结果显示，即使在同一所学校同一个时期进行教育实习，每个实习生感受到的实习指导在质量上也②可能会大相径庭；指导教师对实习生提供反馈的能力和敏感性对于实习生的教学和专业发展具有重要的影响。因此，为了让每个实习生能够接受高质量的实习指导，保证实习乃至教师培养的质量，制定指导教师标准，明确指导教师的角色任务与素质要求，并据此进行指导教师的选拔、评价和相应的培训与支持至为关键。与许多国家一样，我国也在不断地加强师范生的教育实践，但是正如 2016 年 3 月发布的《教育部关于加强师范生教育实践的意见》（以下简称"意见"）所指出的那样，师范生教育

---

① 本节作者系刘桂宏、饶从满，本节曾发表于《外国中小学教育》2018 年第 1 期，原文名称为《校内指导教师需要什么样的素质？——英格兰〈校本教师培养指导教师国家标准〉》"。

② Hayes D. The Impact of Mentoring and Tutoring on Student Primary Teachers' Achievements：A case study [J]. Mentoring & Tutoring：Partnership in Learning，2001，9（1）：5-21.

实践依然是我国教师培养的薄弱环节，而其中一个重要表现就是"实践指导力量不强"。为此"意见"要求举办教师教育的院校要与地方教育行政部门和中小学协同遴选责任心强、教学经验丰富、熟悉中小学教育教学实践的优秀中小学教师和教研员担任指导教师，并通过专题研究、协同教研、定期培训等多种形式，不断提高指导教师的专业化水平和实践指导能力。[①] 但"意见"只是为实践指导教师的遴选与培训等提出了方向性要求，实践指导教师的选拔、培训和评价依然缺乏明确具体的依据，"实践指导教师标准"的制定应该摆上教师教育发展的重要日程。

英格兰自 20 世纪 90 年代开始积极推进实践取向的教师培养改革。为了确保实践取向的教师培养改革取得成效，英格兰于 2016 年 7 月由教学学校理事会（Teaching School Council，简称 TSC）颁布了《校本教师培养指导教师国家标准》（National Standards for School-based Initial Teacher Training Mentors，以下简称"校本导师国家标准"），对校本教师培养中承担职前教师指导任务的中小学教师（以下简称"校本导师"）的角色与素质要求首次进行了明确的规定。为此，本节尝试对该标准的制定背景与过程、目的与内容以及特征进行解析，以期对我国有所借鉴。

二、英格兰"校本导师国家标准"的制定背景与过程

（一）制定背景

1. 实践取向教师培养改革需要加强校本导师队伍建设

英格兰的教师培养自 19 世纪初建立正规的体系以来，经历了一个在"以中小学为基地的培养模式"（school-based model，以下简称"SBM 模式"）与"以大学为基地的培养模式"（college or university-based model 以下简称"UBM"模式）之间的钟摆式发展：19 世纪的教师培养主要为 SBM 模式所主导，20 世纪的教师培养则主要为"UBM"模式所主导。然而自 20 世纪 80 年代后期特别是 90 年代以来，又再次回到"SBM"模式。[②] 这一摆动背后涉及教师教育领域中一个根本性的难题：理论与实践

---

① 中华人民共和国教育部. 教育部关于加强师范生教育实践的意见 [EB/OL]. [2016-12-20]. http：//www. moe. edu. cn/srcsite/A10/s7011/201604/t20160407_237042. html.

② Robinson W. Teacher Training in England and Wales：Past，Present and Future Perspectives [J]. Education Research and Perspectives，2006，33（2）：19-36.

在教师教育中地位与作用的平衡问题。在 20 世纪 80—90 年代新自由主义和新保守主义掌握政策话语权的背景下，"UBM"模式被视为一个受供应而非需求驱动的教师培养模式。这种基于"UBM"模式的教师培养被认为过于重视理论而忽略了实践，导致理论与实践脱节，所培养的教师不能满足中小学教学的需要。①

　　针对 UBM 模式教师培养存在的不足，英格兰自 20 世纪 90 年代初拉开了实践取向教师培养改革的大幕。英格兰教育与科学部 1992 年颁发的"9/92 号通告"规定，举办教师教育的高等教育机构要与中小学建立合作伙伴关系，以确保师范生 2/3 的时间在中小学而非高等教育机构度过；②培养结束后，师范生被授予"新合格教师身份"（newly qualified teacher），新教师要获得"合格教师身份"（qualified teacher status），还必须在国立学校中完成一年的教学；这一年试用期的教学将在地方教育当局的监督之下进行；承担教师培养工作任务的中小学将获得经费支持；成立教师培养署（Teacher Training Agency，TTA），负责监管全国教师培养质量。这一规定意味着中小学校、地方教育当局以及其他高等教育机构以外的组织均可提供教师培养举措。实践取向的教师培养改革在随后的工党政府推动下得到了进一步的推进。伴随实践取向教师培养改革的推进，中小学教师在教师培养中的地位与作用日益凸显。然而有研究显示，英格兰教师培养中的校本指导并不尽如人意，指导质量参差不齐，有待提升；③也有研究指出英格兰对校本导师没有给予足够的政策关注，校本导师选聘质量低劣、队伍不稳定严重影响教师培养质量。④卡特尔爵士等人对教师教育机构的实地考察也证明了这一点。

　　鉴于校本指导在实践取向教师培养中的重要作用和校本指导质量参差不齐的现实，如何遴选、培训和评价校本导师，建设一支高质量的校本教师队伍，就成为英国实践取向教师培养改革不可回避的重要主题。

①　Martin M. The Role of the University in Initial Teacher Training：Trends，Current Problems and Strategies for Improvement ［EB/OL］. (1999)　［2016-12-21］. http：// unesdoc. unesco. org/images/0011/001179/117957Eb. pdf.

②　Department for Education. Initial Teacher Training （secondary phase） ［Z］. Circular 9/92. London：Her Majesty's Stationery Office （HMSO），1992.

③　Hobson A J，Malderez A. Judge Mentoring and Other Threats to Realizing the Potential of School-based Mentoring in Teacher Education ［J］. International Journal of Mentoring and Coaching in Education，2013，2 （2）：89-108.

④　Margo J，Benton M，Withers K，et al. Those Who Can? ［EB/OL］. 　［2016-12-10］. http：//dconnelly. edublogs. org/files/2008/05/those_who_can_summary-2. pdf.

2. 校本导师队伍建设呼唤校本导师标准

校本指导教师首先是有经验的中小学校教师，而且扮演引导教师专业发展的教师教育者角色。对教师的指导不仅仅是从知识到知识，从能力到能力的单向传递过程，指导教师还需要学习如何以教师能够理解及接受的方式引导其理解并掌握教书育人的基本规律。但对于选聘与评价并无标准可依，专业发展与培训指导也无标准可依。出现这种情况的原因如下：从宏观层面来看，国家政策没有体现对中小学校指导教师的地位和作用的关注，尚未对指导教师角色进行明确且统一的规范。相关部门并未出台相关政策以要求学校采取严格且合理的方式选拔、培训及评价指导教师。从中观层面来看，首先，许多中小学校没有基于清晰的标准严格地选拔指导教师，导致选拔的教师无法胜任指导教师的角色；其次，中小学校关于指导教师培训课程的设置不合理导致培训收效甚微。

在 2015 年的卡特报告中发现，教师培训机构在选择指导教师方面存在一些问题。承担教师培训的中小学校及培训机构对指导教师的筛选无明确标准可循，考虑得较多的是指导教师自身的积极投入及主动参与的良好意愿，而对其他重要的因素如教师职业道德、学科及专业知识水平、专业发展规划等方面则考虑得较少。有部分指导教师将教书育人视为一种天职，有极高的专业情操和极强的专业责任感，视指导工作为培养下一代卓越教师不可推卸的责任，但其中也不乏将职前教师指导工作作为职称竞聘筹码等功利取向的教师应聘成为指导教师。仅凭指导教师候选人的主观意愿而缺乏对指导教师具备素养的考察，这是有失科学性与规范性的，可能会导致指导教师素质参差不齐，进而影响教师培训中的指导质量。

教师培训机构必须明确指导教师应具备的基本素质及其要求，基于此才能有效地开展指导教师的选拔与招聘、培训与指导、评价与考核等工作。中小学教师是否具备成为指导教师的人格特征及其能力，指导教师的培训内容及形式的选择与评价，对指导教师工作绩效的评估及考核等目前都缺乏明确的标准作为依据。英国教育部委托 TSC 开发职前教师校本培训指导教师国家标准，其主要目的是确立指导教师在教师培训中的重要地位并就指导教师有效指导应具备的素质及特征达成共识。

霍布森等人（2013）从微观层面分析了指导失败的原因，发现很多指导教师支持"技术理性"或"程序式学徒制"专业学习和发展方法，而不是"理解导向"的方法，该方法倡导培养教师使之成为反思性实践者。[①]
怀特和拜特瑞（Wright and Bottery，1997）的研究发现，仅仅强调指导
教师作为教学能力培训者的角色，即指导教师重视向职前教师传授及指导
与课堂教学相关的实用技术，将指导教师作为技术引入者，缺乏对更广泛
专业教师角色的关注。[②] 霍布森（2003）的研究结果表明，一些职前教师
仍然不能肯定在培训中理论部分的价值，在教师培训过程中缺乏将理论知
识运用于教学实践的指导。[③] 由此可见，在教师培训中指导教师的角色认
知存在偏差，即更多地将自己定位在"教师培训者"的角色上，具有机械
性及工具性的价值取向。

中小学指导教师信念缺失、能力不足、专业缺乏可持续发展的引领等
问题都需要相关标准对其进行规范。怀特等人（1994）的调查发现，职前
教师与中小学指导教师的沟通和交流欠缺。[④] 其他研究者也认为，职前教
师与中小学指导教师的沟通和交流大多数都是由职前教师发起的，中小学
指导教师的指导动力不足且主观指导意愿不强。[⑤] 一部分职前教师认为其
指导教师未能对提高其教学实践能力提供必要的支持、鼓励与帮助；另一
部分职前教师认为其指导教师在帮助他们调整教学策略与方法以改进教学
等方面做得不够。[⑥] 艾斯平维（Aspinw）等人的研究表明，指导教师似乎
无法分辨有效的教学管理策略。[⑦] 从上述研究中可以看出，校本指导教师

---

① Hobson A J，Malderez A. Judge Mentoring and Other Threats to Realizing the Potential of School-based Mentoring in Teacher Education [J]. International Journal of Mentoring and Coaching in Education，2013，2（2）：89-108.

② Wright N，Bottery M. Perceptions of Professionalism by the Mentors of Student Teachers [J]. Journal of Education for Teaching，1997，23（3）：235-252.

③ Hobson A J. Student Teachers Conceptions and Evaluations of Theory in Initial Teacher Training（ITT）[J]. Mentoring and Tutoring，2003，11（3）：245-261.

④ Nigel W，Jeff M. Students' Perceptions of Consistency and Coherence [M] // Reid，Ivan，et al. Teacher Education Reform：Current Research. London：Paul Chapman Publishing Ltd，1994：53-60.

⑤ Gilary C，Jerry N. Student-teachers and Their Professional Encounters [M] // Reid，Ivan，et al. Teacher Education Reform：Current Research. London：Paul Chapman Publishing Ltd，1994：123-130.

⑥ Jill C，Anne E. How Teachers Support Student Learning [M] // Reid，Ivan，et al. Teacher Education Reform：Current Research. London：Paul Chapman Pubishing Ltd，1994：131-136.

⑦ Kath A，et al. In at the beginning：a pilot partnership [M] // Reid，Ivan，et al. Teacher Education Reform：Current Research. London：Paul Chapman Publishing Ltd，1994：97-104.

在教师培训中出现了各种问题。这些问题的出现都与指导教师缺乏作为指导教师的心理准备，指导行动中的专业知识及专业能力缺乏，且对作为校本指导教师的专业角色定位及职责不清有关系。因此，校本指导教师的专业发展需要相关指导教师标准做参照及引领。2015 年卡特尔爵士在教师培训审查报告中明确指出，在学校和教师培训系统中指导教师应该居于更重要的地位且应获得更高的认可，对有效指导教师的素质及特征的认识和理解应该达成更广泛的共识。卡特报告中的第 12 条建议中明确指出，教育部应该委派一个专业委员会，例如教学学校委员会，开发一套指导教师国家标准；该标准可用于自我评价，但不具有强制性即非法定性。[①]

（二）制定过程

1. 英格兰《校本导师国家标准》的制定组织

2014 年 5 月 1 日，时任教育大臣迈克尔·戈夫任命安德鲁·卡特尔爵士主持了关于英国教师职前教育的独立考察评价。考察评价的目的主要有四个：（1）界定何谓有效的教师职前教育实践；（2）评估现行教师职前教育体系在多大程度上提供了有效的教师职前教育；（3）提出在哪些方面需要改进以及如何改进的建议；（4）提出通过提高课程内容与方法的透明度改进体系选择的方法。考察评价报告于 2015 年 1 月 19 日公布，报告认为英国教师职前教育体系总体运作良好，但也很难说哪一种教师培养路径更好，报告在若干方面提出了改进建议。在所提的 18 条建议中有 2 条涉及校本指导，认为英国的校本指导并不尽如人意。因此，在第 11 条建议中提出："教师职前教育伙伴合作应该确保所有师范生能够接受有效的校本指导"，为此需要"选拔和聘用优秀的教师担任校本导师，他们不仅能够做出杰出的实践示范，而且能够对其进行解释说明"；"对校本导师开展严格的培训，培训要超越对教师培养课程的结构与内容的简介，聚焦于教师如何学习和有效指导的能力"；"思考是否为校本指导提供恰当的资源支持，安排给校本指导的资源应该反映这一角色的重要性。"在此基础上，第 12 条建议进一步提出"教育部应该委托一个部门机构，比如教学学校

---

① Carter. Carter Review of Initial Teacher Training（ITT）［EB/OL］．［2016-09-08］．https：//www. gov. uk/government/uploads/system/uploads/attachment _ data/file/399957/Carter _ Review. pdf.

理事会，去研制一些校本导师国家标准"。^①针对卡特尔报告的建议，英国教育部于 2016 年 7 月 12 日予以回应，将成立一个由该部门的专家代表组成的独立工作组，以开发教师职前教育（Initial Teacher Training，简称ITT）的核心框架；委托教学学校理事会制定一套校本导师的国家标准。^②

2011 年英国教育部发起"教学学校"（Teaching School）项目，批准了第一批教学学校并成立了 TSC（它是一个"中间层"机构）。^③该项目不属于任何一种职前教师培养模式，是一种新型的中小学校联盟的组织形式。基于此，中小学校已经重新考虑他们在培养教师中的角色、地位及作用。这也加强了中小学校指导和培训职前教师的职责。中小学指导教师在教师培养中的作用也日益凸显，地位随之提高，对其专业素质的要求也有所提高。

教学学校是杰出的学校，他们与其他学校共同工作以提供高质量的支持与培训，并促进学校新教师及有经验教师的专业发展。教学学校的主要工作集中在六大关键领域：以校为本的教师培训，学校对学校的支持，持续的专业发展，研究与开发，专业的教育领导者，持续的计划与人才管理。^④

教学学校联盟由一个教学学校主导，战略合作伙伴及其他受益学校组成。战略合作伙伴主要承担教师培训及发展的工作。战略合作伙伴可以包括来自任何学段或区域的其他学校、大学、学院链（Academy Chains）、当地教育局、教区、私立组织。^⑤教学学校联盟的类型包括独立联盟（1

---

① Carter. Carter Review of Initial Teacher Training（ITT）［EB/OL］．［2016-09-08］. https：//www. gov. uk/government/uploads/system/uploads/attachment ＿ data/file/399957/Carter ＿ Review. pdf.

② Department for Education and National College for Teaching and Leadership. Initial Teacher Training：Government Response to Carter Review［EB/OL］．［2016-12-15］. https：//www. gov. uk/government/uploads/system/uploads/attachment ＿ data/file/536916/Govt ＿ response ＿-＿ ITT. pdf.

③ Scott S. What Is the Teaching Schools Council and How Does It Work?［EB/OL］．［2016-11-01］. http：//schoolsweek. co. uk/a-closer-lookat-the-teaching-schools-council/.

④ National College for Teaching and Leadership. Teaching Schools：The School Perspective 2015［EB/OL］．［2016-12-20］. https：//www. gov. uk/government/uploads/system/uploads/attachment ＿ data/file/474309/Teaching ＿ Schools ＿ ＿ the ＿ school ＿ perspective. pdf.

⑤ National College for Teaching and Leadership. Teaching Schools：A Guide for Potential Applicants［EB/OL］．［2016-12-16］. https：//www. gov. uk/guidance/teaching-schools-a-guide-forpotential-applicants.

个教学学校领导 1 个教学学校联盟）、分工联盟（2 个较小的或特殊学校共同领导 1 个教学学校联盟）及多个联盟（2 个或更多教学学校联盟共同领导 1 个教学学校联盟）。[①] 对于多个教学学校领导的教学学校联盟需要注意：明确自身及合作伙伴的角色及职责；多个教学学校联盟合理安排并统筹协调有效管理。

TSC 的代表也表示其目的是为教学学校联盟传达国家要求；该 TSC 还帮助制定未来的政策以确保教学学校联盟能够影响到最需要的地区。TSC 董事会由 9 位专业人员组成，每个委员都有自己的专业领域以支持各类专业性工作。现任主席加里·霍尔顿（Gary Holden）博士在学校周刊上发表讲话时表示 TSC 的目的是在学校系统"保持一致性"；其中一名副主席卡洛琳·罗布森（Carolyn Robson）认为"协作"也是协会工作的主题。[②] 可以看出，制定校本指导教师标准的机构属于专业机构，而非官方机构。这在某种程度上决定了该标准的性质即非法定性及非强制性。

2. 英格兰《校本导师国家标准》 的制定流程

第一，关于该校本指导教师标准的制订，TSC 委任了一个工作小组，由校长和来自教学学校的职前教师培训领导，他们都具有与校本教师培训相关的工作经验。该工作小组的成员包括修道院学校校长迈克尔·巴雷特，南萨利学校校长安德鲁·卡特，领导力发展协会及白马联合会主管克莱尔·卡特，圣约翰维安尼小学校长约翰·哈迪；ITT 项目主管海伦·帕金森。[③]

从 TSC 委任工作小组的成员构成来看，他们都具备教师培训的工作经验，这凸显了实用性目的，且他们都是管理者，便于提高收集、整理及分析资料的效益及效率。通过各种活动广泛征求利益相关者的意见并列举了该标准的不同适用范围，这都体现了该标准制定的民主与协商的氛围。工作小组围绕指导教师应具备的素质进行多视角透析，并在收集重要的结

① National College for Teaching and Leadership. Teaching Schools：A Guide for Potential Applicants [EB/OL]. [2016-12-16]. https：//www. gov. uk/guidance/teaching-schools-a-guide-forpotential-applicants.

② Scott S. What Is the Teaching Schools Council and How Does It Work? [EB/OL]. [2016-11-01]. http：//schoolsweek. co. uk/a-closer-lookat-the-teaching-schools-council/.

③ The Teaching Schools Council (2016). National Standards for School-based Initial Teacher Training (ITT) Mentors [EB/OL]. [2016-09-05]. https：//www. gov. uk/government/uploads/system/uploads/Attachment _ data/file/536891/Mentor _ standards _ report _ Final. pdf.

果及主要建议基础之上，与卡特报告及《合格教师专业标准》呼应，全面、科学地反映了对指导教师素质的期待与要求。

第二，广泛征求利益相关者的意见。英格兰 TSC 邀请多个利益相关者共同参与校本指导教师标准的制订，多个利益相关群体包括教师、校本指导教师、有合作伙伴关系的学校领导者、来自大学教育学院和教育标准局的同事。工作小组基于此开发标准，展开了一系列活动，收集证据和观点。这些活动包括学校网络教学会议；对接受培训的职前教师、近期取得合格教师资格证的教师进行访谈；与行业专家和利益相关者开展广泛讨论；回顾现有的证据及基础，包括卡特报告中的审查结果及国际和英国标准局的证据；最后将重要的结果进行总结并在报告中呈现。[①] 该校本指导教师标准主要是以自下而上的方式制订的，围绕指导教师应该具有哪些基本素质这一主题，采用头脑风暴法广泛收集一线教师与指导教师的信息，征求领域专家及利益相关者的意见，结合相关标准并小心论证。

第三，该工作组收集有关指导教师标准制定的重要结果并提出主要建议。TSC 收集并总结校本指导教师标准的调查结果如下：该校本指导教师标准基于《合格教师专业标准》开发；总结 ITT 提供者对指导教师角色与责任的反馈意见；认为指导教师不仅是学科专家而且是教学专家（即有能力解释自己的教学实践）；指导教师不仅要引导职前教师发展教学实践能力，而且需要注重自身的专业可持续发展；强调学校在培训指导教师方面的重要作用及地位。该校本指导教师标准的内容与校本导师在教师培训中的角色与责任是紧密相关的，指导教师首先是一名在教学上表现优秀的教师，而且应成为指导能力较强的导师，同时需要关注自身专业的可持续性发展。主要建议有四条：（1）阐明了该校本指导教师标准的性质及用途，即具有非法定性；主要用于教师培训机构对指导教师素质的统一规范及要求。（2）强调该标准在一定时间范围内使用的稳定性。（3）涉及该标准的使用功能，即英国标准局用于审查 ITT 机构的资格。（4）强调指导教师的指导及支持对职前教师培养的重要性，并建议将之延伸到对新入职教师的指导。

第四，TSC 在重要的结果及建议基础上确定校本指导教师标准的内容

---

① The Teaching Schools Council（2016）. National Standards for School-based Initial Teacher Training（ITT）Mentors [EB/OL]. [2016-09-05]. https：//www. gov. uk/government/uploads/system/uploads/Attachment _ data/file/536891/Mentor _ standards _ report _ Final. pdf.

及其适用范围。该校本指导教师标准主要从人格品质、教学、专业性、自我发展和团队合作这四个标准规范合格指导教师应具备的素质。这四个标准下有总要求，还罗列了具体要求，人格品质中有5条详细指标；教学中有9条详细指标；专业性中有5条详细指标；自我发展和团队合作中有2条详细指标。该标准的适用对象不局限于指导教师，还包括卓越的指导教师、职前教师及ITT提供者和学校领导。指导教师与卓越的指导教师可以使用这些标准明确自身的角色及职责，并作为自我评价的依据。职前教师可以通过校本指导教师标准明确自己能够获得的帮助与支持。该校本指导教师标准适用于对职前教师及指导教师在教学及专业性方面的指引及导向的作用，趋向于发展性评价。ITT提供者与学校领导通过该校本指导教师标准提高指导教师的地位，在选拔和培训时作为重要参考，这趋向于甄别性评价。

三、英格兰《校本导师国家标准》的目的与内容

（一）目的

1. 为校本指导提供一个共同的基本依据

《校本导师国家标准》中提出的第一个制定目的就是"通过揭示有效指导的特征来提升校本导师指导实践的一致性，从而使实习生能够获得更有效的指导，并进而发展成为有效的教师"。这里所谓提升指导实践的"一致性"，避免校本指导因人、因时、因地而异，确保每个实习生都能够获得高质量的指导。有了这样一个标准，大学与中小学伙伴校就有了选拔、培训和评价校本导师的基本依据，校本导师也知道需要承担什么样的角色和任务，实习生也会知道他们能够从校本导师那里获得什么样的指导和帮助。如此，校本指导的质量也获得了一定保障。

2. 为校本导师的专业发展提供支持，引导其建立作为校本导师的专业认同

《校本导师国家标准》中提出的第二个制定目的就是"提升校本指导的形象，并为现职和有志成为校本导师的教师提供一个专业发展的框架"。由于校本导师对师范生的指导有助于提升整个教师队伍质量，最终也有助于提高学生的学习成果，所以，教学学校理事会制定《校本导师国家标准》也希望其能够起到促进校本导师认同感的发展和校本导师网络的形成。

《校本导师国家标准》中提出希望校本导师能够使用该标准达到如下目的：（1）理解作为一名校本导师的角色任务和素质要求，确保能够掌控这一角色；（2）能够对指导实践进行自我评价，并发现进一步改进的领域；（3）支持教师培养计划的实施；（4）引导实习生了解学校和教师职业。[①] 而对于有志于成为校本导师的教师而言，该标准可以帮助他们了解担任校本导师需要具有什么样的素质能力，并积极发展这种能力。

3. 为中小学营造一种校本指导文化提供指引

《校本导师国家标准》有助于在中小学建立一种辅导和指导文化。鉴于白皮书宣告要以对教师的更严格认证来取代合格教师身份，教学学校理事会也认为该标准不应该仅仅适用于教师职前教育阶段，也应通用于就职后的初期专业发展阶段，因为对这个阶段的教师而言，高质量的指导和辅导同样重要。

（二）内容

1.《校本导师国家标准》中四个标准之间的关系

霍布森等人认为，指导教师的指导活动包括：教授职前教师如何教学；使得职前教师适应学校生活；纠正典型的错误；帮助职前教师成为有气节的教师。使职前教师感到作为教师的价值并且能够胜任这个角色；培养职前教师成为反思型实践者；提供条件支持教师身份认同及个人教学风格。[②] 指导教师在指导过程中的职责与这些指导活动紧密相关。标准 1：人格品质反映了指导教师的职责，鼓励职前教师培养成为反思性实践者。标准 2：教学反映了指导教师的职责是：关注指导职前教师如何教学；使职前教师能够胜任教师的工作；纠正典型的错误。标准 3：专业性中反映了指导教师的职责是：帮助职前教师成为有气节的教师；提供条件支持教师身份认同，使其意识到教师的价值。标准 4：自我发展和团队合作反映了指导教师的合作精神及对持续专业发展的要求。

《校本导师国家标准》中的四个标准主要围绕着成为指导教师的先决

---

① The Teaching Schools Council（2016）. National Standards for School-based Initial Teacher Training（ITT）Mentors［EB/OL］.［2016-09-05］. https：//www. gov. uk/government/uploads/system/uploads/Attachment _ data/file/536891/Mentor _ standards _ report _ Final. pdf.

② Hobson A J，Malderez A，Tracey L，et al. Becoming a Teacher：Student Teachers. Experiences of Initial Teacher Training in England［EB/OL］.［2016-11-28］. https：//core. ac. uk/download/pdf/9063664. pdf.

条件、必备能力及后续发展动力等方面进行阐述。（1）将人格品质放在首位，说明这是指导教师进行有效指导应具备的先决条件，人格品质作为筛选中小学指导教师的第一步，主要解决中小学教师是否适合成为指导教师的问题。（2）在标准2"教学"中阐述了指导教师应具备的支持职前教师教学实践能力发展的能力，它主要解决中小学指导教师在教学实践方面能不能成为合格指导教师的问题。其主要内容既涉及对职前教师学会教学的引导，也涉及对职前教师不断改进及完善教学的指引。（3）标准3"专业性"方面聚焦于指导教师对职前教师专业性方面的指导与支持，它主要解决中小学指导教师在指导职前教师专业发展方面能不能成为合格指导教师的问题。其主要内容包括，指导教师引导职前教师对教师专业角色及责任形成清晰的认识并提高其对教师职业的认同感。（4）标准4"自我发展和团队合作"主要是通过结成学习共同体的形式交流合作，并通过参与研究的方式为其专业可持续发展提供持续的智力及动力支持。它主要解决中小学指导教师作为专业人员如何进行持续的专业发展。

2. 标准1　人格品质

主要内容如下：[①]

建立信任关系，践行高标准的教学实践，并了解如何通过职前教师培训支持职前教师。指导教师应该做到：是和蔼可亲的，保障充足的时间指导职前教师，优先安排与他们的会面与讨论；根据职前教师的需要使用一系列有效的沟通交流技巧；给予职前教师公正的、坦诚的以及在尊重基础上的支持；给予职前教师适当的挑战，以鼓励他们反思自己的实践；通过在教学计划、教学组织及教学评价中提供典型范例以帮助职前教师提升其教学水平。

从上述内容可以看出，标准1主要围绕良好的指导关系进行阐述。相互信任、彼此尊重的指导关系是保障和提高指导质量的重要条件，并贯穿职前教师培养及指导的全过程。良好的指导关系需要指导教师与职前教师共同构建，就指导教师而言，良好的人格品质是先决条件。该校本指导教师标准主要从态度、能力及具体行为方面阐述指导教师如何构建良好的指导关系。"和蔼可亲""公正""坦诚""尊重""鼓励"等词语表达了指导教师指导的主动意愿及对待职前教师的积极态度。"有效的沟通交流技巧"

---

① The Teaching Schools Council（2016）．National Standards for School-based Initial Teacher Training（ITT）Mentors［EB/OL］．［2016-09-05］．https：//www. gov. uk/government/uploads/system/uploads/Attachment _ data/file/536891/Mentor _ standards _ report _ Final. pdf.

及"给予职前教师适当的挑战以鼓励他们反思自己的实践"分别反映了指导教师在构建良好指导关系中需要具备的能力，即良好的人际沟通能力及引导职前教师进行教学反思的能力。"保障充足的时间指导职前教师，优先安排与他们的会面与讨论"与"在教学计划、教学组织及教学评价中提供典型范例"都表明在具体行动层面指导教师应该用积极的行动表现出对职前教师的关心、真诚及尊重。

在 ITT 校本培训中指导教师标准中涉及的指导教师人格品质主要包括以下几个方面：奉献精神、乐于并善于与人沟通、移情能力、对自身及职前教师抱有高期待。奉献精神是指导教师在指导全过程中贯穿始终的，必不可少。奉献精神是指导教师以教师教育者自居，将指导职前教师的工作视为愿意主动为之付诸热情与心血的天职而非仅视为一种谋生的职业，并身体力行地践行自己的职责。乐于并善于与人沟通也是指导教师与职前教师建立彼此信任及尊重的良好的指导关系所必需的一项重要的人格品质。与人沟通与表达的能力也有助于将隐性的、缄默的教学及管理智慧转化成显性的能被职前教师接受的形式，即指导教师如何表达才更易被职前教师理解。移情能力，也被称为同情心、感悟心，是指教师感同身受地领悟他人的认识、情感体验及行动。"给予职前教师公正的、坦诚的以及在尊重基础上的支持"，这一条最能体现指导教师应具备移情能力，这意味着指导教师需要站在职前教师的立场上进行换位思考及体悟。当然，指导教师与新教师都有各自的知识经验、个性特点及特定的教学情境，指导教师需要有意识地训练移情能力。"给予职前教师适当的挑战，以鼓励他们反思自己的实践"与"通过在教学计划、教学组织及教学评价中提供典型范例以帮助职前教师提升其教学水平"都能体现指导教师对职前教师抱有较高的期待，较高的期待对职前教师提高其教学水平形成积极的暗示作用。

3. 标准 2　教学

主要内容如下：[①]

支持职前教师发展其教学实践，这有利于他们对所有学生寄予高期望并满足学生们的需求。

指导教师应该做到：帮助职前教师与学生们建立良好的师生关系，帮

---

① The Teaching Schools Council (2016). National Standards for School-based Initial Teacher Training (ITT) Mentors [EB/OL]. [2016-09-05]. https：//www. gov. uk/government/uploads/system/uploads/Attachment _ data/file/536891/ Mentor _ standards _ report _ Final. pdf.

助他们提升行为的有效性，帮助他们掌握课堂管理策略；支持职前教师使用有效的方法进行教学设计、教学组织和教学评价；职前教师在批改和评价学生作业时，建议其使用适度的或双重评分方法；在课堂观察中提供建设性的、清晰的、及时的反馈；为职前教师观摩优秀教师的教学实践提供机会；支持职前教师使用专业的学科知识和教学法知识；站在职前教师的立场上，帮助他们解决一些在校内发生的问题，而他们由于缺乏信心和经验无法解决这些问题；支持并鼓励职前教师评估及改进他们的教学；引导职前教师了解并进行教育研究以提高其教学水平。

教学实践能力是教师在教学实践活动中进行实践教学及反思逐渐形成的综合能力。教学实践能力是英国《合格教师专业标准》中的主要组成部分，是职前教师胜任中小学教学工作的核心。指导教师的重要职责之一是在实践教学中指导其逐渐习得并发展教学实践能力。标准2"教学"中有9条详细的条目规定，明显多于其他标准的条目，可见指导教师的指导任务是以教学指导为主。

对于职前教师来说，达到有效教学的水平需要一个过程。首先，在教学实践中，指导教师帮助并支持职前教师学会教学，即以遵循教育规律为基础，帮助他们把握基本的教学环节并掌握基本的教学技能技巧。标准2"教学"中的前三条主要涉及指导职前教师学会教学。"良好的师生关系"及"掌握课堂管理策略"是顺利开展教学活动的基础及前提。"使用有效的方法进行教学设计、教学组织和教学评价"与"批改和评价学生作业"是教学活动的主要组成部分。其次，指导教师在帮助职前教师学会教学的基础之上引导其通过各种方式改进教学。标准2"教学"中的第四条至第九条都涉及指导职前教师朝着有效教学的方向不断提高教学水平。指导教师通过多种形式引导职前教师反思并改进教学。具体措施如下："在课堂观察中提供建设性的、清晰的、及时的反馈"；"为职前教师观摩优秀教师的教学实践提供机会"；"鼓励职前教师评估及改进他们的教学"；"引导职前教师了解并进行教育研究以提高其教学水平"。

4. 标准3 专业性

主要内容如下：[1]

---

[1] The Teaching Schools Council（2016）. National Standards for School-based Initial Teacher Training（ITT）Mentors [EB/OL]. [2016-09-05]. https：//www. gov. uk/government/uploads/system/uploads/Attachment _ data/file/536891/ Mentor _ standards _ report _ Final. pdf.

为职前教师设置高期望并引导他们了解作为一名教师的角色和责任。

指导教师应该做到:鼓励职前教师参与学校生活并在更广阔的社会背景中理解其角色的内涵;支持职前教师以专业及个人行为的最高标准为参照持续发展;在促进平等和尊重多样性方面给予职前教师支持;确保职前教师理解并遵守相关法律,包括儿童保护方面的法律;帮助职前教师提升其有效管理时间的技能。

指导教师对职前教师专业发展的指导主要包括以下三个步骤。首先,指导教师引导职前教师明确当今社会及时代对教师的角色定位及素质要求,具体见第一条。其次,根据社会及时代对教师在角色及素质方面的应然要求,指导教师引导职前教师确立专业发展目标并制定专业发展计划,具体见第二条。第三,为落实专业发展计划给予必要的支持和帮助,具体见第三条、第四条和第五条。

第一条概述了在社会背景之下,指导教师应引导职前教师明确教师的职责并熟悉教师应具备的素质,进而产生对教师职业的认同感及自豪感。提高职前教师对教师职业的认同感有助于职前教师进入学校后能够顺利度过职业生涯的适应期。第二条主要要求指导教师引导职前教师对专业发展目的有清晰明确的认知。第三条强调指导教师引导职前教师对教育公平及多元文化教育的关注。第四条从法律法规的视角强调作为教师需要理解及遵守的相关法律。第五条则突出了为保障职前教师专业发展计划的落实,指导教师引导职前教师加强对时间的管理及利用。

5. 标准 4 自我发展和团队合作

主要内容如下:[①]

持续发展他们自己的专业知识、技能和理解力并分配一些时间与 ITT 合作伙伴建立良好的工作关系。

指导教师应该通过与其他指导教师和伙伴合作,做出恰当的判断以保持协调一致;通过利用合适的专业发展机会并参与研究,持续发展他们的指导实践和专业的学科知识与教学法知识。

标准 1、标准 2 及标准 3 都强调指导教师的教师角色,即引导并支持职前教师教学实践能力的提高及专业发展。标准 4 则更强调教师作为终身

---

① The Teaching Schools Council (2016). National Standards for School-based Initial Teacher Training (ITT) Mentors [EB/OL]. [2016-09-05]. https://www. gov. uk/government/uploads/system/uploads/Attachment_data/file/536891/Mentor_standards_report_Final. pdf.

学习者的角色，即指导教师应该以终身学习者自居持续不断地学习与探究，并在反思、合作与交流中不断提升专业发展境界。指导教师作为终身学习者需要进行持续的专业发展，标准4强调指导教师作为教师教育者的专业持续发展。标准4中的第一条提到，通过与他人合作提高其指导职前教师的能力。标准4中的第二条提到指导教师作为一名教师教育者，可以在指导职前教师进行有效教学及专业发展的过程中，反思自身指导的理念、知识与技能的应然状态与实然状态及其差距，并力求通过指导实践及研究突破专业发展瓶颈。教师教育者的自我专业发展应把握"专业"的"教""专业"的"教'教'"和"专业"的"教'学教'"三方面。[①] 标准4中默认的自我专业发展主体是指导教师，这体现了对指导教师自主支持式专业发展的鼓励。教师的专业自主权是衡量其专业化水平的一项重要指标，即专业水平越高的行业，其行业人员的专业自觉性与专业自主权就越高。指导教师通过参与研究，与指导教师及 ITT 伙伴共同合作不断提高其专业自觉认知、专业自觉情感、专业自觉动机及专业的自觉与自律能力。

四、结语

《校本导师国家标准》是基于英国《合格教师专业标准》制定的，其性质是非法定的，是对校本 ITT 指导教师应具备的基本素质及最低期望水平的要求，可以作为选择、培训及评价合格指导教师的依据，也可作为审查职前教师培训质量的依据。其内容特点表现如下：注重信任指导关系的构建，指导职前教师进行有效教学，引导职前教师对教师职业的认同及制定并落实专业发展计划，关注指导教师自身专业可持续性发展及与他人的合作。

国家层面可以考虑制定指导教师的资格认证制度，以指导教师应具备的素质为参考提高指导教师准入的门槛，从源头上阻止不合格的指导教师进入培训师资队伍，从而保证指导质量。学校及职前教师培训机构也可以根据相关职前教师培训指导教师标准，为选择及聘用指导教师提供参考。在制定指导教师标准的过程及相关内容等方面都可以适当借鉴和参考英格兰的经验。在借鉴时可能需要注意以下几点：首先，指导教师标准的性质是法定或是非法定的，应基于对我国职前教师指导质量及指导教师的指导

---

① 李学农.论教师教育者的专业发展［J］.教育发展研究，2012（12）：53-57.

情况的调查，在广泛公开征求各个利益相关群体的意见基础之上做出决定。其次，指导教师标准的制订过程应秉持公平、公正、公开的原则，征求不同利益相关者的建议，并在指导教师标准的使用中阐述各个利益相关者对该标准的使用范围，这一点是值得学习和借鉴的。第三，英格兰指导教师标准内容基于《合格教师专业标准》主要是由职前教师培训的目的决定的。我国确定指导教师标准的具体内容也应该考虑目的性。同时我国现有的《幼儿园教师标准（试行）》《小学教师专业标准（试行）》及《中学教师专业标准（试行）》，其教师专业标准体系与英国不同，指导教师标准的制订还需要考虑这一差异。第四，指导教师标准还需要从人格品质方面考虑教师是否合适当指导教师，并关注指导教师专业的可持续性发展。

第 9 章

教师教育质量保障体系

第 1 节　开放化背景下中国教师教育 质量保障体系建设①

一、引言

如果说独立的封闭的教师教育体系是与计划经济体制相适应的话，那么市场经济条件下的教师教育体系就应当是灵活、开放的。② 正是基于这种认识，世纪之交以来中国大力推进教师教育体系由封闭走向开放的改革。③开放灵活的教师教育体系需要一个健全的教师教育质量保障体系作为其配套。特别是在高等教育大众化的背景下，教师教育质量保障体系建设更显紧迫和重要。《国家中长期教育改革与发展规划纲要（2010—2020年）》（以下简称"规划纲要"）也提出要"加强教师教育，构建以师范院校为主体、综合大学参与、开放灵活的教师教育体系。深化教师教育改革，创新培养模式，增强实习实践环节，强化师德修养和教学能力训练，提高教师培养质量"。可见，在继续推进灵活开放的教师教育体系建设的同时，建立健全教师教育质量保障体系，将是今后一段时间中国教师教育改革与发展的重要主题。

本节将对中国近年来在教师教育质量保障方面进行的改革与探索进行一

---

① 本节系东亚教师教育国际合作研究的成果之一，作者系刘益春、饶从满，原名为"開放制原則下の中国の教師教育における質保障体系の構築"，被收录于：東アジア教員養成国際共同研究プロジェクト.「東アジア的教師」の今［M］.東京：東京学芸大学出版会，2015.

② 管培俊.关于教师教育改革发展的十个观点［J］.教师教育研究，2004，16（4）：3-7.

③ 据统计，截至 2010 年，中国参与开展教师培养的高等院校共有 495 所，占全部高等院校数（2358 所）的 20.99%；中等师范院校 141 所，其中含幼儿师范学院校 40 所。在开展教师培养的高等院校中，师范院校 143 所，非师范院校 352 所。在开展教师培养的师范院校中，师范大学 40 所，师范学院 67 所，高等师范专科学校 36 所；在开展教师培养的非师范院校中，综合大学 61 所，地方综合性学院 135 所，高职高专 108 所，独立学院 32 所，其他院校 16 所。参见：教育部师范教育司：《全国中小学幼儿园教师队伍建设与教师教育基本情况（2010）》（研究报告），2011；36.

个简单的梳理，以明确改革与探索的新动向。由于篇幅所限，本节主要局限于 2007 年以来中国教师培养领域的质量保障探索。为了便于大家既能看到中国教师培养质量保障探索的宏观走向，又能看到中国教师培养质量保障探索的微观做法，本节将首先考察国家层面的教师教育质量保障政策措施（外部教师教育质量保障体系建设），然后以东北师范大学为例介绍一下中国教师教育质量保障政策的具体实施（内部教师教育质量保障体系建设）。

二、教师教育外部质量保障体系建设：政府的举措

在教师教育质量保障工作中，政府具有不可推卸的责任。政府是教师教育质量保障体系特别是外部质量保障体系建设的主体，负责对教师教育质量保障工作进行宏观调控和管理。近年来中国政府所采取的教师教育质量保障措施主要有以下几方面。

（一）实行师范生免费政策，吸引优秀生源

众所周知，生源质量是影响教师培养质量的重要因素。吸引具有教师潜力并有志于从事教师职业的优秀生源报考教师教育专业，确保生源质量，是教师培养质量保障的必要举措。

中国政府似乎早就意识到教育行业吸引不到优秀的人才，所以 2007 年 3 月在第十次全国人民代表大会五次会议上时任温家宝总理所做的政府工作报告中就提出了"免费师范生政策"[①]，用国家财力支持教育部直属的六所师范大学实施师范生免费教育，以此来吸引大量优秀高中毕业生报考师范专业，鼓励优秀青年终身从事教育，特别是到经济相对落后的中西部

---

① 1949 年中华人民共和国成立之后相当长一段时间里的师范教育体系中，师范生享有保护性政策。在 20 世纪末高等教育成本分担制实施以后，师范生上学免费政策也终止。

地区、农村地区中小学任教①。

可以说，实施师范生免费教育政策是吸引优秀学生攻读师范、鼓励优秀人才长期从教的战略举措之一。五年来，六所部属师范大学共招收免费师范生 5.5 万人。生源质量良好，录取的免费师范生平均成绩高出各省重点线 40 多分。10597 名首届免费毕业生全部落实到中小学任教，90％以上到中西部任教，39％到农村学校任教。师范生免费教育示范效应初显，据统计，目前有 18 个省份采取公费培养、学费返还和国家助学贷款代偿等多种方式，实行师范生免费教育。②

但是，师范生免费教育政策在实施过程中也出现了一些亟待解决的课题，其中最突出的主要有：第一，根据《教育部直属师范大学师范生免费教育实施办法（试行）》的有关规定，凡享受免费师范生教育政策的学生，必须至少签订两年支援西部农村贫困地区教育的协议。由此，师范生免费教育政策出现了双重目的：一是为了吸引优秀学生报考师范专业，"培养造就优秀中小学教师和教育家"，二是为了扶贫帮困，解决贫困地区、农村地区教育薄弱问题。那么这项政策的主要目的到底应该是放在前者还是后者？目前来看似乎是想二者兼顾。但是鱼和熊掌兼顾的出发点，其结局可能是二者两败俱伤。因此，需要进一步明确政策的主要目的，否则会影响政策的实施效果。第二，由于免费师范生在经济上和就业上比其他学生有保障，再加上跨省就业条件和自主选择范围的受限以及退出机制的缺失等，部分学生出现学习动力不足的现象。有关免费师范生学习情况

---

① 具体实施时间从 2007 年秋季入学的新生起，在北京师范大学、华东师范大学、东北师范大学、华中师范大学、陕西师范大学和西南大学六所部属师范大学实行师范生免费教育。通过部属师范大学的试点，积累经验，建立制度，为培养造就大批优秀教师和教育家奠定基础。作为要求，免费师范生必须在入学前签订三方（分别为部属师范大学、免费教育师范生和生源所在地省级教育行政部门）协议。根据协议，免费师范生在毕业后必须到中小学任教十年，其中在农村中小学任教不少于两年。与此同时，免费师范生享有四项优惠：第一是由中央财政负责安排免费师范生在校期间的学费、住宿费，并发放生活补贴；第二是在相关省级政府统筹下，由省级教育行政部门落实免费师范生的教师岗位，免费师范生四年毕业以后必须到中小学任教，到中小学任教的每一位免费师范生都有编有岗；第三是免费师范生在协议规定的服务期内可以在学校之间进行流动，有到教育管理岗位工作的机会；第四是为免费师范生继续深造提供好的条件保障，免费师范生经考核符合要求的，学校可以录取他们为教育硕士研究生，可以在职学习专业课程。

② 引自教育部刘利民副部长于 2012 年 5 月 27—28 日在福州召开的第九届全国师范大学联席会议上的讲话。

的诸多调查都普遍反映了这种现象的存在①。这一问题若不解决就会严重影响教师培养质量。

（二）推进教师教育标准体系建设，为教师教育质量管理和控制提供基础和依据

标准是质量管理的基础，是质量控制的依据。有了明确的标准，目标就会明晰，目标达成的系统监测就有了依据。自 20 世纪 80 年代开始，世界主要国家，甚至是一些发展中国家，都纷纷制定教师教育标准，以作为推进教师教育改革和保障教师教育质量的基本前提。制定教师教育标准已经成为一种国际趋势。

中国也不例外，伴随教师教育开放化进程的逐步展开，建立教师教育标准体系，保障教师教育质量，就成为摆在中国教师教育改革与发展面前的重要课题。因此，中国教育部从 2004 年就开始着手研究建立教师教育标准体系，并于 2011 年 10 月颁布了《教师教育课程标准（试行）》，于 2012 年 2 月和 2013 年 9 月又相继公布了《幼儿园教师专业标准（试行）》《小学教师专业标准（试行）》《中学教师专业标准（试行）》和《中等职业学校教师专业标准（试行）》。

1. 教师教育课程标准

教师教育课程是教师教育活动和教师教育改革的载体。世纪之交以来，伴随社会转型的深入和基础教育改革的全面展开，中国开始积极推进教师教育课程改革。1997 年中国教育部实施了《高等师范教育面向 21 世纪教学内容和课程体系改革计划》。2001 年，教育部印发的《基础教育课程改革纲要（试行）》中明确提出：师范院校和其他承担基础教育师资培养和培训任务的高等学校和培训机构应根据基础教育课程改革的目标与内容，调整培养目标、专业设置、课程结构，改革教学方法。但是，相对于基础教育课程改革，教师教育课程改革只是散点般地低调启动和逐步推进。直至 20 世纪初，中国教师教育课程的整体格局没有发生根本的变化，教师教育课程仍然存在着诸如"基础教育课程相对薄弱、教育类课程比例

---

① 参见：贾挚，陶磊，于国妮. 免费师范生学习动机与学习情况调查研究［J］. 教师教育研究，2012，2：69-74.；王卫东，付卫东. 师范生免费教育政策：背景、成效、问题及对策：基于全国六所部属师范大学的调查［J］. 河北师范大学学报（教育科学版），2013，8：10-15.；王琴梅，方妮. 免费师范生学习动力及其影响因素的经济学分析：基于陕西师范大学的调查［J］. 理论导刊，2014，4：90-93.

偏低、实践课程明显不足、学科课程有待精化"等问题。有鉴于此，为深化教师教育改革，规范和引导教师教育课程与教学，教育部于 2011 年 10 月颁布了《教师教育课程标准（试行）》。[①]

《教师教育课程标准（试行）》包含了前言、基本理念、课程目标、课程设置和实施建议等 5 个部分。[②] 该标准紧扣教师专业发展的主线，始终贯穿"育人为本""实践取向"和"终身学习"三个基本理念[③]，将教师教育课程分为三大目标领域：教育信念与责任、教育知识与能力、教育实践与体验，确立了三级教师教育的六大学习领域，其中学前教师的职前培养为：（1）儿童发展与学习；（2）幼儿教育基础；（3）幼儿活动与指导；（4）幼儿园与家庭、社会；（5）职业道德与专业发展；（6）教育实践。小学教师的职前培养为：（1）儿童发展与学习；（2）小学教育基础；（3）小学学科教育与活动指导；（4）心理健康与道德教育；（5）职业道德与专业发展；（6）教育实践。中学教师的职前培养为：（1）儿童发展与学习；（2）中学教育基础；（3）中学学科教育与活动指导；（4）心理健康与道德教育；（5）职业道德与专业发展；（6）教育实践。在职教育的课程包括加深专业理解、解决实际问题、提升自身体验三类。教育部在颁布《教师教育课程标准（试行）》的同时，也下发了《教育部关于大力推进教师教育课程改革的意见》。《教师教育课程标准（试行）》体现了国家对教师教育机构设置教师教育课程的基本要求，是制定教师教育课程方案、开发教材与课程资源、开展教学与评价，以及认定教师资格的重要依据。

2．教师专业标准

制定科学的教师专业标准是推进教师专业化的必要前提，是提高教育质量的重要保障。1993 年颁布的《中华人民共和国教师法》规定了教师是"履行教育教学职责的专业人员"。但该法律并没有对教师作为专业人员的基本素质要求做出明确的规定。为落实"规划纲要"，构建教师专业

---

① 教师教育课程标准的研制由华东师范大学钟启泉教授领衔的课题组历经 8 年，经过了专题研究、国际比较、现状调查、咨询论证等研究过程，历经 20 余次修改完善而最终形成。该标准在研制过程中针对我国教师教育中存在的突出问题，汇聚了我国师范院校多年来教师教育课程改革实践的结晶，并集中反映了我国新时代教师教育的改革诉求。

② 教师教育课程广义上包括教师教育机构为培养和培训幼儿园、小学和中学教师所开设的公共基础课程、学科专业课程和教育类课程。该课程标准专指教育类课程。

③ 所谓"育人为本"强调教师是幼儿、中小学学生发展的促进者，要在研究和帮助学生健康成长的过程中实现专业发展；所谓"实践取向"，强调教师是反思性实践者，应在研究自身经验和改进教育教学行为的过程中实现专业发展；所谓"终身学习"，强调教师是终身学习者，要在持续学习和不断完善自身素质的过程中实现专业发展。

标准体系，建设高素质专业化教师队伍，2010 年，教育部加快了教师专业标准研制工作，委托教育部高等学校幼儿园、小学和中学教师培养教学指导委员会，在前期研究的基础上，积极开展现状调研、国际比较、文本研制、专家咨询等相关工作，形成了三个标准文稿。在经过广泛征求意见和深入的专家审议之后，最终定稿，并于 2012 年 2 月公布。2012 年又委托相关研究人员研制了《中等职业学校教师专业标准（试行）》，并于 2013 年 9 月颁布。

四个教师专业标准定位为国家对幼儿园、小学、中学和中等职业学校合格教师的专业基本要求，教师开展教育教学工作的基本规范，引领教师专业发展的基本准则和教师培养、准入、培训、考核等工作的重要依据。教师专业标准框架由基本理念、基本内容与实施建议三大部分构成。"基本理念"中提出教师要"学生为本""师德为先""能力为重""终身学习"。"基本内容"由维度、领域和基本要求组成，分别对幼儿园、小学、中学、中等职业学校教师的专业理念与师德、专业知识和专业能力提出 60 余条具体要求。"实施建议"部分分别对教育行政部门、教师教育机构和幼儿园、中小学、中等职业学校及教师提出了相关要求。教师专业标准的前言中再次确认了教师是履行教育教学工作职责的专业人员。这意味着专业标准对教师作为一个专业人员的素质要求的基本规定，代表了当下中国社会和教育发展对教师素质的基本要求。教师专业标准的出台，无疑为教师专业化提供了依据和准则。

标准作为"衡量事物的准则"和"榜样、规范"，[①] 兼具评价和导向的双重功能。所谓评价功能，是指它可以被用来衡量、评判某类事物或活动是否符合一定的规范和要求，是否达到了规定的目标和水平；所谓导向功能，是指它对某类事物或活动具有引领和导向的功能。教师专业标准和教师教育课程标准对于教师教育质量保障的意义也同样体现在这两个方面：一方面，它们是评判教师教育活动是否符合培养合格教师的基本规范和要求，开展教师教育活动的基本依据；另一方面，也是引领教师教育改革与发展的指南。

（三）完善教师资格制度，调节教师教育质量

教师资格制度作为教师行业的职业准入制度，是开放式教师培养体系

---

① 夏征农. 辞海［M］. 上海：上海辞书出版社，1989.

的重要环节和制度保障。因此，世界上实行开放式教师培养的国家一般对教师资格证书制度都有非常严格的要求。中国虽然自 1996 年开始实施教师资格制度，[①] 但是从实施的实际情况来看，还存在很多问题。例如学历标准要求过低，考试制度缺乏规范，[②] 认证机制还不够完善，教师资格终身有效等问题。所有这些不仅严重影响教师队伍的质量，而且不利于教师教育质量的提升。

为此，完善教师资格制度，严把教师入口关，调节教师培养质量，就成为近年来中国教师教育改革与发展的重要内容之一。"规划纲要"第 55 条明确提出，要建立"国标、省考、县聘"的教师资格准入与管理体制——国家制定教师资格标准，提高教师任职学历标准和品行要求；省级教育行政部门统一组织中小学教师资格考试和资格认定；县级教育行政部门依法管理教师招聘录用、职务聘任、培养培训。同时提出要严把教师入口关，建立教师资格证书定期登记制度。根据"规划纲要"的精神，教育部于 2011 年颁发了《关于开展中小学和幼儿园教师资格考试改革试点的指导意见》和《中小学教师资格定期注册试行办法》，与此同时颁布了《教师资格考试标准》、32 个科目的笔试大纲和 3 类面试大纲。

试点的目的是通过中小学和幼儿园教师资格考试改革试点，建立国家教师资格考试标准，改进考试内容，强化职业道德、心理素质、教育教学能力和教师专业发展潜质，改革考试形式，加强考试管理，完善考试评价，引导教师教育改革，严把教师职业入口关，结合新任教师公开招聘制度改革，逐步形成"国标、省考、县聘、校用"教师准入和管理制度；通过教师资格定期注册试点，建立教师资格证书定期登记制度。

---

① 20 世纪 90 年代以来，中国教师教育政策逐步摒弃了原来以学历教育证书替代专业资格证书制度的做法，确立了教师资格证书制度。1995 年颁布的《中华人民共和国教育法》规定："国家实行教师资格、职务、聘任制度，通过考核、奖励、培养和培训，提高教师素质，加强教师队伍建设。"随后由国务院颁布的《教师资格条例》明确规定："中国公民在各级各类学校和其他教育机构中专门从事教育教学工作，应当依法取得教师资格"，"不具备教师法规定的教师资格学历的公民，申请获得教师资格，应当通过国家举办的或者认可的教师资格考试"。为更好实施《教师资格条例》，教育部于 2000 年颁布了《教师资格条例实施办法》，对实施教师资格证书的责任主体、具体程序、操作办法等做了详细的规定，2004 年全面开始实施。

② 比如对于师范专业毕业生来说，基本上只要拿到了师范专业毕业证即可以获得教师资格证书，无须参加教师资格考试；而对于非师范专业毕业的学生或公民来说，虽然必须通过教师资格考试才能取得教师资格证书，但教师资格考试也存在着专业标准要求不严格，对教师的从教能力要求不高的情况。

根据教师资格考试试点的要求，2011年以后入学的师范专业学生与非师范毕业生或公民一样，申请教师资格均须参加教师资格考试。教师资格考试分为笔试和面试两部分。笔试主要考核申请人从事教师职业所应具备的教育理念、职业道德和教育法律法规知识，科学文化素养和阅读理解、语言表达、逻辑推理和信息处理等基本能力，教育教学、学生指导和班级管理的基本知识，拟任教学科（专业）领域的基本知识，教学设计、实施、评价的知识和方法，运用所学知识分析和解决教育教学实际问题的能力。面试通过结构化面试、情景模拟等方式进行，主要考核申请人的职业道德、心理素质、仪表仪态、言语表达、思维品质等教师基本素养和教学设计、教学实施、教学评价等教学基本技能。

按照国家教育体制改革试点的总体部署，2011年在浙江、湖北两省进行教师资格考试改革试点，在浙江、湖北两省各选一个地市进行教师资格定期注册试点①。教育部集中全国教育领域300多位专家，建立了200多套题库，并在湖北、广西和吉林等省（区）进行了教师资格考试试测。截至2012年底，6个试点省份共平稳组织了4次全国性考试，6个省份参加考试人数为28.08万，通过人数为7.72万，通过率为27.5%。与此同时，6个试点省份分别选取了1至2个地级市开展定期注册试点。共有66个区县4706所中小学的18.9万名教师申请首次注册，通过率为99.2%，不予注册或暂缓注册了一批不合格教师。②

几年的试点工作表明，教师资格考试改革与定期注册制度严格规范了教师职业准入，破除了教师资格终身制，对于加强教师培养培训和教师管理产生了积极的政策联动效应，扩大了优质教师资源的增量，盘活了现有教师资源的存量，有力地促进了教师队伍质量和水平的提升。

不过，人们对教师资格考试改革也产生一些担忧。虽然该项改革把师范生与非师范生一样纳入教师资格考试范围，对师范院校教育教学改革形成了倒逼机制，激发了师范院校教师教育改革的动力，但是该项改革并没有对申请教师资格证的非师范专业学生的教师教育课程学习特别是教育实习有任何要求。仅凭考试能否判定非师范专业学生是否具有从教的足够素

---

① 2012年新增上海、广西、河北、海南4省（市、区），2013年新增山东、安徽、山西、贵州4省，2014年新增甘肃、天津、江苏3省（市、区）为教师资格考试改革和教师资格定期注册试点地区。预计很快将在全国推广开来。

② 教师资格考试和定期注册制度扩大改革试点问答．[EB/OL]．[2014-02-07]．http：//jiangxi．hteacher．net/jiaoshi/20131008/72874．html．

养，是许多业界人员普遍担忧的问题。

（四）完善教学评估制度，监测教师教育质量

自 20 世纪 80 年代开始，中国已组织过多次本科教学评估。其中，公众记忆犹新、印象深刻的是从 2003 年到 2008 年持续开展的普通高等学校本科教学工作水平评估。该评估坚持"以评促改，以评促建，以评促管，评建结合，重在建设"的原则，旨在通过水平评估进一步加强国家对高等学校教学工作的宏观管理与指导，促使各级教育主管部门重视和支持高等学校的教学工作，促进学校自觉地贯彻执行国家的教育方针，按照教育规律进一步明确办学指导思想，改善办学条件，加强教学基本建设，强化教学管理，深化教学改革，全面提高教学质量和办学效益。此轮评估对于提升本科教学的地位、改善办学条件以及规范教学管理等方面发挥了重要的作用。

2003—2008 年的评估结束之后，对如何建立中国本科教学评估制度，教育部开始组织力量进行总结调研，进行新一轮评估的设计。根据"规划纲要""健全教学质量保障体系，改进高校教学评估"的精神，教育部于 2011 年颁布了《教育部关于普通高等学校本科教学评估工作的意见》（简称"评估 12 条"），确定了以学校自我评估为基础，以院校评估、专业认证及评估、国际评估和教学基本状态数据常态监控为主要内容的高等教育教学评估顶层设计。[①]

实行分类评估，对 2000 年以来未参加过评估的新建本科高校实行合格评估，对参加过评估并获得通过的普通本科高校实行审核评估。2012 年初，教育部下发了《普通高等学校本科教学工作合格评估实施办法》《普通高等学校本科教学工作合格评估指标体系》，针对新建学校的本科教学评估工作自此开展。

本科教学评估虽然并非专门针对教师培养，但是作为高等教育机构重要组成部分的教师教育机构自然也是评估的对象。而且根据 2012 年 8 月

---

① 根据教育部评估中心主任季平的解读，"这一新方案，不是为了评估而评估，而是为了建立健全质量保障体系；不是一种形式的评估，而是建立了包括评估、认证、审核和常态数据监控在内的评价体系；不是由政府单一主体负责的评估，而是政府、学校、专门评估机构和社会共同组织实施；不是分等定级的评估，而是提出分类评估、分类指导；不是头痛医头的评估方案，而是对新时期本科教学评估制度的整体建设和顶层设计。"参见：季平. 加强质量保障体系建设 扎实搞好合格评估工作 [EB/OL]. [2012-07-08]. http：//www. heec. edu. cn/modules/news_detail. jsp? id=1501.

颁布的《国务院关于加强教师队伍建设的意见》，国家将要制定师范类专业认证标准，开展专业认证和评估，规范师范类专业办学，建立教师培养质量评估制度。事实上，早在 2012 年 6 月，教育部就已委托东北师范大学史宁中教授（时任东北师范大学校长）作为组长主持研制"师范教育类专业认证标准及其认证办法"，计划推进教师教育专业认证工作。以东北师范大学教师教育研究人员为中心的研制小组在广泛借鉴国际教师教育专业认证的经验和吸收学术界关于教师教育认证方面的研究成果基础上，根据中国教师教育发展的实际，进行了广泛深入的研究，提出了教师教育专业认证标准和认证办法的文本，目前正处于广泛征求意见和修改完善阶段。预计教师教育专业认证工作将在不久的将来在中国开始推进。

（五）引导高校建立教师教学发展中心，促进教师教育者提升教学能力

提升人才培养水平的关键在教师。要培养高质量的中小学教师，必须有高素质的教师教育队伍。由于 1998 年开始的高校扩招造成高校师资的大量紧缺，所以近年来高校引进了很多新教师。到 2011 年，全国高校专业教师达到 134.31 万人。由于绝大多数教师来自非师范院校和专业，是在没有受过教育教学训练的情况下开始自己的教学生涯的，虽然对高校新进教师一般会有岗前培训，但是，培训往往流于形式，效率不高，而当他们在实际的工作当中感到缺乏教学能力时，又很少再有机会去参与有关提高教学能力的活动了。针对这种状况，教育部近年来开始关注高校教师的专业发展特别是高校教师的教学能力发展。

为实施《教育部 财政部关于"十二五"期间实施"高等学校本科教学质量与教学改革工程"的意见》（教高〔2011〕6 号）有关建设内容，教育部决定从 2012 年启动"十二五"期间国家级教师教学发展示范中心建设工作。"十二五"期间，教育部在中央部委所属高等学校中将重点支持建设 30 个国家级教师教学发展示范中心。建设国家级教师教学发展示范中心的目的在于引导高等学校建立具有本校特色的教师教学发展中心，以提升高等学校中青年教师和基础课教师业务水平和教学能力为重点，完善教师教学发展机制，推进教师培训、教学咨询、教学改革、质量评价等工作的常态化、制度化，切实提高教师教学能力和水平，建设高素质教师队伍。

当今，人们已经公认的教师素质包括通识素养、学科专业素养和教育专业素养。要培养具有如此多方面素养的教师，绝非某一些专业教师就可以完成的任务。从这个宽泛的意义上看，教师教育者是一个人数庞大的队伍。在一个承担培养教师任务的学校里，几乎各个学科专业的教学人员都可能会涉足教师教育。从这个意义上讲，对于承担教师培养任务的高校来说，教师发展也就是教师教育者的发展。

三、教师教育内部质量保障体系建设：以东北师范大学的探索为例

高等学校是教师教育质量保障的主体，是高等学校内部教师教育质量保障的主要责任者。在独立封闭的师范院校里，教师教育是全校性的工作，一般可以得到比较有力的保障。而在开放的教师教育体系中，教师教育只是学校的一部分工作，因此必须有新的教学制度与质量监控办法来保障教师教育质量。以下以东北师范大学为例，介绍一下中国高校内部教师教育质量保障体系建设举措。

近年来，东北师范大学主要围绕优秀教师培养目标，大力推进教师教育改革创新，构建内部教师教育质量保障体系。

（一）全面修订培养方案，推进培养模式改革

培养方案是实现培养目标的实施方案，是学校组织教学的基本依据，是教育教学质量保障的基础。在 2004 年全面修订培养方案的基础上，东北师范大学从 2008 年至 2011 年对全校所有本科专业的课程计划又进行了一次全面修订。修订工作采取了学校与学院联动，校内评审与校外评审相结合的方式进行。[①] 最近两次的培养方案修订突出体现了以下两个取向：

1. 突出自主，强化基础

修订遵循"尊重的教育"的理念，本着引导和促进学生自主学习的基本宗旨，构建了模块式、多样化、网状有向的课程体系，实施了以选课制为核心的学分制管理模式，建立健全了教学服务支持体系，为学生自主"选专业、选课程、选教师、选进程"提供更大的空间。学校还开展了以提高自主学习能力为目标的教师教育教学模式探索与实践。

为了为学生的自主学习奠定坚实的基础，同时为学生的自主学习提供

---

① 首先，在学院内部由专任教师、学院领导、督学等进行研讨，确定培养方案初稿。然后，由学校本科教务委员会对各专业的培养方案进行评审，给出修改意见。最后又将培养方案送给校外专家，进一步听取同行专家的意见。

更大的空间，修订遵循"宽口径、厚基础、精专业、强能力"的培养思路，贯彻通识教育与专业教育相结合的思想，在精练专业课程的同时，加强对学生的基础培养，在夯实基础之后再对其进行专业培养，从而为学生的终身学习与发展奠定坚实的基础。通过精练专业课程挤出的空间，用来夯实基础，首先表现在加强了通识教育，提高了通识教育课程学分的比重，使其达到总毕业学分的三分之一以上。夯实基础还体现在专业教育课程中设置了专业大类平台课程，以加强基础，拓宽专业口径。

2. 强化实践，注重反思

为了强化师范生的教育教学实践能力培养，东北师范大学构建了"教育见习、模拟教学、实地实习、实践反思"的实践教学课程体系。教育见习基本上安排在东北师范大学所在地的长春市内重点中小学完成，主要是为了使学生能够观摩到名校名师的教学与管理。为了提高教育见习的效果，强化了教育见习的事前和事后指导。模拟教学主要在大学的微格教室中进行。为了确保模拟教学的效果，强化了指导教师对师范生的全程指导，确保师范生在进入中小学实地实习前形成基本的教学设计、实施和反思能力。教育实习采取"县域集中、混合编队、巡回指导、多元评价"的模式①，主要安排在教师教育创新东北实验区（23 个县）的 100 多所县城中小学进行。将实习学校选定在县城而不是省城或农村，一方面为了给实习生提供较充分的实践锻炼机会（师范生在教育实习期间，人均授课 25 节以上），另一方面为了确保实习生能够得到更为有效的实习指导。在实地实习期间，东北师范大学派出具有实习指导经验的教师，同实习基地学校高水平学科教师共同进行学科教学指导、班主任工作指导、学校活动指导等。实践只是师范生教育实践能力形成的必要条件，实践＋反思才是师范生教育实践能力形成的根本保障。为此，东北师范大学力求将反思贯穿整个实践教学环节，与实践教学环节有机结合。实习指导教师（包括大学和中小学指导教师）在实习生实践体验的基础上，经常组织实习生对其他同学或自己的课堂教学进行集体反思，并要求实习生在课后写反思日志。

---

① 所谓"县域集中"，是指在每个县城选择 3 所左右的学校作为实习基地；所谓"混合编组"，是指每个学校安排 15～20 名不同学科（通常 3～4 个学科）的实习生；所谓"巡回指导"，是指在每个实习学校都安排一位本科大学教师（以课程与教学论教师为主）进行全程指导的同时，由在同一县城担任实习指导的大学教师在本县城的几所实习学校之间针对本学科实习生巡回进行更有针对性的指导；所谓"多元评价"，是指实习生的实习成绩根据实习学校的指导教师、大学指导教师和实习小组的评价进行综合评定。

这些指导下的反思引导和促进了实习生逐步养成主动反思的意识和能力，也极大地促进了师范生教育实践能力的提升。[①]

（二）创建教师教育创新实验区，探索大学—地方政府—中小学（U—G—S）合作培养教师的新机制

以国家实施师范生免费教育政策为契机，在"985"教师教育创新平台项目的支持下，东北师范大学自 2007 年开始进行大学（U）与地方政府（G）、中小学（S）合作开展教师教育的所谓"U—G—S"模式研究与实践。"U—G—S"模式探索，以培养培育优秀教师和未来教育家为根本目标，以促进区域基础教育质量提升和均衡发展为使命，通过与地方政府、中小学共建"教师教育创新东北实验区"（以下简称"实验区"），打造大学与地方政府、大学与中小学、大学教师与中小学教师之间的教师教育合作共同体；并以此为依托，探索理论与实践有机融合的教师职前培养模式，教师培训、教师发展、学校改进有机结合的教师在职教育模式，教育研究与教育实践紧密结合的教师教育者发展模式。

早在 1988 年，东北师范大学就开始在吉林省白山市建立基础教育服务区和基础教育改革实验区，探索大学与地方政府合作、大学与中小学合作的教师教育模式，被誉为"长白山之路"。为了进一步加强与地方政府、中小学的合作，2007 年 12 月，东北师范大学与东北三省教育厅分别签订协议，共建"教师教育创新东北实验区"。实验区建设以"大学主导、地方政府协调、中小学校参与"的合作体制和"目标一致、责任共担、资源共享、互利共赢"的合作机制为保障，协同开展师范生教育实践、在职教师教育、教育课题研究、教育信息资源平台建设等工作。地方政府和中小学为实习生提供住宿、饮食等方面的便利，同时确保实习生有充分的锻炼机会，安排优秀教师进行实习指导；东北师范大学配合地方政府和中小学，通过送课下乡、置换培训、订单式培训、有效教学示范活动、双向挂职、合作研究、资源共享等多种形式，为实验区教师发展和学校改进提供支持。

通过 6 年多的探索，各方面均已经取得了良好的成效。在教师培养方

---

① 有研究者对东北师范大学教育实习中实习生的教学能力发展进行了调查研究，研究显示实习生的教学能力有明显的提高，这在很大程度上说明了东北师范大学新教育实习模式的有效性。参见：塞世琼，饶从满，回俊松.教育实习中实习生教学能力发展调查研究［J］.教师教育研究，2012（1）：73-79.

面，实验区地方政府和学校把对师范生的培养看成其义务与责任，对师范生的教育实习给予了极大的支持。实验区地方政府拿出大量资金用于改善教育实习生的住宿、饮食，实验区学校精心制订接收师范生教育实习的工作方案，选派本校最优秀的教师担任师范生教育实习指导教师，全程对师范生进行学科教学指导、班主任工作指导、学校活动指导等。与此同时，大学派出具有实习指导经验的教师，同实习基地学校高水平学科教师共同指导师范生进行教育实习。在教育研究方面，越来越多的大学教师深入基础教育一线，了解基础教育，并与实验区中小学教师合作研究基础教育。教育研究的问题更加真实了，教育研究的方法也更加注重科学实证了，教育研究的氛围和水平也随之有了很大的改观。教育研究水平的提升也进一步促进了教师教育课程教学的改进。在为基础教育服务方面，东北师范大学对实验区中小学教师开展了多种形式的培训。[①] 与此同时，东北师范大学还开展了针对教师培训者（进修学校校长和教研员）的培训，期待通过他们对更大范围的中小学教师进行培训。培训对实验区的基础教育产生了积极的影响。

东北师范大学创建的教师教育创新东北实验区受到了广泛的好评和特别的关注。2009年时任中共中央政治局委员、国务委员刘延东同志曾做出批示，充分肯定了东北师范大学建立教师教育创新东北实验区的做法，认为东北师范大学这种既解决教师培训又为大学生开辟实习基地的创造性做法，值得在师范院校进行推广。教育部师范司领导曾评价教师教育创新东北实验区的经验至少体现在以下四方面：一是贵在协同理念；二是贵在模式创新；三是贵在合作双赢；四是贵在不断坚持。东北师范大学"U—G—S"教师教育新模式已经成为各高师院校、各省教育厅和地方政府、中小学校进行教师教育改革与探索的范例。2012年8月颁布的《国务院

---

① 2008年，学校为17个县市区的10719名教师做了"送课下乡"的免费培训。2009年，在送课下乡的基础上，组织开展实验区"语文、数学、化学、地理"四个学科中学教师的"置换集中培训"，参加培训的教师共计300余人。另外，还根据实验区的具体需求，在林甸实验区、朝阳喀左实验区、通化实验区、梅河口实验区等地开展"订单培训"；2010年、2011年通过过本培训等方式，又为实验区培训教师3000余名；2012年在吉林省抚松县和黑龙江省安达市开展了"同课异构"形式的教师培训，参与教师达2000余人。2009年以来，学校还安排实验区中小学教师到东北师范大学附属学校等长春市名校挂职锻炼，与此同时安排大学教师到实验区中学任名誉校长，帮助中学推进校本培训、教研和解决基础教育中一些实际问题。学校还为实验区开通了教育资源网，实验区的教师可以利用与东北师范大学师生相同的教育资源，用以指导教学、研究教学，实现自我发展。

关于加强教师队伍建设的意见》中更明确提出，为了提高教师培养质量，要"创新教师培养模式，建立高等学校与地方政府、中小学（幼儿园、职业学校）联合培养教师的新机制"。

（三）推进内部教师教育组织体制机制改革，整合提升教师教育师资力量

加强教师教育队伍建设，促进教师教育者的专业发展，是提高教师培养质量的必要基础和根本保证。为此，东北师范大学近年来主要采取了如下主要措施：

一是针对广义的教师教育者即所有大学教师的发展措施。东北师范大学历来把教师发展作为学校发展的根基，强调教师的协调发展、共同成长，尤其重视教师的教育教学能力的提升。为有组织地推进教师的教学水平提升，东北师范大学于 2009 年 12 月成立了教师教学发展中心，2012 年该中心获批为国家级教师教学发展示范中心。中心成立以来，面向学校全体教师，特别是中青年教师、基础课教师和研究生助教，通过教师培训、教学咨询等手段帮助教师切实提高教学能力与水平，全方位服务于教师追求卓越教学的创造性实践。针对青年教师普遍缺乏学生发展意识、课程意识等问题，中心一方面安排老教师实施传、帮、带，另一方面编制《东北师范大学教师教学手册》来指导他们的教学工作。

二是针对狭义的教师教育者即教育类教师特别是从事学科教育的教师的发展举措。学科教育教师队伍是师范大学办学的特殊需要，学校特别重视这支队伍的建设。建设目标是：形成一支数量充足、结构合理、熟悉基础教育的学科教育教师队伍。为此，学校于 2009 年 1 月成立教师教育研究院，整合校内教师教育资源，重点加强教师教育研究和教师教育师资队伍建设。研究院设立教师教育研究基金，支持教师对教师教育领域中的基础性问题和实践模式进行团队攻关，为"U—G—S"模式探索提供研究支持；以立项资助和考核评价为主要手段，引导和促进一般教育学教师与学科教学法教师之间以及不同学科的教学法教师之间进行合作与交流，引导和推动大学教师教育者深入基础教育，了解和研究基础教育，提高教育教学和教育研究水平。

（四）实施专业评估，推动教师教育专业建设

高等学校的根本任务是培养人才，而人才的培养需要通过高校中设置

的各个不同专业来组织实施。因此，对高等学校所设专业的实力进行全面、系统、深入的评估，由此来加强专业建设，对于高等学校提高教学质量和办学效益显得十分重要。而且专业评估是教育部继"本科教学工作水平评估"之后，为进一步提高教育教学质量而大力推进的一个重要方向。

东北师范大学在 2005 年接受了本科教学工作水平评估获评优秀之后，也把开展专业评估作为构建学校内部质量保障体系的重要组成部分。在广泛借鉴和深入研讨的基础上，于 2009 年 1 月制定了《东北师范大学本科专业评估方案》（以下简称《评估方案》）。《评估方案》设一级指标 8 项，即专业规划、教师、学生、课程、专业管理、教学资源、教学效果、交流与服务，二级指标 24 项，主要观测点 38 项。依据《评估方案》，对包括师范专业在内的全校 56 个专业分批次进行了评估，每个专业由 3 位校外专家和 2 位校内专家组成专家组进行评估。评估专家根据评估方案，通过听取专业自评报告、听课、座谈会、技能测试、查阅试卷和毕业论文、实地考察等形式对各专业进行了严肃而认真的评估。专家们在肯定参评专业在发展和建设中取得的成绩的同时，十分明确地指出了参评专业目前存在的问题，并对存在的问题提供了建设性的意见和建议。

通过本次专业评估，不仅掌握了师范专业建设的基本状况，明晰了各专业建设中存在的问题与不足，也进一步明晰了各师范专业的定位，所有这些都为师范专业的后续发展奠定了坚实的基础。

四、结语

从一定意义上来说，"规划纲要"所提出的"构建以师范院校为主体、综合大学参与、开放灵活的教师教育体系"这一目标已经实现，但是问题在于，在开放化的过程中出现了这样一种趋向：一方面教师教育在一些传统师范院校的综合化过程中逐渐被边缘化，另一方面传统的高水平综合性大学并没有在开放化进程中真正参与到教师教育中。结果引发了社会对教师教育质量的严重担忧。因此，构建教师教育质量保障体系应该是"构建以师范院校为主体、综合大学参与、开放灵活的教师教育体系"的重要组成部分。

中国实行社会主义市场经济和建构开放化教师教育体系的时间尚短，教师教育质量保障体系建设才刚刚开始，很不完善。比如在国家层面的教师教育质量管理上，教育部教师工作司和高等教育司的分工与合作关系有待进一步明确；在教师专业标准体系建设方面，分学科、分阶段的教师专业标准体系有待进一步建设；高校的教师教育自我评估机制有待建立健全，等等。

　　教师教育质量保障体系建设是一项长期的、复杂的系统工程，需要政府和高校等有关各方持续付出艰苦的努力。既需要有关各方根据中国教师教育的实际进行积极的探索，也需要广泛借鉴开放化背景下各国教师教育质量保障体系建设的经验与教训。

第 2 节　英国政府主导型教师培养 质量保障体系研究[①]

自 20 世纪 80 年代起，国际兴起了以提高质量为目的的教育改革。教师培养质量作为保证学校教育成功的关键因素受到普遍关注。因此，为了保证职前教师培养的质量，很多国家陆续构建起教师培养质量保障体系，英格兰也不例外。19 世纪 80 年代以来，英格兰的教师培养质量保障体系由大学主导型转变为政府主导型。[②] 但是，作为自由主义的故乡并且有着悠久的自由主义传统的英格兰为什么会建构政府主导型的教师培养质量保障体系呢？英格兰政府主导型教师培养质量保障体系如何运行？成效如何？目前，国内还未有学者对这三个问题进行深度剖析。此外，我国建构的教师培养质量保障体系也为政府主导型，因此，深入分析英格兰教师培养质量保障体系对我国教师培养质量保障体系的建构有所助益。本节对在英国政府官方网站收集到的英格兰教师培养质量保障的相关文献进行分析，以考察英格兰政府主导型教师培养质量保障体系的背景、运行机制和成效。

一、英格兰教师培养质量保障体系由大学主导型向政府主导型转变的背景

过去很长时间，学者在进行政策研究时出于客观性的考虑倾向于关注具体的政策行为。虽然这种方式有利于政策分析的具体性和客观性，但是失去的是对政策决定背后政治、社会及经济因素的考察。针对于此，格雷

[①] 本节作者系鄂丽媛、饶从满，本节曾发表于《外国教育研究》2019 年第 3 期，原文名称为《英格兰政府主导型教师培养质量保障体系探析》。

[②] Young J, Hall C, Clarke T. Challenges to University Autonomy in Initial Teacher Education Programmes：The Cases of England, Manitoba and British Columbia [J]. Teaching and Teacher Education, 2007, 23 (1)：81-93.

斯（Grace）在 1991 年提出政策学识（Policy Scholarship）的概念。① 本节在研究英格兰政府主导型教师培养质量保障体系时遵从格雷斯的政策学识概念，对其宏观的背景因素进行考量，主要考察政治、经济、教师供求关系变化和基础教育改革这四个方面的背景。

（一）新自由主义与新保守主义的联合

自 20 世纪 70 年代，英国的福利国家政策开始暴露越来越多的问题，导致其出现合法性危机。在此背景下，撒切尔政府所领导的新右派势力，即新自由主义和新保守主义，受到拥护并成为主导的意识形态。新保守主义主张国家的权威以及更高的标准和共同文化的回归。② 新自由主义则强调市场，认为市场是中立的且市场力量是资源配置最有效和公平的手段。③但是，不同于古典自由主义，新自由主义持有积极的国家观，这使新自由主义和新保守主义的结合成了可能。此在教师培养上的体现便是开放市场和政府权威的联合。一方面，政府采取措施开放教师培养的市场并进行教师培养的评级以促进教师培养质量的提升；另一方面，国家制定教师标准、规定教师培养内容和方式并且建立以政府为主导的教师培养质量保障体系以促进其规定内容的合法化。虽然继撒切尔夫人之后更换了几任政府，但是对教师培养治理的新右派执政思维并没有发生本质的变化。

（二）经济危机弱化了支撑教育的经济基础

自 19 世纪 70 年代起，英国的经济问题便日益凸显。1971 年，英国就遭受严重的失业问题。1973 年爆发的中东石油危机使本来就脆弱不堪的英国经济又遭受了沉重打击。严重的经济危机致使英国财政紧缩，通货膨胀日益严重，失业率急剧攀升，据统计数据显示，至 1975 年，英国的失业人数已经达到了 100 万人。④ 当时的保守党政府政策并没有解决这一问题，后继工党政府的政策成效也并不突出，导致英国在整个 20 世纪 70 年

---

① Gerald G. Welfare Labourism Versus the New Right：The Struggle in New Zealand's Education Policy [J]. International Studies in Sociology of Education，1991，1（1-2）：25-42.

② Apple M W. Creating Difference：Neo-Liberalism，Neo-Conservatism and the Politics of Educational Reform [J]. Educational Policy，2004，18（1）：12-44.

③ Geoff W. The New Right and the National Curriculum：State Control or Market Forces? [J]. Journal of Education Policy，1989，4（4）：329-341.

④ 王承绪，徐辉. 战后英国教育研究 [M]. 长春：吉林教育出版社，2000：61.

代都处于经济危机之中。虽然撒切尔政府上台后所采取的政策使英国经济发生了转变，但是长期的经济危机对教育的冲击是巨大的。由于经济危机，支撑教育发展的经济基础不断弱化。在此背景下，英格兰政府开始强调对教育的绩效评定，其教育政策也从前期大量的教育投入转向对教育产出的关注。教师培养政策的思路也是如此，英国政府开始关注教师培养的绩效评定并因此建立教师培养质量保障体系以保障教师培养的质量。

（三）教师供求关系的变化为教师培养质量保障体系建立提供条件

由于人口减少所造成的教师供求关系变化也对教师培养产生了深刻的影响。从20世纪60年代起，英格兰的人口数量开始下降。其中，出生人数最多的年份为1964年，英格兰和威尔士共有87.6万人出生。[①] 此后，出生人数逐年减少，到1976年降至58.4万人。人口数量的减少必然会导致学校在校生人数的下降。20世纪70年代初，在英格兰小学的学生人数已经超出475万人，但是，到20世纪80年代初却减少到了350万人。出生率和学龄人口的下降导致各个教育层次的教师需求人数的减少和教师供应的过剩。教师供大于求的背景使英格兰教师培养由数量满足向质量提高的转变创造了条件，也对教师培养质量保障体系的建构提出了要求。因此，从1980年起，英格兰开始建构教师培养质量保障体系以达到控制师范生数量与质量的平衡的目的。

（四）基础教育改革对教师培养质量提出新的要求

在20世纪60年代，对基础教育质疑的声音已经显现。此后，对教育批判的声音便不绝于耳。一些人认为学校教育改革有关改变等级制的承诺没有实现，另一些人则认为教育中的进步主义思想破坏了社会规范并导致教育水平和中小学生基本知识技能的水准下滑。[②] 1976年，英国政府发布黄皮书《英格兰的学校教育：问题和倡议》（*School Education in England*：*Problems and Initiatives*），提出了英国中小学教育存在的问题并对中小学教育质量进行了批评。[③] 政府围绕问题展开活动，也就是说，政府在其

---

① 徐辉，郑继伟. 英国教育史 [M]. 长春：吉林人民出版社，1993：344.

② 黄嘉莉. 英国教师素质管理政治治理的转变：治理性的分析 [J]. 中正教育研究，2008（12）：129-161.

③ Office G B W. Education in Schools：A Consultative Document [J]. Annalen der Physik，1927，388（16）：1207-1224.

需要解决的问题的基础上提出解决方案。[①] 20 世纪 70 年代教育问题的存
在使政府需要采取措施予以解决。正因为如此，1979 年撒切尔当政之际，
她在英国发起了以提升质量为目的的基础教育改革。

　　教师培养在社会各界质疑教育质量之际也饱受诟病，甚至有人认为学
校教育失败的主要原因是教师，而教师质量不佳则源于教师培养的失职。
再加之基础教育改革对教师培养提出了新的要求和挑战。在内忧外患之
下，提升教师培养质量势在必行。既然原本自治的高等教育机构不能培养
出高质量教师，那么政府必然要采取外部管制的措施并重建集中控制以促
进教师培养的提升进而提高基础教育的质量，教师培养质量保障体系便是
其中的重要举措。

二、英格兰政府主导型教师培养质量保障体系的运行机制

　　通常意义上，教师培养质量保障体系在政府、大学以及专业组织三个
主体的共同作用下运行。但是，英格兰教师培养质量保障体系在 20 世纪
80 年代已经转变为政府主导型。并且，在这一时期，英格兰并没有相关
的专业组织。虽然在 1998 年设立独立的专业组织英格兰综合教学委员会
（General Teaching Council for England，GTC）负责发展专业行为准则等
事务，却也并未对政府主导的教师培养质量保障体系产生实质性的影响。[②]
值得注意的是，英国政府于 2012 年成立名为教学机构（Teaching
Agency，TA）的政府执行机构，取代了有独立组织性质的综合教学委员
会。可见，相比于美国等国家的教师培养质量保障体系由政府、大学和专
业组织三个主体组成，英格兰目前的教师培养质量保障体系仅在政府和大
学这两个主体的作用下运行。因此，本节只讨论政府和大学在教师培养质
量相关标准的制定、教师培养认证以及教师培养督查中的作用。

（一）教师培养质量相关标准的制定
1. 政府发起和颁布教师培养相关标准
　　英格兰教师培养相关标准包括教师培养标准（Initial Teacher

---

①　Rose N，Miller P. Political Power Beyond the State：Problematics of Government ［J］.
British Journal of Sociology，1992，43（2）：173-205.

②　Young J，Hall C，Clarke T. Challenges to University Autonomy in Initial Teacher
Education Programmes：The Cases of England，Manitoba and British Columbia ［J］.
Teaching and Teacher Education，2007，23（1）：81-93.

Training Criteria）和教师标准（Teachers' Standards），两者都由政府发起并颁布。前者负责保障教师培养中入口和过程的质量，后者则旨在保障教师培养的结果。教师标准由独立督查小组起草并最终形成政府所发布的教师标准。此独立督查小组由优秀教师、校长和其他专家组成。[①] 而教师培养标准是教育部对教师培养的法定指导和建议。

（1）教师培养标准

教师培养标准具有法定性质，所有通过认证的教师培养机构在进行教师培养时都必须将其考虑在内。[②] 教师培养标准由招生标准、培养标准、管理和质量保障标准以及以就业为基础的标准四个部分组成。由于以就业为基础的标准仅针对以就业为基础的教师培养机构（employment-based ITT），且此路径由中小学直接负责，不在本节的讨论范围之内，因此这一部分只讨论前三个标准。

在招生标准这一指标中，政府规定所有通过认证的教师培养机构必须保证其选拔的学生数学和语文成绩能达到规定标准[③]以及他们从事教师职业的适切性。另外，在 2013 年 8 月之后，教师培养机构需要保障师范生在进入教师培养之前通过专业技能测试。在培养标准这一项，政府规定教师培养机构必须保证其设计的项目内容、培养和评价能够使师范生满足所有的合格教师资格标准，并保证不会推荐教育部授予没有满足标准的师范生合格教师资格。此外，机构还需要保障师范生在中小学的培养时间（四年本科项目 160 天；研究生项目 120 天；小学研究生项目 120 天）、至少在两所中小学实习以及所有师范生都能教授三个年龄段（3～11 岁，7～14 岁，11～19 岁）中的一个年龄段且获得其需要的知识和技能。最后，在管理和质量保障标准中，政府规定教师培养机构必须确保其管理结构的有效性和合作伙伴关系权责分配的明晰性，并且严格监控、评价和调节其培养的所有方面以促进教师培养和师范生评价质量的提升。除此之外，教

---

① DfE (Department for Education). 2014 Teachers' Standards: How Should They Be Used? [EB/OL]. [2018-02-28]. https://www.gov.uk/government/publications/teachers-standards.

② DfE and NCTL (Department for Education and National College for Teaching & Learning). Initial Teacher Training (ITT): Criteria and Supporting Advice [EB/OL]. [2019-02-28]. https://www.gov.uk/government/publications/initial-teacher-training-criteria/initial-teacher-training-itt-criteria-and-supporting-advice.

③ 文件中规定师范生的数学和语文成绩必须达到英国普通初级中学毕业文凭（GCSE, General Certificated Secondary Education）中等级四的水平，GCSE 共设有九个等级，等级九为最高等级，等级四为英格兰教育成就的中等水平。

师培养机构还需要遵守所有相关法律。

（2）教师标准

教师标准为教师的专业实践和行为设立了一个明确的期望水平，并确定了英格兰教师的最低实践水平。虽然在教师标准的文件中没有明确说明其法定性质，但是在如何使用教师标准的文件中要求教师培养机构在培养新教师时必须使用教师标准以保证师范生的质量，并且在推荐教育部授予师范生合格教师资格时必须使用教师标准进行评价。[①]

教师标准包括教学以及个人和专业行为两个部分。在教学方面，教师应该设定高期待以鼓励、激发和挑战学生；促进学生取得进步和成果；展示好的学科和课程知识；设计和教授结构良好的课程；做出准确且有效的评估；具有有效管理行为以保证一个良好且安全的学习环境和履行更广泛的职业责任。[②] 在个人和专业行为方面，教师应该尊重学生，建立以相互尊重为基础的关系并且始终遵守专业地位的界限；根据法律的规定来保障学生的幸福；表现出对他人权利的容忍和尊重，不破坏英国的基本价值观，包括民主、法治、个人自由和相互尊重以及对不同信仰和信念的人表示宽容；确保个人信仰不会以利用学生的弱势或者导致他们违法的方式来表达；教师必须尊重所任教学校的精神、政策和实践并保持出席率和准时性；教师必须了解并始终在法定框架内行事，这些框架规定了他们的专业职责和责任。

2．政府标准框架下大学的权力和空间

大学是教师培养质量保障的执行者，在政府的政策指导下对教师培养质量进行保障。在实行政府主导型的教师培养质量保障体系之前，大学享有充分的自主权，包括能够自由地选择学生和决定课程的内容、评价方式及学位标准。但是，通过对教师培养标准和教师标准的分析发现，政府对学生的选拔、教育的内容、评价以及毕业资格都进行了一定程度的干预。总体来说，政府文件对每一项教师培养标准以及教师标准的表达上都使用了"必须"这个词，可见政府的规定是硬性要求，是教师培养机构必须遵守的，但在具体的实施层面保留了一定的弹性。具体而言，在选拔师范生

---

① DfE（Department for Education）. 2014 Teachers' Standards：How Should They Be Used？［EB/OL］.［2018-02-28］. https：//www. gov. uk/government/publications/teachers-standards.

② DfE（Department for Education）. 2014 Teachers' Standards［EB/OL］.［2018-07］. https：//www. gov. uk/government/publications/teachers－standards.

时，大学必须按照政府的规定选择获得特定资格证书以及符合适切性的学生进入教师培养机构，但政府并没有明确规定符合适切性的具体标准，仅提供了例子供大学参考。在教师培养内容和毕业资格方面，政府严格规定了师范生毕业应该达到的标准，即符合教师标准的要求。然而，在课程内容上并没有做出具体的要求。换句话说，大学拥有决定具体的课程内容的权力，但是其必须保证课程内容能够使师范生满足教师标准。在教师培养的评价上，教师培养机构必须提供充足的证据证明他们的培养质量，但是在具体评价数据的收集和评价方式上并没有做硬性规定。

这里以伯明翰大学[①]为例阐释教师培养机构的权力空间。伯明翰大学被评为杰出的教师培养机构的原因之一是其培养的师范生满足并超出了教师标准。[②] 这说明，教育部颁布的教师标准只确定了教师培养的最低标准，教师培养机构可以在此标准的基础上，培养出更卓越的师范生。

（二）教师培养认证

在英格兰，教师培养机构必须通过教育部的认证方能进行教师培养。这是因为只有通过教育部认证的教师培养机构才能推荐其培养的师范生获得合格教师资格，并且只有获得合格教师资格的教师才能在英格兰的公立中小学任教。

1. 政府实施教师培养认证

目前，英格兰的教师培养认证由教育部负责。在此期间，教师教育认证机构几次更换，从最初的教师教育认证委员会（Council for the Accreditation of Teacher Education，CATE）到现在由教育部[③]直接管理，英格兰的认证制度越来越走向中央集权化。在现行的认证体系下，认证共有 6 个过程，包括：教师培养机构（a Potential New Provider，PNP）参

---

① 2013 年，教育标准局（Ofsted）的督查评价伯明翰大学的教师培养成效为杰出，即最高等级；同时，教育标准局将伯明翰大学作为优秀案例之一。

② Ofsted (the Office for Standards in Education). An Outstanding Partnership's Approach：University of Birmingham ［EB/OL］. ［2018-04］. www. ofsted. gov. uk/resources/goodpractice.

③ 2013 年 4 月—2018 年 3 月，英格兰教师培养认证由全国教学与领导学院（The National College for Teaching and Leadership，NCTL）负责，NCTL 是政府执行机构，代表教育部行使权力。但是 2018 年 3 月被政府关闭，它的全部职能被教育部和教学管理机构（Teaching Regulation Agency，TRA）所取代。其中 TRA 只负责教师专业中不当行为的审理和合格教师数据库的维护这两个方面，其他所有 NCTL 的职能都转交到教育部。

加教育部认证过程介绍会并告知其意愿；教师培养机构提交商业方案①；教育部评估商业方案并反馈；教师培养机构准备一个符合评估标准的认证投标②；教师培养机构提交所有要求的信息并符合督查满意等级的保证后，教育部认证组将会向教育部认证和绩效委员会建议认证；如果满足要求，教育部认证和绩效委员会会建议教育部长认证。③

在认证的过程中，教育部在评价教师培养机构是否通过认证时会参考两个标准：商业计划标准和完整的投标标准。前者关注教师培养机构为通过认证所提供的基本信息，包括其申请认证的原因，当前机构的名称、地址、教育标准局等级和机构的类型，通过认证后欲提供的学龄阶段和科目的数量以及机构名称和类型。后者主要关注教师培养机构的培养，教师培养机构需要在这一文件中证明其能提供高质量的培养并且保证资金的可持续性。完整的投标标准包括招募和选择、合作伙伴、项目和科目、质量保障以及资金的管理六项指标。在官方文件中明确说明此部分的六项标准都需要参考教师培养标准和教师标准，也就是说，认证是为了保证教师培养机构能够按照国家所设定的标准设计教师培养方案。

2. 大学履行教师培养认证

由于通过认证是大学进行教师培养的前提，所以大学为了培养教师必须通过教师培养认证。通过对教师培养认证过程的分析可以得知，教师培养认证是一个单项的过程，大学按照教育部规定提交材料，如果符合教育部的要求便通过认证，不符合则不通过认证。因此，在认证过程中教育部具有决策权，决定了教师培养机构是否能够获得认证资格。

（三）教师培养督查

1. 政府实施教师培养督查

1992 年，英格兰政府成立教育标准局④（Office for Standards in

---

① 商业方案（business case），由于英格兰主张教师教育市场化，因此这里用商业方案来表述教师培养机构为寻求认证所提供其基本信息的文件。

② 认证投标（accreditation bid）是教师培养机构按照教育部设定标准所制定的教师培养计划的文件。

③ DfE（Department for Education）. 2017 Arrangements for ITT Accreditation Submissions ［EB/OL］. ［2018-02-16］. https：//www. gov. uk/government/publications/arrangements-for-itt-accreditation-submissions.

④ 教育标准局是一个非内阁部门（虽然非内阁部门本身的目的是避免受政治的影响，但是在英国教师培养质量保障体系中，教育标准局为政治服务），主要负责督查和管制有关儿童和青年人的服务以及为所有年龄的学习者提供教育和技能服务。

Education，Ofsted）负责教师培养的督查。督查的目的是对通过认证的教师培养机构整体的成效进行独立的外部评价并且判断其需要提升的方面。①从 1992 年至今，教育标准局更换过几次督查框架，目前督查所参考的文件是 2018 年新颁布的督查手册。在此期间，督查的框架在不断地完善和标准化，也有学者称督查的要求变得越来越严格。②

现行督查体系的督查周期为 6 年一次，但是也会按照教师培养机构的表现和环境缩短督查周期。督查人员是经过专业培训的督查员或者合同制督查员。督查的过程分为两个阶段：第一阶段的督查在夏季学期进行，主要关注培训的质量并且对师范生教学进行观察；第二个阶段的督查则在秋季学期进行，主要关注培训的完成情况以及新合格教师或者往届师范生的教学质量。

教育标准局的督查共分为四个等级，等级一为杰出，等级二为良好，等级三为有待提高，等级四为不足。在对教师培养合作伙伴的整体效果做出评价时，督查人员需要考虑三个判断指标：师范生的成果；合作伙伴培养的质量以及合作伙伴的领导和管理。在判断师范生成果的质量时，督查人员需要评价师范生是否满足教师标准所定义的最低实践水平以及教学能力。除此之外，还需要考虑师范生的毕业率以及就业率。在判断合作伙伴培养的质量时，督查人员需要考虑培养的所有方面的一致性、连续性和质量；合作伙伴是否提供了高质量的培养并且是否其培养的师范生具备了他们所需要的技能；实习的范围和质量；具体科目和学段的指导以及评价的准确性。在评断教师培养合作伙伴的领导和管理方面的质量时，督查人员应该评价他们是否有卓越的愿景；学校、大学或者其他机构的参与情况；严格的招募和选拔过程；有效的指导和评价；符合教师培养的标准和要求以及是否能够进一步提升其质量。最终，督查人员需要考虑以上三个方面做出总体的评断。总之，教师教育的督查是对教师培养机构的监督以保障其在通过认证后依然按照教师培养标准和教师标准进行教师培养。这是因为，根据政府文件规定，如果通过认证的教师培养机构在督查中被评价为杰出或者良好，教育部会增加学生数额的配给和拨款。并且，如果在督查期间发现教师培养机构未能符合相

① Ofsted（the Office for Standards in Education）. 2018 Initial Teacher Education Inspection Handbook ［EB/OL］. ［2018-04］. https：//www. gov. uk/government/publications/initial-teacher-education-inspection-handbook.
② Furlong J. Inspecting Initial Teacher Education in England：The Work of Ofsted ［EB/OL］. ［2018-02-16］. http：//www7. national-academies. org/naed/cs/groups/naedsite/documents/webpage/naed _ 086002. pdf.

关标准，教育部会考虑撤销其认证资格。

2. 大学进行自我评价

教师培养督查中包含教师培养机构的自我评价。政府并没有对教师培养机构的自我评价做出硬性规定，只为教师培养机构提供了可以参考的思路，赋予了教师培养机构一定的权力。2018 年的教师培养督查手册（initial teacher education inspection handbook）中这样写道：教师培养机构可以收集和分析丰富的资料以确定他们对于其培养成效的理解。比如：召开的培养会议明确适合的培养目的并确定教师培养机构对项目不同方面的贡献；师范生对教师培养机构如何满足其培养需要的评价；指导教师对培养项目和管理的评价；师范生对教师培养的反应；已经毕业的师范生、入职指导教师和雇佣学校的评价；按照教师标准评价师范生有效性和准确性的内部和外部审核；外部调节者对教师培养效果的反馈；平等政策的执行情况以及教育部和教育标准局的反馈。[①] 教师培养机构的自我评价有助于大学形成自身的质量文化，最终每一所教师培养机构在适合于自身的背景下实现更高的质量提升。

三、英格兰政府主导型教师培养质量保障体系的运行成效

评估教师培养成效是一个难题，但是相关当事人的评价是评估教师培养成效的重要指标。由于学生、政府和大学是教师培养的重要相关当事人，因此，本节将从学生、政府和大学这三个视角对英格兰政府主导型教师培养质量保障体系的成效进行考察。

（一）学生的反应：新合格教师满意度调查

新合格教师满意度调查的目的是从学生的视角对教师培养机构的质量进行评价，调查新合格教师[②]对教师培养的满意度。虽然其为英国政府所组织，但是在一定程度上新合格教师调查能够反映学生对教师培养质量保障体系的成效的看法。目前为止，在英国政府官方网站中能够收集到2010—2017 年度的新合格教师满意度调查。由于时间跨度较长且在此期

---

① DfE and NCTL (Department for Education and National College for Teaching & Learning). Initial Teacher Training (ITT)：Criteria and Supporting Advice［EB/OL］.［2019-02-28］. https：//www. gov. uk/government/publications/initial-teacher-training-criteria/initial-teacher-training-itt-criteria-and-supporting-advice.

② 新合格教师是指在英格兰接受教师培养并被授予合格教师资格的师范生。

间调查的范围、回收率和方式都有一定的变化，因此本节以 2010 年的调查为例对此调查进行具体说明。2010 年 2—3 月，培养和发展局（the Training and Development Agency，TDA）调查了 2008—2009 年之间完成教师培养的新合格教师，调查以发放问卷的方式进行。培养和发展局向 3.17 万名新合格教师邮寄问卷，最终大约 1.25 万名新合格教师完成并寄回他们的问卷，回收率为 39％。[①] 问卷的内容包括：评价教师培养在一些关键领域（key areas）的质量；评断教师培养活动对他们选择教师职业的重要性以及就职经验的相关信息。

从表 9 - 1 中可以看出，新合格教师满意度的总体趋势为：小学新合格教师对整体的培养质量评价为好或者是非常好的比例从 2010 年的 84％上升到 2015 年的 89％；中学新合格教师对整体的培养质量评价为好或者是非常好的比例从 2010 年的 87％上升到 2015 年的 90％。虽然在 2016 和 2017 年，只有 81％的中小学新合格教师评价教师培养的总体质量为 7～10，但是出现此结果的原因可能是这两个年度评价的等级出现了变化，从四个等级的评价（不好、满意、好和非常好）转变为师范生对于培训对其职业准备的程度的评价（1～10）。可见，从学生的视角来看，教师培养质量保障体系有一定的成效。

表 9 - 1　英格兰中小学新合格教师对于教师培养满意度的调查报告

	中学新合格教师满意度	小学新合格教师满意度
2010	84％好或者非常好	87％好或者非常好
2011	87％好或者非常好	87％好或者非常好
2012	89％好或者非常好	90％好或者非常好
2013	90％好或者非常好	92％好或者非常好
2014	89％好或者非常好	92％好或者非常好
2015	89％好或者非常好	90％好或者非常好
2016	81％ 7～10[②]	
2017	81％ 7～10	

资料来源：DfE（Department for Education）. Newly qualified teachers：annual

[①] TDA（Training and Development Agency）. 2011 Results of the Newly Qualified Teacher Survey 2011 [EB/OL].［2018-03-06］. https：//www. gov. uk/government/publications/results-of-the-newly-qualified-teacher-survey-2011.

[②] 2016 年新合格教师调查更换了评价满意度等级的方式，从非常好、好、满意和不好转变为 9～10、7～8、4～6 和 1～3。

survey 2017 ［EB/OL］.［2019-02-16］. https：//assets. publishing. service. gov. uk/
government/uploads/system/uploads/attachment ＿ data/file/738037/NQT ＿ 2017 ＿
survey. pdf.

（二）政府的评价：教育标准局督查报告

教育标准局的督查，作为教师培养质量保障的关键一环，可以在一定
程度上代表政府视角下教师培养质量保障体系的成效。这是因为教育标准
局的督查是对于教师培养机构总体成效的判断，并且其评价的参照为国家
设定的教师标准和教师培养标准。① 此外，在英国政府官方网站上能够收
集到 2008—2018 年的督查报告，为教师培养的效果进行纵向比较提供了
条件。

表 9 - 2 英国教育标准局督查结果

	杰出	良好	有待提高	不足
2008—2009	20	68	13	0
2010—2011	40	42	8	0
2012—2013	12	38	11	0
2013—2014	16	42	4	0
2014—2015	1	13	2	1
2015—2016	90	169	3	0
2016—2017	96	187	2	0
2017—2018	121	199	2	0

资料来源：Ofsted（the Office for Standards in Education）. Initial teacher education
（ITE）inspection outcomes at 30 June 2018 ［EB/OL］.［2019-02-16］. https：//assets.
publishing. service. gov. uk/government/uploads/system/uploads/attachment ＿ data/
file/743521/Initial ＿ teacher ＿ education ＿ inspections ＿ and ＿ outcomes ＿ as ＿ at ＿ 30 ＿
June ＿ 2018. pdf.

如表 9 - 2 所示，总体而言，教育标准局的督查在极大程度上促进了
教师培养质量的提高。获得杰出和良好等级的教师培养机构的比例逐年增

---

① Ofsted（the Office for Standards in Education）. 2018 Initial Teacher Education Inspection
Handbook ［EB/OL］.［2018-04］. https：//www. gov. uk/government/publications/
initial-teacher-education-inspection-handbook.

加，而被评价为有待提高及不足的机构的比例逐年减少。具体而言，从2008—2009年度到2017—2018年度，被评为杰出和良好等级的教师培养机构的比例从87％增加到99.4％；获得有待提高和不足的机构的比例从12.9％减少到0.6％。虽然中间有波动，但是，整体的趋势表明教师培养质量得到了提升。

（三）大学的视角：学者的研究

从研究者的文献中看出，他们并不认为教育标准局的督查促进了教师培养质量的提升，并且对政府发起的新合格教师调查和督查的结果深表质疑。甚至有学者认为，教师培养质量保障的措施不仅侵害了高等教育机构的自治权，并且对于教师教育的发展和创新产生了威胁。

1. 学者对教育标准局督查结果和新合格教师调查的质疑

（1）对教育标准局督查结果的质疑

很多学者对教育标准局督查的作用表示怀疑，他们认为教育标准局的督查结果并不具备信度和效度。有学者用问卷调查的方式对教师培养机构对于教育标准局督查的看法进行调查，其研究结果表明，79％的教师培养机构对教育标准局的督查是一个有效、可靠且一致的过程持否定的态度。[①]还有学者用技术术语层面信度的概念对教育标准局督查的可靠性进行研究，研究结果表明教育标准局督查的信度存在问题，[②] 具体体现在督查判断的标准、教育标准局评定等级的时间以及学生工作的学校背景的考察这三方面。因此他们认为督查并不是为了质量的提升，而是为了保证教师培养机构服从于政府强制的标准和决定，这样的督查制度并不能促进系统的提升。辛金森（Sinkinson）和琼斯（Jones）运用批判文本分析的方法对64份教育标准局报告进行了分析。其研究结果显示，教育标准局在报告的字数、如何应用特定的标准以及如何表达判断这三方面存在很大的差异。[③] 这些不一致不仅会对督查的信度产生负面影响，甚至会威胁到教师

---

① Graham J，Nabb J. Stakeholder Satisfaction Survey of OFSTED Inspection of ITT 1994—1999 [R]. UCET Research paper，1. London：University Council for the Education of Teachers，1999.

② Jim C，Chris H. On the Reliability of OFSTED Inspection of Initial Teacher Training：A Case Study [J]. British Educational Research Journal，2000，26（1）：39-48.

③ Anne S，Keith Jones. The Validity and Reliability of OFSTED Judgements of the Quality of Secondary Mathematics Initial Teacher Education Courses [J]. Cambridge Journal of Education，2001，31（2）：221-237.

教育的发展和创新。吉尔罗伊（Gilroy）和威尔科克斯（Wilcox）运用维特根斯坦的视角审视教育标准局督查实践的效度问题，他们的研究对督查结果和过程的有效性提出了严重的怀疑，原因是教育标准局的方法事实上代表了常规的规则，看似他们是有共识的标准，但是事实上并不能保证广泛的同意。[①] 换句话说，教育标准局督查的标准是不准确的，而这样的不一致性不利于有效的督查结果的形成。

（2）对新合格教师满意度调查的质疑

同时，有学者对新合格教师满意度调查进行质疑。比如戈拉德（Gorard）基于对教育部新合格教师 2015 年年度调查以及全国学校领导学院（National College for School Leadership，NCLS）所收集的上一届师范生及其培训的数据进行了再分析。研究发现这些数据是有局限性的，其局限性体现在政府的调查对象只有新合格教师，并不包括已经辍学或者没有完成学业的学生。[②] 上述数据的缺失意味着新合格教师满意度的调查结果可能会产生误导。再者，问卷的回复率只有 24％ 且非随机抽样，因此其外部效度会受到影响并且无法确定其普遍性。最后，其所调查的对象并没有接受过其他教师培养机构的培养，因而在个人层面不可能有直接的比较。不过，戈拉德最后总结道，虽然有这些不足，但是政府的调查报告所解释的百分比、包含的变量类型及其对模型的相对重要性在不同版本中展现了稳定性[③]，所以其结果绝对值得认真对待。

2. 其他相关研究

学者弗隆（Furlong）在文章中写道，许多其他国家和英国其他地区的学者都一致认为英格兰的教师教育已经变得过于狭隘、技术性太强并且无法反映真实的质量。更重要的是，英格兰政府的教师标准仅仅考虑教师能够做什么，而不是他们能够认知和理解什么。所以，教育标准局的督查是以非常局限且技术理想主义者的视角来理解什么是真正有效的教学和教

① Gilroy P，Wilcox B. Ofsted，Criteria and the Nature of Social Understanding：A Wittgensteinian Critique of the Practice of Educational Judgement ［J］. British Journal of Educational Studies，1997，45（1）：22-38.

② Gorard S. How Prepared Do Newly-qualified Teachers feel? Differences Between Routes and Settings ［J］. Journal of Education for Teaching International Research and Pedagogy，2017，43（1）：1-17.

③ 这篇文章的主要目的是通过对新合格教师的调查，分析探究是否不同路径、阶段、培养的类型以及学生本身的特征会对整体培养满意度产生不同的影响。因此其中的变量指的是不同路径、阶段、培养的类型以及学生本身的特征，模型指的是逻辑回归。但这并不是本节这一部分讨论的重点，因此不对这部分结果进行阐释。

师培养。因此，也可以说，教育标准局为英格兰最初的教师教育体系的连贯性和一致性做出了贡献，却因此牺牲了科克兰-史密斯（Cochran-Smith）所说的"广泛而不局限的实践观念"。① 也有学者称，这些新的方向是对大学和教育学院自治权的消耗。由于政府规定的内容受到教育标准局的督查，而且督查的结果与教师教育拨款以及师范生的名额分配直接相关，大学几乎别无选择，只能遵循这种新的、外部定义的内容。② 可能正因如此，很多学者会发出这样的感慨："在过去的十年中，学者一致认为在定义标准和引入质量控制和保证程序方面存在强大的压力。很少有教师教育者不说我们在过去的十年中受到了更多的控制，尽管很多人质疑它是否可以被称为质量控制。"③

四、结语

20 世纪 80 年代，英格兰的经济危机、教师供求关系变化和基础教育改革都对教师培养质量保障体系的建构提出了要求，英格兰建构的政府主导型教师培养质量保障体系体现了其新自由主义和新保守主义的选择。在此体系下，虽然大学在实施教师培养时享有一定的自治权，但是政府发起和颁布教师培养质量相关标准并实施教师培养认证和督查。值得注意的是，政府管控的目的是促进教师培养质量的提升。但是，这一根本目的是否实现依然存在争议。从政府和学生的视角来看，英格兰政府主导型教师培养质量保障体系确实促进了教育培养质量的提升。然而，研究者认为政府主导型的教师培养质量保障体系侵蚀了高等教育机构的自主权，并且对未来教师教育的发展和革新产生消极影响。因此，如何平衡政府管制和机构自治之间的关系仍然是一个值得探讨的问题。

---

① Furlong J. Inspecting Initial Teacher Education in England：The Work of Ofsted［EB/OL］.［2018-02-16］. http：//www7. national-academies. org/naed/cs/groups/naedsite/documents/webpage/naed _ 086002. pdf.

② Jon Y. Systems of Educating Teachers：Case Studies in the Governance of Initial Teacher Education ［J］. Canadian Journal of Educational Administration and Policy，2004，32（1）：1-33.

③ Whitty G. Quality Control in Teacher Education ［J］. British Journal of Educational Studies，1992，40（1）：38-50.

第 3 节　美国教师培养外部质量保障体系探究[①]

　　世纪之交以来，美国大学本位的传统型教师培养项目面临日益加强的公众问责和批评，究其根源是众多平庸的教师培养项目"屹立不倒"且"甘于平庸"。如何提高公立学校教师的培养质量成为美国联邦和州层面政策与实践的首要和中心议题。质量的保障和提升有赖于内外部质量保障体系的杠杆功能是否行之有效，相比于内部质量保障体系作为最终落脚点的角色定位，外部质量保障体系则主要通过问责手段实施质量监控，外部质量保障体系是推动内部质量保障的直接和重要动力源。在美国教师培养外部质量保障体系中，多元文化传统和地方分权的管理体制形塑了联邦政府与州政府、教师培养认证委员会（Council for the Accreditation of Educator Preparation，简称 CAEP）和全国教师质量委员会（National Council on Teacher Quality，简称 NCTQ）等社会组织多元质量保障主体并存的局面，我国学术界尚未有研究者从质量保障主体及主体间关系的视角探究美国教师培养外部质量保障体系。此外，我国教育部于 2017 年 10 月 26 日首次印发了《普通高等学校师范类专业认证实施办法（暂行）》，提出对师范类专业开展分级分类认证。[②]可见，我国已经开启了建构教师培养外部质量保障体系的步伐，但尚处于起步阶段。由此，期望深入考察美国教师培养外部质量保障体系将有助于对我国教师培养外部质量保障体系的建构提供思考的着力点。本节将基于美国相关政策文件、教师培养认证委员会和全国教师质量委员会的官方报告及官方网站信息，以及相关研究性文献，考察在美国教师培养外部质量保障体系中联邦政府与州政府、CAEP 和 NCTQ[③]各自的职能定位和质量保障手段，以及主体间的关系等。

[①]　本节作者系冯慧、饶从满，本节曾发表于《外国教育研究》2017 年第 12 期。

[②]　教育部关于印发《普通高等学校师范类专业认证实施办法（暂行）》的通知［EB/OL］. ［2017-11-01］. http://www. moe. gov. cn/ srcsite/ A10/ s7011/ 201711/ W020171107554716181634. docx.

[③]　美国教师培养质量保障的相关社会组织复杂多元，本节难以穷尽所有相关组织进行探究，因此选择影响较大的这两大全国性组织为代表展开论述。

一、政府：通过立法、拨款、审批、资格认证等手段实施行政问责

作为现代民主管理的一个核心概念，问责是判断一个机构是否履行了自身义务的一种机制，此处的义务主要指将如何分配和使用机构的资源，以及产生何种影响等内容汇报给公众。教师培养问责的直接受众指向所有纳税公民，他们对于自身的资源是否得到合理运用具有合法的知情权；履行保护所有纳税公民利益之责的主体是联邦和州的政策决策者，他们有权决定如何进行资源分配，并且需将教师培养质量的信息向公众公开。此外，问责与公众对于信任概念的理解密不可分。公民信任其领导者对于资源的管理与支配，领导者信任自身将受到公平的评判。[①]

在美国，联邦政府没有直接管理各州教育和教师教育的权限，因此在教师培养质量保障体系中，联邦政府长期处于"缺席"的地位。1965 年《初等和中等教育法》（ESEA）的通过才打破美国社会长期反对联邦政府参与公共教育体系的局面。但直至 1998 年，《高等教育法修订案》的颁布才标志着联邦政府开始对教师和教师培养质量实施干预和监控。该修订案第二项（Title Ⅱ）提出要建立从教师教育机构到州、再从州到联邦政府的层级式质量监控体系，形成教师培养质量的年度报告制度。21 世纪初，布什政府颁布的被视为美国教育改革史上里程碑的《不让一个孩子掉队法》（NCLB）提出建立美国基础教育阶段基于标准的问责制，并为实现美国基础教育的绩效目标而提高教师培养质量。奥巴马政府时期对教师培养质量的监控和资助力度进一步加强，2008 年再授权的《高等教育法修订案》设立"高等院校教师教育援助计划"（Teacher Education Assistance for College and Higher Education，简称 TEACH），为各州教师候选人提供专项学生财政资助；2009 年出台的"力争上游计划"（Race to the Top，简称 RTTT）拨款 43.5 亿美元用于奖励达到计划要求的州。

在美国，州是美国宪法赋予的教育管理的法定主体，州政府要履行保护社会公众利益之责，因此其需向公众确保教师培养项目质量的健全和严格，以及所有进入课堂的教师都达到了有效教师的要求。美国教师培养质量保障体系历经较长时间的发展，各州已经形成了教师培养项目审批、项目质量年度报告和教师资格证书许可的三级教师培养质量保障体系。

---

① Feuer M. Measuring Accountability When Trust Is Conditional [EB/OL]. [2017-10-05]. http：// www. edweek. org/ew/articles/2012/09/24/05feuer-ep. h32. html.

如上所述，无论是联邦政府的财政拨款，还是州政府的项目审批、年度报告和教师资格认证，政府层面均通过建立相关法律法规的形式来干预教师培养及其质量保障，主要依托行政问责机制。

（一）联邦政府：教育立法与竞争性拨款

联邦政府以教育立法的形式干预教师培养质量奠基于 1965 年约翰逊总统时期的《高等教育法》（HEA），但当时的法案未曾包含针对教师培养的专门要求。20 世纪 90 年代，新闻报道不断强调公立学校教师匮乏的阅读和写作技能以及普遍存在的无证上岗现象。因此，以报告卡片（report card）和其他公众问责形式对 K-12 学段学校开展等级评定成为备受欢迎的工具和手段，并逐渐被高等教育政策制定者采纳。1998 年联邦政府再授权的《高等教育法修订案》的 Title Ⅱ 明确要求各州以报告卡片的形式汇报教师培养的多项指标数据，共约 400 项数据。教师培养项目层面的汇报数据包括培养项目的教师资格考试通过率、入学要求，并鉴别出薄弱项目；州层面的汇报数据包括无证上岗的教师数量、替代性教学路径的信息，以及鉴别和扶持薄弱培养项目的程序。2008 年第三次授权的《高等教育法修订案》的 Title Ⅱ 增加了各州报告卡片的内容指标，如教师资格考试的平均分、教师候选人的教育实习要求、教学信息化技术的运用等。[①] 2012 年，奥巴马政府在 Title Ⅱ 的财政预算中引入了总统助教项目（the Presidential Teaching Fellow Program），旨在为实施上述问责要求的州提供资金，以用作各州的奖助学金。此外，奥巴马政府减少了此前 Title Ⅱ 提出的烦琐的数据汇报要求，提出更为简化的以及以结果为导向（outcome-focused）的汇报数据，主要包括三项基本指标：（1）教师培养项目毕业生所教学生的学业成绩增幅，即增值评价结果；（2）项目毕业生就业情况和留任率；（3）毕业生和校长调查结果。[②] 奥巴马执政时期，教育部长阿恩·邓肯（Arne Duncan）呼吁要改善美国教师教育"平庸工作"的现状，实施教师培养评价的变革，将评价焦点从输入端（input）逐渐

---

① Sawchuk S. Administration Pushes Teacher-prep Accountability［EB/OL］.［2017-10-05］. http：// www. edweek. org/ew/articles/2011/03/09/23heaep. h30. html.

② Feuer M J，Floden R E，Chudowsky N，et al. Evaluation of Teacher Preparation Programs：Purposes，Methods and Policy Options［M］. Washington，D. C.：National Academy of Education，2013：41.

向输出端（output）转变。① 2009 年，RTTT 出台，该计划宣称将会奖励关联 K-12 学段学生成绩和教师培养项目并且公开评估结果的州。为推进计划的实施，奥巴马政府采用经济刺激计划来追求该项政策目标，《美国复苏与再投资法案》（ARRA）拨款 43.5 亿美元用于奖励达到 RTTT 要求的州。RTTT 提出，能证明在以下四项目标上取得进步的州即可获得拨款：（1）采用相应的标准和评价来证明教师培养项目培养了在大学和工作岗位以及竞争性的全球经济中都取得成功的学生；（2）建立学生成绩的大型数据系统以用于测量 K-12 学段学生成绩的变化以及帮助教师和校长明确如何改善教学；（3）招募、培养、奖励以及留住有效教师和校长，尤其在教师短缺地区；（4）扶持薄弱学校。至 2012 年底，已有 22 个州的 16 个学区获得 RTTT 的拨款。②

（二）州政府：项目审批、年度报告与教师资格证书许可

美国教师教育质量保障体系三大关键的政策杠杆包括项目审批（approval）、项目认证（accreditation）和教师资格证书（certification）制度。③ 而州层面的教师培养质量保障三大政策杠杆包括项目审批、教师培养数据的收集分析与年度报告、教师资格证书许可，④ 分别表征对教师培养起点、过程和终点质量的监控。

1. 项目审批

各州政府通过项目审批行使教师培养项目起点质量监控的职权，项目审批也是项目合法性的重要表征。项目审批的要求和审查过程由各州自主设置和规定，因此各州的项目审批要求和过程存在差异，且一部分州将项目审批工作与专业认证机构的项目认证相关联，旨在减少在实施州项目审批和专业机构的项目认证时二者之间的重复工作，也为州节省时间成本和

---

① Duncan A. Teacher Preparation：Reforming the Uncertain Profession [EB/OL]. [2017-09-20]. http：//www2. ed. gov/news/speeches/2009/10/10222009. html.

② U. S. Department of Education. Education Department Announces 16 Winners of Race to the Top-District Competition [EB/OL]. [2017-09-20]. http：//www. ed. gov/news/press-releases/education-department-announces-16 -winners race-top-district-competition.

③ National Comprehensive Center for Teacher Quality：Evaluating the Effectiveness of Teacher Preparation Programs for Support and Accountability [EB/OL]. [2017-09-20].

④ Our- Responsibility- Our- Promise- Transforming- Educator- Preparation- and- Entry- into- the- Profession [EB/OL]. [2017- 10- 20]. http：//ccsso. org/Resources/Publications/Our- Responsibility- Our- Promise- Transforming-Educator-Preparation-and-Entry-into-the-Profession. html.

经济成本。但总体而言，项目审批通常包括初始注册过程（initial registration process）和持续性的周期审查（ongoing review）两部分。本节选取纽约州和佛罗里达州为案例考察州层面项目审批的具体实施过程。

纽约州的教师培养项目初始注册过程包括提交包含基本要求和核心要求两部分内容的书面文件和材料。基本要求涵盖：项目理念或使命；大学部门之间的教师合作；招募被忽视的教师和学生群体；培养符合各个认证领域的劳动力市场需求的潜能生；采用的评价方式；教师群体等。核心要求方面，纽约州的法规将各个认证领域的核心要求划分为学科核心和教育学核心。以小学教育项目为例，要求各项目提供允许教师候选人掌握教育学知识、理解和技能等共 11 项内容的文件材料，且每一项需列出相关的大学课程数量。教育学核心的教育实践经历部分指定要求在教育实习之前，需达到至少 100 个小时的实践经历，以及至少两次在大学指导下且时间为 20 天以上的教育实习经历。教师培养项目获得州的注册之后，所有项目必须接受每 4 年一次的周期性认证。认证的形式包括州教师教育认证董事会（State Regents Accreditation of Teacher Education，简称 RATE）的审查，抑或全国教师教育认证组织的专业认证。州教师教育认证董事会设置了本州的 5 条质量标准：承诺和愿景；理念、目的和目标；项目注册标准；项目毕业生教学有效性；教师候选人评价。各教师培养项目基于以上认证标准提交一份自我研究报告，纽约州教育部筛选 3 位外部评估专家审核各项目的自我研究报告；各项目需向州行政长官提供书面报告，由州行政长官对州评议委员会提出建议，最终评议委员会决定是否通过认证。

佛罗里达州的项目审批包括过程导向（process oriented）的初始机构审批和表现本位（performance based）的持续性项目审批两大部分。不同于纽约州仅要求提交文件材料，佛罗里达州的初始机构审批包括提交材料和现场审查（on-site review）。申请审批的各机构需提交涵盖机构内各项目的设计、内容和评价的材料，以用于州范围内同行评审人员的审查。现场审查由州政府授权其他没有已通过审批项目的机构实施。通过初始审批的机构内的所有项目均可接受下一阶段的持续性项目审批。佛罗里达州的表现本位项目审批标准包含核心课程内容、教师候选人能力和持续改进三个维度。各项目在这一阶段需提交年度汇报，并接受每 7 年一次的周期性现场考察，以达到监控项目结果、教师候选人表现和持续改进等方面质量的目的。①

2. 项目数据的收集、 分析与年度报告

自 1998 年的 Title Ⅱ 要求接受联邦财政资助的各州收集和分析本州教师培养项目质量的大量数据，并汇编成年度报告之后，州层面逐渐形成了教师培养质量年度信息采集和汇报制度。教师培养机构需在每年 4 月份向州教育厅提交毕业生的教师资格考试通过率及其他教师培养质量相关信息；各州教育厅于每年 10 月向联邦教育部提交有关本州教师培养和教师质量的信息。2014 年 Title Ⅱ 的相关教师培养章程草案再度更新各州的教师培养项目等级评估和年度报告要求，包括替代性教师培养项目。该草案规定，各州教育厅所有教师培养项目实施年度评估和四等级评定，包括杰出的、有效的、处于危险中和薄弱的四个等级，并且教育厅要为薄弱培养项目提供技术性的支持和援助。最终鉴定为薄弱等级的机构或项目可能失去州的项目审批资格、州政府的财政资金资助以及联邦政府的学生财政资助。各州基于以下四项指标收集并分析各教师培养项目的质量状况：(1) 学生学习结果，包括项目毕业生所教学生的综合成绩和成绩增幅；(2) 就业结果，包括项目毕业生的从教率和留任率，尤其在教师短缺的学校；(3) 调查结果，包括对项目毕业生的调查和雇主调查；(4) 认证情况。各州在采用何种证据表征四项指标以及四项指标的加权比重如何分配等方面具有灵活的自主决定权。②

3. 教师资格证书许可

教师资格证书许可是各州把关教师培养终点质量和教师队伍入口质量的双重节点，因而备受决策者和学术界的关注。资格证书许可的权力来自州的授权，但各州在教师资格证书的管理、许可要求、证书类型以及资格考试等方面不尽相同。州教育董事会 (Education Commission of the States) 和全国教师质量综合中心 (National Comprehensive Center for Teacher Quality) 的统计数据显示，在 54 个管辖区域内，21 个地区的教师资格证书由州教育委员会授权和批准；16 个地区由州教育机构授权和

① National Research Council. Committee on the Study of Teacher Preparation Programs in the United States. Preparing Teachers：Building Evidence for Sound Policy［M］. Washington，D. C.：National Academies Press，2010：164，3，3，169.

② Kumashiro K. Review of Proposed 2015 Federal Teacher Preparation Regulations［EB/OL］.［2017-09-20］. http：//nepc. colorado. edu/think tank/review-proposed-teacher-preparation.

批准；16 个地区由专门成立的委员会批准许可（密歇根州的相关政策内容尚未获得）。教师资格证书的许可要求通常包括：背景调查；推荐信；效忠宣誓；最低年龄；州授权的教师考试，包括基本技能、专业知识和学科知识的考试；课程完成情况；教育实践参与情况。各州的教师资格证书分类也存在差异，教师资格证书类型大致分为临时资格证书、专业或永久资格证书、紧急资格证书。大部分州形成了阶段式的资格证书过程：31个州要求教师获得初任教师执照，有效期为 2～5 年；达到其他要求之后即可获得永久资格证书，如获得更高的学位或完成专业发展。一些州要求教师必须通过课堂表现性评估才可获得正式的教师执照，如州际新教师评价 和 支 持 联 盟 会（Interstate New Teacher Assessment and Support Consortium，简称 INTASC）的课程档案袋评价和普瑞西斯（Praxis）系列三（由教育考试服务中心开发的课堂观察评估工具）。教师资格考试方面，目前有 42 个州将教师考试作为取得教师资格证书的要求之一。[①] 教师考试通常包括基本技能、通识知识、学科知识和教育学知识；美国教师考试涵盖的学科领域达 25 种以上，如小学教育、化学、艺术、特殊教育等；各州自主设置本州的合格分数线。当下美国共有 600 多种教师考试投入使用。[②]

二、教师培养认证委员会：通过项目认证实现专业问责

CAEP 是一个由致力于有效的教师培养和其他 P-12 学段教育人员的团体自发组成的非政府专业组织，其主要的职能范畴是对教师培养机构（Educator Preparation Providers，简称 EPPs）开展认证工作。[③] CAEP 的前身是美国两大全国性教师教育认证组织：全国教师教育认证委员会（National Council for Accreditation of Teacher Education，简称 NCATE）和教师教育认证委员会（Teacher Education Accreditation Council，简称TEAC）。成立于 1954 年的 NCATE 是美国传统的教师教育认证机构，在TEAC 成立之前也是美国唯一的教师教育权威认证机构。20 世纪末，为

---

① National Association of State Directors of Teacher Education and Certification. NASDTEC'S Report on How the States Respond to NBPTS-certified Teachers［R］. Washington，D. C.，2000：144.

② 同①.

③ CAEP. CAEP by Laws［EB/OL］.［2017-10-05］. http：//caepnet. org/~/media/Files/caep/governance/bylaws-adopted-june-2017. pdf? la＝en.

了解决美国教师数量短缺的问题，联邦政府大力支持替代性教师培养路径以吸纳不同行业的优秀人才从教，而 NCATE 推行的专业认证标准被认为阻碍了替代性教师培养路径的发展。除了与美国教师队伍供需矛盾相悖之外，NCATE 的认证标准也被指责过于强调对投入的审查，标准相对僵化，未经科学研究的验证；认证程序被指责为烦琐、耗时耗力和耗财。在此背景下，以全新的认证理念和灵活的认证方式为特征的 TEAC 于 1997年创建，创立不久便获得高等教育认证协会（the Council for Higher Education Accreditation，简称 CHEA）和联邦教育部的认可与支持，此后 TEAC 成为与 NCATE 分庭抗礼的全国教师教育认证组织。21 世纪以来，NCATE 为迎接来自 TEAC 的竞争与挑战，逐步调整自身的认证标准以满足社会对教师培养的需求，比如，从先前注重对投入的认证转向以输出为导向的认证，逐渐强调学生在达到标准方面的学习证据等，由此，NCATE 与 TEAC 认证理念和标准的差异慢慢缩小。2009 年，美国 48 个州宣布建立统一的基础教育标准，此举意味着 NCATE 与 TEAC 所审查的证据将进一步趋同，也为二者的合并奠定了更为坚实的基础。此外，TEAC 给予教师教育机构过多自主权的做法引起公众对其认证结果的质疑。在 NACTE 与 TEAC 的认证日益同一化的背景下，为了减少二者重复认证带来的不必要成本，以及使教育专业人员能为教师培养统一发声，经过近 2 年的过渡期，2013 年 7 月二者合并为 CAEP，成为美国唯一的全国性教师培养认证组织，并且投入认证工作的全面运转，2014 年 9 月CAEP 取得 CHEA 的认可。至 2016 年 3 月，已有 900 多个教师培养机构接受 CAEP 的专业认证。

CAEP 自成立起便有了清晰的定位：以追求卓越的教师培养认证为愿景；以基于证据的认证（evidence-based accreditation）来推进兼顾公平与卓越的教师培养为使命；以推动教师培养项目的持续改进（continuous improvement）、确保认证过程的质量（quality assurance）、追求教师培养项目质量裁决的公信力（credibility）、坚持认证的公平原则（equity）和坚实基础（strong foundation）为战略目标。[①] 此外，CAEP 宣称由专业人员构成和管理的国家认证体系是提高教师培养标准，进而提升教师培养质量的有效机制；在不断努力达到认证标准的过程中，培养项目将对自身进

---

① CAEP. CAEP Vision，Mission and Goals［EB/OL］.［2017-10-05］. http：//caepnet. org/about/vision-mission-goals.

行持续的改进；认证者建构的系统数据库将为消费者提供有价值的信息，且通过国家专业组织认证的结果有助于推动政策决策者和公众重拾对教师教育的信心。① 简言之，认证（accreditation）在本质上是一种外部同行评审的质量保障方式②，CAEP 致力于通过教师教育专业人员对教师培养机构和项目的认证以达到专业问责的目的。

CAEP 的认证范畴包括美国和国际教师培养项目的认证，可认证的项目涵盖教师执照/资格证书、学士、硕士、学士后和博士等多层级的项目。认证标准构筑了认证工作的内核部分。2013 年，CAEP 董事会通过了由标准和绩效报告委员会（Commission on Standards and Performance Reporting）开发的新一代教师培养认证标准，新标准基于两项基本原则：提供能证明教师培养机构毕业生是合格教师的确凿证据；提供能证明教师教育者和教育实践指导者创造了证据文化（culture of evidence），并以此来提升教师培养项目质量的确凿证据。具体而言，新标准涵盖五个维度的内容：（1）教师候选人的学科知识和教学技能；（2）教师培养机构与学区合作为教师候选人提供高质量的教育实习经历和反馈；（3）选拔优秀和多元的教师候选人群体；（4）以学生学业成绩、教师候选人课堂教学效能以及雇主和项目毕业生满意度调查等方式证明培养项目的成效；（5）构建教师培养机构的质量保障机制和持续改进的机制。③

如上所述，CAEP 的新一代认证标准呈现基于证据和结果导向的特征。新一代标准从 2016 年开始在全国范围内的认证工作中已落到实处，先前的 NCATE 和 TEAC 认证标准不再用于教师培养认证。基于新一代教师培养认证标准，CAEP 的认证程序主要包括以下流程：（1）教师培养机构的认证申请和资格审查④；（2）教师培养机构开展自我研究评估并提交评估报告；（3）CAEP 安排评估团队开展基于培养机构自我评估报告的形成性评估，并实施 2～3 天的实地考察和访谈调查；（4）综合形成性评

① Cochran-Smith M，et al. Holding Teacher Preparation Accountable：A Review of Claims and Evidence ［EB/OL］.［2017-09-20］. http：//nepc. colorado. edu/publication/teacher-pre. 2016.

② CAEP. What Is Accreditation ［EB/OL］.［2017-10-05］. http：//caepnet. org/accreditation/about- accreditation/what-is-accreditation.

③ CAEP. CAEP Accreditation Manual ［EB/OL］.［2017-09-20］. http：//caepnet. org/accreditation/ caep-accreditation/caep-accreditation-resources.

④ 先前接受 NCATE 和 TEAC 认证的教师培养机构和项目无需进行申请和资格审查，可直接参与 CAEP 的认证。

估和实地考察的分析结果，评估团队向初步审查小组提交关于培养机构完成度、质量、每项认证标准对应的证据以及持续改进的领域等多维度的总结报告，初步审查小组向联合审查小组提供认证结果的建议，联合审查小组对认证过程进行二次评估后向完全认证委员会（Full Accreditation Council）提出建议，最后由完全认证委员会做出官方认证决策并将决策结果反馈给培养机构。上述 CAEP 的完整认证周期约为 7 年。

三、全国教师质量委员会：通过项目等级评定推动市场问责

NCTQ 成立于 2000 年，是由福特汉姆基金会（the Fordham Foundation）资助创立的私人倡导组织。发展至今，NCTQ 接受了联邦教育部、布罗德基金会（the Broad Foundation）、沃尔顿家族基金会（the Walton Family Foundation）、盖茨基金会（the Gates Foundation）等组织的资助。NCTQ 的愿景是每位儿童都值得拥有有效教师，每位教师都值得拥有成为有效教师的机会。[①] NCTQ 宣称美国教育质量下降应追本溯源至美国教师教育项目的混乱无序，与政策需求和公众需求不协调，因而无法培养出有效的课堂教师。[②] 而在规模庞大且发展不均衡的教师教育领域，提高标准和质量的唯一方式是通过使教师培养项目成为公众关注的焦点从而发挥市场竞争机制的强大力量。[③] NCTQ 认为，建构关于教师培养的数据系统，并公布教师培养项目质量的信息，实质上是为潜在的"消费者"提供信息，进而激发教师培养项目之间的竞争。NCTQ 开展全国范围内的教师培养审查是受到 1910 年《弗莱克斯纳报告》（Flexner Report）的启发和鼓舞。

《弗莱克斯纳报告》通过实施全美医学院的评估推动美国医学培养体系的改革，最终巩固和提升了美国医学培养的质量，并使美国医学培养质量达到世界领先水平。NCTQ 自 2013 年起对全国范围内的教师培养项目开展年度评估排名，并将评估排名的结果刊登在《美国新闻与世界报道》（*U. S. News and World Report*）上，同时公布在 NCTQ 的官方网站上，为消费者提供不同教师培养项目质量的信息。尽管 NCTQ 的教师培养评

---

① NCTQ. NCTQ Mission [EB/OL]. [2017-10-05]. https：//www. nctq. org/about/.

② Greenberg, J., McKee, A., Walsh, K. Teacher Prep Review 2013：A Review of the Nation's Teacher Preparation Programs [EB/OL]. [2017-09-05]. http：//www. nctq. org/dmsStage. do? fn=Teacher-Prep-Review-2013-Report.

③ 同②.

估并未成为一种政策工具，但它已经对教师教育政策的制定产生了强有力的影响。[①]

NCTQ 采用自主研发的评估标准实施教师培养评估，其标准历经了八年的开发阶段和十次试点研究，最终成形的标准结合了坚实的研究基础和证据、高绩效国家和州的实践、专家的统一观点和共同核心州立标准的需求，以及其他大学和职业准备度的标准。NCTQ 标准具体涵盖四个维度的一级标准：教师培养项目（Teacher Preparation Program，简称 TPP）的准入标准；课程内容；专业技能；结果。各一级标准下依据不同类型的培养项目（如面向小学教师、中学教师和特殊教育教师等）设计相应的二级标准。NCTQ 组建的专家审查小组基于上述标准，采用四分制量表对各教师培养项目提交的材料进行打分，教师培养项目需提交的材料包括教学大纲、教材、教育实习手册、教育实习观察工具等。2013 年，NCTQ 的评估范畴覆盖了全美每一个州以及哥伦比亚特区的 1130 个教师培养机构提出的 2420 个传统型教师培养项目，这些传统型教师培养项目培养了近99％的公立学校教师。其中 608 个教师培养机构的评估结果在《美国新闻与世界报道》的网站上公布，522 个培养机构的评估结果在 NCTQ 的网站上公布。其中 NCTQ 汇编成评估报告的来自 522 个培养机构的 1200 个传统型教师培养项目的评估结果表明，美国传统型教师培养项目中近 78％的项目仅获得 2 分及以下，被 NCTQ 称为"平庸的项目"；近 14％的项目获得 0 分，这些项目得到了"消费者警告标示"。基于评估结果，NCTQ 提出了以下教师培养机构和项目需警醒的问题：（1）TPP 整体得分偏低，不到 10％的 TPP 得分在 3 分及以上，只有 4 个中学教师培养项目获得 4分；（2）TPP 准入标准太低，只有近 1/4 的项目要求候选人成绩达到班级排名前 50％；（3）不足 1/9 的小学 TPP 和 1/3 的中学 TPP 在教师职前培养内容中渗透新的共同核心州立标准；（4）大部分小学职前教师依然没有掌握有效的阅读教学方法；（5）仅 7％的 TPP 能够确保实习生拥有高质量的实习经历。[②]

在 2013 年对传统型项目开展评估的基础上，NCTQ 于 2014 年开展的

---

① Greenberg J，McKee A，Walsh K. Teacher Prep Review 2013：A Review of the Nation's Teacher Preparation Programs ［EB/OL］.［2017-09-05］. http：//www. nctq. org/ dmsStage. do? fn＝Teacher- Prep-Review-2013-Report.

② Cochran-Smith M，Piazza P，Power C. The Politics of Accountability：Assessing Teacher Education in the United States ［J］. The Educational Forum，2013，(1)：6-27.

项目评估涵盖了传统型教师培养项目和替代性教师培养项目，共 1668 个。2014 年的评估结果显示：获得高分的 TPP 依然占极少数；小学教师培养项目的评估结果依然差于中学教师培养项目的评估结果；数学职前教师培养亟须完善和改进；小学教师培养中存在"能力差距"（capacity gap）问题；3/4 的教师培养项目准入标准没有达到大学入学标准的平均水平，但自 2013 年评估报告公布后，9 个教师培养机构提高了准入标准；17 个机构的小学与中学教师培养项目均获得最高排名；为教师候选人提供高质量教育实习的 TPP 从 2013 年的 7％下降至 5％；教师培养项目在培养教师候选人课堂管理能力方面取得较为显著的成效。①

四、教师培养外部质量保障各主体间的关系

（一）联邦政府与州政府的关系

美国联邦政府出台的《高等教育法》和"力争上游计划"针对教师培养质量问责分别形成了教师培养质量的年度报告机制和结果问责机制，由此可见，联邦政府在教师培养中的参与度已经从曾经的"缺席"状态转变为日益加深和强化。但联邦立法的职能之一在于形成保障教师培养质量的国家政策，塑造未来教师的落脚点仍在各州的教师教育机构和项目，联邦政府并无直接的管理与监控权限。在此背景下，为使美国的教师培养及其质量保障体现国家政府意志，推动教师培养改革以提高教师培养质量，最终实现提升学生学习结果和国家竞争力的目的，联邦政府与州政府之间建立了良好的合作关系，即形成了"联邦要求—州实施"的机制。不管是《高等教育法》下教师教育援助计划提供的学生财政补助，还是"力争上游计划"以高额的竞争性拨款推动教师培养的改革，州政府在联邦的授权和要求下履行契约要求。在美国的多元文化传统和各州教师培养存在差异的社会和历史背景下，联邦政府提出实施教师培养质量保障和推动教师培养改革的标准与要求，各州在具体实施中持有灵活的自主决定权，这既能被公众接受，也有助于实现联邦政府试图在公共教育体系中发挥影响和统一调控的目标。

---

① Greenberg J, McKee A, Walsh K. Teacher Prep Review 2014: A Review of the Nation's Teacher Preparation Programs [EB/OL]. [2017-09-05]. http://www.nctq.org/dmsView/Teacher-Prep-Review-2014-Report.

（二）教师培养认证委员会与政府的关系

1. CAEP 与联邦政府的关系

作为一个独立的和非政府的全国性教师培养认证组织，CAEP 致力于追求卓越教师培养的认证和教师培养质量裁决的公信力，力图发展成为美国教师教育领域高认可度的专业组织。基于这一愿景和目标，CAEP 力求获得联邦教育部的认可，因而联邦教育部在 CAEP 的认证中扮演一定的角色。所有申请 CAEP 认证的教师培养机构需填写申请表格，并接受资格审查。CAEP 对申请认证的培养机构的资格审查包含两部分：基本信息和能力标准，CAEP 资格审查采用的能力标准是联邦教育部制定的标准，旨在确保通过 CAEP 认证的教师培养项目同时达到了联邦教育部的要求。联邦教育部制定的能力标准包含五项内容：（1）培养机构的概况（类型、从属机构）；（2）项目特征（名称、州审批）；（3）项目实施的场所，教师教育者和教育实践指导者的资质等；（4）设备、财政、行政管理和教师候选人反馈；（5）提供教育服务的能力。

2. CAEP 与州政府的关系

CAEP 作为美国当下唯一的全国性教师培养认证主体，各州纷纷与其建立合作关系，共同对教师培养机构和项目实施联合认证。CAEP 与州政府的合作对于一个统一认证体系的运作十分重要，此外，CAEP 的认证结果可为州政府的教师培养项目审批决策提供参考信息。因此，CAEP 的国家认证和州政府的专业培养审批之间体现为互利共赢的关系。2012 年，俄亥俄州便与成立中的 CAEP 签署了联合认证的合作协议，成为第一个将 CAEP 作为新的教师培养认证主体的州，至 2015 年已有 18 个州与 CAEP 签署合作协议。为保证 CAEP 与州政府联合认证的顺利开展，合作协议阐明认证者、教师培养机构和州政府在认证和专业培养审查中的角色定位，以及审查团队的人员构成。但由于各州政府对本州的教师培养享有法定的管理权限，并且各州的教师培养状况存在差异，同时，CAEP 作为一个独立的全国性专业认证组织，需保有自身的独立性与专业性，鉴于此，CAEP 提出两项原则：（1）确保申请认证的机构拥有选择不同认证路径[①]的自主选择权；（2）各州政府也拥有自主选择一种 CAEP 认证路径来满足

[①] 考虑到不同州的教师培养存在差异，CAEP 提供了三种认证路径供教师培养机构选择：（1）探究提要式路径（Inquiry Brief Pathway）；（2）选择性改进路径（Selected Improvement Pathway）；（3）变革式计划路径（Transformation Initiative Pathway）。

自身需求的权力。

（三）全国教师质量委员会与州政府的关系

NCTQ 致力于在教师培养质量保障中引入市场竞争机制，通过在教师培养前端为项目申请者提供项目信息以供其选择不同的培养项目，以及在教师培养后端为各学区提供项目质量信息，以供其在聘用毕业于不同项目的新教师时做参考。在这种自由竞争的机制中，NCTQ 将覆盖全美范围的教师培养评估结果公开在高等教育机构排名的领航者——《美国新闻与世界报道》的网站上，以吸引大量的关注群体。NCTQ 将基于自身研发的标准和评估程序所得的评估结果向不同群体进行阐释，包括未来的培养项目申请人、就读于培养项目的教师候选人、学区、参与评估的教师培养机构、政策制定者和政策倡导者，并针对这些不同的群体分别提供了相关建议。为达成提升教师培养质量的初衷，NCTQ 基于评估结果为各州政府提供建议，包括：提高教师培养项目准入标准；提高教师资格考试的合格分数线；倡导通过增值评价的方法对教师培养项目实施问责；改善当前州政府实施的项目审批，尤其是项目审批中开展现场审查的专家小组成员的遴选；通过将教师候选人安排在高绩效表现的实习学校来提升教育实习质量；通过项目审批的过程推行教师培养标准；基于项目质量分配各州的拨款。但作为一个私人组织，NCTQ 自主研发的评估标准和评估程序，以及基于此得出的评估结果也受到质疑，因而各州并未对 NCTQ 的评估结果表示十分地认可，也未对 NCTQ 提供的建议予以正式采纳，因此，NCTQ 与州政府之间的联系更多地体现为一种单向的关系。

（四）教师培养认证委员会与全国教师质量委员会的关系

CAEP 与 NCTQ 作为相互独立的两大全国性社会组织，都试图通过对教师培养机构/项目实施评估（认证与排名）来提升美国教师培养质量，但二者在取向、标准和审查过程等方面存在差异。取向上，CAEP 试图通过为教师培养认证提供一个黄金标准，增强教师和教师培养的专业性，体现了专业主义的取向；而 NCTQ 创立之初便致力于推动替代性教师资格认证路径的发展，向传统的教师培养机构——大学教育学院发起挑战，并宣称市场竞争机制是提升教师培养质量的关键，体现了解制主义的取向。标准上，CAEP 的认证标准呈现结果导向的特征，强调对教师培养项目中毕业生的课堂教学效能以及就业情况等内容进行认证；NCTQ 的评估标准以输入导向为特征，强调教师培养项目的准入标准、课程内容等维度的评估。审查过程方面，CAEP 的认证过程结合了材料审查和现场评估的双重考察，且采用了周期性的考察方式，一次认证周期长达 7 年；NCTQ 主要是对收集到的教师培养项目数据和资料进行文本分析，且每年都开展年度评估。综上所述，尽管 CAEP 和 NCTQ 都致力于提升美国教师培养的质量，但二者并非体现为功能上的互补，实质上，CAEP 认证和 NCTQ 年度评估的诸多差异最终对教师培养产生了不同的影响，更多地体现了竞争的关系。

五、结语

20 世纪末，美国教师教育领域形成了主张教学专业化的"专业派"与主张解除对教师教育管制的"解制派"二者分庭抗礼的局面，加之大学本位的传统型教师培养项目质量备受质疑和指责，因此各种替代性教师培养路径不断生成并且受到联邦政府的大力支持。为了顺应教师培养领域的改革与发展，20 世纪末，教师培养外部质量保障体系也经历了由统一到多元并存的转变，如教师培养认证的全国性机构由先前 NCATE 独当一面到后来 NCATE 与 TEAC 相互竞争的局面。但 21 世纪以来，在 NCLB 统一界定高质量教师的含义，以及 48 个州统一基础教育标准的时代背景下，教师培养的认证又逐渐走向统一化，由此，全国统一的教师培养认证组织 CAEP 应运而生。另一方面，21 世纪以来的教师培养外部质量保障体系改革特征体现为联邦政府进一步加强对教师培养质量保障的力度，NCTQ 的教师培养项目评估对教师培养发挥重要影响，由此可见，美国教师培养外部质量保障体系不断对自身进行改革以迎合社会对教师的需求，但不可否认的是其依然存在一些问题。笔者研究发现，美国的教师培养外部质量保障体系是强制性和自发性过程拼缀的产物，不同质量保障主体和保障手段之间存在重叠的情况。这与国外相关研究的结论相似。有研究指出，美国的教师培养质量保障体系呈现碎片化和官僚主义的混乱状态，不同问责主体之间的界限重叠且模糊不清，并非一个针对多种类型培养项目的合理体系。[①] 甚至有报告指出，美国教师培养外部质量保障机制没有实现在连贯

---

① American Federation of Teachers Teacher Preparation Task Force. Raising the Bar: Aligning and Elevating Teacher Preparation and the Teaching Profession [R]. Washington, D. C.: American Federation of Teachers, 2012: 1-36.

一致和结果导向的问责体系中的有效衔接，也没有基础坚实的研究证据。因此，教师培养外部质量保障体系尚没有实现真正的问责体系应达到的目标，也没有提供关于有效教师培养不同机制的重要证据。[1] 如各州的项目审批不尽相同，少有基础坚实的证据，并且周期性审查阶段更多体现了服从导向的期待，监控不到位；[2][3] 项目审批和项目认证的标准与过程被质疑是低效的，并且缺乏研究的验证；[4] 各州的教师资格证书许可被指责过于依赖教师考试结果；[5] 基于低效的质量指标等。[6] 最为关键的是上述质量保障机制对教师质量和教师效能产生的影响并未得出结论和认可。[7] 因此，在考察美国教师培养外部质量保障体系的改革与发展经验的同时，我们也需辩证地看待其自身的问题所在。

① National Research Council, Committee on the Study of Teacher Preparation Programs in the United States. Preparing Teachers: Building Evidence for Sound Policy [M]. Washington, D C: National Academies Press, 2010: 164, 3, 3, 169.

② 同①.

③ National Comprehensive Center for Teacher Quality: Evaluating the Effectiveness of Teacher Preparation Programs for Support and Accountability [EB/OL]. [2017-09-20]. http: // tqsource. airws. org/ publications/TQ _ RP _ Brief Evaluating Effectiveness. pdf.

④ Crowe E. Measuring What Matters: A Stronger Accountability Model for Teacher Education [R]. Washington, D C: Center for American Progress, 2010: 1-35.

⑤ Walsh K. Positive Spin: The Evidence for Teacher Certifications [EB/OL]. [2017-09-05]. http// educationnext. org/positive-spin/.

⑥ 同④.

⑦ 同①.

第 4 节　美国教师培养项目增值评价探析[①]

　　教师培养作为输送新教师的源头，其质量直接影响着教师队伍的质量。教师培养成效评估作为判断教师培养是否为公共教育体系有效地培养了合格教师的重要手段，也日益成为教育政策制定者和学术界关注的焦点。美国联邦政府对教师培养成效评估的兴趣，由 2008 年再授权的《高等教育法》（Higher Education Act）修订案和 2009 年颁布的"力争上游计划"（Race to the Top，RttT）中有关教师培养的章程可见一斑。美国联邦教育部试图以立法和竞争性拨款的形式，推动建构基于学生学习结果（student-outcome based）的教师培养问责体系。作为教师培养问责体系的重要组成部分，教师培养项目的增值评价基于教师培养项目毕业生[②]所教学生的实际成绩与预测成绩之间的差异，并运用统计计量模型来评估教师培养项目对学生成绩的贡献度。目前美国已有路易斯安那州、北卡罗来纳州、田纳西州、俄亥俄州、得克萨斯州和佛罗里达州等六个州将教师培养项目的增值评价纳入教师培养问责体系中。我国教育研究者尚没有对美国教师培养项目增值评价进行系统考察，本节将基于美国联邦与州的相关政策文件、教师培养项目增值评估报告以及相关研究性文献，从实施背景、基本逻辑、实施操作、面临的争议四个方面，勾勒美国教师培养项目增值评价的整体图景。

一、实施教师培养项目增值评价的背景

　　任何一种评价方式的诞生都有其特定的背景。总体而言，美国实施教师培养项目增值评价源于教师教育领域存在的问题和教师教育评价改革的需求，也得益于教育和教师评价领域的相关发展。

[①]　本节作者系冯慧、饶从满，本节曾发表于《比较教育研究》2018 年第 6 期。
[②]　教师培养项目的增值评价的项目毕业生指教龄为两至三年的初任教师。

（一）教师培养的内部质量提升和外部问责需求呼唤教师培养评价

近些年来，美国教师培养市场呈现多元化和分权式的特点：教师培养的主体涵盖大学、非营利性和营利性公司，教师培养项目的种类包括传统的大学培养项目和多种替代性培养项目。据统计，每年入职的 20 万新教师中，近 70％～80％的新教师接受传统教师培养项目的培养，而其余新教师均通过全国约 130 多个替代性培养项目进入教师队伍。[①] 公众对于种类繁多的教师培养项目是否为基础教育输送了有效教师持质疑态度，而决策者则持续质疑当下的教师教育是否能回应社会需求，是否已经成为危如累卵的官僚主义体系。[②] 在全国教师质量委员会（NCTQ）2013 年针对全国教师培养项目开展的质量评估中，获得 4 分的中学教师培养项目仅有 4 个，获得 3 分及以上的培养项目数量尚且不到参与评估的项目总数的 10％[③]，该委员会的评估报告也因此将美国教师培养形容为"平庸的产业"（industry of mediocrity）。[④] 不仅如此，更有研究者认为当下美国的教师教育处于危险之中。[⑤]

美国的教师培养不仅面临上述内部质量提升的需求，也承受着日益强化的外部问责要求。引发公众对教师和教师教育质量质疑的导火索是美国基础教育质量平庸甚至下降的现状，尤其是美国学生近年来连续在国际 PISA 学业测试中排名落后、SAT 考试分数偏低等现象引发公众将问责矛头直指教师和教师教育。美国公共政策话语中的教育问责和绩效评估运

① Feuer M J, Floden R E, Chudowsky N, et al. Evaluation of Teacher Preparation Programs: Purposes, Methods and Policy Options [M]. Washington, D. C.: National Academy of Education, 2013.

② Amrein-Beardsley A, Barnett J H, Ganesh T G. Seven Legitimate Apprehensions about Evaluating Teacher Education Programs and Seven Beyond Excuses Imperatives [J]. Teachers College Record, 2013, 115 (12): 1-34.

③ 2013 年美国全国教师质量委员会（NCTQ）开展了对美国传统型教师培养项目的质量评估，来自 608 个教师培养机构的 607 个中学教师培养项目和 593 个小学教师培养项目参与此项评估，依据委员会协商制定的评估指标，采用四分制评估量表对培养项目进行打分。

④ NCTQ (National Council on Teacher Quality). 2013 NCTQ Teacher Prep Review: A Review of U. S. Teacher Preparation Programs [EB/OL]. [2016-12-15]. http: / / www. nctq. org /dmsView /Teacher _ Prep _ Review _ 2013 _ Report.

⑤ Zeichner K. Competition, Economic Rationalization, Increased Surveillance, and Attacks on Diversity: Neo-liberalism and the Transformation of Teacher Education in the U. S.　[J]. Teaching and Teaching Education, 2010, 26 (8): 1544-1552.

动，发端于 20 世纪 70 年代的最低能力测试运动（minimum competency movement），发力于 80 年代的《国家处于危机之中》，并在 21 世纪初布什政府通过的《不让一个孩子掉队法案》中发展至高峰，迄今已近 40 年。随着奥巴马政府 2009 年出台了竞争性拨款项目《力争上游计划》，强调教育问责和绩效评估继续成为美国教育政策的时代议题。在这场强调问责与绩效评估的大潮中，学生的学业成绩被视为教育绩效的重要表征，也成为教育问责关注的核心。2002 年的《不让一个孩子掉队法案》和 2008 年再授权的《高等教育法》修订案均提出以 K-12 学段学生的学业成绩为标准对教师培养项目领导者和教师教育者实施问责。[①]

综上所述，在面临内部质量提升和外部问责要求的双重压力下，各州必须向公众证明本州的教师培养项目能培养出可测量的高效能教师。[②] 加强对教师培养项目的评价势在必行。

（二）日益强化的培养问责推动教师培养评价方式的改革

美国教师培养项目的传统评价方式以是否达到认证（accreditation）要求为主，即由全国教师教育认证委员会（NCATE）[③] 针对不同教师培养要素制定最低要求作为认证标准，这些要素包括：教师候选人的知识、技能以及专业倾向（professional disposition）；评价体系和机构评价，实习经历和临床实践；多样性；教师教育者资质；机构管理和资源。[④] 传统的美国教师培养认证是一种过程导向（process-oriented）的教师培养评价，这种过程导向的评价方式难以直接证明教师候选人的课堂教学技能和促进学生学习的能力，因而也无法回应公众的问责。虽然决策者早在1998 年再授权的《高等教育法》修订案第二编（Title Ⅱ）中就意图通过

---

① Cochran-Smith M. "Re-culturing" Teacher Education：Inquiry，Evidence，and Action［J］. Journal of Teacher Education，2009，60（5）：458-468.

② Barnett J H，Amrein-Beardsley A. Actions Over Credentials：Moving from Highly Qualified to Measurably Effective［Commentary］. Teachers College Record［EB/OL］.［2016-12-09］. http：//www. tcrecord. org/Content. asp？ ContentID＝165172011.

③ 2013 年，美国全国教师教育认证委员会与教师教育认证委员会（TEAC）合并为教师培养认证委员会（CAEP）。

④ Feuer M J，Floden R E，Chudowsky N，et al. Evaluation of Teacher Preparation Programs：Purposes，Methods and Policy Options［M］. Washington，D. C.：National Academy of Education，2013.

加强教师培养项目评价来回应公众的问责①，但直至 2007 年，尚有 31 个州没有一个教师培养项目被鉴定为薄弱项目。教师培养评估的"良好"结果与基础教育质量的"平庸"现状相差甚远，这一现象引起不同利益相关群体对传统教师培养评价方式的质疑。在此背景下，2013 年教师培养认证委员会（CAEP）颁布了新的教师培养认证标准，新标准呈现结果导向（outcome-oriented）的特点，要求教师培养项目证明其毕业生对学生成绩的影响。② 此外，教师培养项目还需接受社会组织的外部排名评估以及州政府报告卡片的数据汇报要求。如上所述，传统教师培养评价正走向以学生学业成绩为核心的结果导向的评价。教师培养项目的增值评价由于遵循教师培养→教师教学质量→学生学业成绩三者之间的因果逻辑假设，恰好迎合了当下教师培养评价改革的结果导向趋势，因此逐渐在美国教育政策领域备受青睐。

（三）数据系统与分析方法的发展为实施教师培养项目的增值评价提供了可能

近 20 年来，美国各州和学区为提高自身评价教师课堂教学质量的能力，不断增加对学生、教师和学校等不同层面的纵向数据系统的投资，③④尤其是 2002 年联邦教育部出台的《不让一个孩子掉队法案》要求各州对 3～8 年级、10～12 年级中任一学段的数学和英语实施统一测验，以及 2007—2008 学年对 3～5 年级、6～9 年级以及 10～12 年级的科学实施统一测验。在《不让一个孩子掉队法案》的规约下，许多州建设了学生评价数据系统，这些数据系统为教师培养项目增值评价的实施提供了基础性的学生学业成绩数据。

此外，教育研究领域中量化方法的发展为实施增值评价提供了数据分

---

① 第二编（Title Ⅱ）要求各州甄别出本州的薄弱培养项目。

② Feuer M J, Floden R E, Chudowsky N, et al. Evaluation of Teacher Preparation Programs：Purposes，Methods and Policy Options ［M］. Washington，D. C.：National Academy of Education，2013.

③ Crowe E. Measuring What Matters：A Stronger Accountability Model for Teacher Education. Washington，D. C.：Center for American Progress ［EB/OL］.［2017-03-19］. http：//www. american- progress. org/ issues /2010/07/pdf/teacher accountability. pdf.

④ National Research Council. Preparing Teachers：Building Evidence for Sound Policy ［M］. Washington，D. C.：National Academies Press，2010.

析的技术支持。近几十年间，教师教育研究者的关注点从描述有效教师的特点转移至判断教师对学生学业成绩的贡献度。[①] 其中，以教育生产功能为视角评估教师效能的研究者们旨在通过控制影响学生学业成绩的教师之外的因素，进而判断教师的教龄或教师资格证书类型等教师的不同特点对学生学业成绩的贡献度。[②][③] 在这类研究中，研究者们建构不同的统计模型以考察教师对学生学习的独特贡献。这些统计计量模型的开发成为教师培养项目增值评价中的核心内容。总而言之，数据系统和分析方法的不断发展为实施教师培养项目的增值评价提供了可行性。

（四）教师增值评价的广泛推行为教师培养项目增值评价奠定了重要基础

由于教师被视为与学生学习结果最为密切的校内因素，《不让一个孩子掉队法案》提出美国教育改革的核心目标是让每个教室都有一位高效能教师。[④] 而"对学生学业成绩及其发展产生积极影响"则被视为高效能教师的重要素质，对学生学业成绩没有积极影响的教师素质和能力被认为是不必要的。对于教师素质的这种认识已被纳入美国教育政策话语中。联邦教育部在"力争上游计划"中明确指出："高效能教师应该是其所教学生的学业成绩可以获得大幅度提高的教师，更确切地说，就是两次标准化测验分数的改变。"其实早在 1984 年田纳西大学的统计学家威廉·桑德斯（William Sanders）和罗伯特·麦克莱恩（Robert Mclean）就提出了以学生成绩的变化为标准评价教师的教师增值评价方法。20 世纪 90 年代，田纳西州建构了田纳西增值评价系统（the Tennessee Value-added Assessment System，TVAAS），用于评估学校和地区的增值，其中包括

---

① Nye B，Konstantopoulos S，Hedges L. How Large Are Teacher Effects？［J］. Educational Evaluation and Policy Analysis，2004，26（1）：237-257.

② Darling-Hammond L，Berry B，Thoreson A. Does Teacher Certification Matter？ Evaluating the Evidence［J］. Educational Evaluation and Policy Analysis，2001，23（1）：55-77.

③ Goldhaber D D，Brewer D J. Does Teacher Certification Matter？ High School Teacher Certification Status and Student Achievement［J］. Educational Evaluation and Policy Analysis，2000，22（2）：129-145.

④ Plecki M L，Elfers A M，Nakamura Y. Using Evidence for Teacher Education Program Improvement and Accountability：An Illustrative Case of the Role of Value-added Measures［J］. Journal of Teacher Education，2012，63（5）：318-334.

对教师增值的报告，但当时尚未应用于教师评价体系中。自 2011—2012 年开始，田纳西州的教师增值分数被正式纳入教师评价体系中，占到教师评价总分的 35％，并且评价结果可用于人事决策。1992 年建立的达拉斯增值问责体系（the Dallas Value-added Accountability System，DVAAS）将教师增值评价结果作为各学校对本校教师开展内部评价的依据。2015 年达拉斯市提出实施新的教师工资制度，将教师表现作为评判教师工资的标准。田纳西州和达拉斯市是较早运用教师增值评价的地区，此外，纽约、休斯敦、芝加哥、洛杉矶、华盛顿、俄亥俄、科罗拉多、佛罗里达等地区都开始在教师评价体系中纳入教师的增值评价。① 教师增值评价的研究及实践为教师培养项目增值评价提供了一种"概念验证"（proof of concept），使得将学生学业成绩作为教师及教师培养效能的评估指标有据可依。此外，大量研究表明教师培养与教师效能二者之间存在关联，②③④⑤ 因此在教师培养评价中考虑运用增值评价是对教师培养与教师效能二者之间因果关系的合理逆向映射。

2. 教师培养项目增值评价的基本逻辑

虽然美国不同州的教师培养项目增值评价采用的增值模型存在差异，但增值评价遵循的逻辑基本一致。教师培养项目的增值评价以学生学业成绩的变化为标准来判断教师培养项目是否以及在多大程度上为公共教育体系输送了合格教师。它内含的前提假设是：在控制其他变量的情形下，K-12学段学生的标准化测验分数的变化可以归因于教师培养的成效，其中

---

① 边玉芳，孙丽萍. 教师增值性评价的进展及在我国应用的建议 [J]. 教师教育研究，2015 (1)：88-95.

② Darling-Hammond L. Assessing Teacher Education：The Usefulness of Multiple Measures for Assessing Program Outcomes [J]. Journal of Teacher Education，2006，57（2）：120-138.

③ Darling-Hammond L. Constructing 21st-century Teacher Education [J]. Journal of Teacher Education，2006，57（3）：300-314.

④ Darling-Hammond L，Sykes G. Wanted：A National Teacher Supply Policy for Education：The Right Way to Meet the "Highly Qualified Teacher" Challenge. Educational Policy Analysis Archives，11（33）[EB/OL].[2017-01-23]. http：//epaa. asu. edu/epaa/v11n33/. 2003.

⑤ Wilson S，Floden R，Ferrini-Mundy J. Teacher Preparation Research：Current Knowledge，Gaps and Recommendations. Center for the Study of Teaching and Policy，University of Washington.[EB/OL].[2016-11-25]. http：//depts. washington. edu/ctpmail/PDFs/Teacher Prep-WFFM-02-2001. pdf.

关涉两层归因：学生成绩变化在多大程度上归因于教师的影响；教师效能
的高低在多大程度上归因于教师培养项目的影响。因此教师培养项目的增
值评价遵循图 9 - 1 所示的因果逻辑：

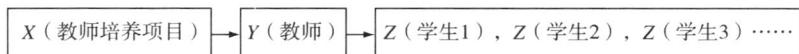

图 9 - 1　教师培养项目增值评价因果逻辑图

资料来源：Amrein-Beardsley A，Barnett J H，Ganesh T G. Seven Legitimate
Apprehensions about Evaluating Teacher Education Programs and Seven "Beyond
Excuses" Imperatives [J]. Teachers College Record，2013，115（12）：1-34.

在具体操作层面上，教师培养项目的增值评价采用的增值模型是一种
利用随机试验的优势进行因果推断的尝试。[①] 换言之，如果图 9 - 1 所示的
三个层面（即准教师选择教师培养项目、项目毕业生选择从教学校、项目
毕业生选择从教班级）的分布均符合随机分配，则可以直接进行双层归
因：将学生成绩视为因变量，教师视为自变量；将教师视为因变量，教师
培养项目视为自变量。但在教育环境下，随机分配几乎是不可行的。因此
在进行双层归因时，非随机分配会产生除自变量外，对因变量产生影响的
其他协变量，即无关变量。研究者们认为借助回归分析可以控制由诸多协
变量导致的可能性偏差。在这一过程中，协变量的选择是剥离其他无关因
素的影响，并建立教师培养项目→教师→学生成绩三者之间因果关系的关
键。在这三个层面中，自下而上的协变量众多，如图 9 - 2 所示。

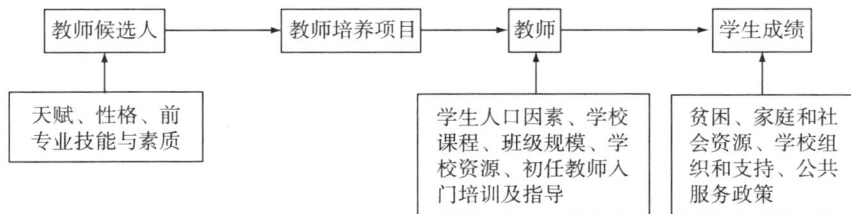

图 9 - 2　不同层级的学生学业成绩影响因素图

资料来源：根据以下文献绘制：Cochran-Smith，et，al. Holding Teacher Preparation
Accountable：A Review of Claims and Evidence. Boulder，CO：National Education Policy

---

[①]　Organization for Economic Co-operation and Development. Measuring Improvements in
　　Learning Outcomes：Best Practices to Access the Value-added of Schools [R]. Paris：
　　Author，2008.

Center [EB/OL]. [2016-12-25]. http：//nepc. colorado. edu / publication/teacher-pre.

由图 9-2 可见，影响学生学业成绩的协变量包括贫困程度、家庭和社会资源、学校组织和支持，以及住房、健康护理、工作、早期儿童服务等公共服务政策；[①] 影响教师效能的协变量包括学生人口因素、学校课程、班级规模、学校资源、初任教师入门培训及指导等。此外，进入教师培养项目之前，准教师具备的前专业技能和素质、性格、天赋等因素对教师效能也会产生影响，但不应归因于教师培养的影响。不同州采用的增值模型的差异主要在于他们选择的协变量类型不同。图 9-3 的回归方程显示了基于多种协变量计算项目效能的基本方式。图 9-3 中的 $Aijst$ 指基于学生特征（X）、课堂特征（C）、教师特征（T）、培养项目的固定效应（Π）、随机误差项（ε）等计算得到的学校 s 和教师 j 的学生 i 在学年 t 的预测成绩。其中学生特征包括学生的种族、性别、经济地位、英语水平、出勤率等；课堂特征包括班级学生特征的平均水平，以及班级规模、年级、上一学年学生考试分数的平均值和标准偏差；教师特征包括年龄、性别、种族、资格考试通过情况及分数。[②] 尤为值得注意的是，所谓的增值，是指学生成绩的实际值与预测值之差，因此教师培养项目的增值评价属于相对而非绝对评价。

$$A_{ijst}=\beta_0+\beta_1 A_{ijs(t-1)}+X_{it}\beta_2+C_{ijst}\beta_3+T_{jst}\beta_4+\Pi_j+\varepsilon_{ijst}$$

图 9-3　教师培养项目增值评价的回归方程

资料来源：Boyd D J, Grossman P L, Lankford H, et al. Teacher Preparation and Student Achievement [J]. Educational Evaluation and Policy Analysis，2009（31）：416-440.

3. 教师培养项目增值评价的实施操作： 以路易斯安那州为例

路易斯安那州是美国首个实施教师培养项目增值评价的州，它的教师培养项目增值评价已经推行了十余年，并且受到全美瞩目。路易斯安那州前任教育厅厅长帕斯特莱克（Pastorek）在 2011 年联邦教育部的报告中表达了对教育部试图在全国范围内推广路易斯安那州教师培养项目增值评价模型的感激，并宣称以 K-12 学段学生成绩对教师培养项目进行问责的时

① Cochran-Smith M，Stern R，Sanchez J G，et al. Holding Teacher Preparation Accountable：A Review of Claims and Evidence. Boulder，CO：National Education Policy Center [EB/OL]. [2017-02-12]. http：//nepc. colorado. edu/ publication/teacher-pre. 2016.

② Boyd D J，Grossman P L，Lankford H，et al. Teacher Preparation and Student Achievement [J]. Educational Evaluation and Policy Analysis，2009（31）：416-440.

代已经到来。[①] 鉴于路易斯安那州的教师培养项目增值评价实施较早因而相对成熟，以下将以路易斯安那州为例剖析美国教师培养项目增值评价的实施操作。

路易斯安那州的教师培养项目增值评价由州政府授权路易斯安那州立大学心理学院开展项目评价研究，并与州教育部（Louisiana Department of Education，LDOE）、州评议委员会（Louisiana Board of Regents）共同推广实施。路易斯安那州的教师培养项目增值评价于 2003 年在全州范围内开始试行，并于 2006 年开始全面实施。它试图通过对教师培养项目实施增值评价来判断不同培养项目在多大程度上培养了能在 3～9 年级开展有效教学的合格教师。具体而言，它通过比较教师培养项目的毕业生所教学生的实际成绩与经验型教师所教学生的实际成绩，判断它们达到、未达到或超过基于多种协变量预测的成绩。在教师培养项目的增值评价中，项目效能证据的选择（selection）、项目效能的测量（estimation）和项目效能增值结果的意义阐释（interpretation）构成增值评价的主要环节，并对增值评价结果产生直接影响。因此以下将从这三个方面剖析路易斯安那州教师培养项目增值评价的实施操作。

（一）项目效能证据的选择

教师培养项目效能证据的选择首先涉及如何选择评价对象，即参与评价的学生、教师和教师培养。在路易斯安那州的培养项目增值评价中，参与增值评价的学生确定为参加英语、阅读、数学、社会科学、科学 5 门州统考学科的 3～9 年级学生；参与增值评价的教师确定为获得从教学科教师资格证书，并且从教 2 年以内的公立学校新教师[②]；参与增值评价的教师培养项目是从教于 5 门州统考学科的各学科公立学校新教师样本量达到 25 个的教师培养项目。目前参与增值评价的教师培养项目类型包括传统

---

① Koedel C，Parson E，Podgursky M，et al. Teacher Preparation Programs and Teacher Quality：Are There Real Differences Across Programs? ［R］. Columbia，MO：University of Missouri，2012.

② 路易斯安那州立大学增值评价研究小组在 2006 年之前将可以参与增值评价的初任教师从教年限定为 3 年。自 2006 年开始，研究小组以经验型教师（教龄为 21—30 年）效能为参照组，比较不同教龄的教师效能与经验型教师效能的差异，发现从教 2 年之后的教师效能逐渐接近经验型教师的平均效能，因此最终确定可以参与增值评价的教师是从教 2 年以内的初任教师。

的本科生教师培养项目和替代性教师培养项目，其中替代性教师培养项目包含从业教师项目（Practitioner Teacher Program）、硕士学位项目（Master's Degree Program）和教师任职资格项目（Certification-only Program）。

确定评价对象之后，建构学生、教师和教师培养项目的纵向数据库是实施培养项目增值评价的前提。路易斯安那州教育部已经建构了州标准化考试档案（iLEAP 和 LEAP-21）、关联学生信息和教师信息的路易斯安那教育问责数据系统（LEADS，曾命名为"课程数据库"）、教师人口统计数据库、教师资格证书数据库和补充的学生数据库。考试档案和学生数据库提供学生出勤率（attendance）、入学率、残疾学生的情况、享受免费午餐的学生情况以及学生的人口统计变量（种族和性别）等信息。路易斯安那州教育部提供教师出勤率（attendance）等信息。

建构完整的数据库之后，需进一步整合数据以确定最终可用于增值评价的数据。具体而言，要从不同的数据库提取出在学生成绩、教师、教师培养项目三个层面保持一致性和连贯性的数据，剔除无法在三个层面保持一致性的数据。首先，需关联学生成绩、人口统计信息、出勤率、选课记录等学生数据，再将关联之后的学生数据与教师信息进行二次关联。教师的信息包括路易斯安那州教育部下属的计划、分析和信息资源部门提供的教师资格证书数据，路易斯安那州评议委员会提供的教师培养项目信息。其次，依据特定的考试科目（如数学、阅读、英语语言艺术、科学和社会研究）将课程代码进行分组，如关联四年级的阅读与阅读科考试分数，关联生命科学与科学科考试分数，不能与标准化测验进行合理关联的课程代码将被剔除。在数据整合过程中需注意的是当一位以上的教师同时教授同一门学科时，学生成绩的比重根据他（她）在这一学科注册的教师数量进行加权。例如，一位学生注册两门数学课，将出现两位教师关联的记录，但与只注册一门数学课的学生相比，这两位数学教师将分别只占 50％ 权重。综上所述，关联之后的数据将保持学科课程、学生成绩、教师以及教师培养项目之间的一致性。

（二）项目效能的测量

路易斯安那州的教师培养项目增值评价采用的是州立大学乔治·诺艾尔（George Noell）教授开发的多层线性模型（Hierarchical Linear

Modeling）（如图 9 - 4 所示）。

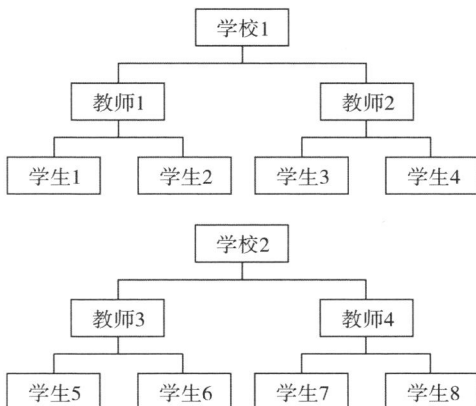

图 9 - 4　路易斯安那州教师培养项目增值评价多层线性模型

资料来源：Gansle K A，Noell G H，Knox R M，et al. Value-Added Assessment of Teacher Preparation in Louisiana：2005—2006 to 2008—2009 ［R］. Department of Psychology，Louisianan State University. 2010.

　　路易斯安那州的多层线性模型运用层层嵌套的模型分层，增值即指多层线性模型中回归方程的残差值，也就是学生成绩的实际值与预测值之差；预测值是依据学生上一学年的成绩、人口信息等协变量计算的成绩；实际值指学生标准化测验的实际成绩。比较初任教师的平均增值与经验型教师的平均增值，即可获得毕业于同一个教师培养项目的初任教师的平均增值，也就是该培养项目的增值评价结果。路易斯安那州教师培养项目增值评价结果表征的是毕业于同一个教师培养项目的初任教师对学生成绩的平均影响（average impact）。路易斯安那州的评估团队暂时还没有充分的数据资料考察教师培养的不同要素（如教师招聘、教师培养项目的入学选拔、学科知识培养、教育学知识培养、教育实习、毕业筛选等）对学生学业成绩的影响。

　　多层线性模型中协变量的选择是剥离教师因素之外对学生成绩产生影响的因素的关键，也是设计回归方程计算学生成绩预测值的前提。路易斯安那州采用的多层线性模型主要涵盖三个层面的协变量：学生、班级和学校，各个层面的协变量如表 9 - 3 所示。[1]

表 9 - 3　路易斯安那州教师培养项目增值评价结果等级表

层级 1	项目评价效果优于经验型教师的平均效能，代表其毕业生教学效能高于经验型教师的平均水平
层级 2	项目评价效果优于初任教师的平均效能，代表其毕业生教学效能比初任教师的平均效能更接近于经验型教师的平均水平
层级 3	项目评价效果在初任教师平均效能的一个标准误差范围以内，代表其项目毕业生的教学效能接近于初任教师的平均水平
层级 4	项目评价效果在初任教师平均效能的一个标准误差以下甚至更低，代表其项目毕业生的教学效能未达到初任教师的平均水平
层级 5	项目评估效果显著低于初任教师的平均水平

（三）项目效能增值结果的意义阐释

路易斯安那州立大学与高等教育委员会、教师教育计划小委员会协商将教师培养项目的增值结果划分为五个层级，目的在于通过等级划分赋予增值评价结果以不同的含义，避免公众过度关注差距不大的教师培养项目的增值分数，而这类细微差异更可能归因于测量技术的误差，并非代表不同培养项目真实的质量差异。路易斯安那州教师培养项目增值评价结果的五个层级代表的项目质量含义如表 9 - 3 所示。根据现行的教师培养项目干预政策，增值评价结果为层级 3 以下（即层级 4 和层级 5）的教师培养项目需对自身进行重构和改进，并在下一学年再次接受增值评价。

四、教师培养项目增值评价面临的争议

任何评价方法都有基本的出发点，教师培养项目的增值评价在美国教师教育评价领域的兴起主要因为已有的评价方法无法回应日益强化的教师教育绩效问责。教师培养项目增值评价以学生成绩的变化为标准来判断教师培养项目的成效，具有区别于其他教师培养评价方法的两个显著特征。首先，教师培养项目增值评价扮演着过滤器的角色。增值评价甄别出高效能教师培养项目，可以作为其他培养项目模仿的对象，而筛选出低效能教师培养项目，

---

[1]　Gansle K A，Noell G H，Knox R M，et al. Value-added Assessment of Teacher Preparation in Louisiana：2005—2006 to 2008—2009 ［R］. Department of Psychology, Louisianan State University，2010.

有助于进行有针对性的审查，从而推动其不断地改进。[①] 其次，教师培养项目的增值评价试图创造公平的教师培养评价环境，追求评价的公平性。从评价客体而言，增值评价关注每一位学生的成绩；从评价标准而言，增值评价兼顾学生的原有成绩水平以及影响学生成绩的其他因素，采用学生成绩的变化作为评估指标，而非成绩均值或任意标准等绝对值。[②]

但不可否认的是，由于教师培养项目的增值评价研究和实践均处于起步发展阶段，因此依然面临一些争议。

（一）关于教师培养项目增值评价的效度和信度

教师培养项目增值评价面临的最大争议是它的效度，换言之，增值评价的结果是否准确地表征了教师培养项目对学生学业成绩的贡献度备受质疑。具体而言，教师培养项目增值评价面临的效度问题主要体现在以下两个方面：首先，如何将教师培养的影响（preparation effect）与培养项目入学选拔的影响（selection effect）进行区分。由于各培养项目的入学选拔标准存在差异，教师培养机构尚未建构完整的准教师入学标准的数据库，并且如何将入学选拔的影响纳入增值模型，涉及更加复杂的计量学设计过程，目前还未有研究者提出令人信服的用于对教师培养项目影响学生成绩程度进行合理归因的方法。由于不能明确区分教师培养的影响与项目入学选拔的影响，增值评价缺乏坚实的证据来判断教师培养项目获得高的增值分数应归因于该项目吸引了高质量的教师候选人，还是该项目培养出了高质量的教师，[③] 因此也就无法准确判断教师培养项目的成效。其次，将增值评价运用至大规模的教师培养项目评价中需遵循样本随机分配的原

①　Feuer M J，Floden R E，Chudowsky N，et al. Evaluation of Teacher Preparation Programs：Purposes，Methods and Policy Options［M］. Washington，D C：National Academy of Education，2013.

②　Gansle K A，Noell G，Burns J M. Do Student Achievement Outcomes Differ Across Teacher Preparation Programs? An Analysis of Teacher Education in Louisiana［J］. Journal of Teacher Education，2013，63（5）：304-317.

③　Noell G H，Brownell M T，Buzick H M，et al. Using Educator Effectiveness Measures to Improve Educator Preparation Programs and Student Outcomes（Document No. LS-1）［EB/OL］.［2016-11-12］. http：//ceedar. education. ufl. edu/tools/literature-syntheses/. 2014.

则。^① 具体而言，也就是准教师进入教师培养项目、项目毕业生进入从教学校、项目毕业生进入从教班级均应符合随机安排。但在实际的教育环境中，不同培养项目依据不同的选拔标准招募教师候选人；大多数项目毕业生依据地理位置选择从教学校，因而教师培养项目类型与毕业生从教学校的类型和地理位置高度相关；不同班级的学生分配亦不符合随机原则，更多是由学生自身、家长和当地政策等因素所决定。非随机分配产生的影响主要是衍生了诸多影响教师教学质量和学生成绩的无关因素，如准教师先天固有的能力与动机水平、不同班级学生的差异等，这些无关因素被视为增值评价计量过程的系统误差，它在多大程度上影响增值结果依然是高度不稳定的。^② 对于如何弱化非随机分配对增值评价产生的影响，尽管有研究者提出可以采用协变量调整方法控制学生、教师和学校层面的变量，从而在一定程度上规避项目毕业生在选择从教学校时的非随机分配产生的影响，^③ 但这种方法依然无法消除政策制定者和公众对增值评价方法效度的质疑。

除了效度问题之外，相关研究表明教师培养项目增值评价的信度也具有可推敲之处。美国教育研究协会和国家教育学会指出增值评价的结果具有高度的不稳定性，因为使用不同的增值模型，或使用同一模型，但测量不同学科或不同学年的学生成绩，最终的增值评价结果相差甚远。此外，使用不同的测试卷得出的增值评价结果会存在差异；班级规模也会影响增值评价结果的稳定性，班级规模越小，增值评价结果越不稳定。^④

（二）关于教师培养项目增值评价的适用范围

教师培养项目的增值评价以学生成绩为指标判断教师对学生成绩的贡献度，以及教师培养项目对教师效能的贡献度，这种方法本身存在一个局限性：它无法将所有教师培养项目和 K-12 学段学生纳入评价过程。因为增值评价的前提要求是学生至少有一次先前成绩和一次当前成绩，因此不

① Chiang Y，Cole C，Delandshere R，et al. Using Value-added Model to Evaluate Teacher Preparation Programs（White paper）[R]. Bloomington，IN：Indiana University，2011.
② Noell G H，Porter B A，Patt R M，et al. Value-added Assessment of Teacher Preparation in Louisiana：2004—2005 to 2006—2007 [R]. Department of Psychology，Louisianan State University，2008.
③ 同②.
④ 同①.

参与州统考的学前阶段、1～2 年级以及参与州统考的三年级学生（三年级的成绩作为四年级的先前成绩）均不能包含在增值评价过程中。[①] 由此可见，增值评价的适用范围仅限于特定的年级和学科，如北卡罗来纳州的教师培养项目增值评价的学生成绩样本为 3～12 年级的数学、阅读，以及中学学段的科学和社会研究的州统考成绩；田纳西州的教师培养项目增值评价以 4～12 年级学段学生的数学、阅读/语言艺术、科学和社会研究的州统考成绩为样本。除此之外，增值评价要求教师培养项目在初任教师样本量方面需达到各州的要求，如北卡罗来纳州要求每个学科的项目毕业生数量需达到 10 个，而路易斯安那州更要求每个学科初任教师数量达到 25 个的教师培养项目才能参与增值评估。教师培养项目毕业生的就业方向包含多种情况：从毕业生从教地域的角度来看，包括从教于本州的中小学和其他州的中小学；从毕业生从教学校性质的角度来看，包括从教于公立中小学和私立中小学；从毕业生从教学科的角度来看，包括从教于州统考的学科和不参与州统考的学科；以及不从事教师职业的情况。而上述各州对教师培养项目毕业生数量的要求均指从教于本州公立中小学的州统考学科教师数量需达到如上要求，因此大量的教师培养项目不能参与增值评价。同时，增值评价的前提是收集 3 年以上的学生资料，并需建构大型的纵向数据库，时间成本和经济成本较高，也影响了增值评价的适用范围。

五、结语

在教师教育评价领域，不存在一种评价方法能全面且综合地考察教师的教学质量或教师培养项目效能的全部内容，[②] 增值评价也不例外。增值评价试图兼顾对学生成绩产生影响的其他因素，为教师培养项目提供公平竞争的环境。但由于增值模型的复杂性以及数据收集的多样性，技术层面的统计计量可能会导致增值评价结果的偏误，继而使评价结果发生反向倾斜，因此政策制定者和公众需审慎地使用及看待增值评价的结果。其次，

[①] Lincove J A，Osborne C，Dillon A，et al. The Politics and Statistics of Value-added Modeling for Accountability of Teacher Preparation Programs [J]. Journal of Teacher Education，2014 (65)：24-38.

[②] Crowe E. Measuring What Matters：A Stronger Accountability Model for Teacher Education. Washington，D. C.：Center for American Progress [EB/OL]. [2017-03-19]. http：//www. american- progress. org/ issues /2010/07/pdf/teacher accountability. pdf.

增值评价本质上是以衡量为目的的筛选，而非以发展为目的的推动，因此在一定程度上，这种评价方式或许达到了问责或监督的目的，但没有实现诊断并回馈教师培养项目的不足，从而助力项目质量提升的目标。因此如何将研究者设计的增值模型恰当地运用到教师教育问责体系中，需要统计计量学专家和政策制定者的综合考量，需同时权衡教师培养项目的增值评价带来的积极和消极影响。

后　记

20世纪80年代以来，在全球化、信息化的大背景下，世界进入了以提高质量为目标的教育改革的世纪。由于教师是教育质量提高和教育改革成败的关键，教师教育改革亦成为教育改革的重中之重。以教师教育改革的实践需求为背景，教师教育研究在世界范围内进入一个繁荣的时期。

中国也不例外。进入20世纪90年代中期以来，伴随社会的急剧变革，中国的教师教育进入一个以提高质量为核心主题的重大转型时期。这一转型期大体可以以2005年和2017年为界分为三个阶段：体系重构时期（20世纪90年代前中期—2005年前后）、内涵建设时期（2005年前后—2016年）和振兴发展时期（2017年—现在）。伴随这一转型进程，教师教育研究呈现一片活跃的景象。

作者有幸见证并参与了这个重要的历史进程，也进行了一定的研究与思考。教师教育是我长期以来的一个稳定的研究方向。尤其是世纪之交以来，我的教学、科研和管理工作都与教师教育密切相关。自1998年担任硕士生导师、2004年担任博士生导师以来，一直将教师教育作为重要培养方向之一，指导学生从事了有关教师知识（包括学科知识和学科教学知识）、教师特征、教师学习、教师反思、教师认同、教师判断、教师愿景、教师教育模式、教师研修、教师资格制度、教师教育质量保障等方面的研究。我曾先后承担教育部人文社会科学规划基金项目"中小学教师职业生涯周期的实证研究"（2007年），教育部师范教育司（教师工作司）委托项目"日俄教师教育改革与发展"（2006年）、"师范生教育实习模式及其保障机制研究"（2015年）和"卓越中学教师培养项目评价指标体系与实施办法研究"（2016年），以及联合国教科文组织委托项目《全纳教育倡导指南》本土化等。此外，作为主要成员参与了"知识社会中教师教育课程开发与实施研究"

（2013—2015 年，与日本东京学艺大学的合作研究）、"教师教育质量保障的国际合作研究"（2014—2016 年，东亚教师教育联盟合作项目）等国际合作研究项目。目前正在实际主持世界银行贷款项目"未来教师素质能力模型研究"，参与 OECD 教育研究与革新中心主持的"Fostering and assessing students' creative and critical thinking skills in higher education（and teacher education）"（2018—）等的项目研究。围绕这些项目，在国内外独立或与他人合作发表或出版了一些教师教育研究成果。

参加工作以来，除了教学科研工作，我曾于 2003—2016 年期间先后担任东北师范大学教务处副处长（分管教研工作）、研究生院副院长（分管研究生培养工作）、教师教育研究院常务副院长、教务处处长，主持了本科和研究生培养方案的修订（制定）工作（其中包含本科师范专业的培养方案和教育学硕士培养方案）。这些管理工作一方面为我开展教师教育研究奠定了坚实的实践基础，另一方面也为我将研究心得应用于教师教育管理与实践提供了机会。

特别需要指出的是，过去的十几年里，我有幸以各种形式参与了国家的教师教育政策制定或咨询工作。我曾担任第二届教育部高等学校中学教师培养教学指导委员会委员兼秘书长和第三届全国教师教育课程资源专家委员会委员等兼职，目前担任普通高等学校师范类专业认证专家委员会委员。这些兼职为我提供了参与国家教师教育政策制定或咨询的诸多机会：作为主要成员参与了《中学教师专业标准（试行）》（2012）的研制和《国务院关于加强教师队伍建设的意见》（2012）、《教育部、国家发展改革委、财政部关于深化教师教育改革的意见》（2012）、《教育部关于实施卓越教师培养计划的意见》（2014）、《教育部关于实施卓越教师培养计划 2.0 的意见》（2018）、《教师教育振兴行动计划（2018—2022 年）》（2018）等文件的起草和研讨；作为实际主持人组织了教育部《师范类专业认证标准（试行）》的研制（2014）；作为负责人主持了《教育部关于加强师范生教育实践的意见》（2016）文稿的起草。

在制定教师教育改革政策，推进教师教育实践，开展教师教育管理时，经常需要思考如下一些基本问题：在新的时代，教师到底需要什么样的素质？教师的这些素质是如何发展的？如何培养教师使其具备这些素质？如何判定和保障我们的教师教育培养了这些素质？这些问题很多需要通过研究来予以回答。本书所呈现的正是对这些问题的一些回应。

　　本书汇集的是我近 10 年来的部分教师教育研究成果，这些成果有些是我独立完成的，更多的是我和我的学生、同事合作的产物。这些成果绝大部分已经公开发表或出版，部分章节在本次收录时文字上有所调整，但是基本思想没有改变；参考文献按照新的出版规范进行了增补和规范。合作者的信息以及发表的期刊等均在相应的章节以注释的形式予以标明。

　　本书的出版得到了东北师范大学教育学部和东北师范大学出版社的大力支持，在此一并致谢！

　　本书的不足之处，敬请广大读者批评指正！

饶从满

2019 年 6 月 20 日于东北师范大学

图书在版编目（CIP）数据

教师教育. 基础研究与前沿探索/饶从满等著. —长春：
东北师范大学出版社，2019.12
　（元晖学者教育研究丛书）
　ISBN 978 - 7 - 5681 - 6641 - 6

　Ⅰ．①教⋯　Ⅱ．①饶⋯　Ⅲ．①教师教育—研究
Ⅳ．①G65

中国版本图书馆 CIP 数据核字（2019）第 283023 号

JIAOSHI JIAOYU：JICHU YANJIU
YU QIANYAN TANSUO

□策划编辑：张晓方

□责任编辑：兰莉娜　　　　□封面设计：上尚印象

□责任校对：王玉辉　张晓方　□责任印制：许　冰

东北师范大学出版社出版发行

长春净月经济开发区金宝街 118 号（邮政编码：130117）

电话：0431—84568046

传真：0431—85691969

网址：http：//www.nenup.com

东北师范大学音像出版社制版

辽宁新华印务有限公司印装

沈阳市张士经济技术开发区

中央大街六号路 14 甲—3 号（邮政编码：110021）

2019 年 12 月第 1 版　2019 年 12 月第 1 次印刷

幅面尺寸：169 mm×239 mm　印张：24.25　字数：452 千

定价：75.00 元